W0189230

GÜTERSLOHER
VERLAGSHAUS

G

Gütersloher Verlagshaus. Dem Leben vertrauen

Gerhard Wehr

»Nirgends, Geliebte, wird Welt sein als innen«

Lebensbilder der Mystik im 20. Jahrhundert

Gütersloher Verlagshaus

Bibliografische Information der Deutschen Nationalbibliothek

Die Deutsche Nationalbibliothek verzeichnet diese Publikation
in der Deutschen Nationalbibliografie; detaillierte bibliografische Daten
sind im Internet über http://dnb.d—nb.de abrufbar.

MIX
Papier aus ver-
antwortungsvollen
Quellen
FSC® C006701

Verlagsgruppe Random House FSC-DEU-0100
Das für dieses Buch verwendete FSC-zertifizierte Papier
Munken Premium Cream liefert Arctic Paper Munkedals AB, Schweden.

1. Auflage
Copyright © 2011 by Gütersloher Verlagshaus, Gütersloh,
in der Verlagsgruppe Random House GmbH, München

Dieses Werk einschließlich aller seiner Teile ist urheberrechtlich geschützt.
Jede Verwertung außerhalb der engen Grenzen des Urheberrechtsgesetzes ist
ohne Zustimmung des Verlages unzulässig und strafbar. Das gilt insbesondere für
Vervielfältigungen, Übersetzungen, Mikroverfilmungen und die Einspeicherung
und Verarbeitung in elektronischen Systemen.

Umschlagmotiv: © rella images – Fotolia.com
Satz: Satz!zeichen, Landesbergen
Druck und Einband: CPI – Ebner & Spiegel, Ulm
Printed in Germany
ISBN 978-3-579-06557-1

www.gtvh.de

Inhalt

Annäherung

Wie eine von mannigfachen Pilgerpfaden durchzogene Landschaft, so öffnet sich das vergangene Jahrhundert in der Rückschau. Suchenden begegnet man auf den Wegen, Menschen der Sehnsucht, so unterschiedlich die Motivationen ihres/unseres Verlangens gewesen sein mögen; so unterschiedlich das, was sie/wir gefunden haben, gefunden zu haben meinten ...

Wer nun der Aufforderung folgt, Aspekte mystischer Bewegungen des 20. Jahrhunderts im Umriss darzustellen, sieht sich alsbald erheblichen Schwierigkeiten gegenüber. Angefangen von der begrifflichen Problematik – was soll eigentlich unter Mystik verstanden werden? – über den jeweils unterschiedlichen Gebrauch der Bezeichnung vor wechselnden historischen und religiös-weltanschaulichen Horizonten bis hin zur sich darbietenden, überbordenden Stofffülle. So sieht man sich zum Eingeständnis veranlasst, bestenfalls im Sinne einer ersten Annäherung, der weitere Schritte folgen müssen, tätig werden zu können. Dessen war sich bereits Ernst Troeltsch (1865–1923) am Anfang des Jahrhunderts bewusst. Der evangelische Theologe, Philosoph und Soziologe drückte das so aus:

»Berichterstattungen über religiöse Bewegungen haben ihre große Schwierigkeit ... Die Wandlungen der religiösen Stimmungen und die Bildung verschiedener Gruppen liegt so sehr im Dunkel und in der Mannigfaltigkeit des persönlichen Lebens, dass immer wieder erst die Ergebnisse nach langer, verborgener, unterirdischer Ausbreitung hervortreten und die eigentlichen letzten Quellen fast niemals zu erfassen sind. Hier herrscht nicht die Logik der Begriffe, und die Entwickelung spinnt sich nicht am Faden der Reihenfolge der Bücher ab. Hier wirkt der Druck der sozialen Lage, die Mannigfaltigkeit des persönlichen Erlebens, die Eigenart der Individuen, die Mitteilung des verborgensten inneren Daseins von Person zu Person, das ganze und undurchschaubare Spiel kleiner und kleinster Seelenregungen, die sich zu geistigen

Mächten langsam und unmerklich zusammenballen. Freilich hängt dann die größere Ausbreitung und öffentliche Wirksamkeit schließlich an erkennbar hervortretenden Persönlichkeiten oder an einflussreichen Büchern. Aber in beiden brechen doch die dunkel empfundenen und langsam zusammenstrebenden Kräfte erst ans Licht. Und auch da bleiben oft die bedeutsamsten und wirksamsten Erscheinungen wenig beachtet und treten ihre Wirkungen oft erst an ganz anderen Stellen zutage.«[1]

Die nach wie vor bestehende Gültigkeit dieser Sätze steht außer Frage. Dazu kommen noch andere Überlegungen zur Vorgehensweise, zum Beispiel: Soll man etwa in chronologischer Weise das Auftreten bestimmter Gedanken oder Lebensformen ausbreiten, soll man eine Abfolge von bestimmten Persönlichkeitsprofilen aufzeigen oder nimmt man eine Darbietung in Kauf, bei der unter wechselndem Blickwinkel, dazu wahlweise repräsentativ erscheinende Vertreter unterschiedlicher Bedeutung aufeinander folgen? Aus naheliegenden Gründen sind als Mystiker oder Mystikerinnen anzusehende Zeitgenossen im Folgenden bisweilen neben Vertreter der Forschung gestellt, ohne eine kompendienartige, gar eine auf repräsentative Vollständigkeit abzielende Darstellung zu versuchen. Nicht jeder oder jede, die man der Mystik zuordnet, hat sich selbst so verstanden. Kein Wunder, dass Selbstverständnis und Außenbetrachtung miteinander selten zur Deckung zu bringen sind.

Was den Begriff anlangt, so ist ebenfalls eine gewisse Flexibilität in dessen Handhabung naheliegend und förderlich. Mehrere Zugänge sind möglich, beispielsweise solche in religionsgeschichtlicher, kirchengeschichtlicher, systematisch-theologischer oder philosophischer Sicht.[2] Dagegen muss der Versuch, Mystik in einem umfassenden und allgemeingültigen Sinn zu definieren, immer wieder scheitern. Es kann sich jeweils nur um *Aspekte* handeln, die durch den jeweiligen spirituellen Standort sowie durch die Blickrichtung des Betrachters bedingt sind. Meister des Mittelalters wie Jean Gerson oder Thomas von Aquin verstanden unter der aus dem griechischen Mysterienbereich kommenden Bezeichnung (von griech. *myein*, schließen, verschweigen) eine auf Erfahrung gegründete Gotteserkenntnis (lat. *cognitio dei experimentalis).* Die westlichen Theologen der Alten Kirche verwendeten das Wort *contemplatio* für das, was die griechischen Theologen als *mysterion* und *mystiké theologia,* mystische Theologie, als Mystik bezeichneten.[3] Schon das Neue Testament nennt das heilige Mahl, das

Sakrament des Altars, *Mysterion*. Von daher ist vom »mystischen Leib Christi« (*corpus Christi mysticum*) die Rede, dessen Gegenwart im *Symbolon* von Brot und Wein je und je Ereignis wird, wie unterschiedlich auch die Deutungen des Geschehens ausfallen mögen.

Gleichzeitig gilt aber auch: Nicht Objekte der Sinneswahrnehmung stehen im Mittelpunkt der Aufmerksamkeit, nicht, was man optisch sieht, akkustisch hört oder leibhaft tastet. Vielmehr ist der Blick der Seele nach *innen* gerichtet. Er ist gesammelt und bereit, dessen gewahr zu werden, was letztlich nie zureichend beschrieben und bezeichnet werden kann. Insofern geht es in der Mystik um eine im wörtlichen Sinn gemeinte *Esoterik* (von griech. *eso,* innen), um diese Blickrichtung zu unterstreichen. Daher macht es Sinn, die beiden Begriffe Mystik und Esoterik – nach einem Wort von Antoine Faivre[4] – bisweilen auszutauschen und gleichbedeutend nebeneinander zu verwenden. Das dürfte freilich nur dann statthaft sein, wenn man Esoterik nicht mit jenem in der Regel überaus fragwürdigen Mischprodukt verwechselt, wie es gegen Ende des vorigen Jahrhunderts den Buch- und Veranstaltungsmarkt zu überschwemmen begann.

Mystik lässt sich als ein Urphänomen religiösen Erlebens ansehen, von dem Menschen in den Religionen und Philosophien des Ostens wie des Westens in ihrem Denken, Fühlen und Wollen ergriffen werden können, sodass sie Impulse für ihr gesamtes Leben empfangen. Wer nach Wesen und Erscheinung solcher Mystik fragt – handle es sich um eine philosophisch[5] oder eine religiös eingestellte Mystik –, wer von Sehnsucht und liebendem Verlangen nach dem Ganz-Anderen, nach dem Grund des Seins getrieben ist, der darf daher keine normierende, für alle Zeiten und Zonen gültige Antwort erwarten, wie sie etwa für alltägliche Gegenstände oder Sachverhalte üblich ist. Oder um nochmals Ernst Troeltsch zu zitieren:

»Die Mystik im weitesten Sinne des Wortes ist nichts anderes als das Drängen auf Unmittelbarkeit, Innerlichkeit und Gegenwärtigkeit des religiösen Erlebnisses. Sie setzt die Objektivierung des religiösen Lebens in Kulten, Riten, Mythen oder Dogmen bereits voraus und ist entweder eine Reaktion gegen diese Objektivierungen, die sie in den lebendigen Prozess wieder zurückzunehmen sucht, oder eine Ergänzung der herkömmlichen Kulte durch die persönliche und lebendige Erregung.«[6]

In einer betont extravertierten, nach außen gerichteten und in betont einseitiger Weise auf materielle Werte ausgerichteten »globalen«

Zivilisation erfüllen Mystik oder die im strengen Sinn des Wortes gemeinte Esoterik eine letztlich unverzichtbare kompensierende, eine ausgleichende, vervollständigende Funktion. Insofern antwortet sie dem, was seit Jahrzehnten sich als spirituelles Defizit abzeichnet, dem die Hüter der religiösen Ordnungssysteme seit Langem nicht mehr gewachsen sind. Denn:»Überdruck an der technologischen Rationalität, am Sinnverlust zivilisatorischen Fortschritts und an den schal gewordenen Verheißungen utopischer Gesellschaftsdoktrinen veranlassen immer mehr Menschen, sich für Theorien und Lebensmöglichkeiten zu interessieren, die einen Zugang zu einer ›anderen‹ Wirklichkeit verheißen.«[7]

Diese andere Wirklichkeit – im Grunde handelt es sich um eine andere *Dimension* der *einen* materiell-seelisch-geistig/geistlichen Wirklichkeit! – hat Paul Tillich (1886–1965) die Kategorie genannt, die »identisch (ist) mit der Gegenwart des Göttlichen in jeder religiösen Erfahrung. In diesem Sinne ist das Mystische das Herz aller Religion. Eine Religion, die nicht sagen, nicht glaubhaft bezeugen kann: ›Gott ist gegenwärtig‹, wird zu einem System moralischer und lehrhafter Regeln, die an sich nicht religiös sind, selbst dann nicht, wenn sie ursprünglich aus Offenbarungserlebnissen herrühren. Das Mystische als *erlebte Gegenwart Gottes* ist ein wesentliches Element einer jeden Religion und hat an sich nichts mit Selbsterlösung zu tun.«[8] Mit anderen Worten: Es geht um das Angerührt- und Ergriffenwerden von Heiligkeit, gegebenenfalls unter »Furcht und Zittern«, das paradoxerweise mit einem innigen Vertrautsein verwoben sein kann – etwa in der so genannten »Minnemystik«[9]. Mystik, wie unterschiedlich sie erfahren werden mag, lässt sich jedenfalls verstehen als ein religiöses Erleben und – immer wieder – als ein Verlangen, dem Ungenügen einer vordergründig-oberflächlich bleibenden Lebenshaltung zu widerstehen. Und dies, obwohl es meist nur um kurzfristige Momente geht, in denen die Distanzen zwischen dem Ich und dem Ganz-Anderen, zwischen Subjekt und dem erstrebten Objekt überwunden werden, überwunden scheinen.[10]

Mystik im 20. Jahrhundert hat, wie zu jeder Zeit, naturgemäß viele Aspekte, zumal die allgemein-gesellschaftlichen und die individuellen Situationen, aus denen heraus die Menschen von innen her gerufen werden, variieren. Anders ausgedrückt: Nach Mystik fragen entspricht einem Erfahrungshunger in geistig-religiöser Hinsicht. Sie entspricht letztlich dem Verlangen, den spirituellen Durst zu stillen, der in den

Grenzen der herkömmlichen Religionsformen nicht mehr oder nicht mehr allein befriedigt werden kann. Es heißt – analog zu dem Evangelienwort –»das Verlorene suchen«, nachdem sich immer mehr Menschen eines Verlustes bewusst geworden sind. Aber auch das ist wieder nur ein Aspekt neben anderen. Es geht nicht allein um eine Gott-*Suche*, gemäß der der Mensch aktiv wird, indem er sich auf den Weg nach innen macht. Denn dazu kommt, dass Zeitgenossen immer wieder von einem bislang ungeahnten Erleben überrascht werden. Sie werden mit jener anderen Dimension der Wirklichkeit konfrontiert, in der sie spontan zu einer»Seinsfühlung« gelangen oder, was ebenfalls, wenngleich viel seltener vorkommt, dass sie von der»Großen Erfahrung« (im Sinne Karlfried Graf Dürckheims) heimgesucht werden. Der Gott suchende Mensch wird bisweilen von dem Menschen suchenden Gott eingeholt! Oder um an ein Wort von Blaise Pascal anzuknüpfen: Würden wir denn suchen, wenn wir selbst nicht längst gefunden worden wären? Oder um es mit Bernhard von Clairvaux auszudrücken:»Die Seele sucht das Wort. Doch nur die Seele, die zuvor schon vom Wort gesucht worden ist. Eine Seele, die nicht wieder vom Wort gesucht würde, würde ihr Auge nie mehr umwenden, um das Gute zu sehen ...«[11]

An dieser Stelle können die traditionellen innerkirchlichen und klösterlichen Bezüge eines mystischen Lebens einmal außer Betracht bleiben. Sie sollten schon ihrer Vielgestaltigkeit, ihres Überlieferungsreichtums wegen einer gesonderten Darstellung vorbehalten bleiben. Jede Ordensspiritualität hat nicht nur ihr eigenes Gepräge. Sie unterliegt auch zeitbedingten Wandlungen. Es bedarf bisweilen einer Wiederbelebung oder Intensivierung. Da gilt nach wie vor, was Karl Rahner (1904–1984) zu bedenken gab:»Nur dort, wo die äußere Botschaft des Christentums sich nicht nur für sich allein mächtig versteht, sondern der innersten Erfahrung des Menschen, also der mystischen Komponente des Christentums entgegenkommt, sie gleichsam aktualisiert, sie lebendiger macht, sie unter dem Schutt des Alltagsbewusstseins ausgräbt, nur dort kann heute ein lebendiges Christentum noch bestehen, auch in einer atheistischen Gesellschaft. Man hat schon gesagt, dass der Christ der Zukunft ... ein Mystiker sein müsse, oder er werde nicht mehr sein. Das ist vielleicht etwas massiv ausgedrückt, aber im Grunde genommen ist es richtig.«[12]

Für den profilierten Jesuiten-Theologen Rahner, der sich mehrfach unter diesem Gesichtspunkt zu Wort gemeldet hat, ist»Mystik ein inneres, wesentliches Moment des Glaubens, das sich als eine reine und unbegrenzte Bejahung Gottes in Leben und Sein des Gläubigen« erweist.[13] Er legte gleichzeitig großen Wert auf eine einzuübende mystagogische Bemühung, die nicht durch die herkömmliche religiöse Erziehung oder gar durch eine »sehr sekundäre Dressur für das religiös Institutionelle« ersetzt werden kann. Vielmehr versteht er unter Mystagogie eine disziplinierte Heranführung und Eröffnung spiritueller Erfahrung.[14] Eine solche Mystagogie muss vor der bloßen Rezitation und Reflexion theologischer Sätze rangieren, zumal das damit gemeinte Geschehen mit einem »Zu-sich-selber-Kommen« zu tun hat.[15]

Was den Gesichtspunkt einer Neubelebung des in der eigenen Tradition Angelegten betrifft, so ist bekannt, dass vor allem in der zweiten Jahrhunderthälfte von der östlichen Geistigkeit des Yoga oder des Zen her Impulse ins klösterliche Leben eingedrungen und von dort aus wiederum zum Tragen gekommen sind. Es geschah, was noch kaum ein Menschenalter zuvor nur schwer denkbar gewesen wäre, dass man etwa in ein Franziskaner- oder Benediktinerkloster geht, um beispielsweise von einem christlichen Mönch, der zugleich in der fernöstlichen Tradition stehender Zen-Meister ist, in die Disziplin des ursprünglich im Buddhismus beheimateten Zen eingeführt zu werden. So war auch der aufgrund seiner mehrjährigen Japan-Erfahrung inspirierte Karlfried Graf Dürckheim nicht der Einzige, bei dem sich unter anderem Mönche und Nonnen einfanden, um einen neuen Erfahrungszugang zu der überkommenen geistlichen Innerlichkeit ihrer *eigenen* Ordenszusammenhänge zu erlangen. Davon wird noch zu sprechen sein. Andere, wie der Jesuit Hugo Makibi Enomiya-Lassalle oder die Benediktiner Bede Griffiths, Henri Le Saux und Willigis Jäger, verstanden es, ihre im Fernen Osten empfangenen Impulse mit der christlichen Überlieferung so zu verbinden, dass es zu einer geistig-geistlichen Horizonterweiterung kam. Auf einem anderen Blatt steht, dass die Kirche in der Sorge, das christliche Dogma könne durch derlei Aktivitäten relativiert oder infrage gestellt werden, wiederholt Einspruch erhob. Daher kam es — wie kaum anders zu erwarten — in der römisch-katholischen Kirche zu Publikations- und Redeverboten, eine Praxis, die seit alters bekannt ist.

Unterwegs nach innen

Die Tiefen unseres Geistes kennen wir nicht.
Nach innen geht der geheimnisvolle Weg.
In uns und nirgends ist die Ewigkeit
mit ihren Weiten.

Novalis

Suchbewegungen seit Jahrhundertbeginn

Mit hochgesteckten Erwartungen, mit Feuerwerk und ins Zukünftige weisenden weit ausholenden Lobreden war das zwanzigste Jahrhundert weltweit begrüßt worden. Nicht ganz unähnlich der Weise, wie man vor wenigen Jahren die Schwelle zum dritten Jahrtausend überschritt, betrat man das vergangene Säkulum. Damals geschah es freilich mit einer fatalen Unbedarftheit, nicht ahnend, dass zwei völkermordende Weltkriege samt deren kaum weniger bedrückenden kriegerischen Begleit- und Folgeerscheinungen bevorstehen würden. Aber Fortschritt und Optimismus bestimmten die Seelenlage der jeweils Herrschenden in Politik und Wirtschaft, in technischer Weltbewältigung und in kolonialistischer wie nationalistischer Durchsetzung der jeweils ideologisch diktierten Ziele. Hatte man es nicht auf nahezu allen Gebieten so »herrlich weit gebracht«? War man nicht im Besitz der weiterführenden philosophischen Ideen wie der im Rahmen eines bürgerlichen Weltbildes gepflegten religiösen Glaubensüberzeugung, mit der die Menschheit »beglückt« werden sollte?

Mit dem Credo einer selbstvermessenen Unüberwindlichkeit war man gesonnen, im Bedarfsfall etwaige Krisen zu meistern und darüber hinaus die angeblich unterentwickelten fernen Heidenmenschen zu missionieren. Man muss nur – um ein Beispiel zu geben – die Kriegspredigten lesen, mit denen die Kirchen ihre eisenstarken Männer (»Der Gott, der Eisen wachsen ließ ...«) an die Fronten schickte – in den ersten Monaten des Weltkriegsjahrs 1914 zumindest[16]. Dass Gesinnungen dieser Art dazu herausfordern, dass geistige Umbrüche zu bewältigen seien, musste nach und nach erkannt, akzeptiert und bestanden werden. Und was das Mode gewordene Mystik-Interesse jener Jahre anlangt, so hatte der für das damalige national getönte Lebensgefühl aufgeschlossene Mystik-Verleger Eugen Diederichs bereits 1909 angedeutet, dass weder religiöse noch metaphysische Vertiefung gemeint war, wenn er sagte: »Augenblicklich liegen die Verhältnisse so, dass die Mystik mehr in ästhetischen Kreisen als in religiösen Boden hat.«

In der Tat ist es nicht nur die Theologie, sondern es sind zwei philosophische Disziplinen, die auf ihre Weise und unter Einbezug monistischer Anschauungen einen mystischen Zugang zur Wirklichkeit postulieren: die antiaufklärerische, an die Unmittelbarkeit der Welterfassung anschließende Lebensphilosophie und die Sprachphilosophie, wie sie einerseits von Schopenhauer und Nietzsche herkommend, von Wilhelm Dilthey, Georg Simmel und Max Scheler, andererseits von Fritz Mauthner und anderen vertreten wurden. Da sagt man sich, die übliche Bezeichnung, das Wort biete keine Gewähr für das Auszusagende und das zu Bezeichnende. Umso wichtiger sei es, jeweils in die Lebensganzheit einzutauchen. »Die Sprache, der Intellekt, kann nicht dazu dienen, die Welt uns näherzubringen, die Welt *in uns* zu verwandeln. Als sprachloses Stück Natur aber verwandelt sich der Mensch in alles, weil er alles berührt. Hier beginnt die Mystik«, bemerkt Gustav Landauer[17]. Es bedürfe einer solchen Mystik, durch die Ich und Welt in eine unmittelbare Beziehung geraten, damit ein *Einheitserlebnis* zustande komme, und zwar – nach herrschender Bewusstseinslage – in einer gegebenenfalls areligiösen säkularen Gestalt beziehungsweise als »Gottlose Mystik«[18]. Die Ideologen einer antimetaphysischen Menschenkunde haben ohnehin seit Langem das Ruder ergriffen[19]. Daraus und nicht nur daraus ergibt sich, dass die herkömmliche Mystik-Einschätzung, die ohne eine metaphysische Basis auskommt, in unserem Zusammenhang durch einen *erweiterten Mystik-Begriff* zu ermitteln sein wird.

Die Zusammenstellung von »gottlos« und Mystik sei – nach Mauthner – berechtigt, »weil stets nur die Gestalt des Wortes ›Gott‹, niemals der Gehalt existiert. Sogar die christlichen Mystiker des Mittelalters könnten ›als Zeugen für unsere gottlose unio mystica‹ aufgerufen werden, denn ›sie waren erblich mit dieser Art von Gottlosigkeit belastet‹. Mystik sei einfach Einswerdung des eigenen Ich mit dem Nicht-Ich. Immanente Mystik bedeutet, dass sich das menschliche Ich in einem Zustand entrückter Versunkenheit mit allen Dingen der Welt eins fühlt.«[20] Auf diese Weise trugen die genannten Denker, in ihrer Nachbarschaft eine Reihe von Dichtern, dazu bei, in der Gesellschaft des Jahrhundertbeginns das Interesse an so genannter Mystik zu wecken. So konnte diese geistig-seelische Verfasstheit auch in nichtreligiösen, eben selbst in metaphysikfernen Bereichen Interesse wecken. Die sich daraus ergebende säkularisierende Umformung der herkömmlichen Unio mystica verlagerte sich von der Transzendenz in die Immanenz,»die anstelle der Einheit von Seele und Gott die beiden Verschmelzungspole Ich und Welt setzte. Ein Andachtsgefühl der Wirklichkeit gegenüber entstand, eine Frömmigkeit, die sich an der Welt entzündete.«[21]

Was nun das geistig-geistliche Rüstzeug anlangt, mit dem man ins verheißungsvolle Jahrhundert eintrat, so musste man sich – etwa aus tiefenpsychologischer Sicht betrachtet – eingestehen, wie wenig die Menschheit gerüstet war, um ihre wirkliche Sendung zu erfüllen. Längst hätte man sich eingestehen müssen, was Gustav Richard Heyer, der analytische Psychologe an der Seite C. G. Jungs, im Krisenjahr 1933 zu bedenken gab:»Den Weg zu dieser unserer eigentlichen Aufgabe (die der platte Materialismus des endenden 19. und der dürre Rationalismus des beginnenden 20. Jahrhunderts überhaupt vergessen hatte) findet der Heutige vielfach nicht mehr durch die einfache Wiedereinbettung in die kollektiven Formeln und Normen der Gesellschaft. Waren diese für den Menschen des vorigen, des bürgerlichen Jahrhunderts noch lebendiges Kleid, umso mehr erscheinen sie heute museal erstarrt zu sein. Ebenso führt ... der kirchlich-konfessionelle Weg nur noch Wenige zu ihrer Wurzel und zum Licht. Denn die Sakramente sind matt geworden und ihre Diener vielfach müde und unsicher. Und erst recht können die mannigfachen wohlgemeinten oder besessenen Sekten und Bünde ›reformerischer‹ Art nicht in jene Tiefen führen, aus denen die Antwort käme auf Fragen, die nicht dadurch zu Fragen wurden, dass der Mensch sie stellte, sondern dadurch, dass sie sich ihm stellten, dass er in sie hinein geriet.«[22]

Jener allgemeinen euphorisch getönten Erwartungsstimmung zum Trotz traten allerlei Suchbewegungen auf den Plan, Unternehmungen und deren Initiatoren, denen es darum ging, dem allgemeinen Trend jeweils Alternativen entgegenzusetzen. Auch an wenigen kritischen Stimmen, die sich bereits *vor* Anbruch der ersten Kriegskatastrophe Gehör zu verschaffen suchten, hatte es nicht gefehlt, nicht einmal von solchen, die durch die nachfolgenden Ereignisse in erschütternder

Weise bestätigt worden sind, denn:»Wo der Fortschrittsmensch die Herrschaft antrat, deren er sich rühmt, hat er ringsum Mord gesät und Grauen des Todes!« So der Philosoph und Psychologe Ludwig Klages (1872–1956) zur bedeutsamen Jahrhundertfeier der Freideutschen Jugend auf dem Hohen Meißner 1913.[23] »Klages Philosophie ist, wie die Lebensphilosophie generell, Philosophie der Zeit. Auch sein Verständnis des Heidentums ist, wie die Wendung von der ›außerpersönlichen Wirklichkeit des glühenden Augenblicks‹ zeigt, wesentlich von einer bestimmten Zeitvorstellung geprägt.«[24] Bezeichnenderweise hatte sich auf dem Hohen Meißner eine Schar junger, an die Jugend appellierender Menschen, Repräsentanten erst zu Jahrhundertbeginn zu Bünden sich zusammenschließender Jugendbewegung eingefunden. Es vereinte sie die vorweg zur Gewissheit gewordene Hoffnung:»Mit uns geht die neue Zeit!«[25] Eine starke naturmystische, bisweilen ins Völkische tendierende Note hängt mit diesen Bestrebungen zusammen.

Und der Heidelberger Philosoph Karl Jaspers (1883–1969) diagnostizierte seine Zeit bereits als die einer»entgötterten Welt«, der in einem Augenblick des Gestaltwandels Lichtes und Dunkles bevorstehe, ohne in erforderlicher Weise dafür gerüstet zu sein:»Noch ohne klares Wissen wird immer entschiedener bewusst, in einem Augenblick der Weltwende zu stehen, die nicht an einer der partikularen geschichtlichen Epochen der vergangenen Jahrtausende gemessen werden kann. Wir leben in einer geistig unvergleichlich großartigen, weil an Möglichkeiten und Gefahren reichen Situation, doch müsste sie, würde ihr niemand genug tun können, zur armseligsten Zeit des versagenden Menschen werden. Im Blick der vergangenen Jahrtausende scheint der Mensch vielleicht am Ende …«[26] Immerhin ist in gebotener Nüchternheit hier nicht nur vom»Großartigen« die Rede, auf das man sich siegesgewiss einstellt, sondern auch von einem noch nicht näher bezeichenbaren Gefahrenpotential. Sieht man einmal von zivilisationsskeptischen Äußerungen ab, dann ist darüber hinausweisend vor allem an jene zu erinnern, die den Willen zur reformerischen Tat und zur Umkehr aufriefen, bei sich selbst beginnend einen Neuansatz erprobten, auch wenn von Fall zu Fall nur geringe Aussicht auf generelle Durchsetzung bestand oder bestehen konnte. Auch hier klingen nicht selten mystische, zumindest an Mystizismus erinnernde Motive an.

Hinzuweisen ist auf ein buntes Konglomerat von Lebensformen und gesellschaftlichen Zusammenschlüssen, deren Mitglieder ihrerseits auf der Basis teils recht unterschiedlich ausgerichteter Zielsetzungen tätig wurden. Sie waren bestrebt, ihr gesamtes Leben und Arbeiten, das Wirtschaften und Wohnen, nicht zuletzt eine religiös-weltanschauliche Erneuerung mit mehr oder weniger Erfolg ins Werk zu setzen.[27] In diesem Zusammenhang ist der Mystik in ihrem Gesamtumfang als Erlebnis, als Denkweise und Erfahrungsweg eine besondere Bedeutung beizumessen. Zahlreiche Aspekte sind hierbei zu berücksichtigen, vorweg die Unterscheidung einerseits von Mystik als eine Wendung nach innen und – inmitten der Alltagswirklichkeit – als ein Ergriffensein von einem nicht näher bezeichneten *Ganz-Anderen*, das sich im »Jetzt und Hier« als Teilhabe am Überweltlichen darstellt. Auf der anderen Seite ist davon ein schwärmerischer Mystizismus abzusetzen, dessen Vertreter sich zwar mystischer oder quasi-mystischer Vokabeln bedienen, es jedoch an der zu fordernden Geistesklarheit und Erlebnistiefe mangeln lassen. Und dies letztlich unabhängig vom spirituell-religiösen oder auch philosophischen Rahmen, in dem eine solche besondere Erlebnisintensität jeweils gesucht und empfangen wird. Es versteht sich, dass innerhalb der Christenheit mit ihren katholischen, orthodoxen und protestantischen Konfessionen eigengeprägte Formen der Spiritualität entstanden sind, die naturgemäß gleicherweise geschichtlicher Wandlungen unterworfen wurden. Doch ein durchgehender, wenngleich nicht immer deutlich vernehmbarer Cantus firmus des Gottes- und Christusglaubens ist zumindest innerhalb der Konfessionen weitgehend durchgehalten und erkennbar.

Nicht wenige Schriftsteller und Dichter haben in der zeitgenössischen Literatur mystische Spuren hinterlassen – sei es, dass sie sich durch das große Thema der religiösen Erfahrung inspirieren ließen, sei es, dass sie einer philosophisch beziehungsweise atheistisch ausgerichteten Mystik Sprache verliehen. Dazu bemerkt Paul Konrad Kurz: »Mystische Erfahrung im strengen Sinn steht sogar in einem Spannungsverhältnis zum Wort. Sie kann zwar visionär werden, scheint aber primär eher bild- und wortlos zu sein: reine Gegenwart. Wort, Bilder, Erkenntnisabfolgen begrenzen. Sie bestehen aus Teilen. Der ›reine‹ Mystiker verhält sich ganzheitlich. Er ist nicht stumm, aber ein Schweigender. Schweigend hört er, schweigend spricht er, schweigend schaut er, schweigend ist er ganz gegenwärtig. Was in der mystischen Begegnung geschieht, ist mehr und etwas anderes als Worte. Sie ist eine Ganzheitserfahrung. Erst im Nachhinein, wenn der Mystiker zurückkehrt ins Tagesbewusstsein, sucht auch er Wort und Bilder. Als Regel scheint zu gelten: Je intensiver, ›reiner‹ die mystische Erfahrung, desto ungemäßer erscheint die Wiedergabe in sprachlicher oder bildlicher Form ... Für den Schriftsteller ist die Worterfahrung Ausgangspunkt, das künstlerisch geformte Wort Ziel.«[28]

Vorweg hierzu einige Beispiele, so unterschiedlich wiederum die Annäherung in Darstellung und Reflexion jeweils ausgefallen sein mag: So gibt der Philosoph Leopold Ziegler (1881–1958) zu bedenken, der Mystiker sei sich bewusst, dass »die immanente Funktion Gottes über sein (des Menschen) Bewusstsein« erhaben sei. Denn »erst wenn der Mensch durchdrungen wird von der Beschränktheit seiner seelischen Vermögen, erst wenn er erkennt, dass sie nur für den Verkehr mit der Welt und mit der Sinnlichkeit ausreichend sind, erst wenn er die *Notwendigkeit* eines religiösen Verhältnisses anerkennt, erwacht das mystische Bewusstsein ... Der Mystiker hebt sich über seine Ichlichkeit (sic) und individuelle Beschränktheit hinaus, indem er die mystische Kontemplation des inneren Anschauens vollzieht.«[29]

Ausgehend von Baruch Spinoza, Friedrich Nietzsche und Max Stirner wandte sich Gustav Landauer (1870–1919) am Anfang des Jahrhunderts unter dem philosophischen Aspekt der Mystik Meister Eckharts zu, dessen Predigten er auswahlweise übertrug. Unter Bezugnahme auf Fritz Mauthners Sprachkritik verfasste er seine Abhandlung »Skepsis und Mystik« (1903)[30]: »Der Weg, den wir gehen müssen, um zur Gemeinschaft mit der Welt zu kommen, führt nicht nach außen, sondern *nach innen.* Es muss uns endlich wieder einfallen, dass wir ja nicht bloß Stücke der Welt wahrnehmen, sondern dass wir selbst ein Stück Welt sind ... Nun denn, kehren wir ganz *in uns* selbst zurück, dann haben wir das Weltall leibhaftig gefunden ... Was der Mensch von Hause aus ist, was sein Innigstes und Verborgenstes, sein unantastbares Eigentum ist, das ist die große Gemeinschaft der Lebendigen in ihm.«[31]

»Hugo von Hofmannsthal stellt im ›Chandos-Brief‹ (1902) das Verstummen der Sprache und neuen Sinnfindung im Unscheinbaren und Hässlichen dar, während Rainer Maria Rilkes ›Stundenbuch‹ (1905), das vor allem von der älteren Forschung als mystisch gepriesen wird, in der Rolle des frommen Künstler-Mönchs die Negativität Gottes besingt. Christian Morgensterns ›Tagebuch eines Mystikers‹ (1916) begibt sich ebenso wie Franz Kafkas ›Betrachtungen über Sünde, Leid, Hoffnung und den Weg‹ (1931) aphoristisch auf die Suche nach der mystisch-paradoxen Wahrheit. Unter den Expressionisten müssen unter anderen Ernst Barlach und Alfred Döblin genannt werden; im ›November‹-Roman (1939–1950) lässt Döblin den Mystiker Johannes Tauler als Gesprächspartner im inneren Monolog seines Protagonisten Becker auftreten …«[32] In diesem Zusammenhang wären weitere Namen zu nennen, etwa Hermann Hesses »Siddharta« (1922), insbesondere sein Spätwerk »Das Glasperlenspiel« (1943), oder Robert Musil, der in seinem monumentalen »Mann ohne Eigenschaften« auf Meister Eckhart und die mittelalterliche Mystik zurückgreift, geht es doch dort um das »Entwerden« und Ledigwerden des Menschen, letztlich um die Preisgabe von »Eigenschaften«, die den Menschen an dem Nichtigen haften lassen. Erwin Guido Kolbenheyer versetzt seine Gestalten in Zeit und Welt des Paracelsus oder in die Jakob Böhmes. »Bis in die Gegenwartsliteratur reicht die Auseinandersetzung mit dem, was ›Mystik‹ genannt werden kann: Für Peter Handke ist sie vor allem in den Notizbüchern, in der ›Geschichte des Bleistifts‹ (1982) und in den ›Phantasien der Wiederholung‹ (1983), dokumentiert, und Martin Walser feiert in ›Heimatlob‹ (1978) Heinrich Seuse als den ›größten Schriftsteller‹ der Bodenseelandschaft …«[33] Oder um das unerschöpfliche Thema auch durch Ernst Bloch anklingen zu lassen: »Wer immer aber auszieht, kommt von einem *Innern* her.« Das verweist wiederum auf die Umsetzung des innen Erfahrenen zur Verwirklichung, zur Tat – *Ora et labora*. Daher kann es nicht verwundern, wenn Menschen wie Ernesto Cardenal, einst Kulturminister Nicaraguas, bekennt: »Die Mystik hat mich zum Revolutionär gemacht.« Ja, das Revolutionäre, das Anarchische ist durch und durch mystisch tingiert. Gehen da nicht die Gedanken weiter zur der »Mystik als Widerstand« bei Dorothee Sölle? Freilich verlangen alle diese Beispiele von Fall zu Fall eine Klärung des zugrunde gelegten *erweiterten* Mystik-Begriffs! Angemessenes und Unangemessenes scheinen ineinander überzufließen …

Ein bemerkenswertes Ergebnis der Jahr um Jahr sich vertiefenden Mystik-Forschung besteht sodann darin, dass im 19. Jahrhundert wichtige Dokumente der deutschen Mystik des Mittelalters entdeckt und in ihrer Bedeutung erhellt wurden.[34] Dadurch waren angesichts des zu Jahrhundertbeginn erstaunlich gewachsenen Mystik-Interesses unverzichtbare Voraussetzungen für eine Wiederaufnahme dieses zentralen Themas gegeben. Dass der anschließenden historischen Textkritik weitere Arbeit vorbehalten war, beispielsweise im Zusammenhang der Edition der deutschen und lateinischen Werke Meister Eckharts (Stuttgart 1936ff.) sowie weiterer Quellenschriften, sei nur angemerkt. Neu in den Blick kam durch Martin Buber die reiche Erzähltradition des im 18. Jahrhundert entstandenen ostjüdischen Chassidismus[35], während Gershom Scholem der Erforschung der jüdischen Mystik richtungweisende Impulse gab[36]. Eine ähnliche Rolle spielte Annemarie Schimmel für die Erschließung der sufischen Mystik im deutschen Sprachraum.[37] Viel zu wenig bekannt wurden hier die spezielleren Studien des französischen Orientalisten Henry Corbin (1907–1978) über die persische Lichtmetaphysik, speziell die Botschaft Suhrawardis[38].

Aber es ging und geht nicht allein um eine Vertiefung in die einschlägige Literatur, wenngleich ihre Entstehung und ihr Interesse in der jeweiligen Leserschaft etwas von dem Mystik-Bedürfnis anzeigen. Immer wieder stellt sich die Frage, in welcher Weise ein innerer Zugang zu den betreffenden spirituellen Gehalten gewonnen werden kann. Wie groß die Nachfrage ist, bedarf keiner besonderen Hervorhebung, auch wenn man im Vordergrund bleibende Modeerscheinungen von ernsthafter Vertiefung bei alledem unterscheiden muss. Die Nachfrage lässt sich – angesichts eines mehr und mehr sich ergebenden spirituellen Vakuums – generell als Ausdruck einer solchen Bedürftigkeit und eines inneren Verlangens begreifen. Im Laufe des Jahrhunderts war es durch die kirchliche Verkündigung offensichtlich immer weniger zu stillen. Was das erwachte Mystik-Interesse in christlichen Zusammenhängen anlangt, so erhob sich alsbald eine heftige Diskussion über das Wesen christlicher Mystik, über das mystische Gebet, nicht zuletzt über die erwähnte, von Karl Rahner aufgestellte These, dass der Christ der Zukunft ein Mystiker sein müsse, einer, der etwas erfahren hat, wenn sein Christsein Bestand haben solle. Auf einem anderen Blatt steht, inwieweit das vor einem kulturell fremdartigen Hintergrund erwachsene Geistesgut integriert werden kann. Dass auch in dieser Hinsicht im Laufe des Jahrhunderts – abgesehen von Zen-Snobismus und dergleichen – bemerkenswerte Fortschritte gemacht wurden, steht außer Frage.

Eine Weise der Seelenführung und spirituellen Übung stellt hierbei die *Meditation* dar, die vom Gegenständlichen (Bild, Wort, Symbol) ins Ungegenständliche, durch das Schweigen bestimmte *Kontemplation* einmündet. Die dabei gemachte Erfahrung ist nicht nur geeignet, mystische Texte erschließen zu helfen. Meditation und Kontemplation lassen geradezu einen erfahrungsmäßigen Anteil an mystischem Erleben als solchem gewinnen. So gesehen stellt dies Geschehen eine Wiederentdeckung dar. Die geistliche Sammlung erwies sich als eine unverzichtbare Übung des Glaubens. Dies entspricht einer Anknüpfung an die reiche spirituelle Tradition der Christenheit. Die geistig-seelische Situation des neuzeitlichen Menschen forderte diese Rückbesinnung heraus. Der um eine Erneuerung und Wiederverlebendigung eines christlichen Menschenbildes bemühte russische Denker Nikolaj Berdjajew (1874–1948) wirkte in diesem Sinn – zwar abseits der ausgetretenen Wege – wegbereitend: »Es gibt eine ewige Mystik, und das Christentum muss zu den ewigen Grundlagen der Mystik zurückkehren, um nicht ganz und gar zu verknöchern. Aber die mystische Wiedergeburt des Christentums in unserer Epoche hat ihre besonderen Aufgaben ... In der mystischen Erfahrung wird die natürliche und menschliche Welt in das Innere des Geistes hineingenommen; nichts steht als äußerer Gegenstand gegenüber.«[39]

Bei einer Beschreibung der christlichen Mystik im 20. Jahrhundert war ein Hinweis auf die Rolle der östlichen Religionen und auf deren Mystik ebenfalls unverzichtbar. Beginnend mit der Romantik waren im Laufe des 19. Jahrhunderts immer neue Quellen – die »heiligen Bücher des Ostens« – insbesondere aus Sanskrit und Pali in europäische Sprachen übersetzt und erschlossen. Die vergleichende Religionswissenschaft etablierte sich und ist seitdem in aller Welt durch namhafte Forscher vertreten[40]. Einer von ihnen, Rudolf Otto (1869–1937), der im Weltkriegsjahr 1917 seine richtungweisende, in zahlreichen Auflagen verbreitete und übersetzte Studie über »Das Heilige« hinausgehen ließ[41], machte am Beispiel von Meister Eckhart und dem Hindu Shankara[42] deutlich, inwiefern von einer Vergleichbarkeit westlicher und östlicher Mystik gesprochen werden kann; aber auch, inwiefern die jeweilige Eigenprägung eine Nivellierung verbietet. Er traf eine nach wie vor beherzigenswerte Feststellung:

»Wir behaupten, dass in der Mystik sich in der Tat gewaltige Urmotive der menschlichen Seele regen, die als solche ganz gleichgültig sind gegen die Unterschiede des Klimas, der Weltgegend oder der Rasse und die in ihrer Übereinstimmung eine innerliche Verwandtschaft der menschlichen Geistes- und Erlebensart aufweisen, die wahrhaft erstaunlich ist. Sodann aber wollen wir erkennen, dass die Behauptung, Mystik sei eben immer Mystik[43], sei immer und allenthalben ein und dieselbe Größe, falsch ist, dass es in ihr vielmehr Mannigfaltigkeiten der Ausprägungen gibt, die gerade so groß sind wie die Mannigfaltigkeiten auf irgendeinem anderen geistigen Gebiete, sei es etwa auf dem der Religion überhaupt oder auf dem der Ethik oder auf dem der Kunst.

Und drittens sagen wir: Diese genannten Mannigfaltigkeiten sind als solche wieder nicht durch Rasse oder Gegend bedingt. Sondern sie können innerhalb desselben Rasse- und Kulturkreises nebeneinander auftreten, ja in scharfer Gegensätzlichkeit gegeneinander auftreten.«[44] Auf diese und andere Gesichtspunkte der Bedeutung der östlichen Spiritualität für die Belebung des Mystik-Interesses in der westlichen Welt ist noch zurückzukommen und sie sind anhand von Beispielen zu veranschaulichen. Dabei sind zwei Bewegungsrichtungen zu beobachten. Einerseits handelt es sich um eine vielgestaltige Rezeption östlicher Religiosität und Spiritualität; andererseits kam es zu einem vielstimmigen Dialog der Religionen. Und der gestaltete sich nicht allein im Austausch der zu unterscheidenden Glaubensanschauungen, sondern er führte bisweilen zu symbioseartigen Unternehmungen, nämlich dadurch, dass Menschen des Westens als Christen sich in die nichtchristliche Weltanschauung und Lebensart einfügten und eine »Inkulturation« erprobten. Deshalb ist – abgesehen von nicht wenigen Konvertiten – von Männern wie dem Amerikaner Thomas Merton, dem Engländer Bede Griffiths, dem Franzosen Henri Le Saux, dem Deutschen Hugo Makibi Enomiya-Lassalle und manch anderem gesondert zu sprechen. Charakteristisch ist in diesem Zusammenhang eine Äußerung des indisch-spanischen Theologen und Philosophen Raimon Panikkar, der aufgrund seiner besonderen Schicksalskonstellation bekannte: Als Christ sei er nach Indien gegangen; dort habe er sich als Hindu entdeckt, als Buddhist sei er zurückgekehrt, und zwar ohne aufgehört zu haben, ein Christ zu sein!

Zu den Suchbewegungen, die in diesem Jahrhundert in Erscheinung getreten sind, gehören ferner weitere Erscheinungen, denen man zwar nicht immer mystische Züge zusprechen kann. Aber von Fall zu Fall gibt es Berührungspunkte, wenn man beispielsweise auf theosophische, anthroposophische Gruppierungen oder außerkirchliche religiöse Erneuerungsbewegungen blickt. »Bruderschaften« der künstlerischen Avantgarde formierten sich. Mit Wassily Kandinsky sann man »Über das Geistige in der Kunst« nach, und zwar unter Einbezug theosophischer Sichtweisen und Wirklichkeitsdeutungen.[45] Hatte bereits Nietzsche von einem »Kloster für freiere Geister« geträumt, so fanden sich nach 1900 in Berlin Gefährten einer »Neuen Gemeinschaft« zusammen, so kurzlebig derartige Versuche auch sein mochten. Gustav Landauer gehörte zu ihren Mitinitiatoren, sein Freund Martin Buber schloss sich zeitweilig dort an. Andere fanden eine lebensreformerische

Unterwegs nach innen

Alternative auf dem Monte Verità oberhalb von Ascona am Lago Maggiore[46]. Deutsch-christliche und pagane deutsch-gläubige Gruppenbildungen, an die später nationalsozialistische Ideologen anknüpfen konnten, gab es lange vor 1933, schon um die Jahrhundertwende. Dem war bald ein sozialistisch-anarchistischer, bald ein durch völkische Ideologie gefärbter Mystizismus verwandt.[47] Dass es bei alledem ohne Verfälschungen und bewusste Missdeutungen des Mystischen nicht abging, bedarf keiner besonderen Hervorhebung. Dergleichen ist geradezu zeittypisch. Um Gurus und sogenannte Erlösergestalten unterschiedlichster Couleur scharten sich vor allem junge Menschen in der Hoffnung, der bürgerlichen Gesellschaft unter Kaiser Wilhelm II. zu entfliehen und so etwas wie ein »neues Jerusalem«, und sei es im kleinsten Maßstab, zu begründen. »Barfüßige Propheten« bevölkerten die Landstraßen und Marktplätze.[48]

Insgesamt ist von einer Vielfalt mystischen sowie verwandten Erlebens zu sprechen, zumindest von einer Vielfalt, die einmal mehr auf eine Bedürftigkeit an innerer Erfahrung und deren Deutung hinweist. Immer wieder sind Menschen anzutreffen, die eines Bewusstseinswandels und einer Entgrenzung ihres eigenen Ich gewahr geworden sind. Die Grenzen von Subjekt und Objekt scheinen sich für gar nicht wenige verschoben zu haben. Bezeichnend sind daher eine Reihe von Publikationen, in denen am Jahrhundertanfang von der Mystik als Ausdruck einer Evolution des menschlichen Geistes die Rede ist. Der englische Psychiater Richard M. Bucke, ein Verehrer Walt Whitmans, veröffentlicht 1901 seine Studie über das »Kosmische Bewusstsein«[49], indem er Stufen des Bewusstseins aufzeigt und eine Auswahl von Manifestationen dessen, was die Religions- und Geistesgeschichte an Erfahrungen eines kosmischen Bewusstseins bietet. Dass der Autor anstelle von Mystik die Bezeichnung »kosmisches Bewusstsein« (cosmic consciousness) wählte, hängt nicht zuletzt damit zusammen, dass seine Gewährsleute von Gestalten des Alten Testaments, über Buddha, Sokrates über H. D. Thoreau bis hin zu Walt Whitman reichen, also im strengen Sinn des Wortes mit mystischen Erlebnissen oft nichts zu tun haben. Ehe mag man von »Seinsfühlungen«, seltener von der »Großen Erfahrung« im Sinne von Karlfried Graf Dürckheim (1896–1988) sprechen[50]. Von dem genannten Buch R. M. Buckes beeindruckt, veröffentlicht der einflussreiche amerikanische Psychologe William James (1842–1910) im darauffolgenden Jahr sein zum religionsgeschichtlichen Klassiker gewordenes Werk »Die Vielfalt religiöser

Erfahrung«[51]. Seine Ausführungen gehen auf seine ebenfalls vielbeachteten Gifford Lectures (Edinburgh 1901/02) zurück. Diesen Veröffentlichungen sei, um ein weiteres Beispiel zu nennen, eine mehrfach aufgelegte und übersetzte, von Friedrich Heiler gewürdigte zusammenfassende Darstellung mystischer Strömungen der Engländerin Evelyn Underhill von 1911 an die Seite gestellt.[52] Sie wird ihrem Thema nicht zuletzt dadurch gerecht, dass sie als Katholikin auch nichtkirchliche mystische Gestalten und Strömungen bis William Blake (1757–1827) vorbehaltlos bespricht, also auf kirchliche Alleinvertretungsansprüche verzichtet.

Aber»noch will nichts anders werden«, lamentiert der junge Ernst Bloch (1885–1977), freilich lange bevor er nach vorne blickend das »Prinzip Hoffnung« proklamiert. Denn»wir sind arm und matt und fühlen nicht einmal, wie sehr. Die meisten treiben ihr ödes, angstvolles, künstlich abgestumpftes Leben voran. Gedrückt und gleichförmig schleichen die Tage der meisten dahin ...«[53] Bleibt immerhin zu erproben, und zwar ohne Verzug, auf welche Weise sich vor und nach dem Weltenbrand des ersten großen Kriegs der Funke für ein ganz anderes Feuer, nämlich der gerade jetzt und vor expressionistischem Horizont zu entdeckenden Mystik, zu entfachen ist.»Bloch findet in der Mystik – man muss betonen: seiner Mystik – eine historisch-theologische Unterstützung für sein religionsphilosophisches Zentralparadox: dass Gott verschwindet, wenn er kommt, dass Gott sich selbst erübrigt, wenn das, was mit ihm bezeichnet wird, verwirklicht ist, wenn der Mensch sich über die unendlichen Umwege von Projektionen an den Himmel zurückgenommen, zurückgefunden hat zu sich selbst. Das mit ›Gott‹ Bezeichnete löst sich ein und auf in Wirklichkeit.«[54] Nicht nur von Karl Marx, sondern vor allem von Joachim von Fiores Ankündigung des neuen Reiches und Thomas Müntzers Tatmystik herkommend, Jakob Böhme und manch anderen seines Geistes beerbend, beschwört Bloch den *Geist der Utopie*. So geschehen im gleichnamigen »Sturm- und Drang-Buch«, in den Kriegsjahren 1915/16 geschrieben, 1918 sodann teilweise verändert, 1923 erschienen[55]. Der als»Theologe der Revolution« alsbald (1921) ausgerufene Müntzer ist Bloch nicht zuletzt deshalb so bedeutsam, weil er dessen flammende, an die empörten Bauern gerichtete Predigt durch das nicht minder kräftige»innere Wort« Müntzers legitimiert sieht. Beide Jugendwerke und die in ihr pulsierende Spiritualität weisen über sich hinaus: Deren»revolutionäre Romantik findet Maß und Bestimmung in dem Buch *Das Prin-*

zip Hoffnung.«[56] Das in der amerikanischen Emigration entstandene Hauptwerk sollte erst um 1950 zur Wirkung kommen.[57]

Zu den verschiedenen Arten, sich nach Jahrhundertbeginn mit mystisch-spirituellen Erfahrungen zu beschäftigen, gesellen sich – während der zweiten Jahrhunderthälfte – neben gesellschaftsverändernden Unternehmungen eine Reihe weiterer, auf spirituelle Erneuerung gerichtete Aktivitäten. Bewusstseinsveränderung ist gefragt, weil eine tragfähige Veränderung auf politisch-weltanschaulicher Ebene *innen* beginnen muss. Wer die Welt verändern will, muss sich selbst – und zwar mit Blick auf Selbst-Verwirkung – verändern.[58] Den in den Jahrzehnten nach dem II. Weltkrieg noch gesteigerten Erfahrungshunger suchen Teile der jungen Generation in Gestalt eines Drogen-Mystizismus zu befriedigen. Es ist der Versuch, zu (angeblichen) Transzendenzerfahrungen zu gelangen, jedoch meist ohne sich spirituellen Exerzitien, etwa der Meditation und Kontemplation, zu unterziehen.

Zu den geistigen Wortführern, die an die »Tore der Wahrnehmung« (The doors of perception) gepocht haben, gehört der in religionswissenschaftliche Studien vertiefte, mit Mescalin experimentierende Romancier Aldous Huxley (1894–1963)[59]. Als »Hoherpriester der amerikanischen Drogen-Subkultur« gerierte sich der US-Psychologieprofessor Timothy Leary[60]. Von Amerika her breitete sich die Mode aus, die in mehreren Staaten alsbald verbotene, Halluzinationen erzeugende künstliche Droge LSD-25 (Lysergsäure Diäthylamid) sowie anderer berauschender Stoffe zum Zweck der Erzeugung veränderter Bewusstseinszustände zu genießen[61]. Um dem physischen und psychischen Verfall des Drogenmissbrauchs deutend und therapeutisch zu begegnen, versuchte man den »Trug der Drogen« aufzudecken.[62] Richtungweisendes hierzu ist dem Schrifttum Jean Gebsers (1905–1973) zu entnehmen, indem er darauf hinwies, inwiefern durchaus von einem sich manifestierenden »neuen Bewusstsein« gesprochen werden kann. Und: »Nur die heute bereits sterbende, die das rein Mentale usurpierende Rationalität glaubt noch, alles durch Anwendung von Mitteln lösen zu können. Demjenigen, der in den Rausch flieht, ermöglicht der Rausch keine Bewusstwerdung, sondern das Gegenteil: Wahnsinn …«[63]

Über die bisherigen Formen mystischen Erlebens und der Mystizismus-Illusionen weisen schließlich die diversen Wege und Methoden hinaus, die unter Einbezug der Tiefenpsychologie und Psychotherapie zur Ausformung einer *Transpersonalen Psychologie* geführt haben. Zur herkömmlichen Wertschätzung des religiösen Erlebens ist der therapeutische und auf spirituelles Wachstum zielende Gesichtspunkt hinzugetreten. Sieht man einmal von den Turbulenzen ab, die durch Anwendung psychodelischer Substanzen in der westlichen Welt verursacht wurden, lernte man den Umgang mit spirituellen Krisen[64] kennen. Damit sind Phänomene gemeint, die freilich von Fall zu Fall eine sorgfältige psychiatrische Abklärung voraussetzen, um pathologische Erscheinungen gegenüber bewusstseinserweiternden Vorgängen abzugrenzen, die auf eine Entfaltung geistig-seelischer Potentiale hinweisen. Eine solche Differenzierung ist schon deshalb erforderlich, weil aus dem Vorkommen psychopathologischer Erscheinungen beispielsweise nicht der Schluss gezogen werden darf, dass *alle* als mystisch ausweisbare Vorkommnisse als krankhaft hingestellt und Mystik als solche in Misskredit gebracht werden. Aber alles in allem zeigt sich anhand von derlei Vorgängen, wie oft die im engeren Sinn des Wortes als mystisch zu charakterisierenden Erfahrungsfelder überschritten werden können. Es gilt einst wie heute das Gebot der »Unterscheidung der Geister«.

Gustav Landauer:
Mit Recht hat ein alter Meister, der große Ketzer und Mystiker Eckhart, gesagt, dass wir, wenn wir vermöchten, ein kleines Blümchen ganz und gar, so wie es in seinem Wesen ist, zu erkennen, damit die ganze Welt erkannt hätten. Er selbst hat aber darauf hingedeutet, dass wir niemals zu solcher absoluten Erkenntnis von außen her, mit Hilfe unserer Sinne, die wir außen an unserem Leibe hängen haben, gelangen können. ›Gott ist allezeit bereit, aber wir sind sehr unbereit; Gott ist uns nahe, aber wir sind ihm ferne; Gott ist drinnen, aber wir sind draußen; Gott ist zu Hause, wir sind in der Fremde.‹ ...
Der Weg, den wir gehen müssen, um zur Gemeinschaft mit der Welt zu kommen, führt nicht nach außen, sondern nach innen. Es muss uns endlich wieder einfallen, dass wir ja nicht bloß Stücke der Welt wahrnehmen, sondern dass wir selbst ein Stück der Welt sind. Wer die Blume ganz erfassen könnte, hätte die Welt erfasst. Nun denn: Kehren wir ganz in uns selbst zurück, dann haben wir das Weltall leibhaftig gefunden.[65]

Martin Buber:
Haben die Meister aller Zeiten, die ihn schufen – den Mythos von der großen Einheit – und immer wieder neu schufen, nicht aus ihrem Er-

Unterwegs nach innen

lebnis geschöpft? Denn auch sie haben die Einheit erfahren; und auch sie sind aus der Einheit in die Vielheit gegangen. Aber wie ihre Ekstase nicht das Hereinbrechen eines Unerhörten war, das die Seele überwältigt, sondern Einsammlung und tiefstes Quellen und eine Vertrautheit mit dem Grunde, so lag auf ihnen das Wort nicht wie ein treibender Brand: Es lag auf ihnen wie die Hand des Vaters. Und so lenkte er sie, das Erlebnis einzutun – nicht das Ereignis in das Getriebe, nicht als Bericht in die Kunde der Zeit, sondern es einzutun in die Tat ihres Lebens, es einzuwirken in ihr Werk, daraus neu zu dichten den uralten Mythos, und es so hinzusetzen nicht als ein Ding zu den Dingen der Erde, sondern als ein Stern zu den Sternen des Himmels. – Aber ist der Mythos ein Phantasma? Ist nicht das Erlebnis des Ekstatikers ein Sinnbild des Urerlebnisses des Weltgeistes? Ist nicht beides ein Erlebnis?

Wir horchen hinein – und wissen nicht, welches Meeresrauschen wir hören.[66]

Ihr sollt in mir sehen
Einen von zweien
Und hinter meinen Worten
Unruhig horchen
Auf die andere Stimme.

Marie Luise Kaschnitz

Rudolf Steiner

Die Mystik im Aufgang

Zieht man in Betracht, wie Mystik – wie immer man sie in ihren unterschiedlichen Facetten erlebte und beschrieb und bei allen Besonderheiten des jeweils verwendeten Mystikbegriffs – am Jahrhundertanfang eine »Renaissance« erfuhr, dann ist jenem Ansatz gesonderte, mit entsprechender Kritik begleitete Aufmerksamkeit zu schenken, der unter der Bezeichnung Theosophie[67] von der Russin Helena Petrovna Blavatsky (1831–1891), dem Amerikaner Henry Steel Olcott und der Engländerin Annie Besant ausgegangen war[68]. Zur Schar derer, die auf der Jahrhundertschwelle nach geistigen Horizonten Ausschau hielten, die jenseits der Grenzen rationaler und technischer Weltbewältigung liegen und östliche Weisheitslehren einbezogen, gehört der österreichische Philosoph und Goetheforscher Rudolf Steiner (1861–1925), der Begründer der Anthroposophie. Zu bedenken ist freilich, dass Steiner nicht etwa die Absicht verfolgte, den Chor der Mystik-Begeisterten seiner Zeit anzuführen oder zu verstärken. Er bewegte sich mit seinen Intentionen, was um 1900 noch nicht klar sichtbar war, mit der von ihm auszuformenden »Wissenschaft vom Geist« oder Geisteswissenschaft auf einer anderen Ebene und zu einem anderen Ziel hin. Und doch gehören seine ersten auf Mystik bezogenen Vorträge und Schriften zum anthroposophischen Primärschrifttum. Das trifft nicht zuletzt deshalb zu, weil die von ihm initiierte Anthroposophie entgegen anders lautender Deutung nicht von der Blavatsky-Theosophie abzuleiten ist, sondern in der Hauptsache in der christlich-abendländischen Tradition und ihrer Theosophie wurzelt.[69]

Wer sich mit Leben und Werk Rudolf Steiners bekannt gemacht hat, der erwartet von ihm in der Tat nicht gerade Darstellungen zur Mystik des 20. Jahrhunderts, und das mit guten Gründen. Denn nicht als Erneuerer oder Erforscher der westlichen samt der östlichen Mystik ist er 1902 an die Spitze der deutschen Sektion der anglo-indischen Theosophischen Gesellschaft (Theosophical Society) getreten.[70] Ihm ging es um die von ihm ausgeformte »anthroposophisch orientierte Geisteswissenschaft« als einer mit wissenschaftlichen Ansprüchen auftretenden Spiritualität; ihn bewegte »eine ehrliche Sehnsucht nach der geistigen Welt«. Darunter verstand er Erkenntnisbemühungen, die eine Zusammenschau zweier einander konträrer, jedoch ergänzender Sichtweisen, nämlich der Naturwissenschaft, von der er herkam, und eines meditativ-spirituellen Strebens, durch das er eine Erweiterung und Vertiefung der Erkenntnis erwartete, darstellen. Diese seine »Geisteswissenschaft« grenzte er gegen die ihm damals bekannt gewordene Gestalt einer »Mystik« in der Weise ab, dass eine Verwechslung der beiden zu unterscheidenden Zugangswege zum Übersinnlichen vermieden würde. Steiner drückte das so aus: »Unter Anthroposophie verstehe ich eine wissenschaftliche Erforschung der geistigen Welt, welche die Einseitigkeiten einer bloßen Natur-Erkenntnis ebenso wie diejenigen der gewöhnlichen Mystik durchschaut und die, bevor sie den Versuch macht, in die übersinnliche Welt einzudringen, in der erkennenden Seele erst die im gewöhnlichen Bewusstsein und in der gewöhnlichen Wissenschaft noch nicht tätigen Kräfte entwickelt, welche ein solches Eindringen ermöglichen.«[71] Oder unter anderem Aspekt: »Anthroposophie ist ein Erkenntnisweg, der das Geistige im Menschenwesen zum Geistigen im Weltall führen möchte.«[72] Daraus ergibt sich ein auf Selbst- und Wirklichkeitserkenntnis gerichtetes Streben, das sich von einem vornehmlich religiösen Verlangen nach Gotteserfahrung unterscheidet.

Das geschah, obwohl er ein gewisses Interesse an Vertretern und deren Ausformungen der sogenannten Deutschen Mystik in öffentlichen sowie in internenVorträgen bekundete.[73] Das zeigte sich bereits, als eine Folge dieser Vorträge erschien, die er unter dem Titel »Die Mystik im Aufgange des neuzeitlichen Geisteslebens und ihr Verhältnis zur modernen Weltanschauung« (1901) als Buch herausgab.[74] Diese Formulierung signalisiert Steiners Absicht; sie benennt Ausgangsort und Ziel seiner Bestrebungen. Schon seinen zeitgenössischen Kritikern wendete er mancherlei ein. Dies ergab sich aus der Tatsache, dass er in diesem Buch einerseits Gestalten wie Meister Eckhart, Mitglieder der Gottesfreundebewegung, sodann Valentin Weigel, Jakob Böhme und Angelus Silesius behandelte – selbst Nikolaus von Kues, Agrippa von Nettesheim, Paracelsus und Giordano Bruno bezog er ein, wiewohl sie eine andere Zuordnung verlangen. Andererseits war Steiner als Verehrer des eher dem antiklerikal-freigeistigen Lager zuzurechnenden Biologen Ernst Haeckel (1834–1919) bekannt.[75] Dessen populäres Standardwerk »Die Welträtsel« (1899) gehörte um die Jahrhundertwende und darüber hinaus zu den vieldiskutierten weltanschaulichen Veröffentlichungen. Das Buch war Ausdruck jener betont erkenntnisoptimistischen Bestrebungen der herkömmlichen Naturwissenschaft, mit deren Methoden man nach und nach alle »Welträtsel« zu enthüllen hoffte.

In dem aktuellen Meinungsstreit ergriff Steiner alsbald die Partei Haeckels.[76] Hier und in seinem wenig später erschienenen Mystik-Buch hatte er seiner Überzeugung Ausdruck zu geben, dass man mit Haeckel den Evolutionsgedanken Darwins sich durchaus zu eigen machen und gleichzeitig den Gedankenwegen zustimmen könne, wie sie von manchen Mystikern betreten worden sind. Mit anderen Worten: Er wollte sich weder als »gläubiger Materialist« noch als christlicher Mystiker klassifizieren lassen. Er hoffte vielmehr zeigen zu können, »dass man ein treuer Bekenner der naturwissenschaftlichen Weltanschauung sein und doch die Wege nach der Seele aufsuchen kann, welche die richtig verstandene Mystik führt. Ich gehe sogar noch weiter und sage: Nur wer den Geist im Sinne der wahren Mystik erkennt, kann ein volles Verständnis der Tatsachen in der Natur gewinnen. Man darf wahre Mystik nur nicht verwechseln mit dem ›Mystizismus‹ verworrener Köpfe.«[77] Es gehört zu Steiners eigentümlicher »Mystik«-Einschätzung, dass er die von ihm genannten Repräsentanten lediglich unter zeitgenössischen, wissenschaftlichen Gesichtspunkten zu begreifen suchte. Mit anderen Worten: An die Stelle einer inneren Gotteserfahrung, wie wir sie aus Geschichte und Gegenwart kennen, stellte er die von ihm geteilten Erkenntnisbestrebungen seiner Zeit; an die Stelle von Religion trat für ihn »Wissenschaft«. Einer solchen »Mystik« verschrieb er sich. An die Stelle von Offenbarung, Weisheit und theologischer Lehre suchte er in zeitüblicher Weise eine »exakte Wissenschaft« zu stellen, die freilich auch und gerade die Bereiche des Übersinnlichen und Geistigen einbezieht. Er drückte das unter anderem so aus: »Der Mensch strebt eine Erkenntnis der wahrhaftigen Wirklichkeit an. Der erste Schritt für eine ihm mögliche Befriedigung dieses Strebens ist die Einsicht, dass ihm *solche* Erkenntnis nicht durch Naturbetrachtung und auch nicht durch gewöhnliches, mystisches Innenleben werden kann. Denn zwischen beiden klafft ein Abgrund ..., der erst ausgefüllt werden muss.«[78]

In dem Wissen, dass mit dem herkömmlichen, für die Sinnesbeobachtung erforderlichen rationalen Bewusstsein das angestrebte Ziel nicht erreicht werden könne, verlangte Steiner andere, seiner Über-

Unterwegs nach innen

zeugung nach dafür geeignetere, entsprechend qualifizierte »Erkenntnismittel«. Dabei dürfe der Mensch nicht davor zurückschrecken, »zur Erlangung dieser Erkenntnis die Kräfte, welche im gewöhnlichen Bewusstsein auf die sinnliche Welt gerichtet sind, so *umzuwandeln*, dass sie eine übersinnliche Welt ergreifen können. (Denn) bevor man die wahre Wirklichkeit ergreifen kann, muss man erst den Seelenzustand herstellen, der auf die übersinnliche Welt Bezug haben kann.«[79] Für den einzuleitenden Wandlungsprozess einer Metamorphose des Bewusstseins entwickelte Steiner seine anthroposophische Erkenntnismethodik, einen Übungsweg, der unter Einbezug von Willen und Fühlen in erster Linie einen disziplinierten Denkweg beschreiten lässt. Es handelt sich um Meditation und Kontemplation[80], also um Praktiken, die in der abendländischen philosophisch-theologisch-mystischen Tradition durchaus vorgebildet sind[81], sei es, dass man einerseits von Bildvorstellungen, Symbolen, Natureindrücken und dergleichen ausgeht; sei es, dass man sich in einem bestimmten Stadium eines gegenstandsfreien Innewerdens (Intuition, Kontemplation) dem Übersinnlichen gegenüber öffnet. Dieser Erkenntnisweg, der beim Denken ansetzt, ist so angelegt, dass Imagination, Inspiration und Intuition als Erkenntnisstufen durchschritten werden sollen. (Darauf ist im Zusammenhang der Meditation noch näher einzugehen).

Bereits in der Einleitung seines Mystik-Buches kommt Steiner auf diese Gesichtspunkte zu sprechen, wo er einleitend von einer »Wahrnehmung seiner selbst« und von einer »*Erweckung* seines Selbst« handelt. Da heißt es etwa: »Was ich durch diese Erweckung zu den Dingen hinzubringe, ist nicht eine neue Idee, ist nicht eine inhaltliche Bereicherung meines Wissens; es ist ein Hinaufheben des Wissens, der Erkenntnis auf eine höhere Stufe, auf der allen Dingen ein neuer Glanz verliehen wird ... Mit der Erweckung meines Selbst vollzieht sich eine geistige *Wiedergeburt* der Dinge der Welt. Was die Dinge in dieser Wiedergeburt zeigen, das ist ihnen vorher nicht eigen.« Ausgedrückt ist die diesbezügliche Fragestellung mit dem Titel einer der anthroposophischen Grundschriften: »Wie erlangt man Erkenntnisse der höheren Welten?«[82]

An dieser Stelle gibt Steiner ein meditatives Beispiel: »Da draußen steht der Baum. Ich fasse ihn in meinem Geist auf. Ich werfe mein inneres Licht auf das, was ich erfasst habe. Der Baum wird in mir zu mehr, als er draußen ist. Was von ihm durch das Tor der Sinne einzieht, wird in einen geistigen Inhalt aufgenommen. Ein ideelles Gegenstück zu dem Baume ist in mir. Das sagt über den Baum unendlich viel aus, was mir der Baum draußen nicht sagen kann. Aus mir heraus leuchtet dem Baume erst entgegen, *was* er ist. Der Baum ist nun nicht mehr das einzelne Wesen, das er draußen im Raume ist. Er wird ein Bild der ganzen geistigen Welt, die in mir lebt. Er verbindet seinen Inhalt mit anderen Ideen, die in mir sind. Er wird ein Glied der ganzen Ideenwelt, die das Pflanzenreich umfasst; er gliedert sich weiter in die Stufenfolge alles Lebendigen ein.«[83]

Damit ist einmal mehr zum Ausdruck gebracht, dass Steiner keine Geschichte der mittelalterlichen Mystik schreiben und an sie weiterführend anknüpfen wollte. Ebenso wenig ging es ihm um eine aktuelle Einführung in die herkömmliche Mystik. Weder die anglo-indischen Theosophen noch die Anthroposophen verstehen sich als »Mystiker«. Weil er in jenen Mystikern der Vergangenheit »letzte Ausläufer einer Forschungs- und Denkungsart« sah, bei denen ein geistig Strebender nicht stehen bleiben wollte, erlaubten sie ihm auch keine bloße Aktualisierung oder Weiterführung. Dennoch sprach sich Steiner – anlässlich der Neuausgabe seines Mystik-Buches (1923) – dafür aus, dass das heutige Erkenntnisstreben »einer mystischen Vertiefung fähig« und auch bedürftig sei. Insofern gebe es einen Weg, »von dem mystischen Ausgangspunkte aus zur Geist-Erkenntnis« aufzusteigen.[84]

Eine Fortführung und Erweiterung der in »Die Mystik im Aufgange ...« vorgetragenen Gedanken, fanden sich ein Jahr später in der Schrift »Das Christentum als mystische Tatsache«[85]. Auch das darin Dargestellte geht auf eine Berliner Vortragsfolge zurück. Sie begann am 19. Oktober 1901 und erstreckte sich über einige Wochen. Führt man sich vor Augen, welche Themen Rudolf Steiner in jenen Tagen – also noch vor seinem Eintritt in die Theosophische Gesellschaft – beschäftigen, dann zeigt sich, wie deutlich sich die Inhalte von dem abheben, was formal im theosophischen Rahmen darzustellen war. Wichtig geworden sind ihm die klassischen Ideale der Wahrheit, Schönheit und Güte. So handelt es sich beispielsweise um einen Vortrag, in dem er Haeckel im Zusammenhang des Ideals der Wahrheit, Tolstoi unter dem Gesichtspunkt der Güte, Nietzsche unter dem der Schönheit darstellt. Wenige Tage später trägt er in Hannover über Goethes Esoterik vor, wie sie im »Märchen von der grünen Schlange und der weißen Lilie« abgebildet ist. Und wiederum wenige Tage danach, als man am 17. November der Gründung der Theosophical Society (1875) gedenkt und Steiner für diese von H. P. Blavatsky initiierte Gesellschaft gewonnen werden soll, weist er darauf hin, dass unter anderem an Plato und Goethe, also an die abendländische Geistestradition, angeknüpft werden müsse, falls man von der Seite der Theosophen auf seine Mitwirkung Wert legen sollte.[86]

Was nun sein Buch »Das Christentum als mystische Tatsache« anlangt, so haben Steiners Vorstellungen zur Einschätzung des Christentums und seiner Mystik sich innerhalb weniger Jahre, etwa bis 1910, geklärt. Auch hier geht es ihm nicht primär um eine geschichtliche Darstellung, »sondern es sollte die Entstehung des Christentums aus der mystischen Anschauung heraus geschildert werden. Es lag dabei der Gedanke zugrunde, dass in dieser Entstehung *geistige Tatsachen* wirkten, die nur durch eine solche Anschauung gesehen werden können. Der Inhalt des Buches allein kann rechtfertigen, dass sein Verfasser ›mystisch‹ nicht eine Anschauung nennt, welche sich mehr an unbestimmte Gefühlserkenntnisse als an ›streng wissenschaftliche Darlegung‹ hält.«[87] Nur wer Mystik in diesem Sinne gelten lasse, nur wer sich um die dazu erforderliche gedankliche Klarheit bemühe, wie sie in naturwissenschaftlichen Zusammenhängen gegeben sein müsse, werde der Sache gerecht. Und nicht nur dies: »Der Verfasser dieser Schrift steht auf dem Boden einer Auffassung, welche einsieht, dass die naturwissenschaftlichen Errungenschaften unserer Gegenwart *die Erhebung zu wahrer Mystik* fordern.«[88]

Aber was ist mit »wahrer« – an anderer Stelle mit »gewöhnlicher« – Mystik gemeint? Gewiss fällt nach alledem auf, dass Steiners Mystik-Verständnis kaum dem entspricht, was als spirituelle Erfahrung derer anzusehen ist, die er in den genannten Schriften vorführt, zumal der Darstellung nicht eingehende Studien zugrunde liegen. Auf entsprechende Quellenangaben ist verzichtet. Man gewinnt den Eindruck, dass Steiner Mystik lediglich als Etikett für das nimmt, was er im Laufe seiner Entwicklung als die aus der traditionellen Mystik weiterzuentwickelnde »anthroposophische Geisteswissenschaft« bezeichnet. Jedenfalls fällt es nicht leicht, das von ihm als »mystisch« Bezeichnete mit der Spiritualität eines Meister Eckhart, eines Jakob Böhme oder des Angelus Silesius zu vergleichen, die er in »Die Mystik im Aufgange ...« zitiert. Verwundern kann diese Diskrepanz nicht, wenn man sieht, wie wenig er seine Einschätzung mit einschlägigen Quellentexten belegt beziehungsweise von seinen Intentionen her deutet. So gesehen stellt sich die Frage, weshalb da überhaupt ein »geisteswissenschaftlicher« Anspruch erhoben wird oder erhoben werden kann. Dennoch liegt es nahe, Steiners Ausführungen in diesem Zusammenhang zu erwähnen, weil lange Zeit eine nicht unbeträchtlich große, über theosophisch gesinnte Kreise hinausreichende Leserschaft sich an seiner Einschätzung orientiert hat.

Die noch bestehende, nicht nur zeitliche Nähe bei gleichzeitiger inhaltlicher Diskrepanz seiner frühen Vorträge und auch der Mystik-Schrift zum Monismus Haeckelscher Prägung oder zum extremen Individualismus Max Stirners ist nicht zu leugnen. Eine überzeugende Korrektur wird auch durch die nur wenig später erschienene Schrift »Das Christentum als mystische Tatsache« kaum geleistet. Vieles wurde schon von Steiner nahestehenden kritischen Zeitgenossen als schwer verkraftbar empfunden. Er räumte selbst sogar sachliche Schwächen ein. Auf sein »Christentum« bezogen, gesteht er einem Briefpartner:»Ich kenne seine Fehler, namentlich die historischen ganz genau.«[89] Dennoch macht es sich eine Kritik zu leicht, die lediglich auf die Unvereinbarkeit der so unterschiedlichen Positionen verweist. Muss nicht eine grundlegende Wende, eine innere, ja eine *mystische* Umkehr bei Rudolf Steiner selbst vorausgesetzt werden? Und in der Tat macht er in seiner Autobiographie auf eine derartige Kehre aufmerksam, wenn er für eben die fragliche Zeit seiner Lebensmitte bekennt:

»In der Zeit, in der ich die dem Wort-Inhalt nach Späterem so widersprechende Aussprüche über das Christentum tat, war es auch, dass dessen wahrer Inhalt in mir begann, keimhaft vor meiner Seele als innere Erkenntnis-Erscheinung sich zu entfalten. Um die Wende des Jahrhunderts wurde der Keim in mir immer mehr entfaltet. Vor dieser Jahrhundertwende stand die geschilderte Prüfung. Auf *das geistige Gestanden-Haben vor dem Mysterium von Golgatha* in innerster, ernstester Erkenntnis-Feier kam es bei meiner Seelen-Entwickelung an.«[90]

Damit zielt Steiner ins Zentrum dessen, worauf es bei ihm selbst im mystischen Erleben ankam oder angekommen sein mag. Aber die Feststellung als solche regt naturgemäß zu allerlei Rückfragen an. Sollte es sich bei bei diesem »geistigen Gestanden-Haben« lediglich um ein bestimmtes, somit einmaliges Erlebnismoment gehandelt haben? Oder handelt es sich um einen Hinweis auf eine kontinuierliche geistig-seelische Verfasstheit, die überall dort vorausgesetzt werden müsse, wo er später von Ergebnissen seiner »Geistesforschung« oder »Geistesschau« und von dergleichen spricht? Wäre es nicht angemessener, das Zugrundeliegende als *Medialität* zu bezeichnen. Gemeint wäre dasjenige, das durch den geistoffenen Menschen als Medium »hindurchgeht«? – Es sind dies Fragen, die sich auf die methodische Vorgehensweise beziehen und die verständlicherweise immer wieder gestellt werden müssen. Die von der unkritischen Anhängerschaft stereotyp gebrauchte Wendung, Rudolf Steiner habe »aus seiner geistigen Forschung heraus« dies und das mitgeteilt, ist jedenfalls kaum geeignet, die Sachverhalte in gewünschter Weise zu klären ...

Für mich tönt aus Bekenntnissen, die mit natürlichen Tatsachen einen schlechten Zusammenklang geben, nichts von dem Geiste der höheren Frömmigkeit, die ich bei Jakob Böhme und Angelus Silesius finde. Diese höhere Frömmigkeit steht vielmehr mit dem Wirken des Natürlichen in vollem Einklange. Es liegt kein Widerspruch darin, sie mit den Erkenntnissen der neueren Naturwissenschaft zu durchdringen und gleichzeitig den Weg zu betreten, den Jakob Böhme und Angelus Silesius zum Geiste gesucht haben. Wer sich auf diesen Weg der Sinne dieser Denker begibt, der darf nicht fürchten, in flachen Materialismus zu verfallen, wenn er die Geheimnisse der Natur sich von einer natürlichen Schöpfungsgeschichte darstellen lässt.[91]
Das Christentum wurde der Überzeugung: Gott hat durch seine Offenbarung die Weisheit dem Menschen geoffenbart; diesem kommt durch seine Erkenntnis ein Abbild der göttlichen Offenbarung zu. Die (antike) Mysterienweisheit ist eine Treibhauspflanze, die einzelnen, Reifen, geoffenbart wird. Die christliche Weisheit ist ein Mysterium, das als Erkenntnis keinem, als Glaubensinhalt allen geoffenbart wird. Im Christentum lebte der Mysteriengesichtspunkt fort.[92]

Mehr als zwei Jahrzehnte später liest man in Steiners Lebensrückblick »Mein Lebensgang« als sein Resümee:

Wenn ich darauf blickte, wie der Mystiker erlebt, so empfand ich wieder ein entfernt Verwandtes in meiner eigenen Stellung zur geistigen Welt. Ich suchte das Zusammensein mit dem Geiste durch die vom Geiste durchleuchteten Ideen auf dieselbe Art wie der Mystiker durch Zusammensein mit einem Ideenlosen. Ich konnte auch sagen: Meine Anschauung beruhe auf ›mystischem‹ Ideen-Erleben ... Ich wollte keine mystischen Anwandlungen in mir beim Bilden dieser Ideen walten lassen,

trotzdem mir klar war, dass das letzte Erleben dessen, was in Ideen sich
offenbaren sollte, von der gleichen Art im Innern der Seele sein musste
wie die innere Wahrnehmung des Mystikers.[93]

C. G. Jung
Einblick und Gang ins Innere

Wenn die Feststellung Rudolf Ottos zutrifft,
»dass in der Mystik sich in der Tat gewaltige
Urmotive der menschlichen Seele regen«[94],
dann sind von der modernen Seelenforschung
adäquate Beiträge zu deren Erhellung zu er-
warten, wenngleich auch sie als eine Therapieform nicht primär der
auf Wegen der mystischen Erfahrung gewonnenen Einsichten dienen
will.[95] Psychiater und Psychologen, das heißt die Gründergestalten der
noch relativ neuen Disziplin, sind es, die seelische Verletzungen diag-
nostizieren und therapieren. Zu ihnen gehören auch jene Ärzte, die
über die traditionelle Medizin hinaus den Menschen (homo individu-
ationis) als ein auf Entfaltung verborgener geistig-seelischer Potentiale
und auf *Selbst-Werdung* (Individuation) angelegtes Wesen erkennen.[96]
Denn letztlich ist das Menschsein kein statisch zu definierendes Sein,
sondern stets als ein *dynamisches* Werden aufzufassen. Mit diesem
Werden korrespondiert wiederum das von den mittelalterlichen Mystikern angestrebte »Ent-Werden«, das heißt die Preisgabe alles dessen,
was den Menschen von seinem von Gott her auf Gott hin ausgerichteten wahren Wesen trennt, etwa im Sinn des Angelus Silesius:

Mensch, werde wesentlich, denn wenn die Welt vergeht,
so fällt der Zufall weg, das Wesen, das besteht.

So gesehen sind es die Erlebnisbereiche der Mystiker, die dem Arbeits-
feld des Tiefenpsychologen, speziell des Psychotherapeuten, zumindest
benachbart sind, auch wenn sich beide naturgemäß auf getrennten
Ebenen bewegen. Dabei fällt es auf, dass Entstehung und Ausformung
der modernen Seelenforschung ebenfalls auf der Schwelle zum neuen
Jahrhundert erfolgt sind. Dieses Ereignis hängt offensichtlich mit der
zeitgenössischen Seelenverfassung des westlichen, vorwiegend extravertierten Menschen zusammen. Eine solche Einstellung ruft nach einer Korrektur und Ergänzung. Bezeichnenderweise hat Sigmund Freud
sein frühes Hauptwerk »Die Traumdeutung« – eigentlich 1899 erschienen – bereits mit 1900 als Datum der Erstveröffentlichung versehen.

Das entspricht einer Akzentsetzung und einem Hinweis darauf, dass gerade im neuen Jahrhundert auch die Träume samt anderen Hervorbringungen des Unbewussten ernst genommen und als zur Ganzheit der Persönlichkeit gehörend angesehen werden müssen. Man mag darin ein Phänomen sehen, das auf jene Ergänzungsbedürftigkeit der menschlichen Psyche aufmerksam macht. Das heißt: Der immer stärker werdenden Hinwendung des modernen Menschen an die äußere, gestaltbare Welt (Extraversion) und dem daraus erwachsenden »Seelenverlust« gilt es ein zur Introversion neigendes Gegengewicht zu schaffen.

Mit anderen Worten aus der Sicht des Psychotherapeuten und Begründers der Internationalen Gesellschaft für Tiefenpsychologie, Wilhelm Bitter (1893–1974): »Die zunehmende Spaltung zwischen Bewusstem und Unbewusstem, Rationalem und Irrationalem, liebender und feindlicher Gesinnung führt zur Gefährdung des Menschlichen, zum Verlust der Ganzheit der Seele ... Der Begriff der Seele hat durch die Tiefenpsychologie eine Wandlung erfahren. Während im vorigen (19.) Jahrhundert überwiegend die Bewusstseinsinhalte gemeint waren, haben die Tiefenpsychologie und die analytische Psychotherapie, ... sowohl Bewusstes wie auch Unbewusstes mit dem Seelenbegriff verbunden.«[97] Nach Jung entspricht der Seelenverlust »dem Losreißen eines Teils des eigenen Wesens, dem Verschwinden und der Emanzipation eines Komplexes, der dadurch zum tyrannischen Usurpator des Bewusstseins wird, das Ganze des Menschen unterdrückt, ihn aus seiner Bahn wirft und zu Handlungen zwingt, deren blinde Einseitigkeit die Selbstzerstörung zur unvermeidlichen Gefolgschaft hat«[98].

Zur Mystik, auch in Gestalt der jüdischen Tradition, hatte der Gründer der Psychoanalyse offensichtlich keine Beziehung. Eher blickte er mit Argwohn auf jene unter seinen Kollegen (z. B. Herbert Silberer[99], C. G. Jung, Roberto Assagioli), die sich damit befassten: »Vom mystischen Element glücklich frei sein, das bedeutete nach Freuds Ansicht, für die Wissenschaft offen zu sein, die einzige Einstellung zu haben, die für ein Verständnis seiner Ideen geeignet sei ... Worauf es ankam, war die Erkenntnis, dass die Psychoanalyse eine Wissenschaft ist, für deren Befunde die religiöse Herkunft derer, die sie ausüben, völlig irrelevant ist.«[100]

Was nun Jung anlangt, so wird gerade er bisweilen als der »Mystiker unter den Psychotherapeuten« angesehen, wenn er nicht als solcher von denen zu diffamieren gesucht wird, denen die religiöse Mystik als solche problematisch erscheint. Obwohl es bedeutsame Entsprechungen zwischen mystischer Erfahrung und solcher der Analytischen Psychologie, das heißt der Psychologie des überpersönlichen oder kollektiven Unbewussten, gibt, legte Jung keinen Wert darauf, als »Mystiker« tituliert zu werden. (Welcher Mystiker, welche Mystikerin wird das schon von sich sagen!) Verständlich wird Jungs darauf bezogene Abwehr, wenn man bedenkt, welche Vorurteile – wenn nicht Vorverurteilungen – der Mystik als solcher gegenüber geäußert und ihren Repräsentanten gemeinhin entgegengebracht werden. Jungs verdiente langjährige enge Mitarbeiterin Aniela Jaffé bemerkt hierzu: »Wenn der Begriff ›Mystik‹ auf das unmittelbare Erleben des Numinosen weist oder auf das Gewahrwerden einer sich offenbarenden, ursprünglichen, aber verborgenen transzendenten Wirklichkeit, die eines ›Jenseits‹, so geht es dabei um eine Erfahrung, die in der Analytischen Psychologie C. G. Jungs eine zentrale Rolle spielt, und zwar durch die Beachtung von Bildern und Inhalten, die aus dem verborgenen Hintergrund der Seele, dem kollektiven Unbewussten, ins Bewusstsein dringen.«[101]

Dass Jungs Sprache naturgemäß nicht die Sprache der Mystiker sein konnte, dass er als Gesprächspartner zahlreicher Theologen es geflissentlich vermied, irgendwelche religiöse Glaubens- oder Bekenntnisaussagen zu machen, ergibt sich schon aufgrund seines speziellen Ansatzes und seiner ärztlichen Aufgabenstellung. Hier hatte er – durchaus im Freudschen Sinne – wissenschaftlichen Grundsätzen Genüge zu tun. Seine Aufgabe konnte es somit auch nicht sein, lediglich aus einer unmittelbaren Betroffenheit heraus innere Eindrücke zu schildern. Vielmehr galt es, bei aller gebotenen ärztlichen Empathie das bei seinen Patienten Beobachtete, das von ihnen Bezeugte sorgfältig zu analysieren und kritisch zu reflektieren. Nicht philosophisch-metaphysische oder theologische Aussagen hatte er zu machen. Als Psychologe und Therapeut hatte er sich lediglich mit dem zu befassen, was sich *in der Psyche* als Erlebniseindruck manifestierte. Daher seine speziellen Forschungen zu den Archetypen als den zwar formal bestimmten, aber an sich unanschaulichen Möglichkeiten und Wirkfaktoren des menschlich-menschheitlichen Unbewussten. Sie sind somit kollektiver, überpersönlicher Natur. Mit anderen Worten: *Archetypen* sind »in der Tiefe verborgene Fundamente der bewussten Seele«. Auf unser Thema bezogen sind Mystiker demnach »Menschen mit einer besonders lebhaften Erfahrung der Vorgänge im kollektiven Unbewussten. Mystische Erfahrung ist die Erfahrung der Archetypen.«[102] Jung machte aus psychologischer Sicht somit keinen Unterschied zwischen beiden. Über die Existenz oder Nichtexistenz Gottes, über die innerseelische Wirkweise Gottes zu sprechen konnte freilich seines Amtes nicht sein. Er hatte sich auf dasjenige zu beschränken, was seine Patienten als Phänomene, das heißt als Inhalte ihres Erlebens, schilderten. Deren religiös-weltanschauliche Deutung konnte die Sache des Arztes nicht sein. Das schließt jedoch keinesfalls aus, Mystik – im strengen Sinn des Wortes, ebenfalls als innere Erfahrung verstanden – in ihrer Korrespondenz mit der Tiefenpsychologie zu sehen. Bekannt ist im Übrigen seine mehrfach in ähnlicher Weise geäußerte Selbstcharakteristik, in der es heißt:

»Ich bin ein Arzt, der es mit der Krankheit des Menschen und seiner Zeit zu tun hat und auf Heilmittel bedacht ist, die der Wirklichkeit des Leidens entsprechen. Psychopathologische Untersuchungen haben mich veranlasst, historische Symbole und Figuren aus dem Staub ihrer Gräber zu erwecken. Ich habe gesehen, dass es nicht genügt, meinen Patienten die Symptome wegzukurieren ... Die Erfahrung hat mich gelehrt, dass das Streben nach Ganzheit gegenüber der Unfreiheit der Neurose einen Freiheitsraum verbürgt, in dem sich als Mensch leben lässt. Meine Ansprüche sind bescheiden. Wir brauchen nicht so sehr Ideale als ein wenig Weisheit und Introspektion, eine sorgfältigere religiöse Berücksichtigung der Erfahrungen aus dem Unbewussten. Ich sage absichtlich religiös, weil mir scheint, dass diese Erfahrungen, die dazu helfen, das Leben gesunder oder schöner zu machen oder vollständiger oder sinnvoller zu gestalten, für einen selbst oder für die, die man liebt, genügen, um zu bekennen: Es war eine Gnade Gottes.«[103]

Was nun jene *Introspektion* samt jener religiösen Berücksichtigung von Erfahrungen aus dem Unbewussten anlangt, so hat er im Laufe seines langen Lebens nicht nur Forschungsergebnisse mitgeteilt, sondern auch über seine eigenen Innenerlebnisse geradezu rückhaltlos und mit erstaunlichem Freimut Rechenschaft abgelegt. Dadurch unterscheidet er sich von vielen anderen spirituellen Denkern und Lehrern seiner Zeit.[104] Durch Eigenerfahrung einschließlich der damit verbundenen Krisenzustände hatte er sich für sein ärztliches Handeln erst zu befähigen. Ehe von Bezügen und etwaigen Entsprechungen zwischen Mystik und Analytischer Psychologie gesprochen werden kann, sei daher auf die »unumgänglichen individuellen Voraussetzungen« (J. Tenzler) hingewiesen, die das Jungsche Lebenswerk charakterisieren. Generell kommt zum Tragen, was Jolande Jacobi (gest. 1973) als Schülerin und Mitarbeiterin Jungs hierzu anmerkt:»Jede Aussage über seelische Phänomene wird einschneidender vom persönlichen Anschauungsort des Aussagenden und vom Zeitgeist, der ihn trägt, mitgeformt, als es bei Aussagen in den anderen Wissenschaften der Fall ist.«[105] Die Gültigkeit für sein eigenes Schaffen hat Jung durchgehend anerkannt: in seinen Schriften, in seinen autobiographischen Aufzeichnungen und persönlichen Zeugnissen, nicht zuletzt in zahlreichen Briefen. Als Beispiel sei jener an den Schweizer katholischen Theologen und Religionswissenschaftler Gebhard Frei vom 13. Januar 1948 angeführt, in dem Jung gewissermaßen mystischen Klartext schreibt:

»Christus ist doch in uns und wir in ihm! Warum soll denn die Wirkung Gottes und die Gegenwart des *hyos tou anthrópou* (Sohn des Menschen) in uns nicht wirklich und erfahrbar sein? Ich bin Gott jeden Tag dankbar, dass ich die Wirklichkeit der *imago Dei* (Ebenbild Gottes) in mir erfahren durfte. Hätte ich das nicht, so wäre ich ein bitterer Feind des Christentums und der Kirche insbesondere. Dank diesem *actus gratiae* (Gnadenakt) hat mein Leben Sinn, und mein Auge wurde aufgetan für die Schönheit und Größe des Dogmas.«[106]

Damit ist zum Ausdruck gebracht, was C. G. Jung veranlasst hat, sich ausführlich mit Inhalten des christlichen Dogmas zu beschäftigen.[107] In seinen posthum veröffentlichten autobiographischen Aufzeichnungen»Erinnerungen, Träume, Gedanken« (Zürich 1962) kommt Jung nach Schilderung zahlreicher Jugenderlebnisse zu dem Ergebnis:»Mein Leben ist die Geschichte einer Selbstverwirklichung des Unbewussten. Alles, was im Unbewussten liegt, will Ereignis werden, und auch die Persönlichkeit will sich aus ihren unbewussten Bedingungen entfalten und sich als Ganzheit erleben.«[108] Anders ausgedrückt: Sein ganzes Leben stand von Kindheitstagen an unter dem Zeichen des Geheimnisses.»Meine Träume und Imaginationen ... bilden zugleich den Urstoff meiner wissenschaftlichen Arbeit. Sie waren wie feuerig-flüssiger Basalt, aus welchem sich der zu bearbeitende Stein auskristallisierte.«[109] Er spricht in diesen Zusammenhängen von seinen Initiationen ins Reich der Tiefe und davon, wie frühzeitig sein geistiges Leben seinen unbewussten Anfang genommen habe.

Ohne die vornehmlich im genannten Erinnerungsbuch aufgezeichneten Innenwahrnehmungen hier detailliert zu referieren, ist darauf zu verweisen, wie das überpersönliche, kollektive Unbewusste mit einer numinosen Qualität korrespondiert, das heißt mit jener Sphäre, die – soweit erlebbar – die Gottesgegenwart tangiert, ganz gleich, wie das Gottesbild des Menschen von Fall zu Fall aussehen mag. Der Religionswissenschaftler Rudolf Otto, von dem noch zu sprechen sein wird, hat diese Sphäre »das Heilige« genannt. Es ist Inbegriff eines Mysteriums, das den Menschen »mit Furcht und Zittern« zu ergreifen vermag, der also nicht mit einem harmlosen »lieben Gott« aus Kindheitstagen gleichzusetzen ist. In Gestalt der inneren Erfahrung wird der transzendente Gott als einer erahnbar, der sowohl Gutes und Böses, Positives und Negatives, die Polarität des Männlichen und des Weiblichen umschließt. Die jüdische Mystik der *Kabbala* versucht, das Zugrundeliegende der Manifestationsweisen des Allheiligen mit dem zehngliederigen Sefirotbaum graphisch zu veranschaulichen. Für Jung ging es darum, die empirisch gewonnenen Einsichten für sich und seine Klientel für den Prozess der Selbst-Werdung (Individuation) fruchtbar zu machen.

An Jungs Einschätzung des Religiösen anknüpfend, untersuchte Erich Neumann (1905–1960) die Wesensart eines »mystischen Menschen«, also »inwiefern das Mystische ein allgemein menschliches Phänomen und der Mensch ein homo mysticus ist«[110]. Während man geneigt sein mag, mystische Phänomene in bestimmten religiös-weltanschaulichen Grenzen zu sehen, spricht Neumann von einer »Ubiquität (Allgegenwart) des Mystischen« innerhalb der Menschheit. Das besagt, »dass es theistische und atheistische, pantheistische und panentheistische, aber auch introvertierte, personale und transpersonale Formen mystischer Erfahrung gibt. Die experimentelle Erfahrung Gottes als heiliges Abenteuer stellt nur eine bestimmte Form der Hochmystik dar ... Allen mystischen Formen ist die Intensität der Erfahrung gemeinsam.«[111]

Zu den außergewöhnlichen Lebenserfahrungen Jungs gehörte jenes innerseelische Phänomen, das ihn zur Annahme zweier »Persönlichkeiten« führte. Es ist jene Beobachtung, die sich bereits bei dem etwa Zwölfjährigen einstellte und die ihn befähigte, gleichzeitig über sich hinaus zu sehen und Anteil zu haben an einer anderen Dimension der Wirklichkeit, auch wenn man dies nicht als Mystik im engeren Sinn des Wortes bezeichnen mag.[112] Die Person Nr. 1 verkörperte der Schweizer Schuljunge mit den Freuden und Sorgen, die er mit vielen anderen teilte. Und da war auf der anderen Seite eine Nr. 2, die einer ganz anderen, gleichsam übergeordneten Sphäre anzugehören schien. Was auf den

ersten Blick auf eine psychische Spaltung deutet, erlangte in ihm den
Rang einer Geheimniswelt, die ihm jedoch nicht etwa fremd erschien,
die ihn aber von jenen Menschen abhob, von denen er den Eindruck
hatte, sie – beziehungsweise wenige – hätten gar keine Ahnung von
dergleichen. Kaum anders ergeht es jenen, die von transpersonalen beziehungsweise mystisch gearteten Erlebnissen heimgesucht werden, die
sie verstummen lassen, weil das Wahrgenommene unsagbar erscheint
und somit Außenstehenden unverständlich bleiben muss. Daher Jungs
Geständnis:
»Meine ganze Jugend kann unter dem Begriff des Geheimnisses
verstanden werden. Ich kam dadurch in eine fast unerträgliche Einsamkeit, und ich sehe es heute als eine große Leistung an, dass ich der
Versuchung widerstand, mit jemandem davon zu sprechen. So war
damals schon meine Beziehung zur Welt vorgebildet, wie sie heute ist:
Auch heute bin ich einsam, weil ich Dinge weiß und andeuten muss,
die die anderen nicht wissen und meistens auch gar nicht wissen
wollen.«[113]

Das zugrunde Liegende lässt sich auch so beschreiben: Wem es
nicht gelang, jener Versuchung zu widerstehen, und wer eines Tages
den Versuch machte, das Außerordentliche zu schildern, der bedauert
dies vielleicht, weil die betreffende Person, der er berichtete, naturgemäß nicht in der Lage war, darauf in angemessener Weise zu reagieren.
Was nun Jung und die in seinem Leben begegnete Person Nr. 2 betrifft,
ist das Geständnis des Autobiographen ernst zu nehmen, zumal damit
der Bezugspunkt zur mystischen Erlebnisqualität angedeutet ist, wenn
er fortfährt:
»Vor allem sind es die Religionen, die seit jeher zu Nr. 2 des Menschen, zum ›inneren Menschen‹, gesprochen haben. In meinem Leben
hat Nr. 2 die Hauptrolle gespielt, und ich habe immer versucht, dem
freien Lauf zu lassen, was von Innen her an mich heranwollte. Nr. 2 ist
eine typische Figur; meist reicht aber das bewusste Verstehen nicht aus
zu sehen, dass man auch das ist.«[114] Vielleicht darf man sagen: Und
eben das lässt den Menschen – eingestandener- oder nicht eingestan-
denermaßen – teilhaben an der verborgenen Seite unserer Existenz
und damit am Mystischen. Das trifft wohl auch auf all jene zu, die – wie
er selbst – es ablehnen, als Mystiker eingestuft zu werden. Jung nannte
das zugrundeliegende Erleben »Bewusstseinsinhalte, die aus fernen,
dunklen Quellen erflossen sind ... Wir leben unmittelbar nur in der
Bilderwelt«[115].

Ein geradezu bestürzender Einbruch dieser Bilderwelt hängt mit seiner Existenzkrise zusammen, die ihn zur Zeit der Lebensmitte überraschte und sein seelisches Gleichgewicht bedrohte. Biographisch betraf dies den Abschnitt, als es zur Trennung von Sigmund Freud und der von ihm vertretenen Ausformung der Psychoanalyse gekommen war. Als etwa 40-Jähriger hatte er den Durchgang durch einen Prozess zu bestehen, den er in Anlehnung an die Irrfahrten des Odysseus die »Nachtmeerfahrt« (Nekyia) der Seele bezeichnete. Es fällt nicht schwer, darin eine Entsprechung zu bestimmten mystischen Erfahrungen zu sehen, etwa in Gestalt der »dunklen Nacht der Seele«, wie sie Johannes vom Kreuz zu bestehen hatte. Wie bekannt, kommt sie mannigfaltig abgewandelt im Schicksalsgang Ungezählter vor – ganz gleich, mit welchen Metaphern man derartige Vorgänge zu schildern versucht. Für den Seelenarzt, der Patienten mit verwandten psychischen Bedrohungen beizustehen hatte, waren diese Tiefenerlebnisse unverzichtbar und wichtig.[116]

Nun gehört es zum Wesen des Menschen, über das alltäglich-empirische *Ich* hinaus das ihm zugehörige *Selbst* zu finden, um es zu verwirklichen. Es ist ihm wie ihr als Lebensweg aufgetragen, der beziehungsweise die zu werden, die man/frau ist. Jung nennt den Vorgang »Individuation«, Selbstwerdung, Selbst-Verwirklichung. Dieser Prozess stellt das zentrale Thema der Analytischen Psychologie und Therapie dar. Jung hat dieses Thema in seinem Gesamtwerk nicht nur theoretisch entfaltet, sondern in seinem von Spannungen erfüllten Leben geradezu beispielhaft vor Augen geführt.

Es geht jedenfalls darum, sich auf den *Weg nach innen* und zu sich selbst zu machen, und zwar in Konfrontation sowie in Auseinandersetzung mit den konkreten Gegebenheiten, die einem das Leben zugemutet und anvertraut hat. Obwohl oder gerade weil es sich um den jeweils betreffenden Menschen in der Mitte und Tiefe seiner Existenz handelt, ist der zugrunde liegende Prozess an das gesellschaftliche Leben samt der daraus sich ergebenden sozialen Verantwortung gebunden. Weil das so ist, auch weil das individuelle Ich nicht mit dem in den Blick gefassten Selbst verwechselt werden darf, kann es sich nicht etwa um Selbstverliebtheit oder gar um das Ausleben eines rücksichtslosen Egoismus handeln. Dergleichen hieße – nur um sich selbst kreisend – seinen Lebensauftrag total verfehlen. Dazu gehört immer auch eine Weise der Sinnfindung, ganz gleich, ob sie religiös-christlich-mystisch oder in anderer Form gedeutet wird.[117] Ob man nun Jung, aus welcher Motivation auch immer, eine mystische Kompetenz zuspricht oder nicht, augenscheinlich ist, dass er über seine Lebenszeit hinaus vielen Führung und Geleit auf dem inneren Weg zu geben vermochte. Die Kompetenz schöpfte er aus eigenem Erleben und Erleiden. Weil die christliche Botschaft für Jung ins Zentrum des westlichen Menschen gehört, der er bei allem Interesse an der Religion und Geisteswelt des Ostens naturgemäß selbst angehört – so wie, pauschal gesprochen, der Buddha in der östlich-fernöstlichen Welt –, fand er sich bei aller gebotenen Zurückhaltung zu manchem sehr persönlichen Geständnis bereit. So etwa in dem bereits erwähnten Brief vom 13. Januar 1948:

»Ich bin Gott jeden Tag dankbar, dass ich die Wirklichkeit der *imago dei* (Ebenbild Gottes) in mir erfahren durfte. Hätte ich das nicht, so wäre ich ein bitterer Feind des Christentums und der Kirche insbesondere. Dank diesem *actus gratiae* (Gnadenakt) hat mein Leben Sinn, und mein inneres Auge wurde aufgetan für die Schönheit und Größe des Dogmas.«[118]

Nun ist aber die kirchliche Überlieferung mit ihren mancherlei paradoxen Aussagen nicht jedermans »Sache«. Immer mehr bekunden dies durch den Kirchenaustritt oder stillschweigend durch das Eingeständnis ihrer Gleichgültigkeit.[119] Wer nun fürchtet, in einem solchem Fall der christlichen Spiritualität verlustig zu gehen, dem setzt Jung ein Zeichen der Zuversicht auf die sich ergebende Chance einer Gott-Unmittelbarkeit:

»Der Protestant ist Gott allein anheim gegeben ... Wenn ein Protestant den vollständigen Verlust seiner Kirche überlebt und doch noch Protestant bleibt, das heißt ein Mensch, der Gott gegenüber schutzlos ist und nicht mehr abgeschirmt durch Mauern oder durch Gemeinschaften, so hat er die einzigartige geistige Möglichkeit der unmittelbaren religiösen Erfahrung.«[120]

Eröffnet und gestützt wird diese Aussage einerseits durch einen Hinweis auf den Gehalt und die noch lange nicht ausgeschöpfte Überlieferung:

»Das Drama des archetypischen Christus-Lebens beschreibt in symbolischen Bildern die Ereignisse im bewussten und im bewusstseinstranszendenten Leben des Menschen, der von seinem höheren Schicksal gewandelt wird.«[121]

Darauf kann sich berufen, wer beispielsweise einen meditativen Umgang mit den Stationen des im Evangelium aufgezeichneten Jesus-Lebens pflegt und das Kirchenjahr nicht nur als eine bloße äußere Abfolge von Festen und Gebräuchen versteht, sondern wer diese Vorgänge als Möglichkeiten der Vergegenwärtigung der jeweils zugrunde liegenden geistig-geistlichen Gehalte realisiert. – C.G. Jung gab sich aber auch keiner Illusion hin, was – aus heutiger Bestandsaufnahme betrachtet – zur allgemeinen Situation gesagt werden muss:

»Was die christlichen Völker betrifft, so ist ihr Christentum eingeschlafen und hat es versäumt, im Laufe der Jahrhunderte ihren Mythus weiter zu bauen. Es hat jenen, die den dunklen Wachstumsregungen der mythischen Vorstellungen Ausdruck gaben, das Gehör versagt. Ein Gioacchino da Fiore, ein Meister Eckhart, ein Jakob Böhme und viele andere sind für die Masse Dunkelmänner geblieben. Ein einziger Lichtblick ist Pius XII. und sein Dogma. Aber man weiß nicht einmal, wovon ich rede, wenn ich solches sage ...«[122]

Wenn ich eine Vision Christi habe, so ist damit noch längstens nicht bewiesen, dass das Christus sei, wie wir ja aus der psychiatrischen Erfahrung leider zur Genüge wissen. Ich bin daher in Hinsicht der Glaubensbekenntnisse aufs Äußerste zurückhaltend. Ich will mich jederzeit bekennen zur inneren Erfahrung, aber nicht zu einer metaphysischen Deutung derselben; denn sonst beanspruche ich implicite allgemeine Anerkennung. Ich muss im Gegenteil bekennen, dass ich die innere Erfahrung in ihrer metaphysischen Wirklichkeit nicht deuten kann, denn ihr Wesenskern ist transzendenter Natur und übersteigt mein menschliches Können.[123]

Ich bin zwar meiner inneren Erfahrung getreu und habe pistis (Glaube) im paulinischen Sinn, aber ich maße mir nicht an, meine subjektive Deutung zu glauben, was mir in Ansehung meiner menschlichen Brüder auch über die Maßen anmaßend erschiene. Ich perhorresziere den Glauben, dass ich oder jemand anderer im Besitz einer absoluten Wahrheit sei oder dass ich ein besonders Begnadeter sei, der ein Organ mehr besitzt als andere Menschen ... Beiläufig möchte ich bemerken, dass der Begriff ›transzendent‹ ein relativer ist, ob es dauernd oder nur in der Gegenwart unzugänglich sei ... Namentlich wenn es sich um letzte Dinge handelt, um die der Mensch nicht wissen kann.[124]

Roberto Assagioli

Synthese statt Analyse

Während Freud allem Okkulten, dem Religiösen und Spirituellen, somit auch der Mystik mit größtem Vorbehalt begegnete, Jung als Psychologe zwar in die spirituellen Tiefenschichten der menschlichen Seele vorstieß, jedoch einer Vermengung mit zeitgenössischen okkulten Weltanschauungen wie Theosophie oder Anthroposophie widerstand, begriff sich Roberto Assagioli lebenslang als ein Sucher auf vielen Feldern, namentlich auf solchen, die ihr Augenmerk auf das Übersinnliche legen. Auch er kam von der Psychoanalyse her, für deren Erweiterung er eintrat.

Im Rahmen der von ihm initiierten *Psychosynthese* bezog er daher spirituell-okkulte Traditionen bewusst ein. Wo es ihm angebracht erschien, arbeitete er auch mit ihnen zusammen. Für ihn hieß es, das Unbewusste nicht nur als untergründiges Potential und auf die Triebdynamik bezogene Dimensionen der Seele zu erforschen, sondern neben dem »Unterbewussten« auch ein vorgeordnetes, ein in den Geistbereich hineinreichendes »Überbewusstes« ernst zu nehmen. Das zeigte sich bereits durch Kontaktnahme mit Gestalten aus der theosophischen Bewegung sowie durch seinen Austausch mit deren Vertreterinnen und Vertretern, unter ihnen die Nachfolgerin Helena P. Blavatsky, Annie Besant, ferner Alice und Forster Bailey. Von daher ergab sich für ihn eine Verbindung, die eben nicht nur eine Synopse (Zusammenschau), sondern – abgesehen von der damit verbundenen Problematik – eine tatsächliche Synthese (Verschmelzung) darstellen wollte. Als ein Pionier der in der zweiten Jahrhunderthälfte sich ausformenden *Transpersonalen Psychologie* unterschied er sich von vielen seiner Fachgenossen, die um der gebotenen Wissenschaftlichkeit ihres Ansatzes willen bestrebt waren, empirische Resultate der Seelenforschung gegenüber sogenannten irrationalen »Glaubensanschauungen« abzugrenzen.

Eine im Sinne Assagiolis verstandene Transpersonale Psychotherapie ist als eine *integrative Therapie* zu verstehen, weil sie prinzipiell alle menschlichen Seinsbereiche in den Blick fassen möchte, um auf den verschiedenen Ebenen der Persönlichkeit mit jeweils angemessenen Methoden und Techniken wirksam zu werden. Veranschaulicht durch eine Reihe von Diagrammen ist die psychosynthetische Theorie in Assagiolis Hauptwerk, dem Handbuch »Psychosynthesis«, dargestellt.[125] Daraus ergibt sich, dass er im sogenannten kollektiven Unbewussten verschiedene Ebenen unterscheidet.[126] Dazu gehören tiefere Aspekte eines Unter-Bewussten, dann ein Über-Bewusstes, das sich dem Bewusstseinsfeld, dem wachen Ich und dem höheren oder transpersonalen Selbst gegenüber abgrenzt.[127] Diese Unterscheidung in der Terminologie kommt denen entgegen, die, von einer spirituellen Position kommend – etwa von der Anthroposophie her –, mit dem Negativbegriff des »Unbewussten« irrtümlicherweise auch nur Unter-Bewusstes assoziieren und deswegen der Tiefenpsychologie ablehnend gegenüberstehen.[128] Das eigentliche Ziel seiner therapeutischen Bemühungen sieht Assagioli nun darin, die noch unentfalteten Energien und Gestaltungsmöglichkeiten des Selbst freizusetzen und auf diese Weise der Menschwerdung des Menschen näher zu führen. Doch bei aller positiven Einschätzung der Freudschen Psychoanalyse blieb ihm – in gewisser Weise analog zu C. G. Jung – deren Ergänzungsbedürftigkeit nicht verborgen. Assagioli drückte das mit dem Hinweis aus:

»Die größte Grenze der Psychoanalyse ist vor allem die Tatsache, dass sie sich nur oder fast nur mit den niederen Aspekten der Psyche befasst hat. Sie ist schon eine ›Psychologie der Tiefe‹, und zwar immer im absteigenden Sinne. Aber in unserer Psyche gibt es nicht nur diesen Aspekt. Das Gebäude der Psyche enthält nicht nur die ungesunden Untergründe, die zu heilen sind, sondern auch die verschiedenen oberen Etagen und schließlich das lichtdurchflutete Attika mit großen Terrassen, wo man die belebenden Sonnenstrahlen empfängt und am Abend die Sterne betrachten kann.«[129]

Sieht man einmal davon ab, welchen schweren Stand die verschiedenen tiefenpsychologischen Schulen in ihrer Anfangszeit, sowohl von psychiatrischen Fachgenossen verursacht, als auch von der (katholischen) Kirche, von linken und faschistischen Kritikern, hatte, so blieb auch die nach und nach sich ausformende Psychosynthese Assagiolis von erheblichen Einschränkungen nicht verschont. Im Gegensatz zu den aufs Ganze gesehen erfolgreichen klassischen psychoanalytischen Therapieformen war es aber Assagiolis Werk nicht beschieden, eine vergleichbar starke weltweite Verbreitung zu finden.

Aus einer jüdischen Familie stammend, ist Roberto Assagioli 1888 in Venedig geboren.[130] 1906 begann er das Studium der Medizin in

Florenz, wo er auch einen großen Teil seines Lebens und Schaffens verbrachte. Ähnlich wie Jung spezialisierte er sich für die Psychiatrie und Psychotherapie. Er eignete sich ein umfangreiches Bildungswissen an. Neben Italienisch sprach er Englisch, Französisch, Deutsch und Russisch. Neben den klassischen Sprachen Latein und Griechisch interessierte er sich für das Sanskrit, weil ihm das Altindische für ein tieferes Eindringen in die östlichen Geisteslehren unverzichtbar erschien. Bezeichnend ist nun, dass er während seiner Studienjahre nicht nur die gerade im Werden begriffene Psychoanalyse kennen lernte, sondern sich auch mit dem theosophischen Schrifttum beschäftigte. Schon seine Mutter hatte sich in die Werke Annie Besants, der Nachfolgerin H. P. Blavatskys, vertieft. Sein Interesse richtete sich unter anderem auf Besants Werk über »Gedankenformen«. In Anlehnung an den italienischen Titel (»Il templo interiore«) fand er Interesse an Möglichkeiten, auf einem inneren Übungsweg sich zu schulen und einen Prozess der Selbst-Werdung einzuleiten. Darin erblickte er auch seine Aufgabe, nicht allein als Arzt, sondern darüber hinaus als ein Geisteslehrer tätig zu werden, zumal sein forschender Blick nicht so sehr auf die von Traumata und psychotischen Krankheiten versehrte Psyche gerichtet war. Ihm ging es hauptsächlich um die Entfaltung des *Überbewussten*, um Kreativität und geistig-seelische Reifung des Menschen. Von daher ergab es sich für ihn frühzeitig, eine Verbindung zwischen Tiefenpsychologie und einer mystischen Verinnerlichung herzustellen. Sie mündete schließlich in die von ihm intendierte Psychosynthese ein.

Die hier zu beobachtenden Bezüge zur Mystik im weiteren, aber auch im engeren Sinne sind vielfältig. Abgesehen von seiner lebenslangen Beschäftigung mit der östlichen Religiosität und Spiritualität, auch von seiner zeitweisen Zusammenarbeit mit der englischen Theosophin Alice Bailey, hat Assagioli seine Klientel im Rahmen der christlichen Mystik auf das Symbol des »inneren Christus« hingewiesen. Um auch kirchlich nicht gebundene, »areligiöse« und atheistische Sinnsuchende zu erreichen, wandte er eine neutrale Bezeichnung an und sprach vom »inneren Lehrer«, etwa so wie Karlfried Graf Dürckheim auf den »inneren Meister« hinwies. Gemeint ist damit diejenige Instanz, von der eine sinngebende, Ganzheit konstellierende Funktion ausgeht. Hierzu bemerkt er: »Von frommen Christen, die eine gewisse Neigung zum Mystischen haben, wird das Symbol des *Inneren Christus* bereitwillig aufgenommen ... Man lenkt die Aufmerksamkeit des Patienten nur auf die spezifische Verwendung des Symbols in Verbindung mit seiner eigenen spirituellen Psychosynthesis. Bei vielen Menschen bedeutet das ein Wiederaufnehmen und Erneuern einer früheren Erfahrung.«[131] Wenn Assagioli die Beobachtung macht, dass der Innere Christus als Symbol des spirituellen Selbst bisweilen kurzschlüssig mit dem Jesus Christus des Neuen Testaments gleichgesetzt werde, meinte er, dass aus praktischen Gründen auf eine strenge Unterscheidung verzichtet werden könne. Wesentlich sei, dass das Symbol überhaupt stabilisierend und impulsierend zur Wirkung komme. Im Übrigen solle man nicht vergessen,»dass bei der spirituellen Psychosynthesis die mystische Erfahrung kein Ziel an sich ist, vielmehr geht es um den sehr praktischen Zweck, mehr Kreativität zu gewinnen und eine größere Fähigkeit, auf einem bestimmten Gebiet mehr von sich zu geben«[132]. Um ein Beispiel für das Gemeinte hinzuzufügen, weist Assagioli auf das dem Thomas a Kempis (gest. 1471) und der spätmittelalterlichen Reformbewegung der»Devotio moderna« zugeschriebene Werk»Die Nachfolge Christi« (De imitatione Christi) hin.[133] Die ersten drei Kapitel dieses mystischen Erbauungsbuches stellten aus psychologischer Sicht einen Dialog zwischen einer suchenden Seele und dem Selbst als dem Inneren Christus dar. So gebe es mancherlei Wege, um zu einem lebendigen Kontakt mit dem Selbst zu kommen, ob der Prozess als solcher, je nach der Einstellung des einzelnen Menschen, als mystisches oder nichtmystisches Phänomen verstanden wird.

In jedem Fall verkörpert Assagiolis»transpersonales Selbst« eine im Zentrum der Psyche veranlagte spirituelle Instanz, die das an seine Körperlichkeit, Gefühlswelt und eigenmächtige, egozentrierte Willensimpulse gebundene Ich überwinden hilft. Es komme darauf an, daran zu arbeiten, dass es zur Verwandlung kommt. Assagioli spricht von einem alchemistischen Prozess:»Die Psyche tritt in einen Zustand der Harmonie mit dem Geist ein, der auch den Körper umfasst, wodurch eine organische und harmonische Einheit aller Aspekte des Menschen erreicht wird, eine ›Bio-Synthese‹. Dies ist wahre spirituelle Alchemie.«[134] Mit Recht wird darauf aufmerksam gemacht, dass der Vorgang als solcher auch gefährdet sein kann. Dann nämlich, wenn das Mystische zu einem erd- und bewusstseinsfernen Mystizismus entartet. Diese immer wieder auftauchende Gefahr hat schon Steiner deutlich gesehen und kenntlich gemacht.

In anderer Weise begegnet man dem Aufruf zu Unterscheidung und Achtsamkeit bei dem deutsch-schweizerischen Kulturphänomenologen Jean Gebser (1905–1973).[135] Er und Assagioli stehen in einer Art Korrespondenz zueinander, selbst wenn sie voneinander keine besondere Notiz genommen haben mögen.[136] Was Gebser die nach vorne weisende, die derzeitig mental-rational ablösende integrale Bewusstseinsstruktur nennt, das hat Assagioli als transpersonale Entwicklung in den Blick gefasst. Entscheidend ist nun, dass nicht etwa eine »mystische Überwältigung oder Versenkung« zustande kommt, sondern dass eine »nüchterne Teilhabe am Ursprung« in voller Bewusstseinsklarheit ins Werk gesetzt wird, »in der Überklarheit der Transparenz …, wenn in plötzlicher Erleuchtung das an sich Unsichtbare, alles durchstrahlend, wahrnehmbar wird.«[137] Oder, an ein Gespräch mit dem zeitgenössischen Zen-Buddhisten D. T. Suzuki erinnernd, schreibt Gebser: »Da war keine Entrückung zu beobachten gewesen, kein Weggeschwemmtwerden ins Irrationale, kein Weltverlust, wohl aber Überwindung des Mental-Rationalen: arationale Transparenz – und somit jene Bewusstseinsintensität, die das Irrationale genauso wie das Rationale … integriert hat.«[138] Dies entspricht der Bewusstseinsart, die Assagioli das Überbewusste genannt hat.

Spirituell annehmen bedeutet kein passives über sich Ergehenlassen. Die spirituelle Annahme ist etwas Positives, Dynamisches. Es ist ein emotionales und persönliches Nicht-Reagieren. Es bedeutet, keine Erfahrung zurückzuweisen, sondern das Geschenk anzunehmen … Die spirituelle Haltung: Die Prüfung, die »feindliche« Sache wohlwollend und kraftvoll annehmen. Sich fragen, was die Botschaft ist. Das heißt, die Ursache – vor allem in uns – herauszufinden; versuchen, die Bedeutung zu verstehen; nachsehen, welche Funktion es haben könnte; sich fragen: »Was baue ich darauf auf?«[139]

*Wir verlassen das Vergängliche,
um das Ewige zu gewinnen.
Hebe deinen Blick und betrachten wir
den Sternenhimmel;
die Lichtpunkte sind Meilensteine
auf den Straßen des Kosmos,
das höchste Ziel der menschlichen Seele:
in die erhabene göttliche Wohnung
zurückzukehren.[140]*

Gershom Scholem
Die jüdische Mystik

Einen Blick auf die Mystik während dieses Jahrhunderts zu werfen verlangt auch, über die jüdische Mystik und deren Erforschung zu sprechen. Einerseits hat sich unser Wissen um die Kabbala und den Chassidismus im Laufe des Jahrhunderts wesentlich erweitert. Andererseits ist – abgesehen von manchen Modeerscheinungen – auch das ernsthafte Interesse daran über die Judenheit hinaus gewachsen. Erkundung und Vergegenwärtigung dieser mystisch-spirituellen Überlieferungen ist ohne die Forschungen Gershom Scholems (1897–1982) nicht zu denken. Auf der Basis seines Wirkens konnte weitergearbeitet werden. Scholems Beitrag zum Verständnis des Judentums gilt mit Recht als einzigartig. Nach einem Wort von Gary Smith sind wir auch heute noch weit davon entfernt, ihn samt seiner Lebensleistung, die in deutscher, englischer und hebräischer Sprache vorliegt, vollständig zu erfassen.[141] Schon wird der aus Berlin stammende, dann in Palästina/Israel lehrende jüdische Gelehrte mit der epochalen Bedeutung Freuds oder auch Kafkas verglichen, so unvergleichlich alle drei sein mögen. An dieser Stelle kann freilich nur ein skizzenhafter Hinweis gegeben werden.

Als Religionshistoriker und Philosoph, speziell aber als Erforscher der Kabbala hat sich Scholem binnen kurzer Zeit internationale Anerkennung erworben und eine Schar von Schülern und Sympathisanten gefunden.[142] Dass die jüdische Mystik in ihrer Vielfalt in der Neuzeit als ein bedeutsames religionsgeschichtliches Phänomen ernst genommen werden konnte, ist in erster Linie ihm zu verdanken. Das geschah entgegen der von namhaften Vertretern der jüdischen Wissenschaft unternommenen Fehleinschätzungen.[143] Neben seinen Universitätsstudien in Berlin, Jena, Bern und München empfing er in jungen Jahren nachhaltige Eindrücke von Martin Buber[144], dem er lebenslang freundschaftlich, sodann insbesondere in kritischer Kollegialität verbunden blieb. Beide wurden gelegentlich als »Eckpfeiler des Judentums« angesehen. »Was Buber und Scholem verband, ist das Streben, das ›Rätsel der jüdischen Geschichte‹ zu verstehen … Sie

Unterwegs nach innen

entwarfen auf ihre Weise das pluralistische Bild einer jüdischen Geschichte, in dem jede Strömung – ob irrational oder rational – ihren Platz hatte« (K. S. Davidowicz). In der Frage des aus mystischen Wurzeln stammenden Chassidismus und seiner Deutung betonte Scholem die Notwendigkeit, den historischen Quellen gegenüber Authentizität und Genauigkeit zur Geltung zu bringen, die er – nicht nur er – bei Buber vermisste.

Aus einer dem liberalen Judentum zugehörigen und der Vätertradition weitgehend entfremdeten Familie stammend, bedurfte er eines »jüdischen Erwachens«, ehe der Junge sich nach und nach dem geschichtlichen Judentum in dessen zum Teil noch nicht publizierten Dokumenten widmen konnte. Dennoch verwandte er anfangs etwa vier Jahre auf das Studium der Mathematik, bevor er zur eigentlichen Vertiefung in Kabbala und Chassidismus kam. Martin Buber, der aufgrund der Herausgabe seiner chassidischen Bücher in der allgemeinen Öffentlichkeit schon in den zwanziger Jahren zu einer Berühmtheit geworden war, wurde zunächst sein hoch geachteter Mentor. In seinen Jugenderinnerungen, in denen Scholem seinen Werdegang ausführlich schildert, heißt es hierzu:»Ich habe Buber, auch wenn ich in zahlreiche Differenzen mit ihm geriet, je weiter ich mich in die Originalquellen vertiefte, stets als Person aufs höchste geachtet, ja verehrt. Er war völlig undogmatisch und hatte für andere Meinungen ein offenes Herz ... Er verfolgte meinen Weg mit Aufmerksamkeit und Sympathie. Seine Schwächen konnten mir nicht entgehen ...«[145]

Die wissenschaftlichen Voraussetzungen für die weitere Erforschung der mystischen Traditionen des Judentums hatte der zionistisch eingestellte Scholem bereits gelegt, ehe er 1925 etwa 28-jährig in Palästina einwanderte. Es stand fest, dass er eine Hochschulkarriere einzuschlagen hatte. Er wurde zunächst als Dozent, dann als Professor für jüdische Mystik an der wenige Jahre zuvor begründeten Hebräischen Universität in Jerusalem tätig, und zwar lebenslang. Zu seinen grundlegenden Werken gehören »Die jüdische Mystik in ihren Hauptströmungen« (zuerst englisch: Major trends in Jewish mysticism, 1941) und seine ursprünglich hebräisch verfasste Monographie über den jüdischen Pseudo-Messias »Sabbatai Zwi«.[146] Ihnen stellte er im Laufe der Jahre zahlreiche, teils englisch, hebräisch und deutsch abgefasste Studien an die Seite. Zahlreiche religionsgeschichtliche Untersuchungen haben in der zehnbändigen Encyclopaedia Judaica (Jerusalem 1928–1934) Aufnahme gefunden. Andere wichtige Beiträge zur Kabbala-Forschung legte er anlässlich der seit 1933 alljährlich in Ascona am Lago Maggiore stattfindenden Eranos-Tagungen[147] in Vortragsform nieder, ehe sie in gesonderten Buchausgaben Verbreitung fanden. Bemerkenswert ist dies insofern, als die von Olga Fröbe-Kapteyn geleiteten Eranos-Veranstaltungen durch C. G. Jungs langjährige Mitwirkung geprägt waren. Ihm wurde von unvollständig Informierten nachgesagt, er hätte während der Zeit des Dritten Reiches mit den Nationalsozialisten kollaboriert, für einen Juden – nach Auschwitz – im Blick auf eine Weise der Zusammenarbeit – hier als Mitvortragender bei Eranos – eine völlig undiskutable Angelegenheit. Es war die als Jüdin aus Deutschland geflüchtete enge Mitarbeiterin Jungs, Aniela Jaffé, von der wir wissen, was geeignet war, Scholems Skrupel zu überwinden und nach dem Krieg an der Seite Jungs mehrfach bei den Eranos-Tagungen mitzuwirken. Den Ausschlag gab ein Zeugnis von Leo Baeck, einem Überlebenden von Theresienstadt, dem gegenüber sich Jung in glaubwürdiger Weise geöffnet hatte.[148] Auf diese Weise kamen zahlreiche monographische Darstellungen zustande, die über Scholems Lebenszeit hinaus für zuverlässige Hinführung zur jüdischen Mystik, nicht zuletzt im deutschsprachigen Bereich, gesorgt haben.

Wenn auch Scholem an der Eigengestalt eines jüdisch-kabbalistischen Mystikverständnisses keinen Zweifel aufkommen lässt, so gibt es für ihn trotz der Vielfalt der Definitionsmöglichkeiten doch wichtige Übereinstimmungen mit christlichen Formulierungen. Hatte sich beispielsweise Thomas von Aquino auf die Worte des Psalmisten:»O schmeckt und sehet, dass der Herr gut ist« (Psalm 34, 9) bezogen, so schließt Scholem daran kommentierend an:»Dieses Schmecken und Sehen, so vergeistigt es auch immer sein mag, ist es, worauf der Mystiker hinaus will. Es ist eine bestimmte fundamentale Erfahrung des eigenen Selbst, das in einen unmittelbaren Kontakt mit Gott oder der metaphysischen Realität tritt, die die Haltung des Mystikers bestimmt.«[149] Im Übrigen sei Religion beziehungsweise Religiosität ohne ein unmittelbares Innewerden der Verbindung mit Gott überhaupt nicht denkbar. Weil das so ist, sind für ihn die großen Mystiker und Mystikerinnen in der Regel getreue Söhne und Töchter der großen Religionen[150], und zwar auch dann, wenn sie von den jeweiligen orthodoxen Ordnungshütern, eben nicht nur den jüdischen, nicht selten der Ketzerei bezichtigt werden. An eindrücklichen Beispielen aus Geschichte und Gegenwart fehlt es nicht.

Nun gibt es begründeten Anlass, einen Mystologen, das heißt einen mit Mystik Beschäftigten, zu befragen, ob oder inwieweit er selbst mystikerfahren sei. Auch Gershom Scholem hatte sich dieser Frage zu stellen; und er antwortete, er antwortete mehrfach – wie von einem Wissenschaftler kaum anders zu erwarten – einigermaßen sibyllinisch. Wohl gibt es von ihm das Wort: »I certainly am *not* a mystic …« Dem stehen Äußerungen gegenüber, in denen er zu seinen »Intuitionen« steht, die ihm von Anfang an ermöglicht haben, auch einen inneren Zugang zu den Inhalten seiner Forschung, eben zur Kabbala in ihren vielen Aspekten, zu gewinnen. In seiner Rede, mit der er sich von dem Eranos-Zirkel in Ascona[151] verabschiedete, wählte er hierfür das Motto »Identifikation und Distanz«. Als historisch-kritisch arbeitender Forscher durfte er es an der Distanz zu seinem Objekt nicht fehlen lassen. Doch freilich in dem Wissen, dass erst der von seinem großen Thema Angerührte, der intuitiv sich mit ihm Identifizierende, berechtigt und in der Lage ist, sich kompetent darüber zu äußern. Schließlich bleibt es dem Fragesteller anheimgegeben, wie er die Antworten von Distanz und Intuition oder Identifikation gewichten will. Dabei wird zu beachten sein, aus welcher Situation heraus oder vor welchem Gegenüber die jeweilige Antwort gegeben wurde.[152]

Wenn ich von jüdischer Mystik rede, so ist dabei selbstverständlich nicht zu erwarten, dass die Mystik im Judentum dieselben Gehalte, Lehrvorstellungen oder Ideengänge entwickelt wie die christliche Mystik. Ist doch Mystik in jeder Religion ein späteres Stadium der Entwicklung, in welchem die positiven Gehalte der betreffenden Religion – und das gilt ganz besonders für die monotheistischen Religionen – einer Interiorisation unterworfen werden, einer nach innen gekehrten Umdeutung. Jüdische Mystik betrifft also ein mystisches Verständnis der Welt des Judentums und ist von den spezifischen Gehalten dieser Welt her bestimmt … Die jüdische Mystik ist im Wesentlichen Theosophie, Versenkung in die Geheimnisse der Welt der Gottheit und ihres Wirkens in ihrer Verbindung mit der Schöpfung und mit dem Rätsel des Daseins der Welt überhaupt.[153]

Was in der Begegnung des Mystikers mit den heiligen Schriften seiner Tradition erfolgt, ist kurz dies: die Aufschmelzung des heiligen Textes und die Entdeckung neuer Dimensionen an ihm. Mit anderen Worten: Der heilige Text verliert seine Gestalt und nimmt unter dem Auge des

Mystikers eine neue an ... Das Wort, das höchste Autorität beansprucht, wird aufgeschlossen, es öffnet sich und kommt der Erfahrung des Mystikers entgegen. Es gibt den Weg in ein unendlich Inneres frei, in dem sich immer neue Schichten des Sinnes enthüllen.[154]

Simone Weil
Unglück und Gottesliebe

Zu den wenigen echten Verheißungen,
die aus dunkelsten
Jahren auf uns gekommen sind,
gehört Simone Weil.

Reinhold Schneider

Es spricht für die Vielgestalt der christlich geprägten abendländischen
Mystik, dass nicht nur Christinnen und Christen für diese Form eines
inneren Lebens einstanden, handelt es sich doch um einen Strom ohne
Ufer, der auch jene in sich aufnimmt, sie mitreißt, die man bei flüchtigem Hinsehen als nicht zugehörig ansehen, sie vielleicht eher aus-
schließen möchte. Aber wer ist schon ermächtigt, derartige Zuordnun-
gen zu treffen oder Urteile zu fällen? »Der Mensch sieht nur, was vor
Augen ist!« Zu den Persönlichkeiten, die diesem Jahrhundert trotz der
Kürze und Unscheinbarkeit ihres bewegten Lebens ein Siegel eingeprägt haben, gehört die französische Jüdin, Philosophin, Lehrerin, eine
vom Geist des Christentums durchdrungene Kommunistin, Anarchis-
tin und Pazifistin, eine sozial engagierte, früh vollendete junge Frau,
Simone Weil (1909–1943). Sie lebte in einer Weise asketisch, dass sie
während der Hungerjahre des Zweiten Weltkriegs in England schließlich durch Hungertod (Anorexie) endete.

Diese einer glühenden Gottesliebe und einer hingebungsvollen
Menschenliebe zugewandte Existenz mündete schließlich in die christliche Mystik ein, wiewohl die mit katholischen Christen befreundete
Simone Weil die Taufe grundsätzlich für sich ausschlug. Ihre Biographin Angelica Krogmann betont mit Recht: »Man wird Simone Weil
kaum gerecht, ohne den theologischen Gehalt ihres Denkens und ihrer
mystischen Erfahrung zu betrachten, zumal diese auf eine hochentwi-
ckelte Intelligenz traf, welche bis zuletzt nicht bereit war, die Waffen
zu strecken im ›Kampf des Irrationalen mit dem Rationalen‹.«[155]

Paradoxerweise bekennt sie ihrem befreundeten Seelsorger gegenüber, dem Dominikanerpater Jean-Marie Perrin, 1942 im Brief, dass
sie Gott »in keinem Augenblick« gesucht habe. Das sei schon deshalb

nicht nötig gewesen, weil es in dieser Welt nicht etwa um das Gottesproblem gehen könne, sondern vielmehr um die Lösung der Probleme dieser Welt, der Menschen in der jeweiligen Gegenwart. Dennoch habe sie nie in der Wahl dieser Haltung geschwankt. Obwohl aus einer jüdischen Familie stammend, habe sie das christliche Ethos als die »einzig mögliche Einstellung« angesehen:

»Ich bin sozusagen im christlichen Geiste geboren, aufgewachsen und immer darin verblieben. Während selbst der Name Gottes an meinem Denken keinen Anteil hatte, besaß ich hinsichtlich der Probleme dieser Welt und dieses Lebens die christliche Ausdrücklichkeit ... An ein künftiges Leben zu denken habe ich mir stets untersagt, aber immer geglaubt, dass der Augenblick des Todes das Richtmaß und das Ziel des Lebens ist. Ich dachte, dass für diejenigen, welche leben, wie es sich gehört, dieses der Augenblick sei, in welchem für einen unendlich kleinen Bruchteil Zeit für die reine, nackte, gewisse und ewige Wahrheit in die Seele eintritt. Ich darf sagen, dass ich niemals ein anderes Gut für mich begehrt habe. Ich dachte, dass das Leben zu diesem Gut hinführt.«[156]

Im Übrigen kann man fragen: Ist eigentlich christliche Mystik nur auf die Frömmigkeit von getauften Christen und Christinnen beschränkt? Gibt es eine gedankliche, eine existentielle Ausweitung dieses Begriffs? Warum ihn nur Menschen innerhalb konfessioneller Begrenzungen vorbehalten? – Diese Fragen lassen sich erweitern und vervielfältigen. Im Falle Simone Weils fragt sich darüber hinaus, warum sie sich nicht der reichen jüdischen Mystik zugewandt hat. Es war Martin Buber, der ihr das Zeugnis ausstellte, sie habe sich selbst ausgeschlossen, weil sie das – und damit auch ihr (vermeintliches?) – Judentum nicht nur verwarf. Sie habe es nicht einmal gekannt. Es sei nicht ihr eigen gewesen. Mehr noch und mit der herausfordernden Behauptung: »Alles, was ihr in der neueren Geschichte widerwärtig war, Kapitalismus und Marxismus, kirchliche Unduldsamkeit und moderner Nationalismus, schrieb sie dem Einfluss dessen zu, was sie den ›Totalitarismus‹ Israels nannte.«[157]

Auf einem anderen Blatt steht die Beobachtung, dass immer mehr Menschen in schicksalhafter Bestimmtheit zu einem religionsübergreifenden Erleben gelangen können. Von Ökumene sprechen und sich bereits mit einer aus dogmatischer Perspektive fragilen Harmonie zwischen Katholiken und Protestanten zufriedengeben, das ist durch den

Fortgang der Bewusstseinsentfaltung längst überholt. Es gibt indes eine
Ökumene des Geistes, die sich nicht in die traditionellen Pferche der
Religionszugehörigkeiten und Bekenntnisse eingrenzen lässt! Das Gros
unserer Zeitgenossen sind zwar eingeschriebene Christen, haben eine
mehrjährige kirchliche Unterweisung empfangen und sind in einem
(zumindest) ursprünglich christlich geprägten Umfeld aufgewachsen,
fühlen sich jedoch zur buddhistischen, zur sufischen oder einer anderen Spiritualität hingezogen. Relativ selten kommt es vor, dass Juden
einen inneren Zugang zu Christus finden, ohne um das Judesein des
Jesus von Nazareth besonderes Aufhebens zu machen. (Von einer
oberflächlichen, gesellschaftlich bedingten Annäherung, etwa an einen
liberalen, unreligiösen Protestantismus, wie sie in der jüdischen Emanzipationsbewegung des 18. und 19. Jahrhunderts erfolgt ist, kann hier
abgesehen werden.)

Am 3. Februar 1909 in einer jüdischen Arztfamilie in Paris geboren,
durchlief das als frühreif geschilderte Mädchen eine mit vorzüglichen
Prädikaten ausgezeichnete philosophisch-pädagogische Ausbildung.
Zu ihren Lehrern gehörte der Philosoph Alain (Émile Chartier). Gabriel Marcel hob die Einzigartigkeit ihrer geistig-moralischen Qualitäten hervor. Simone de Beauvoir beneidete sie »um ein Herz, das
imstande war, für den ganzen Erdkreis zu schlagen«. T. S. Eliot, der
sich bewusst war, was für eine »schwierige und unerträgliche« Persönlichkeit sie in den Augen der Durchschnittsbürger gewesen sein
wird, hielt sie für einen Menschen, der das »Zeug zur Heiligen« gehabt
habe. Fragt sich nur, wessen Nähe sie empfand, wenn nicht die des
Franziskus, denn:»Was den Geist der Armut betrifft, so kann ich mich
keines Augenblickes entsinnen, in dem er nicht *in mir* gewesen wäre,
wenn auch nur in dem leider schwachen Maße, das meiner Unvollkommenheit entspricht. Ich wurde von großer Liebe zu dem heiligen
Franziskus ergriffen, sobald ich von ihm erfuhr. Ich habe immer geglaubt und gehofft, das Schicksal werde mich eines Tages zwangsweise
in jenen Zustand des Landstreichers und Bettlers stoßen, den er freiwillig auf sich nahm ... Ich habe auch seit frühester Kindheit den
christlichen Begriff der Nächstenliebe gehabt, der ich den Namen der
Gerechtigkeit gab ...«[158]

Mit der ihr eigenen Leidenschaft unterrichtete sie in verschiedenen
französischen Lehranstalten. Sie widmete sich aktuellen gesellschaftlichen und politischen Fragen. Immer kam es ihr darauf an, möglichst
nah an der praktischen Verwirklichung der tätigen Menschenliebe zu

sein – bald als Sympathisantin der Arbeiterbewegung, unter Einsatz ihrer begrenzten körperlichen Kräfte als einfache Arbeiterin in Fabriken, als Fräserin bei Renault, bald als Helferin bei der Weinlese in Südfrankreich. Auch wenn es sich jeweils um relativ kurze Arbeitsphasen handelte, immerhin lernte sie die konkreten Existenzbedingungen unterbezahlter, ausgebeuteter Menschen kennen. In ihrem »Fabriktagebuch« finden sich Sätze wie:»Wir ähneln den Pferden, die sich selbst verwunden, sobald sie am Zaum zerren – und wir beugen uns. Man verliert sogar das Bewusstsein dieser Lage, man erleidet sie. Das ist alles ... Als ich in den Augen aller und in meinen eigenen mit der anonymen Masse ununterscheidbar verschmolzen war, ist mir das Unglück der anderen in Fleisch und Seele eingedrungen. Dort ist mir für immer der Stempel der Sklaverei aufgeprägt worden.« Alles in allem: unverzichtbare Erfahrungen, die jene einer Mystikerin ergänzen!

Als der Spanische Bürgerkrieg 1936 ausbrach, ergriff sie die Partei der Sozialisten und ging an die katalanische Front. Und das wie selbstverständlich, da wie dort: eine Genossin unter Genossen. Sie fühlte sich dazugehörig. Sie erlebte und lebte Solidarität. Ihr stets labiler Gesundheitszustand setzte ihren Aktivitäten auf der Seite der gesellschaftlich Gefährdeten immer wieder ein jähes Ende. Als der Zweite Weltkrieg den Überfall Hitler-Deutschlands auf Frankreich zur Folge hatte, verließ sie im Juni 1940 Paris und ließ sich mit ihren Eltern für einige Monate im südfranzösischen Marseille nieder. Hier kam es zu der für sie wichtigen Begegnung mit dem Dominikanerpater Jean-Marie Perrin und dem mit ihm befreundeten Schriftsteller Gustave Thibon. In der Krypta des Dominikanerklosters versammelte sich ein kleiner Freundeskreis, Gleichgesinnte, denen Simone Weil ihre philosophiegeschichtlichen Arbeiten über Pythagoras und Platon vortrug.[159] Nicht nur das Haupt der abendländischen Philosophie war für sie ein Mystiker, sondern die ganze »Ilias« Homers empfand sie »vom christlichen Geist durchflutet«.

In diese vorchristliche Ökumene schloss sie selbst Dionysos und Osiris ein, als seien sie vollgültige Präfigurationen des Christus. Mit diesen Vorstellungen steht Simone Weil jenen Erwägungen des Augustinus nicht fern, der in seinen »Retractationes« schreibt:»Die Sache selbst, die nun christliche Religion genannt wird, gab es ja schon bei den Alten. Denn vom Anbeginn des Menschengeschlechtes an fehlte sie nicht, bis Christus selbst im Fleische erschien. Erst seitdem fing man an, die längst vorhandene wahre Religion christlich zu nennen.«[160]

Durch die Kriegssituation bedingt, reiste sie von Südfrankreich aus über Casablanca in Nordafrika und über Amerika schließlich nach England, wo sie sich der französischen Résistance zur Verfügung stellte. General de Gaulle, der von ihr erfuhr, soll aufgrund ihres zweifellos überzogenen Engagements gesagt haben: »Sie ist verrückt!«[161] Trotz ihrer körperlichen Schwäche überforderte sich die bereits unterernährte Frau in lebensgefährlicher Weise. Jede Schonung schlug sie um derer willen aus, deren Schicksal sie stets mit der ihr eigenen Konsequenz zu teilen entschlossen war. Im April 1943 wurde sie entkräftet in eine Londoner Klinik eingewiesen, von dort in das Sanatorium in Ashford/Kent, wo sie 34-jährig am 24. August 1943 verstarb. Der ärztliche Bericht spricht von »Herzversagen infolge Herzmuskelschwäche, verursacht durch Auszehrung und Lungentuberkulose«. Bedenkt man, dass ihr Herz für die im 13. Jahrhundert von der römischen Kirche als Ketzer verfolgten Katharer Südfrankreichs schlug, dann lässt sich der medizinische Befund auch ganz anders lesen. Denn wer als gereifter Katharer mit dem Sakrament des *Consolamentum* gesegnet worden ist, der sollte den spirituellen Ertrag dieser Mysterienhandlung für sich dadurch bewahren, dass er sein Leben durch *Endura*, ein rigoroses Fasten bis zum Tode, beendet.[162]

Beim Versuch, das Leben und das weitgehend posthume literarische Werk bewerten zu wollen, versagen gemeinhin alle landläufigen Kategorien. Sie, die dem Judentum abgewandte Jüdin, eine Jüngerin Platons, begeistert für die gnostischen und manichäisch-katharischen Traditionen, der sie im Süden Frankreichs auch atmosphärisch und räumlich nahe war, interessiert an der Bhagavadgita und am Hinduismus – das alles war sie in einer Person. In der Vielfalt ihrer Geistoffenheit war sie wiederum alles in allem eine entschiedene Christin, eben eine Christin eigener Prägung, *ergriffen und durchglüht vom Geiste Jesu*. Sie war es, jedoch ohne die Sakramente, Taufe und Abendmahl in Gestalt der katholischen Messe, je für sich in Anspruch genommen zu haben. Ja, sie lehnte jedes kirchliche Sakrament für sich ab – aus welchen Gründen auch immer!

Simone Weil, die Ungetaufte, eine christliche Mystikerin? – Aufgrund ihrer Lebenszeugnisse wurde sie innerer Christus-Erfahrungen teilhaft. Als sie im Mai 1942 Pater Perrin eine briefliche Lebensbeichte ablegt, betont sie: Nicht er habe ihr etwas vom Geist Christi vermittelt.

Sie sei durch diesen Geist längst ergriffen worden. Die Kraft des Gebets, so heißt es an anderer Stelle, habe sich so in ihr ausgewirkt, als sei »Christus selbst hernieder gestiegen« und habe sie ergriffen. Auffällig in ihren Schilderungen ist diese wiederholte Wendung des *Ergriffen*-Werdens. Sie habe »nie irgendwelche Mystiker gelesen«, und zwar aus Gehorsam gegenüber einer inneren Weisung, von der sie gegebenenfalls ihre weitere Entscheidung abhängig machen wollte. Ihre Teilhabe am Mystischen bedurfte keiner speziellen Belehrung. Die war ihr gleichsam von innen gegenwärtig.

> Was dem Herzen sich verwehrte, / lass es schwinden unbewegt.
> Allenthalben das Entbehrte / wird dir mystisch zugelegt.
> Werner Bergengruen

Als sie, angeleitet durch Gustave Thibon, sich ins neutestamentliche Griechisch vertiefte, um den Evangelien von der Originalsprache her näherzukommen, erlebte sie »die unendliche Süßigkeit dieses griechischen Textes«, namentlich beim Lesen und Sprechen des Vaterunsers: »Patér hemón, ho en tois ouranóis!« Hier ihr Zeugnis, das einmal mehr das Berührtsein und Ergriffenwerden durch die mystische Dimension deutlich werden lässt:

»Mitunter reißen schon die ersten Worte meinen Geist aus meinem Leibe[163] und versetzen ihn an einen Ort außerhalb des Raumes, wo es weder eine Perspektive noch einen Blickpunkt gibt. Der Raum tut sich auf. Die Unendlichkeit des gewöhnlichen Raumes unserer Wahrnehmung weicht einer Unendlichkeit zweiten oder manchmal auch dritten Grades. Gleichzeitig erfüllt diese Unendlichkeit der Unendlichkeit sich allenthalben mit Schweigen, mit einem Schweigen, das nicht die Abwesenheit des Klanges ist, sondern der Gegenstand einer positiven Empfindung ist sehr viel positiver als die eine Klanges. Die Geräusche, wenn deren da sind, erreichen mich erst, nachdem sie durch dieses Schweigen hindurchgegangen sind. Mitunter auch ist während dieses Sprechens oder zu anderen Augenblicken Christus *in Person anwesend*, jedoch mit einer unendlich viel wirklicheren, durchdringenderen, klareren und liebevolleren Gegenwart als jenes erste Mal, da er mich ergriffen hat.«[164]

Obwohl Simone Weil in ihren Briefen wie auch in ihren nachgelassenen Aufsätzen aus dieser Gottes- und Christusverbundenheit heraus Zeugnis ablegt, erblickt sie die Eigenart ihrer Berufung darin, außerhalb der Kirche zu bleiben und sogar ohne eine ...»Und dies, um Gott und dem christlichen Glauben im Bereich der Vernunfteinsicht zu dienen.«[165] Faszination und Befremdliches gehen bei dieser kaum einer Zuordnung fähigen Frau eine eigentümliche Verbindung ein. Ist eine solche Widersprüchlichkeit nicht ebenfalls Ausdruck des Mystischen, das sich den üblichen Definitionen und Festlegungen widersetzt? In seinem Vorwort zu »Schwerkraft und Gnade«, der ersten nach dem Tode Simone Weils in Frankreich erschienenen Schrift, bemerkt hierzu T. S. Eliot und gibt damit weiterer Betrachtung Raum:

»Bei dem Versuch, sie zu verstehen, darf man sich nicht vom Weg abführen lassen, indem man erwägt, wie weit und an welchen Punkten man Simone Weil zustimmt oder nicht, was bei einer ersten Lektüre nur zu leicht geschieht. Man muss sich einfach der Persönlichkeit eines Genies ausliefern, eines Genies, das dem der Heiligen verwandt ist ... Aber Zustimmung und Ablehnung sind zweitrangig; es kommt aber darauf an, mit einer großen Seele in Berührung zu kommen.«[166]

Dessen waren und sind sich jene bewusst, die mit dem Schweizer Kirchenhistoriker und Hagiographen Walter Nigg (1903–1988) gestehen: »Simone Weil war tief in das Mysterium des Kreuzes eingedrungen, das keinen Trost kennt. Hierfür darf keine Erklärung gesucht werden, dieweil erklären soviel wie trösten heißt. Der Wert des Leidens liegt im Verzicht auf jede Erklärung ...«[167]

Wie ergeht es nun den betreffenden Menschen hinsichtlich ihrer Beziehung zu ihren Mitmenschen? Stehen sie vielleicht in der Gefahr, sich gemäß dem Augustinus-Wort lediglich um »Gott und die Seele« zu kümmern und damit den Mitmenschen zu verfehlen? Was Simone Weil anlangt, so hat sie sich nicht nur in der Weise ihres ethischen Verhaltens der allgemeinen Nächstenliebe gewidmet. »Gott und die Seele« wäre ihr zu wenig, viel zu elitär gewesen. Unter Nächstenliebe verstand sie »die Liebe, die von Gott zu dem Menschen herabsteigt«, um den Unglücklichen dieser Erde nahe zu sein. Hierzu Walter Nigg: »Die Echtheit von Simone Weils mystischen Erlebnissen zeigt sich darin, dass sie sich keineswegs dem sozialen Leben entfremdete. Auch nach dem Herabsteigen Christi in ihre Seele hat sie die verstärkte Pflicht empfunden, ihre religiöse Stellung in der sozialen Situation zu bewähren.«[168]

Ihr lag darüber hinaus die Freundschaft am Herzen. Wenn sie den von ihr geachteten Pythagoräern Freundschaft als »Gleichheit aus harmonischer Übereinstimmung« zusprach, dann verstand sie darunter

»eine gewisse Gegenseitigkeit«, und zwar eine solche, die von der Übernatur abgeleitet sein müsse. Denn:»Wenn ein Mensch an einen anderen durch eine Zuneigung gebunden ist, in der ein beliebiger Grad von Notwendigkeit enthalten ist, so ist es unmöglich, dass er zugleich seine eigene Autonomie und die des anderen zu wahren wünscht. Unmöglich kraft des Mechanismus der Natur. Möglich jedoch durch die wunderbare Dazwischenkunft des Übernatürlichen. Dieses Wunder ist die Freundschaft.«[169] Mit anderen Worten, unter Einbezug des nahen Mitmenschen auf die innige Gottesbeziehung:»Ohne die Gegenwart Gottes in jedem von beiden ist es unmöglich, dass zwei menschliche Wesen eines sind und dennoch auf das gewissenhafteste den trennenden Abstand zwischen sich einhalten. Der Schnittpunkt der Parallelen liegt im Unendlichen.«[170]

Was Simone Weil ihrer Mitwelt und Nachwelt gezeigt hat: Man/ frau kann christliche Mystik leben, ohne den Normen und einengenden Ordnungen kirchlicher oder sonstiger religiöser Pferche zu bedürfen:»Gott durchdringt die Dichte der Welt, um zu uns zu kommen ... Wie Gott in der sinnlichen Wahrnehmung eines Stücks Brotes gegenwärtig ist durch die eucharistische Weihe, so ist er in dem äußersten Schlimmen gegenwärtig durch den erlösenden Schmerz, durch das Kreuz.«[171]

In allem, was das reine und echte Gefühl des Schönen in uns weckt, ist Gott wirklich gegenwärtig. Es gibt gleichsam eine Art Inkarnation Gottes in der Welt, deren Merkmal die Schönheit ist.

Das Schöne ist der Experimentalbeweis, dass die Inkarnation möglich ist. Deshalb ist jede Kunst höchsten Ranges ihrem Wesen nach religiöse Kunst – was man heutzutage nicht mehr weiß. Eine gregorianische Melodie ist ebensosehr ein Zeugnis als der Tod eines Märtyrers.[172]

Nur das Ewige ist unverletzbar durch die Zeit. Soll ein Kunstwerk immer Bewunderung finden, soll eine Liebe, eine Freundschaft ein ganzes Leben – ja vielleicht nur einen Tag lang rein und ungetrübt dauern, soll eine Lebensanschauung durch die vielfältigen Erfahrungen und alle Wechselfälle des Schicksals hindurch die gleiche bleiben – so bedarf es einer Eingebung, die von jenseits des Himmels herabsteigt.[173]

Unterwegs nach innen

Carl Albrecht
Sprechen in Versunkenheit

Wer als Mystologe, das heißt als historisch Forschender, sich den Bereichen mystischer Erfahrung nähert, schenkt seine besondere Aufmerksamkeit naturgemäß den unmittelbaren Quellen und Dokumenten solcher Erfahrung, die in der Regel nicht die seinen sind. Er muss vielmehr versuchen, sich in fremdes Erfahrungsgut hineinzufinden, um mit dem Geschilderten und Bezeugten – etwa im Sinne Sören Kierkegaards – »gleichzeitig« zu werden. Das ist verständlicherweise mit allerlei Problemen belastet. Dabei muss er sich jeweils die kritische Frage stellen, inwieweit er selbst aufgrund eigenen Erlebens und eigenen Innewerdens von seinem »Gegenstand« angerührt und ergriffen worden ist. Gleiches wird nur durch Gleiches erkannt.

Unter den Gestalten, die psychologisch forschend gearbeitet haben, findet sich nun einer, der von sich sagen konnte, dass er Mystologe und Mystiker, Forschender und Erfahrender *in einer Person* gewesen sei. Er gelangte zu eigenen spirituellen Wahrnehmungen, die er unter Zugrundelegung wissenschaftlicher Vorgehensweise untersuchen konnte: Es ist der Arzt und Philosoph Carl Albrecht (1902–1965). Zweifellos schon deshalb ein bemerkenswertes Phänomen, weil er sich offensichtlich bewusst war, dass zu solcher psychologischer Beobachtung ein spirituelles Sensorium hinzukommen müsse, wenn eine eindimensionale Betrachtung, die zu Fehleinschätzungen führt, vermieden werden soll. Jedenfalls kann es nicht darum gehen, ein mystisches Erleben lediglich psychologisch zu »analysieren«. Das Ich, das sich mit den ihm zur Verfügung stehenden intellektuellen Potenzen seelischen Phänomenen – eigenen und denen anderer – zuwendet, ist anderer Art. Auf das Mystische bezogen, handelt es sich um eine Ich-Wachheit eigener Prägung. Diese Unterscheidung macht Albrecht zum Gegenstand seiner Untersuchungen. Hinzu kommt – und das stellt eine Besonderheit dar – die ihm gegebene Fähigkeit, im Zustand der Versunkenheit zu sprechen.

Carl Albrecht fiel auf, dass Psychologen mit verwandten, auf das Transpersonale gerichteten Zielsetzungen in die Gefahr geraten, »ihre

Aussage über das untersuchte (mystische) Phänomen sorglos mit Werturteilen oder mit weltanschaulichen Ideen zu vermischen. Psychologen waren auch immer in dem Zwiespalt gefangen, die große Fülle der lebendigen seelischen Erscheinungen in die Starrheit einer sehr fraglichen traditionellen Begriffswelt hineinfügen zu müssen.«[174] Albrechts eigene Seelenmöglichkeiten, das heißt die des Psychologen *und* des Mystikers, verdienen daher Beachtung und Wertschätzung. Was ihn und seine Arbeitsweise betrifft, so wird man daher ein besonderes Interesse des Psychologen am Mystischen erwarten dürfen, das sich von vielen anderen Sichtweisen abhebt. Eine gewisse Parallele zu den Untersuchungen Albrechts stellen diejenigen der Parapsychologin Gerda Walther (1897–1977) dar, die, ausgehend von Edmund Husserl, Alexander Pfänder und Max Scheler, eine »Phänomenologie der Mystik« entwarf, indem sie den Blick von einer weltimmanenten, kosmischen Weltanschauung – unter Berücksichtigung christlicher und hinduistischer Vorstellungen – auf eine »Gottunmittelbarkeit« ausrichtete.[175] Wer sich mit Gerda Walther über spirituelle Gegebenheiten austauschen konnte, der hatte aber auch den Eindruck, dass sie zwar religiöse Aspekte aufgrund eigenen Erlebens ernst nahm, dass für sie parapsychische Vorkommnisse jedoch zu dominieren schienen.[176]

1902 als Sohn einer angesehenen Kaufmannsfamilie in Bremen geboren, wählte Carl Albrecht den Arztberuf und wandte sich der Inneren Medizin zu. In seiner Ausbildung lernte er das Autogene Training von Johannes Heinrich Schultz kennen. Er übte in seiner Vaterstadt eine ärztlich-psychotherapeutische Praxis aus. In dieser Funktion ergab es sich, dass er einerseits Patienten kennen lernte, die von allerlei »Grenzerfahrungen« betroffen waren. Andererseits konnte es nicht ausbleiben, dass er selbst einen von Versenkungsübungen begleiteten seelisch-geistigen Wandlungsprozess zu durchlaufen hatte. Eine Erinnerung an C. G. Jungs Erlebnisse während der Krise in der Lebensmitte liegt nahe, so unterschiedlich beider Wege gewesen sein werden. Es entsprach seiner kritisch prüfenden Einstellung zu den verschiedenen psychotherapeutischen Theorien und Praktiken, dass Albrecht sich letztlich mit keiner der ihm bekannt gewordenen Schulen identifizierte.

In der Folge eines ernsthaften gesundheitlichen Zusammenbruchs gelangte Carl Albrecht zu Erlebnissen, die über die des Autogenen Trainings hinausgingen. Sie nahmen eine Eigengestalt an und führten ihn 1947, also gegen Ende seiner Lebensmitte, an ein religiöses, mystisch getöntes Erleben heran. Es steht im Zusammenhang einer meditativen Versenkungstechnik. Albrecht unterscheidet hierbei zwischen dem Vorgang der *Versenkung* und dem Zustand der *Versunkenheit*, in den dieser Prozess hineinführt. Wie aus seinen Darstellungen ersichtlich, ging es ihm als (Selbst-)Beobachter und Forscher darum, die sich ergebenden Bewusstseinszustände psychologisch und auf ihre Erscheinungsweise, also phänomenologisch betrachtet, in ihrer Aussagekraft zu »erhellen«. Er musste bestrebt sein, Licht in »mystische Erlebnisqualitäten« zu bringen[177], zumal allerlei Okkultismen unterschiedlichster Couleur zu jeder Zeit eine irritierende Faszination ausüben, die jedoch gegenüber dem im hier gemeinten Sinn vertretenen mystischen Erkennen zu unterscheiden sind.[178]

In unserem Zusammenhang kann Albrechts Ansatz und Vorgehensweise nur umrisshaft referiert werden. Deutlich ist die Abgrenzung sowohl gegenüber dem allgemeinen, jedem bekannten alltäglichen Wachbewusstsein, was die Bewusstseinshelligkeit anlangt, als auch gegenüber dem darunter liegenden Traum- oder Schlafbewusstsein. Albrecht spricht von »Versenkung«, wenn es sich um einen »entspannt fließenden Vorgang« des Wachseins handelt, während »Konzentration«, wie sie zum Einstieg in eine seelisch-geistige Übung erforderlich ist, eine willentliche Anstrengung voraussetzt, um einen Gegenstand in die Mitte der Aufmerksamkeit zu rücken. In drei Thesen fasst er sein Verständnis des mystischen Bewusstseins skizzenhaft zusammen. Die Bezeichnungen »Ankommendes« und »Umfassendes« dienen dazu, die zugrunde liegende Bewusstseinsart samt ihrem »Ertrag« zu charakterisieren:[179]

»1. Die *Versunkenheit* ist ein voll integriert, einheitlich und einfach gefügter, überklarer und entleerter Bewusstseinszustand, dessen Erlebnisstrom verlangsamt ist, dessen Grundgestimmtheit die Ruhe ist und dem als einzige Funktion eines nur noch rezeptiv erlebenden Ichs die Innenschau zugeordnet ist.

2. Mit dem Begriff des *Ankommenden* bezeichnen wir eine als außerbewusst gedachte Ganzheit, welche in einer Erlebnisreihe zunehmend bewusst wird.

3. Ein *Ankommendes* wird ein Umfassendes genannt, wenn es von dem Versunkenen so erlebt wird, als ob es ein aus fremder Sphäre herkommendes, schlechthin letztes unerkanntes Sein sei.«[180]

Unter Zugrundelegung dieser Thesen lässt sich Mystik als »das Ankommen eines Umfassenden im Versunkenheitsbewusstsein« verstehen. Dabei fällt auf, dass auf eine nähere Benennung, wie sie im Zusammenhang eines spirituell-weltanschaulichen Systems denkbar wäre, verzichtet wird. Das geschieht wohl, um das »Ankommende« nicht vorweg zu belasten, sondern von und für etwaige Deutungen freizuhalten. Dem Philosophen Hans A. Fischer-Barnicol, der Albrecht in den letzten Jahren kennen lernte, verdanken wir eine Charakteristik seiner Person und – bis zu einem gewissen Grad – seiner Vorgehensweise. Dazu gehört die Mitteilung, dass sich Albrecht unter anderem mit der Theologie Karl Barths und mit dem »protestantischen Prinzip« auseinandersetzte, jedoch schließlich zum Katholizismus konvertierte. »Seine Konversion hat jedoch weder Voraussetzungen noch Auswirkungen in seinem mystischen Erleben.« Sie enthob ihn ebenso wenig der Verpflichtung, »die ihm eigene Wachsamkeit kritischer Verantwortung aufzugeben. Sie war konstitutiv für sein Denken ... Diese kritische Verantwortung war seine eigentliche ›Disziplin‹.«[181]

Es sind die Entschiedenheit, der Realitätssinn und die Gewissenhaftigkeit in Beobachtung und Einschätzung des Erfahrenen, die Albrechts Geistesart in der Sicht Fischer-Barnicols auszeichnen. Das zeigt, dass Erlebnis- und Erkenntnisweisen des Spirituellen möglich sind, die alles andere als »mystisch verschwommen« scheinen und im Ungefähren schweben, wie der Mystik von Außenstehenden fälschlicherweise immer wieder unterstellt wird: »Albrechts wissenschaftliches Werk beweist, wie weitsichtig und scharfsinnig seine kritische Verantwortung reagierte. Nahezu unerbittlich duldete sie keine Unklarheiten. Auch geringfügige Verschiebungen in den Perspektiven oder Kategorien entgehen ihr nicht. Über jeden noch nicht genau bemessenen Begriff, über jede Unbestimmtheit, über jede Maßnahme des Denkens legt sie Rechenschaft ab ... Denken war für Carl Albrecht ein klares Wahrnehmen und Ausformen von intelligiblen Gestalten.«[182]

Seinem ärztlichen Gewissen entsprach, dass Albrecht sich gegebenenfalls auch »tiefgreifende Bedenken« vorlegte, nämlich dann, wenn sich bei seinen Patienten Erscheinungen zeigten, die unter Umständen tiefer ins Gesamtgefüge einer Persönlichkeit hineinreichten, als dies etwa bei einer psychoanalytischen Methode der Fall war. Im Übrigen entsprach es der erforderlichen Achtsamkeit (Arkandisziplin), mit der Gestaltung eines Meister-Schüler-Verhältnisses behutsam umzugehen.»So erklärte er sich zwar dazu bereit, die Methode (seines Vorgehens) an einige Freunde weiterzureichen; daran haben ihn dann Krankheit und Tod gehindert.

Er konnte sich aber nicht dazu entschließen, die Technik als solche zu publizieren oder gar die minutiös geführten Protokolle, in denen er die Versenkungs- und Versunkenheitsaussagen seiner Patienten aufgezeichnet hatte, für eine spätere wissenschaftliche Dokumentation des Phänomens und seiner Methode aufzubewahren.«[183]

Was bei flüchtiger Kenntnisnahme als Krankengeschichte anmutet, das kann den Kundigen jedoch nicht darüber hinwegtäuschen, dass sich von Fall zu Fall etwas manifestiert, was die Dimension des Psychischen bzw. Psychologischen überschreitet. Gemeint ist das »Gewahrwerden einer echten Anderheit«, das seinerseits eine adäquate Einstellung beim Erlebenden wie beim Beobachter verlangt. Auch hier der bewusste Verzicht, dieses »Andere« näher zu benennen, etwa gar durch das »Ganz-Andere« und Transzendente im theologischen Sinn. Preiszugeben ist beispielsweise auch ein bestimmtes Verlangen, weil – nach Kafka – der Suchende »nicht findet; wer nicht sucht, wird gefunden«.[184] Folglich komme es auf ein »Warten ohne Erwartungen« an, um das »Ankommende« wiederum von irgendwelchen vom menschlichen Ego diktierten und damit verfälschenden Projektionen freizuhalten. Ganz zu schweigen von etwaigen parapsychischen Phänomenen, die irrtümlicherweise als »mystische« Phänomene bezeichnet werden.

Schließlich sei auf eine Besonderheit hingewiesen, die zum Ertrag der Albrechtschen Erfahrungen gehört. Es ist das sogenannte »Sprechen in Versunkenheit«. Er geht davon aus, »dass der Mensch in allen uns bekannten Bewusstseinszuständen – im Wachbewusstsein, im Halb- und Tiefschlaf, in somnambulen und in Trance-Zuständen – fähig ist, zu sprechen«[185]. Erhalten haben sich zahlreiche gedichtartige Sentenzen, die dem Vernehmen nach in der genannten Bewusstseinsverfassung ausgesprochen und von einer anwesenden Person niedergeschrieben wurden. So etwa eine Verlautbarung vom 1. Dezember 1962 des Sechzigjährigen[186]:

Im Raum des Grundes.
Der Ort ist offen.
Im Sinnen Gottes.
Das Urgeheime
ist laut geworden.
Gelichtet im Dunkel.
Verborgen im Leuchten.
Urheilige Ruhe
im Singen des Meeres.
Urgrund
im Ursprung
aufgetan.
Flamme
in der Schale
des Ja.

Wie ersichtlich, kommen in diesen Zeilen Benennungen zur Sprache, die aus der religiösen Orientiertheit des Sprechenden, aus seiner Art, mit Dichtung umzugehen, verständlich sind. Carl Albrecht äußert sich in dieser Verfassung nicht als wissenschaftlich Forschender, sondern als Erlebender, als Inne-Werdender. Das gilt es zu beachten. Hans Fischer-Barnicol bemerkt zu dieser Art des Sprechens, wie es von einer im Zustand der Versunkenheit befindlichen Person hervorgebracht werden kann:

»Sobald sich die Versunkenheit eingestellt und die überhelle, klare, durchsichtige und weitgehend entleerte Ruhe des Versunkenheitsbewusstseins ausgeformt hat, beginnt die Versuchsperson zu sprechen. Ihr ist bewusst, dass sie spricht, ohne auf das, was gesprochen wird, Einfluss nehmen zu können oder zu wollen … Dieses Sprechen aus der Versunkenheit gibt eine Erfahrung ungleich deutlicher wieder, als es nachträgliche Beschreibungen vermögen. Solchen Aussagen scheint die Macht echten symbolischen Geschehens zuzukommen. Sie gewähren Vergegenwärtigung.«[187]

Den Begriff »mystische« Erfahrung verwenden wir selten und nur dann, wenn wir ein geordnetes Gesamt mystischer Erfahrungsgehalte vor Augen haben. Wenn wir von mystischem Erfahren sprechen, meinen wir allerdings immer einen erkennenden Akt mystischen Erfassens und nicht nur ein Erlebnisgeschehen mystischen Betroffenseins … Das Auftreffen des mystischen Wirkgefüges wird nicht nur im Erkennen, sondern weit darüber hinausreichend im Erleiden und im Erleben bewusst. Der Begriff mystisches Erfahren sollte überall dort für ein mystisches Erfassen verwendet werden, wo dieser Zusammenhang nicht verkannt werden darf.[188]

Dag Hammarskjöld
Der längste Weg nach innen

In einem Jahrhundert wie dem 20., das weltweit durch Turbulenzen aller Art erschüttert
war, mag man sich abseits des Geschehens
Zentren eines inneren Lebens denken, Einsie-
deleien, Klöster, irgendwelche Zufluchtsstät-
ten als Orte der Sammlung. Und die gibt es ja auch. Man kann sich
vorstellen, wie Männer und Frauen dort – und sei es nur auf eine be-
grenzte Zeit – ein Leben in Zurückgezogenheit führen, Gebet und
Meditation pflegen, unspektakuläre Zeichen der Menschenliebe auf-
richtend. Aber kann man inmitten des großstädtischen Getriebes, in
Hochhäusern oder im tosenden Verkehr aller Art für sich selbst oder
für andere Momente der Stille herstellen?

Mystiker und Mystikerinnen unterliegen keiner Normierung. Wohl
kann man sich vorstellen, dass insbesondere Ordensleute von speziellen Erfahrungen sehr viel leichter heimgesucht werden können als
Menschen, die an Beruf und Familie, im öffentlichen Leben an Ver-
pflichtungen aller Art gebunden sind. Man denke an Menschen wie
Meister Eckhart, Teresa von Avila und Johannes vom Kreuz oder an
Jakob Böhme, der immerhin als einfacher Handwerker ein geistliches
Leben geführt hat. Ihnen unterstellt man eine besondere Art der Religiosität. Dass sie ein verborgenes Leben führen, liegt nahe. Fragt sich
nur, ob dergleichen auch in einer nach außen gewendeten, säkularen
Epoche, also »mitten in der Welt« vollziehbar sei. Heute ist dies den
meisten schwer vorstellbar.

Dennoch ist der Sinn für Überzeitliches an keine Zeit und an kein
bestimmtes Milieu gebunden. Menschen, die unmittelbare Gotteser-
fahrungen machen, brauchen kein so oder so geartetes Claustrum, in
das sie sich aus der Gesellschaft zurückziehen. Ihr Athos ist *in ihnen*
selbst, sofern sie sich dafür entschieden haben, sowohl »mitten in der
Welt« zu leben und gleichzeitig für die »Welt« in einem *Weltinnenraum*
(Rilke) beheimatet zu sein. Dann müssen die Betreffenden auch keinem
besonderen Stand angehören, keiner elitär anmutenden Profession
nachgehen, um etwa als Mystiker oder Mystikerinnen erkennbar zu
sein. Daher ist das Erstaunen selbst bei ihnen nahestehenden Zeitge-

Unterwegs nach innen

nossen groß, wenn sie eines Tages erfahren, dass die ihnen vermeintlich gut Bekannten ein verborgenes, ein inneres Leben führen oder geführt haben. Man fragt sich, worin ihre Identität bestehe oder ob es für sie etwa ein Doppelleben gegeben habe. Aber auch das andere trifft zu: Sogenannte »Geistliche« als Amtsträger einer Kirche oder einer spirituellen Gemeinschaft bieten dagegen keinesfalls die Gewähr, mystische Erfahrungen gemacht zu haben oder hierfür kompetent zu sein. Oft genug kommen gerade in solchen Kreisen erstaunliche Defizite zutage. Wer »Heiliges wie ein Gewerbe treibt« (Hölderlin), dem bleiben Wege nach innen fremd.

Dag Hammarskjöld, dem einst auf oberster internationaler Ebene tätigen schwedischen Diplomaten, widerfuhr in seinem beispielhaft geführten Leben Außerordentliches. Der 1953 zum Generalsekretär der Vereinten Nationen gewählte Politiker zeichnete sich durch ein intensives und daher weltweit anerkanntes Engagement aus. Auf die Wahrung des Friedens waren seine Bemühungen gerichtet. Und das in den beiden Jahrzehnten nach dem Zweiten Weltkrieg, als immer neue Spannungen im Mit- und Gegeneinander der Völker zu verhindern oder aufzulösen waren – während des sogenannten Kalten Kriegs zwischen den West- und Ostmächten, angesichts immer neu entflammender Nord-Süd-Konflikte, insbesondere auf dem afrikanischen Kontinent, aber auch im Gefolge des Koreakriegs und im problematischen Gegenüber zum rasch zur Macht strebenden chinesischen Imperium.

Zu diesen großen globalen Herausforderungen, die wiederholt die Menschheit an den Rand eines dritten Weltkriegs brachten, trat der hinter den Kulissen schwelende Kampf der Geheimdienste hinzu. Eine besondere Brisanz erlangten die politisch-militärisch brisanten Krisen der fünfziger und sechziger Jahre. Dazu gehörte die Suez-Krise 1956, in die England, Frankreich und Israel involviert waren, 1960 gefolgt von der Kongo-Krise. Sie brach aus, als im Zuge der afrikanischen Unabhängigkeitsbestrebungen zwischen Krieg führenden Parteien und den damit verknüpften westlichen Kolonialmächten sowie der Sowjetunion eine Befriedung unabdingbar geworden war, um Schlimmeres zu verhindern. Damit war die UNO mit ihrer ersten, bis dahin schwierigsten Aufgabenstellung konfrontiert: Es schlug Dag Hammarskjölds entscheidende, die über sein Leben entscheidende Stunde!

Von dem am 29. Juli 1905 in Jönköping/Schweden geborenen, hoch begabten, für alles Schöne und Humanitäre aufgeschlossenen Sohn des schwedischen Premierministers Hjalmar Hammarskjöld, der in seiner Heimat hohe Regierungsämter bekleidet hatte, erwartete man nicht, dass er in der Lage wäre, die für schwerwiegende internationale Auseinandersetzungen erforderliche Durchsetzungskraft zu besitzen. Die Tatsache, dass er noch ein zweites Mal einstimmig für das Amt des UNO-Generalsekretärs gewählt wurde, bestätigte jedoch seine hohe Qualifikation und internationale Anerkennung. Für ihn ging es im Herbst 1961 darum, an Ort und Stelle, das heißt in Nordrhodesien, dem heutigen Sambia, nach dem Rechten zu sehen und Schritte für einen friedlichen Ausgleich vorzubereiten. Auch die Schaffung der mittlerweile bekannten Blauhelm-Einheiten ging auf seine Initiative zurück. Doch da trat das tragische Ereignis ein. Am Abend des 17. September 1961 war eine viermotorige DC-6 in Leopoldville/Kongo gestartet. Dag Hammarskjöld erreichte sein Ziel jedoch nicht, weil seine Maschine in Ndola, Sambia, abstürzte. Zusammen mit seinen Leibwächtern, insgesamt 15 Besatzungsmitgliedern, fand er in der Nacht zum 18. September dort den Tod. Unklar blieb jedoch, ob es sich dabei um einen Unfall oder um einen Sabotageakt handelte, in den irgendwelche Geheimdienste verwickelt sein konnten. Dies zog man schon deshalb in Erwägung, weil Hammarskjölds Friedensaktivitäten die Interessen, sei es westlicher Mächte, sei es afrikanischer Politiker, tangierten, und der Generalsekretär dank seiner allseits bekannten, auf Ausgleich gerichteten Bestrebungen nunmehr auf ein verbreitetes Misstrauen stieß. Posthum wurde ihm der Friedensnobelpreis verliehen.

Zu den Rätseln, die seinen jähen Tod begleiteten, trat eine weitere geheimnisvolle Tatsache hinzu. In Hammarskjölds New Yorker Wohnung fand man eine Sammlung privater Aufzeichnungen, darunter einen undatierten Brief an seinen Freund Leif Belfrage, in dem er ihm anheimstellte, seine zurückgelassenen privaten Papiere im Fall seines Todes zu veröffentlichen. Darunter befand sich, was er als »eine Art Weißbuch meiner Verhandlungen mit mir selbst – und Gott« bezeichnet hatte. Es sei »das einzig richtige Profil, das man zeichnen könnte«. Es handelte sich um knappe, zum Teil tagebuchähnliche Notizen, betitelt »Zeichen am Weg« (Vägmärken).[189]

Die Verwunderung über diesen Textfund war groß, weil selbst nahe Freunde Hammarskjölds keine Ahnung von derartigen Dokumenten eines mystischen, nach innen gekehrten Lebens hatten. Niemand wusste von der durch ihn geübten Spiritualität. Bekannt war allenfalls Dag Hammarskjölds Hochschätzung Albert Schweitzers. Er verehrte seinen ökumenisch gesinnten Landsmann, den bekannten lutherischen Erzbischof Nathan Söderblom, mit dem bereits die Familie der Eltern befreundet gewesen war. Auch Martin Buber mit seiner in dessen »Ich und Du« niedergelegten Dialogphilosophie hatte auf ihn Eindruck gemacht. Man wusste, in welcher Offenheit der in der protestantischen Frömmigkeit beheimatete Humanist auch anderen Glaubensanschauungen, namentlich den östlichen Religionen, gegenübertrat. So selten er im sonntäglichen Gottesdienst anzutreffen war, so aufmerksam las er mystische Literatur, etwa »Nachfolge Christi« (De imitatione Christi) des Thomas a Kempis. Das von ihm benutzte Exemplar hatte ihm bereits seine Mutter zur Konfirmation geschenkt; es wies einige Unterstreichungen auf, die für seine Lebensführung wichtig gewesen sein werden. Da heißt es etwa:

»Mein Sohn, bemühe dich ernsthaft, überall und bei allem, was du tust, innerlich frei zu sein und dich in der Hand zu haben; über den Dingen, nicht unter den Dingen zu stehen, so dass dein Tun von dir gemeistert, nicht du von ihm bemeistert wirst.«[190]

Diese »Nachfolge Christi« war im Übrigen Hammarskjölds Vademecum, das er selbst auf seinen weiten Dienstreisen bei sich trug. Aber dass er als dem Leben, auch dem maßvollen Genuss zugewandter Freund einen solchen geistig-geistlichen Innenweg betreten hatte, erweckte nach Auffindung seiner »Zeichen am Weg« selbst bei nahestehenden Gleichgesinnten Erstaunen. Erst im Nachhinein erinnerte man sich gelegentlicher intimer Geständnisse, wenn er etwa 1954 schrieb:

»Die Erklärung, wie ein Mensch ein Leben aktiven gesellschaftlichen Dienens in vollkommener Übereinstimmung mit sich selbst als Mitglied der Gemeinschaft des Geistes leben soll, habe ich in den Schriften der großen mittelalterlichen Mystiker gefunden. Für sie war *Selbsthingabe* der Weg zur Selbstverwirklichung. Sie fanden in der *Einsamkeit des Geistes* und in der *Innerlichkeit* die Kraft, Ja zu sagen, wo immer sie sich den Forderungen ihrer bedürftigen Mitmenschen gegenübergestellt sahen. Liebe – dieses oft missbrauchte und falsch verstandene Wort – bedeutete für sie nichts als das Überfließen der Kraft, von der sie sich erfüllt fühlten, wenn sie in wahrhaftem Selbstvergessen lebten. Und diese Liebe fand ihren natürlichen Ausdruck in der bedenkenlosen Erfüllung ihrer Pflicht und in einer uneingeschränkten Hinnahme alles dessen, was das Leben ihnen persönlich an Mühen, Leiden – oder an Beglückung – brachte.«[191]

Ungeachtet solcher gelegentlicher Geständnisse, die jeweils einer treffenden Selbstcharakteristik entsprachen, kannte ihn »keiner seiner Kollegen ... Viele leugneten bis zuletzt, dass er sich überhaupt für Religion interessiert habe oder als Christ bezeichnet werden könne«. So sein langjähriger, seit Jugendtagen vertrauter Freund Sven Stolpe, der Hammarskjölds geistigen Lebensweg posthum schilderte. Danach habe er während der Stockholmer Jahre regelmäßig die Kirche »selbstverständlich« besucht, »aber auch in New York, wo er abwechselnd protestantische, griechisch-orthodoxe und vor allem katholische Gotteshäuser aufsuchte. Er sprach aber nie davon, auch versuchte er nie, Proselyten zu gewinnen.«[192]

Die »Zeichen am Weg«, deren Aufzeichnungen seit seinen zwanziger Jahren, das heißt von 1925 bis zu seinen letzten Lebenstagen, reichen und in loser Folge aneinandergereiht sind, sprechen für sich, zumal diese Aufzeichnungen ursprünglich nicht für eine Veröffentlichung vorgesehen waren. Ihr inneres Thema, das seit seiner Lebensmitte immer wieder Tod und Sterben einbezog, lässt sich durch Verse charakterisieren, die aus der Zeit des etwa 45-Jährigen stammen:

Die längste Reise
ist die Reise nach innen.
Wer sein Los ausgewählt hat,
wer die Fahrt begann
zu seiner eigenen Tiefe ...
noch unter euch,
ist er außerhalb der Gemeinschaft,
abgesondert von eurem Gefühl
gleich einem Sterbenden
oder wie einer, den der nahende Abschied
vorzeiten weiht
zu jeglicher Menschen endlicher Einsamkeit.

Aber muss anderen gegenüber davon berichtet werden? Jegliches Mitteilungsbedürfnis, das sich hie und da zumindest dem allernächsten Menschen gegenüber einmal aufdrängen mag, hat er als belanglos, sogar als lächerlich hingestellt. Er fragt sich, wofür er dergleichen eigentlich niederschreibe, und er antwortet:»Gewiss durchaus für dich selbst.« Dennoch räumt er ein:» … aber auch, vielleicht auch für andere.« Ja, vielleicht, gibt es doch den Drang, andere, allenfalls Geistesverwandte, an dem Anteil haben zu lassen, was ihm bedeutsam geworden ist.

In den Pfingsttagen seines Todesjahrs 1961 schreibt Dag Hammarskjöld Gedanken nieder, wie sie ein zur letzten Reise Bereiter formulieren kann, zwar noch fragend und des Bevorstehenden noch nicht voll bewusst, aber auf das innere Ziel blickend und schon des Eigentlichen gewiss:

»Ich weiß nicht, wer – oder was – die Frage stellte. Ich weiß nicht, wann sie gestellt wurde. Ich weiß nicht, ob ich antwortete. Aber einmal antworte ich ja zu jemanden oder zu etwas.

Von dieser Stunde her rührt die Gewissheit, dass das Dasein sinnvoll ist und dass darum mein Leben, in Unterwerfung, ein Ziel hat.

Seit dieser Stunde habe ich gewusst, was das heißt, ›nicht zu schauen‹, ›nicht für den anderen Tag zu sorgen‹.«

Bis zum Anbruch dieser Stunde bleibt noch Raum. Wofür, wenn nicht für die Bitte?

»Gib mir reinen Sinn – dass ich dich erblicke,
einen demütigen Sinn – dass ich dich höre,
einen liebenden Sinn – dass ich dir diene,
einen gläubigen Sinn, dass ich in dir bleibe.«

10.4.1958
In dem Glauben, der »Gottes Vereinigung mit der Seele« ist, bist du eins mit Gott und Gott ganz in dir, gleichwie er ganz für dich ist in allem, was dir begegnet.

In diesem Glauben stiegst du im Gebet hinab in dich selbst, um den anderen zu treffen, im Gehorsam und Licht der Vereinigung;
stehen für dich alle, gleich dir, einsam vor Gott;
ist unser Tun ein fortwährender Schöpfungsakt – bewusst, weil du eine menschliche Verantwortung hast, und gleichwohl gesteuert von der Kraft jenseits des Bewusstseins, die den Menschen schuf;
bist du frei von den Dingen, aber begegnest ihnen in einem Erlebnis, das die befreiende Reinheit und die entschleiernde Schärfe der Offenbarung besitzt.

In dem Glauben, der »Gottes Vereinigung mit der Seele« ist, hat darum alles einen Sinn.

So leben, so nutzen, was in deine Hand gegeben wurde.[193]

Das mystische Erlebnis. Jederzeit: hier und jetzt – in Freiheit, die Distanz ist, in Schweigen, das aus Stille kommt.

Jedoch diese Freiheit ist eine Freiheit unter Tätigen, die Stille zwischen Menschen.

Das Mysterium ist ständig Wirklichkeit bei dem, der inmitten der Welt frei von sich selbst ist: Wirklichkeit in ruhiger Reife unter des Bejahens hinnehmender Aufmerksamkeit.

Der Weg zur Heilung geht in unserer Zeit notwendig über das Handeln.[194]

Martin Buber
Von der Mystik zur Dialogik

Mit Martin Buber (1878–1965) erhält das Thema »Mystik im 20. Jahrhundert« eine besondere Note. Zwar hat auch er nie einen Anlass gehabt, sich als Mystiker zu bezeichnen, wenngleich er in der Frühzeit seines Lebens und seiner wissenschaftlich-publizistischen Bemühungen jahrelang mit mystischem Schrifttum beschäftigt war. Auch gibt es Andeutungen dafür, dass er Erlebnisse eines spirituellen Erhobenseins gehabt hat. Doch eines Tages änderte sich für ihn Wesentliches. Denn als Buber an seinem Lebensende seine Veröffentlichungen, denen er Werkcharakter zuerkannte, in drei Bänden zusammenstellte, betitelte er sie als Schriften zur Philosophie, zur Bibel und zum Chassidismus.[195] Die frühen Arbeiten zur Mystik blieben auffälligerweise, und zwar bewusst, ausgespart. Das hat mit seiner Biographie und mit seiner geistigen Entwicklung zu tun, die hier knapp zu skizzieren ist.[196]

Der gebürtige Wiener ist im südlichen Polen aufgewachsen. Infolge der besonderen familiären und der schulischen Verhältnisse – seine Eltern waren geschieden – hat er vielfältige kulturelle Einflüsse in sich aufgenommen: zunächst die jüdische Tradition, wie sie sich ihm im Alltag darbot, und zwar nicht nur die der gesetzesstrengen Orthodoxie. Ihr stand er zeitlebens fremd gegenüber, obwohl er sich als »Erzjude« begriff und seine Zugehörigkeit zum alten Bundesvolk, auch seine Verwandtschaft mit dem Juden Jesus von Nazareth ausdrücklich bestätigte. Er besuchte das Gymnasium in Lemberg (Lwow). Der sowohl kaufmännisch erfolgreich beschäftigte wie wissenschaftlich tätige Großvater Salomon Buber hatte sich der jüdischen Aufklärung (Haskala) verschrieben. Er wie auch dessen Sohn, Martins Vater Carl Buber, verstanden sich als emanzipierte Juden. Das galt nicht weniger für die Großmutter, der im Wesentlichen die Erziehung des Jungen oblag. Sie war in der Sprache Goethes, Schillers, Hölderlins und Nietzsches zu Hause. Das synagogale Leben kann dagegen im Leben der Buber-Familien keine große Rolle gespielt haben; bei Martin Buber selbst in Jerusalem auch nicht. Festzuhalten ist, dass bei dem Heranwachsenden recht unterschiedliche Kulturwelten aneinandergrenzten und ineinander überzugehen schienen: Deutsch sprach man in der Familie, Polnisch in der Schule und im öffentlichen Leben, auf der Straße und im Umgang mit anderen Juden dominierte Jiddisch, nicht zu vergessen »die große Stimme hebräischer Vorzeit«: das Hebräische der Bibel, das der Großvater schon infolge seiner gelehrten Midrasch-Studien beherrschte. Durch ihn wurde der Enkel zuerst an das Hebräische herangeführt. Die Liebe zur deutschen Sprache und Literatur pflanzte ihm die Großmutter Adele ein.

Bubers Studien, vor allem die ihm nicht nur in der Frühzeit seines Publizierens eigene Art, sich zu artikulieren, gaben nicht wenigen Anlass, in ihm – dem Zeitgeist gemäß – einen »Mystiker« zu sehen. Bisweilen gewann man den Eindruck, er habe an einer derartigen Einschätzung Gefallen gefunden, immerhin für geraume Zeit.[197] Es gibt aber einen als Gespräch geformten Essay »Mit einem Monisten« (1914), in dem er der Unterstellung erwidert: Nicht Mystiker, »nein Rationalist, das ist die einzige meiner Weltsichten, der ich es erlaubt habe, sich zum Ismus zu verbreitern. Ich bin dafür, dass die Ratio alles aufnehme, alles bewältige, alles verarbeite. Nichts kann ihr widerstehen, nichts sich vor ihr verbergen. Ich finde das herrlich. Ein Meisterstück der Zeiten, diese rationalisierte Welt! Die Welt ohne Lücke und ohne Widerspruch. Die Welt als Syllogismus!«[198]

Was Bubers frühe Berührungspunkte mit der Mystik anlangt, so ist – hier ebenfalls knapp skizziert – zweierlei festzuhalten: zum einen seine Loslösung vom religiösen Erbe der Väter, die schon bald nach der Bar-Mizwa-Feier, das heißt nach dem 13. Lebensjahr, und nach der Trennung von den Großeltern vollzogen worden ist: »Bis in mein zwanzigstes Jahr, in geringerem Maße auch noch darüber hinaus, war mein Geist in stetiger und vielfältiger Bewegung, in einem von mannigfaltigen Einflüssen bestimmten, immer neue Gestalt annehmenden Wechsel von Spannungen und Lösungen, aber ohne Zentrum und ohne wachsende Substanz: Es war wahrhaftig der ›Olam ha-tohu‹, die ›Welt des Wirrsals‹, die mythische Wohnstätte der schweifenden Seelen, worin ich lebte – in beweglicher Fülle des Geistes, aber wie ohne Judentum, so auch ohne Menschlichkeit und ohne Gegenwart des Göttlichen.«[199]

Und wenn er berichtet, dass er dann während seiner Studienjahre, das heißt unmittelbar nach der Jahrhundertwende, sich der jungen zionistischen Bewegung Theodor Herzls verschrieb, nämlich als Kultur-Zionist, dann war das nur *eine* Seite seines geistigen und gesellschaftlichen Engagements. Denn in seiner während dieser Jahre an der Universität Wien entstandenen philosophischen Dissertation »Zur Geschichte des Individuationsproblems« richtet er sein Interesse noch nicht auf den von Neuem auftauchenden Chassidismus. Vielmehr beschäftigt er sich mit Gestalten und Bewegungen der deutschen Mystik, mit Meister Eckhart, mit Valentin Weigel, Jakob Böhme und anderen. In seinem 1943 auf Hebräisch veröffentlichten Buch »Das Problem des Menschen« kommt der 65-Jährige auf diese seine Entwicklungsphase zu sprechen:

»Ich hatte seit 1900 zuerst unter dem Einfluss der deutschen Mystik von Meister Eckhart bis Angelus Silesius gestanden, für die der Urgrund des Seins, die namenlose, personlose Gottheit, erst in der Menschenseele zur ›Geburt‹ kommt, dann unter dem Einfluss der späteren Kabbala, nach deren Lehre der Mensch die Macht erlangen kann, der Welt überlegen Gott mit seiner der Welt einwohnenden Schechina zu vereinigen. So entstand in mir der Gedanke einer Verwirklichung Gottes durch den Menschen.«[200]

Es sind sodann die »Ekstatischen Konfessionen, die er in den Jahren nach 1900 zu sammeln beginnt: Texte aus Indien, aus der sufischen Überlieferung, aus dem chinesischen Taoismus, zahlreiche Auszüge aus dem Schrifttum der christlichen Mystiker, und zwar aus deren europaweiten Tradition. Auffälligerweise ist das Judentum dabei kaum vertreten. Nur knappe vier Seiten sind für die Chassidim übrig gelassen. Damit ist die »schweifende« Position des jungen Buber um den Jahrhundertanfang deutlich genug gekennzeichnet. Im Grunde unterscheidet er sich mit seiner »Mystik« nicht oder nur wenig von seinen an diesem Thema ebenfalls interessierten Zeitgenossen, dem Freund Gustav Landauer oder dem ihm lebenslang fernstehenden Rudolf Steiner. Noch hat Buber sein Lebensthema nicht gefunden.

Als der 29-Jährige im Sommer 1907 soweit ist, dass er seine Textsammlung dem damaligen Mystik-Verleger Eugen Diederichs anbieten kann, da charakterisiert er seine Auswahl als »Äußerungen inbrünstiger Menschen aus vielen Zeiten und Völkern, die ich seit mehreren Jahren sammle. Sie erscheinen mir – abgesehen von ihrer großen Bedeutung für die Geschichte der Mystik – psychologisch merkwürdig: weil sie das Unmittelbare, ein wortloses Erlebnis, mitteilen wollen, und ästhetisch: des seltsamen, nicht eigentlich rubrizierbaren und mitunter ganz wunderbaren Dichtungsvermögens halber, das sich darin ausspricht.«[201] Es handle sich um Mitteilungen visionärer, traumbegnadeter Menschen über ihr innerlichstes Leben. Was das anlangt, so bewegen wir uns in jener eingangs besprochenen geistesgeschichtlichen Phase der Jugendstil-Generation, in der Kunst, Literatur und Philosophie, namentlich der Lebensphilosophie, ferner das Mythische, das Bildhafte und eben auch das auf innerer Erfahrung gegründete Mystische von Neuem zu Ehren gekommen ist, freilich in einer einigermaßen schillernden Erscheinungsform.

Was den jugendlichen Buber anlangt, so umgab ihn die mancher Differenzierung bedürftige Sphäre des Mystischen wie auch – vielleicht in der Hauptsache – eines pseudomystischen Pantheismus. Und es war ihm bestimmt, zu gegebener Zeit von einer allzu subjektivistischen Seelenhaltung Abschied zu nehmen und er selbst zu werden. Doch zuerst ist da das Insistieren auf Ekstase, auf Vereinigung des Einen mit dem Einen, die Einheit des Ich:»Unser menschliches Lebensgetriebe, das alles einlässt, das ganze Licht und die ganze Musik, alle Tollheiten des Gedankens und alle Varianten des Schmerzes, die Fülle des Gedächtnisses und die Fülle der Erwartung, ist nur *einem* verschlossen: der Einheit ... Aber das ist der Gottessinn des Menschenlebens, dass das Getriebe eben doch nur das Außen ist zu einem unbekannten und allerlebendigsten Innen und dass dieses Innen sich nur der Erkenntnis, die eine Tochter des Getriebes ist, nicht aber der schwingenden und sich befreienden Seele zum Erlebnis versagen kann. Die Seele, die sich ganz gespannt hat, das Getriebe zu sprengen und ihm zu entrinnen, diese ist es, die die Gnade der Einheit empfängt.«[202]

Nach einem Wort von Paul Mendes-Flohr war Buber vor dem Ersten Weltkrieg »zu einem der fruchtbarsten Erforscher von Mystik und Mythologie« geworden. Denn man muss zu den »Ekstatischen Konfessionen« noch einige weitere, von der Leserschaft vielbeachtete Schriften nennen, die in relativ dichter Folge durch die Presse gingen, darunter: »Die Geschichten des Rabbi Nachman« (1906), »Die Legende des Baalschem« (1908), sodann »Reden und Gleichnisse des Tschuang-Tse« (1910), »Chinesische Geister- und Liebesgeschichten« (1911), »Kalewala. Das Nationalepos der Finnen« (1914) und »Die vier Zweige des Mabinogi. Ein keltisches Sagenbuch« (1914). Oder um es auf einen gemeinsamen Nenner zu bringen, der offensichtlich Bubers vor-dialogischer Position entsprach, so kann man folgern: »Mystik, wie Buber sie verstand, ist somit ein im höchsten Maße persönliches, in der Tat a-soziales Erleben.«[203] Dass er sich in geistesverwandter Gesellschaft bewegte, zeigt sich, wenn man auf all jene blickt, die etwa gleichzeitig mit Dehmel, George, Rilke und manch anderen je auf ihre Weise den »Weltinnenraum« für sich erschlossen. Jedenfalls stand Buber mit seiner Utopie nicht allein, die, dem Ekstatischen hingegeben, das Außersich-Sein preisend, das soziale Verpflichtetsein vernachlässigte und bis zu einem gewissen Grade sich selbst von religiöser Bindung entfernte. Aber ist das Religiöse, ohne geerdet zu sein und ohne die gesellschaftlich-zwischenmenschliche Dimenion überhaupt praktizierbar?

Daher konnte es nicht ausbleiben, dass Buber zusammen mit Franz Rosenzweig und anderen eines Tages zu einem »neuen Denken« gelangte – wohl nicht zufälligerweise während der Erschütterungen des Ersten Weltkriegs. Eine in mehrfacher Hinsicht geforderte Umkehr gehörte für viele zum Gebot der Stunde, die sich als eine Stunde der Krise, der Prüfung erwies. Bubers »Gang in die Wirklichkeit« (Wilhelm Michel) war unaufschiebbar geworden.[204] Sie bereitete sich bereits im Zusammenhang seiner Beschäftigung mit der chassidischen Überlieferung und ihrer Vermittlung vor. Doch der eigentliche Anstoß war nicht literarischer, sondern existentieller Natur. Dass – abgesehen von analogen Vorgängen in der Zeitgeschichte – eine ganz bestimmte Menschenbegegnung dazugehörte, gesteht Buber selbst. Er schildert eine solche in seinem Essay »Zwiesprache« (1930) und überschreibt seinen Bericht signifikanterweise »eine Bekehrung«:

»Es ereignete sich nichts weiter, als dass ich einmal, an einem Vormittag nach einem Morgen ›religiöser‹ Begeisterung, den Besuch eines unbekannten jungen Menschen empfing – *ohne mit der Seele dabei zu sein*. Ich ließ es durchaus nicht an einem freundlichen Entgegenkommen fehlen, ich behandelte ihn nicht nachlässiger als alle seine Altersgenossen, die mich um diese Tageszeit wie ein Orakel, das mit sich reden lässt, aufzusuchen pflegten: Ich unterhielt mich mit ihm aufmerksam und freimütig – und unterließ nur, die Fragen zu erraten, die er nicht stellte. Diese Fragen habe ich auch später, nicht lange darauf, von einem seiner Freunde – er selber lebte schon nicht mehr – ihrem wesentlichen Gehalt nach erfahren, habe erfahren, dass er nicht beiläufig, sondern schicksalhaft zu mir gekommen war, nicht um Plauderei, sondern um Entscheidung, gerade zu mir, gerade in dieser Stunde. Was erwarten wir, wenn wir verzweifeln und doch noch zu einem Menschen gehn? Wohl eine Gegenwärtigkeit, durch die uns gesagt wird, dass es ihn dennoch gibt, den Sinn.«[205]

Diese sozusagen alltägliche Begegnung, bei der sich »nichts weiter« ereignete, muss Martin Buber an den Wurzeln seiner Existenz erschüttert haben. Er konnte nicht länger der bleiben, als den er sich bis dahin verstand und als der er in jungen Jahren bereits eine gewisse Berühmtheit erlangt hatte. Da war die *Teschuwa*, die Umkehr für ihn unumgänglich geworden, eine Umkehr, die sich naturgemäß auf die Ausrichtung seines Denkens bezog. (Inwieweit die praktische Verwirklichung im gelebten Leben tätig vollzogen wird, ist wohl jedem Menschen anheimgestellt ...) Nicht länger, so empfand er, durfte er sich (allein) jenen ekstatischen Zuständen eines Herausgehobenseins hingeben, zumindest nicht jenen, denen ein a-sozialer Zug anhaftet. Hatte nicht einst Meister Eckhart einen entsprechenden Rat gegeben, als er in seinen Reden der Unterweisung sagte: »Wäre der Mensch so in Verzückung, wie es Sankt Paulus war, und wüsste einen kranken Menschen, der eines Süppleins von ihm bedürfte, ich erachte es für weit besser, du ließest aus Liebe von der Verzückung ab und dientest dem Bedürftigen in größerer Liebe«?[206] Bubers eigene Schlussfolgerung lautet:

»Ich besitze nichts mehr als den Alltag, aus dem ich nie genommen werde. Das Geheimnis tut sich nicht mehr auf, es hat sich entzogen oder es hat hier Wohnung genommen, wo sich alles begibt, wie es sich begibt. Ich kenne keine Fülle mehr als die Fülle jeder sterblichen Stunde an Anspruch und Verantwortung ... Wenn das Religion ist, so ist sie einfach alles, das schlichte gelebte Alles in seiner Möglichkeit der Zwiesprache.«[207]

Nun gibt die Schilderung jenes Schlüsselerlebnisses zu denken, und zwar auch im Blick auf Bubers Weg »von der Mystik zur Dialogik«. Man muss sich fragen: Geht es denn im strengen Sinn des Wortes um diese Alternative: Entweder Mystik *oder* Dialogik? Tatsächlich wurde in den zwanziger Jahre diese Frage diskutiert, etwa bei dem Theologen Emil Brunner: »Die Mystik und das Wort« (1924). Vor allem die in jenen Jahren gerade in Gang gekommene Dialektische Theologie Karl Barths konnte sich nur auf das kompromisslose Entweder-Oder verstehen: Entweder die Mystik oder das Wort.

Man kann sich wohl nicht die Frage ersparen, ob Buber eine echte mystische Erfahrung meinte, die mehr ist als spirituelle Subjektivität, weil sie ihren »Sitz im Leben hat« und auf dem Boden der Wirklichkeit stehen muss, oder ob er sie mit einem abgehobenen weltfeindlichen Mystizismus verwechselt, der sich genussvoll in »höhere Welten« hineinträumt und auf Höhenerlebnisse, »peak experiences« (A. Maslow), beschränkt. Von einem *solchen* Mystizismus hat sich Buber zweifellos entfernt oder doch zu distanzieren bemüht. Es war insbesondere Gustav Landauer, der sich wiederholt veranlasst sah, seinem Freund in der fraglichen Zeit ob dessen sprichwörtlicher Schönrednerei die Leviten zu lesen.[208]

Mit guten Gründen warf Landauer seinem Freund Ästhetizismus und Schematismus vor, eben den Schematismus der allzu schönen, der allzu abgehobenen Phrasen, die der Realität – mitten im Weltkrieg! – nicht standhielten. Das bedeutete Abkehr vom Mystizismus, nolens volens. Aber muss dies eine generelle Absage an die genuine Mystik darstellen, die hier zur Rede steht?[209] Unser Thema lautete dann sachgemäßer: »Vom Mystizismus zur Dialogik«.

Buber bezeichnet es als das »in gedanklicher Sprache aussagbare Hauptergebnis« seiner Erfahrungen und Betrachtungen, wenn er sagt: »Mensch sein heißt das gegenüber seiende Wesen sein.« Von daher ergibt sich für ihn die »doppelgerichtete Beziehung von Menschen-Ich und Gottes-Du«. Und weil er mit diesem Wort urjüdische Spiritualität ausgedrückt sah, hielt er sich für legitimiert, dieses dialogische Prinzip in seiner Chassidismus-Deutung und bis in seine Bibel-Verdeutschung hinein zur Geltung zu bringen, denn nicht als der Seiende (»Ich bin, der ich bin«) erschien dem Moses der Ewige, sondern als der Da-Seiende – »Ich bin da« – als Name des Unnennbaren.

Demnach handelte es sich bei Bubers *Gang in die Wirklichkeit* nicht nur um eine individuelle Entscheidung, schon gar nicht um ein zufälliges Einzelerlebnis. Bubers Hinwendung zum Dialogischen ist nicht zuletzt im geistesgeschichtlichen Zusammenhang seiner Zeit zu betrachten. Abgesehen davon, dass er seine philosophische Grundschrift »Ich und Du« (1923) durch eine Reihe anderer Arbeiten vorbereitet hat, zum Beispiel »Daniel« oder »Religion als Gegenwart«, fällt auf, dass um beziehungsweise schon vor und dann nach 1920 eine Reihe anderer geistesverwandter Denker auf den Plan getreten sind; Denker, die je auf ihre Weise die Kategorie des »Gegenüber« für sich entdeckt und in Anspruch genommen haben, etwa der als Mitverdeutscher der »Schrift« Franz Rosenzweig mit seinem »Der Stern der Erlösung« (1921); Ferdinand Ebners Pneumatische Fragmente »Das Wort und die geistigen Realitäten« erschienen bereits 1919; die Mitmenschlichkeit als Grundform der Menschlichkeit bei Karl Barth, später gefolgt von Emil Brunners »Die Wahrheit als Begegnung«; die »Heilung aus der Begegnung« bei dem Psychotherapeuten und ehemaligen Schüler C. G. Jungs Hans Trüb. Von Gabriel Marcel wissen wir, dass er in seinem »Metaphysischen Tagebuch« (1927) zu übereinstimmenden Einsichten gelangt sei. Nicht zu vernachlässigen wäre sodann die Tradition des dialogischen Denkens, wie sie unter anderem durch die Philosophen Hamann und Jacobi im 18., durch Fichte oder Ludwig Feuerbach im 19. Jahrhundert repräsentiert ist.

Nun war unser Thema für Martin Buber mit jener frühen Entscheidung nicht etwa »erledigt«. Dafür sorgten andere. Durch Hugo Bergman(n) (1883–1975), dem aus Prag stammenden Schulkameraden Franz Kafkas, einem Philosophen und erstem Rektor der Hebräischen Universität Jerusalem, mit dem ihn eine beinahe lebenslange enge Freundschaft verband, wurde Buber immer wieder mit diesem Problem konfrontiert, inbesondere während der gemeinsamen Jerusalemer Jahre. In Gesprächen, in Zeitschriftenaufsätzen, schließlich in dem Sammelwerk von Schilpp und Friedman thematisierte Bergmann »Martin Buber und die Mystik« (1963). Nun konnte Bergmann nicht verborgen bleiben, welche Art beziehungweise welche Abart von Mystik beziehungweise Mystizismus von Buber prinzipiell abgelehnt werden musste. Bergmann notierte: »Buber lehnt die Mystik ab, wenn darunter verstanden wird, dass der Mystiker die Welt verneint und glaubt, jenseits der Welt den Weg zu Gott zu finden. Der Weg zu Gott führt durch die Welt hindurch.«[210]

Nun kam Bergmann von Rudolf Steiner her, den er schon vor dem Ersten Weltkrieg in Prag kennen gelernt hatte und für dessen Anthroposophie er sich noch im hohen Alter in Palästina/Israel öffentlich einsetzte. Wie aus der obigen Besprechung Steiners bekannt, sind Mystik und Anthroposophie zwar nicht auf einen gemeinsamen Nenner zu bringen. Das versuchte Bergmann auch nicht. Aber er sah die Dimension des »Gnostischen«, die Dimension der »Geistesforschung« im Sinne Steiners als Bezeichnung des anthroposophischen Erkenntniswegs und rückte sie in die Nachbarschaft des auf innere Erfahrung gerichteten Mystischen. Auf diesem inneren Weg geht es unter anderem darum, die Grundstimmung der Verehrung der Wahrheit und der Erkenntnis gegenüber zu entwickeln, um sich für die übersinnliche Erfahrung bereitzumachen.[211] Diese Devotion der Wahrheit gegenüber lässt sich im religiösen Leben mit der Übung der Frömmigkeit vergleichen.

Wenn die beiden Freunde auf dieses Thema zu sprechen kamen, pflegte Buber es an skeptischen Bemerkungen nicht fehlen zu lassen, etwa:»Was sollen uns, wenn es sie gibt, die oberen Welten?« Bergmann

wies dergleichen als »unerlaubte Vereinfachung« zurück: »Wir sind
diesen ›oberen Welten‹[212] gegenüber genauso in die Erkenntnispflicht
genommen wie gegenüber der Welt unserer Sinne.«[213] Damit ist das
Spannungsverhältnis angedeutet, das unser Thema impliziert, die Span-
nung zwischen der personalen Gottesbeziehung und der apersonalen
Gotteserkenntnis, somit auch der Mystik im Sinne Bubers. Bekanntlich
verwendete Buber in seiner philosophischen Grundschrift »Ich und
Du« (1923) die beiden einander gegenüberstehenden Wortpaare
»Ich-Du« und »Ich-Es«, um die personale und apersonale Weise der
Beziehung zu benennen. Eine Rückfrage bei Professor Bergmann ergab,
dass Buber seine Position erwartungsgemäß grundsätzlich beibehielt.[214]
Bubers Einstellung zur Mystik entsprach – unter Verzicht auf eine De-
finition – jener zur Gnosis, wenn er abschließend erklärte:
»Ich bin gegen die Gnosis, weil und insofern sie vorgibt, Vorgänge
und Prozesse innerhalb der Divinität berichten zu können. Ich bin
gegen sie, weil und insofern sie Gott zu einem Gegenstand macht, in
dessen Wesen und Geschichte man sich auskennt. Ich bin gegen sie,
weil sie an die Stelle der personalen Beziehung der menschlichen Person zu Gott eine kommunionsreiche Wanderung durch eine Überwelt,
eine Vielheit mehr oder minder göttlicher Sphären setzt.«[215]
Das einzige Zugeständnis, das Bergmann von Martin Buber erreichen konnte, liegt in der Antwort, die er auf ein Steiner-Zitat[216] gab:
»Die Verehrung, die ein Mensch der ›Wahrheit‹ zollt, seine Treue der
›Erkenntnis‹ gegenüber respektiere ich durchaus, aber sie haben mit
jener hingegebenen Unmittelbarkeit zu Gott, die ich meine, nur dann
etwas zu schaffen, wenn sie aus ihr hervorgehen und von ihr bestimmt
sind.«[217]

Die jüdische Mystik mag recht ungleichmäßig erscheinen, oft trübe, zu-
weilen kleinlich, wenn wir sie an Eckhart, an Plotinos, an Lao-Tse mes-
sen: Sie bleibt die wunderbare Blüte eines uralten Baums, deren Farbe
fast allzu grell, deren Duft fast allzu üppig wirkt und die doch eine der
großen Erscheinungen ekstatischer Weisheit ist.

Die mystische Anlage ist den Juden von Urzeiten her eigen, und ihre
Äußerungen sind nicht, wie es gewöhnlich geschieht, als eine zeitweilig
auftretende bewusste Reaktion gegen die Herrschaft der Verstandesord-
nung aufzufassen.[218]
Gott ist in jedem Ding zu schauen und durch jede reine Tat zu er-
reichen. Diese Einsicht ist aber keineswegs, wie man vermeint hat, der

pantheistischen Weltanschauung gleichzusetzen. Für die chassidische Lehre ist die ganze Welt nur ein Wort aus Gottes Mund; und dennoch ist das geringste Ding in der Welt würdig, dass Gott sich aus ihm dem Menschen, der ihn wahrhaft sucht, offenbare; denn kein Ding kann ohne einen göttlichen Funken bestehen, und diesen Funken kann jeder zu jeder Zeit und durch jede, auch die gewöhnlichste Handlung entdecken und erlösen, wenn er sie nur in Reinheit, ganz auf Gott gerichtet und gesammelt, vollbringt.

Darum gilt es nicht, in einzelnen Stunden nur und mit bestimmten Worten und Gebärden Gott zu dienen, sondern mit dem ganzen Leben, mit dem ganzen Alltag, mit der ganzen Weltlichkeit. Nicht darin besteht das Heil des Menschen, dass er sich vom Weltlichen fernhalte, sondern dass er es heilige, es dem göttlichen Sinn weihe.[219]

Es muss nicht eigens betont werden, dass keinesfalls nur solche Erlebnisse aus mystischen Dimensionen berichtenswert sind, die »besonderen«, etwa berühmt gewordenen Menschen zugeschrieben werden. Mystik ereignet sich im 20. Jahrhundert und zu jeder Zeit mit unterschiedlicher Intensität, wenn immer Menschen sich der dafür erforderlichen Geistes-Gegenwart bewusst sind oder wenn sie sich auf einen inneren Weg machen. Mystik findet weder ausschließlich hinter Klostermauern statt noch ist sie Menschen vorbehalten, die ein dezidiert geistliches, ein kontemplatives Leben führen. Wege der mystischen Erfahrung – das darf immer wieder gesagt werden – verlaufen inmitten der Welt.

Einbrüche vom Transzendenten erfolgen oft genug unangekündigt und spontan. Sie sind nicht inszenierbar: Der Geist weht, *wo er will*. Mit großer Verwunderung für die davon Heimgesuchten pflegen sich solche Erfahrungen bisweilen einzustellen. Und es ist bekannt, dass nicht selten Krisensituationen im individuellen wie im gesellschaftlichen Leben spirituelle Erlebnisse auslösen können. Oftmals stellt die Lebensmitte[220] eine Zäsur dar. Die Reaktionen variieren, sei es, dass man sie achtlos übergeht und in die Vergessenheit versinken lässt, sei es, dass man einen Impuls empfängt, der fortwirkt und eine Persönlichkeitswandlung einleitet. Man denke neben jenen seltenen hellsichtig-prophetisch anmutenden Wahrnehmungen auch an die vielartigen Schilderungen verwandter Art, wie sie während und nach den beiden Weltkriegen eingetreten sind. An dieser Stelle kann es nur darum gehen, auf derlei Phänomene hinzuweisen und an dem Beispiel einer »Schrift aus der Mitte« zu demonstrieren.

Unzählig sind die Schicksale derer, bei denen eine geistig-seelische Orientierung nicht durch äußere, etwa pädagogische oder ärztlich-therapeutische Hilfe kommt, sondern die unvermittelt der eigenen Seelentiefe entspringt. Auf einem anderen Blatt steht die Tatsache, dass solcherart spontan Erlebtes nicht immer ohne Weiteres integriert und als »normal« verstanden werden kann, weshalb fachkundige Helfer zu Rate gezogen werden sollten.[221] In der Psychotherapie, die sich mit Träumen und anderen Hervorbringungen aus dem Unbewussten beschäftigt, sind entsprechende Erlebnisse, die der Integration in die Lebensganzheit hinein bedürfen, an der Tagesordnung.

Aber wenn es sich um ausgesprochen spirituelle Gehalte handelt, treffen die davon Heimgesuchten nicht immer auf damit Erfahrene. So erging es jener etwa 25-jährigen Jura-Studentin, Tochter eines evangelischen Pfarrers. In einem Telefonat schilderte sie ihre seelische Desorientiertheit. Psychotherapeutische Hilfe hat sie seit geraumer Zeit in Anspruch genommen. Die Inhalte der Träume sowie die Chaotik gewisser visionärer Erscheinungen legten das nahe, zumal die herkömmliche Seelsorge, auch die des eigenen Vaters, sich als unzureichend erwiesen hatte. Auf die beigezogene Psychotherapeutin zurückverwiesen, gab die Patientin zu bedenken:»Meine Analytikerin kann mit dem, was ich sehe und höre, nichts anfangen.« Die bei der jungen Frau sich manifestierenden religiösen Symbole seien der Therapeutin fremd, da abgesehen von Eigenerfahrungen selbst das dazugehörige Wissen gefehlt hat. Und dass der Vater als Theologe und Prediger zwar einschlägige Evangelientexte auslegt, war verständlicherweise noch kein Indiz dafür, dass er auch in der Lage sei, seiner Tochter klärend beizustehen. So verwies er sie an einen Kollegen. Seine Ratlosigkeit schien auch durch die Schwierigkeit bedingt gewesen zu sein, das innen Erlebte der jungen Frau in angemessene, für andere verständliche Worte zu kleiden.

Zweite Situation: Da berichtet ein evangelischer Theologe als landeskirchlich Beauftragter für Weltanschauungsfragen vom Fall einer anderen jungen Frau: Durch eine Operation verursachte Schmerzen wollen sich auch nach längerer Behandlung nicht stillen lassen. Als die Rezepte der Schulmedizin wirkungslos bleiben, geht die Patientin zu einer Heilpraktikerin, die eine Körpertherapie anwendet, um die »ins Stocken geratenen Energieströme« wieder in Gang zu bringen. Die massageartige Behandlung hat alsbald Erfolg. Nun kommen der Frau aber ernste Bedenken. Sie zweifelt, ob sie als gläubige Christin diese Behandlungsmethode überhaupt bei sich anwenden lassen durfte: Magieverdacht! Prompt stellen sich die früheren Schmerzzustände von Neuem ein. Was soll nun geschehen? Die Frau konsultiert ihren Gemeindepfarrer, zumal es sich um ein Glaubensproblem zu handeln scheint. Der schickt sie zu einem Kollegen, dem er entsprechende Kenntnisse zutraut. Das erweist sich aber als Trugschluss. Folglich schaltet dieser Pfarrer den ihm vorgesetzten Prodekan ein. Er führt mit der Ratsuchenden immerhin ein Gespräch – und empfiehlt sie weiter ... So erhält besagter Weltanschauungsfachmann schließlich vom Vorgang Kenntnis. Der drückt sein Erstaunen darüber aus, dass die leidende Frau nach so vielen »Überweisungen« ihr Zutrauen zur geistlichen Zunft mit spirituell inkompetenten Amtsträgern nicht schon längst verloren hat.

Dritte Situation: Gelegentlich kann es vorkommen, dass aus dem eigenen Innern stammende Aufträge in mündlicher (Audition) oder schriftlicher Form (automatisches Schreiben) erteilt werden. So etwa bei einem Handwerker (Schaufenstergestalter). Während einer Arbeitspause, die er in seinem Auto verbringt, hat er den Eindruck, ein Unbekannter rufe seinen Namen. Nachdem er sichergestellt hat, dass es sich nicht um eine akustische Wahrnehmung handelt, empfängt er zu seinem Erstaunen einen Auftrag. Es wird ihm gesagt, er solle gemäß genauer baulicher Angaben einen Tempel errichten. Das Bauwerk solle eine hohe eiförmige Gestalt haben, von einer transparenten Hülle umgeben sein und in seinem Innern sechs Räume für verschiedene Religionen enthalten, wobei die Trennwände wie die Speichen eines Rades zur Mitte hin verlaufen sollen. Im Grundriss entsteht eine an ein im Kreis eingezeichnete, an XP erinnernde Ganzheitsgestalt! Der Berichterstatter nimmt seine Beauftragung wörtlich. Er erkundigt sich bei BASF, ob ein derartiger Stoff für den genannten Zweck bereitgestellt werden könne. Beim Liegenschaftsamt einer Großstadt, in der ein solcher Tempel gebaut werden solle, holt der Ratsuchende Auskünfte ein. Er wendet sich auch an den Vatikan, weil er als Unreligiöser keinerlei Vorstellungen von einer möglichen spirituellen Grundlegung hat. Von psychologischer Seite wird ihm endlich gesagt, er müsse die einzelnen Daten seiner Beauftragung als Metaphern verstehen, als persönliche Hinweise in Richtung individueller Ganzwerdung. Er solle die an ihn ergangene Botschaft auf sich selbst und auf einen *inneren Tempelbau* beziehen. Ihm, dem Enddreißiger, in seiner Lebensmitte Stehenden, werde offenbar ein Wink für eine Lebenswende gegeben. Naturgemäß fällt die Annahme dieser Deutung dem beruflich mit technischen Problemen Beschäftigten schwer. Eine längere psychotherapeutische Begleitung erweist sich als unumgänglich …

Auch ein in fortgeschrittenem Alter stehender Heilpraktiker wird eines Tages durch eine an ihn gerichtete innere Stimme überrascht. Sie beauftragt ihn, spirituell aktiv zu werden und so etwas wie einen kontemplativen geistlichen Orden, einen »neuen Karmel«, zu gründen. Naturgemäß ist auch hier das Erstaunen groß, weil er keinerlei entsprechende Vorbildung besitzt und über keine dafür erforderliche kontemplative Erfahrung verfügt. Einige zugezogene Seelsorger, die lediglich eine Persönlichkeitsstörung vermuten, raten, er solle sich einer psychotherapeutischen Behandlung unterziehen. Es wird ihm aber deutlich, dass dergleichen nicht erforderlich sei. Das traf auch zu. Bezeichnenderweise kommen die zuerst Gefragten (evangelische Theologen) gar nicht auf den Gedanken, dass bei dem Betreffenden ein spiritueller Prozess in Gang gekommen sein könnte. Aber gerade das war offensichtlich der Fall, wie dies in den nachfolgenden Jahren durch immer neue Durchgaben bestätigt wurde, die sich mit seinem alltäglichen Leben vereinbaren ließen.[222] An die Stelle der ursprünglichen, zunächst ebenfalls wörtlich genommenen Anweisung trat eine spirituelle Begleitung. Weitere Weisungen und Fragenbeantwortungen, die der geistlichen Entwicklung des Betreffenden entsprachen, wurden empfangen. Eine anwesende zweite Person dokumentierte die jeweils mitgeteilten Texte, die für Lesungen vor mystisch aufgeschlossenen Menschen benützt werden konnten. Im Laufe der Jahre entstanden zahlreiche Aufzeichnungen, die der Interessenlage des Betreffenden entsprechend verschiedene Wandlungen in Thematik und Gestaltung aufwiesen.

So gibt es in nahezu jedem Menschenleben Schicksalsaugenblicke – es sind Momente, in denen uns etwas *geschickt* wird –, Momente, die gar nicht spektakulär verlaufen müssen, jedoch im jeweils konkreten Fall als etwas Einzigartiges und Außerordentliches erlebt werden. Jedenfalls sind sie so geartet, dass sie sich aus den alltäglichen Abläufen herausheben. Man könnte auch sagen, diese Momente seien in ihrer merkwürdig beeindruckenden Unscheinbarkeit dem Alltag eingewoben. So erzählt Dorothee Sölle aus der Zeit ihres Unterrichts am theologischen Seminar in New York von einer Studentin: Als junges Mädchen sei die Betreffende in einer Winternacht frühmorgens um vier aufgewacht, ins Freie gegangen, habe zum Himmel geblickt, und ein »einmaliges Glücksgefühl, ein Gefühl der Verbundenheit mit dem Ganzen des Lebens, mit Gott, eine Erfahrung von überwältigender Klarheit, von dem Getragensein und Aufgehobensein« habe sie erfüllt. Das Gesehene schien ihr, als hätte sie es noch nie erblickt. Und dann die sich einstellende Gewissheit: »*Es kann nichts passieren, ich bin unzerstörbar, ich bin eins mit dem Ganzen.* – Mit diesen Worten beschrieb sie das Erlebnis.« Es habe sich nicht wiederholt. Doch etwa zehn Jahre später, anlässlich einer Demonstration gegen den damaligen Vietnamkrieg, habe sich ihr dieses Wissen von Neuem vermittelt, »dass sie aufgehoben sei; ein Teil des Ganzen, *nicht kaputt zu kriegen ...* Beide Erlebnisse stellte sie, mit der Sprache und mit ihrer eigenen Scham ringend, unter den Titel *religiöse Erfahrung* in Zusammenhang.«[223]

Erlebnisse dieser Art sind im Grunde nicht an eine bestimmte glaubens- oder weltanschauliche Fixierung gebunden, weil es sich um *Seinserfahrungen* handelt oder um Erlebnisse, die an diese Sphäre rühren. Daher sind sie unterschiedlicher Einkleidung fähig. Erklärlicherweise sind solche Erlebnisse von den individuellen Lebensumständen der Betreffenden abhängig. Auch wenn sie vergleichsweise typische Merkmale zeigen, so steht doch die individuelle, nicht zu verallgemeinernde Bedeutung außer Frage. Daher wird es nicht wunder nehmen, dass auch erklärte Atheisten oder Skeptiker an der Qualität des Mystischen – wenn man es so bezeichnen will – teilhaben können, wenngleich sie sich naturgemäß anderer Benennungen bedienen werden. Das trifft auf eine Episode zu, von der der Schriftsteller Arthur Koestler berichtet. Sie ist in dessen autobiographischen Aufzeichnungen aus dem Spanischen Bürgerkrieg (1936) enthalten. In seiner Gefängniszelle sitzend und der unmittelbar drohenden Hinrichtung gewiss, nimmt er einen Draht einer Sprungfedermatratze und kratzt mathematische Formeln in die Wand. Plötzlich überkommt ihn eine ungeahnte tiefe Freude. Er schreibt:

»Dann, plötzlich, verstand ich zum ersten Mal den Grund meines Entzückens: Die auf die Wand gekritzelten Symbole stellten einen der seltenen Fälle dar, in denen eine sinnvolle und fassbare Aussage über das Unendliche mit präzisen endlichen Mitteln erreicht wird. Das Unendliche ist wie eine mystische, in Nebel gehüllte Masse, und doch war es möglich, etwas darüber zu erfahren, ohne sich in verschwommenen Unklarheiten zu verlieren. Die Bedeutung dieser Erkenntnis schlug über mir zusammen wie eine Welle ... Dann gewahrte ich ein leichtes, geistiges Missbehagen im Hintergrund meiner Gedanken – ein trivialer Umstand störte die Vollkommenheit des Augenblicks: Ich war ja im Gefängnis, und man würde mich wahrscheinlich erschießen. Aber gleich darauf stellt sich ein Gefühl ein, das, in Worte übersetzt, lauten würde: *Und wenn schon! Ernstere Sorgen hast du nicht?* – so spontan, so frisch und amüsiert, als ob die vorübergehende Verstimmung durch den Verlust eines Kragenknopfes verursacht wäre. Dann wurde mir, als glitte ich, auf dem Rücken liegend, in einem Floß des Friedens unter Brücken des Schweigens.«[224]

Auch wenn es sich bei ähnlichen Begebenheiten nicht für jeden Betrachter um ausgesprochene, in mystische Bereiche deutende Vorgänge handelt oder zu handeln scheint, so zeigt sich doch, dass zwar auf vielfältige Weise Zeichen von innen empfangen werden, dass aber oft kompetente Berater fehlen, die über das für die rechte Einschätzung erforderliche Sensorium verfügen. So wünschenswert es ist, dass im konkreten Fall klärende Gespräche angeboten werden, entscheidend ist aber, dass man als Betroffene(r) für das Zugrundeliegende selbst wach wird und das Empfangene mit der eigenen Lebensganzheit zu verbinden vermag. Auch dafür lassen sich aus unterschiedlichsten Situationen heraus immer wieder Beispiele finden. Aber kommt es immer auf das Bereden oder Erklären an? Liegt der Existenzgewinn nicht gerade darin, dass der oder die Betreffende ohne fremde Hilfe – und verfüge sie über noch so wertvolle Sachkompetenz – *zu sich selbst* kommt?

Ergänzend sei hier das Erleben von Irmengard Bardo (Pseudonym, 1909–1993) angeführt. Sie unternahm viel, um die an sie gerichteten Botschaften aus der eigenen Seelentiefe besser verstehen zu lernen, doch trotz anfänglicher Besorgnis, sie könne psychisch gestört sein, kam sie sich im Rahmen eines langwierigen Prozesses selbst auf die Spur. Soweit anfangs eine spirituell ausgerichtete psychotherapeutische Begleitung förderlich gewesen wäre, gelang es ihr, ohne eine solche Unterstützung sich selbst zu »therapieren« und darüber hinaus in ihrem Umkreis mit ihren Erfahrungen zu dienen. Folgendes geschah ihr:

Irmengard Bardo lebte in einem oberbayerischen Dorf. Es war die Zeit unmittelbar nach Beendigung des Zweiten Weltkriegs, als über das Schicksal ungezählter Wehrmachtsangehöriger Ungewissheit bestand. So war es verständlich, dass deren nächste Verwandte in Erfahrung bringen wollten, ob die Vermissten oder in Kriegsgefangenschaft Befindlichen noch lebten. Abgesehen von den Informationsdiensten des Internationalen Roten Kreuzes versuchte man nicht selten auch unter Zuhilfenahme okkultistischer (mantischer) Praktiken, Auskunft zu erlangen. Betroffen war eine Freundin von Irmengard. Sie selbst lebte nach der Ehescheidung ihres ersten Mannes mit ihrem etwa achtjährigen Jungen in einem Bauernhaus. Beide Frauen suchten nach Einbruch der Dunkelheit eine angeblich hellseherisch begabte Art »Dorfhexe« auf, um mit Hilfe einer Planchette von ihr schriftliche Auskunft zu erhalten. Der Versuch der Befragung schlug aber offenbar fehl. Irmengards Neugierde veranlasste sie daraufhin zu einem heimlichen Selbstversuch.

Das sich eines Tages einstellende Resultat überraschte sie ungemein. Es führte dazu, dass sie aus einem bis dahin ungeahnten Drang Texte automatisch und ohne eigene Willensbeteiligung niederschrieb. Deren Sinn blieb ihr zunächst verborgen. Mit nicht geringer Mühe gelang ihr, die Tag für Tag sich wiederholenden automatischen Schreiben zu entziffern. In der ersten Zeit handelte es sich durchwegs um rätselhafte Inhalte. Die Rede war von Raben, von mythologisch so weit auseinanderliegenden Gestalten wie Baldur und Loth, von der Ankündigung ihres in Kürze eintretenden eigenen Todes, von einer »heiligen Hochzeit« mit Loth und dergleichen, bisweilen begleitet von der Wahrnehmung eigentümlich strukturierter Farb- und Lichterscheinungen in ihrer Wohnung. Groß war von Anfang an die Besorgnis, das seelische Gleichgewicht zu verlieren, weil Irmengard Dinge sah und auch Geräusche wie Donnergrollen hörte, was ihre unmittelbare Umgebung nicht bestätigen konnte.

Doch die mit ziemlicher Regelmäßigkeit sich einstellenden selbsttätig geschriebenen Texte wurden immer lesbarer, auch inhaltlich klarer. Die anfängliche Automatik des Schreibens erlebte die Schreiberin mit sich steigernder Bewusstheit. Gleichzeitig bemühte sich Irmengard durch Lektüre mythologischer, symbolischer, später vor allem auch tiefenpsychologischer Literatur, eine Interpretation der in ihrem Schreiben auftretenden Motive zu ermöglichen. Ohne die erforderliche Sachkenntnis zu haben, wandte sie instinktiv die von C. G. Jung praktizierte Methode der *Amplifikation* auf sich an, bei der man in der psychoanalytischen Traumdeutung das Unverständliche durch ähnlich motivierte Bilder und Metaphern »anreichert«. Weil sie ihre Aufzeichnungen in Urschrift und Übertragung sorgfältig dokumentierte[225] und auch zu eigenen Kommentaren gelangte, durchlief sie einen geistig-geistlichen Reifungsprozess.

Mehrere Jahre mussten vergehen, ehe sie Schriften von C. G. Jung in die Hand bekam. Sie vermittelten ihr die ersehnte Klärung. Die zurückgezogen lebende, schüchterne Frau gewann ein bemerkenswertes Selbstbewusstsein, auch im Umgang mit wissenschaftlich gebildeten, parapsychologisch geschulten Menschen, die meinten, ihr zusätzliche Unterweisungen geben zu müssen. Ein weiteres Indiz für die Positivität ihrer Erfahrung war die Lebenssicherheit, die sie alle Beschwernisse von Alter, dem Tod ihres zweiten Mannes und schwerer Krankheit heiteren Sinnes bewältigen ließ. In ihren letzten Aufzeichnungen nannte sie es »das *Urvertrauen,* das mich trägt und in dem ich mich geborgen fühle. Das hat nichts zu tun mit Nur-Fatalismus, nichts mit Passivität. Es ist das Handeln im Nichthandeln, das Wissen um das Tun im Nichttun ... Es ist das Vertrauen in die Kraft, die uns leben lässt, der wir den Namen *Gott* gegeben haben.«[226]

Irmengard Bardo war auf ihre individuelle Weise ein mystischer Mensch geworden, jedoch ohne sich je als Mystikerin zu bezeichnen oder sich mit Mystikern zu vergleichen. Der Schilderung ihres Erlebens unter der Überschrift »Die Schrift aus der Mitte« stimmte sie ausdrücklich zu. Gedeckt wird dies durch ihre Aufzeichnungen, die sie in der genannten Bewusstseinsverfassung aufgezeichnet hat. Gegen Ende ihres Lebens hatte sie ein erstaunliches Maß an seelischer Erfahrung gewonnen, die sie zufrieden und ausgeglichen machte. Im Rückblick resümierte und deutete Irmengard ihr Erleben während einiger Jahrzehnte:

»Die Kräfte in uns sind das Geheimnis unseres Lebens in seiner Vielfältigkeit. Sie sind es, die alles in uns anordnen ... Der Anteil des bewussten Ich ist notwendig zur Steuerung. Aber dieses Ich darf sich nur soweit in den Vordergrund stellen, dass es nicht ganz allein herrschen will. Da die Tiefe es ist, die dieses Ich trägt, muss es die lebenbedingenden Kräfte dieses Urbodens als Ausgangspunkt der eigenen Existenz respektieren ... Der ›Gott‹, das heißt der seiner Mitte zugetane Mensch, tut nichts selbstisch, ichbezogen. Er ist mit seinem Ich, das er aber erkennt, in diese Mitte gegangen und lässt diese Mitte – Gott – an ihm handeln. Er ist Eines mit Gott geworden in allem. Diese Mitte hält und trägt ihn.«[227]

Irmengard Bardos Erleben spielte sich in der Zeit ab, als sich die Erwartung eines neuen Bewusstseins (*New Age*) bei vielen zu entfalten begann. Dieser Erwartung schloss sie sich und ihr Tun an. Ihre Aufgabe erblickte sie darin, das Erlebte zu bezeugen, jedoch ohne mit missionarischem Gestus an die Öffentlichkeit zu treten. So heißt es in einer Niederschrift, die das Datum 8. Januar 1974, 11 Uhr vormittags trägt:

»Der neue Erfahrungsbereich der Menschen wird sein, tiefer hineinzublicken in die eigene Seele, ihre Geheimnisse zu erforschen, sie in das Bewusstsein zu heben, mit ihnen zu leben in einer Ganzheit, sie anzuerkennen als dazugehörigen Teil ihres Seins, das ein unerschöpfliches Reservoir gewaltiger Kräfteansammlungen ist.«[228]

Ken Wilber:

Die meisten von uns müssten zugeben, dass sie Augenblicke, Gipfel-
punkte erlebt haben, die tatsächlich so weit jenseits der Zeit zu liegen
schienen, dass Vergangenheit und Zukunft im Dunkeln verschwammen.
In einen Sonnenuntergang versunken; gebannt vom Spiel des Mondlichts
auf einem unergründlichen dunkelkristallenen Teich; in der verzückten
Umarmung mit einem geliebten Menschen aus Selbst und Zeit heraus-
getreten; gefangen und gefesselt vom Donnerschlag, der durch Regen-
schleier sein Echo zurückwirft. Wer hat das Zeitlose nie berührt?

Was haben all diese Erlebnisse gemeinsam? Es scheint, und der Mys-
tiker stimmt zu, als wirke die Zeit bei all diesen Erlebnissen wie aufge-
hoben, weil wir vom gegenwärtigen Moment völlig absorbiert werden.
In diesem gegenwärtigen Augenblick gibt es, wenn wir ihn nur untersu-
chen würden, natürlich keine Zeit. Der gegenwärtige Moment ist ein
zeitloser Moment, und ein zeitloser Moment ist ein ewiger – ein Moment,
der weder Vergangenheit noch Zukunft kennt, kein davor oder danach,
kein gestern oder morgen. In diesen gegenwärtigen Moment tief eintau-
chen heißt also, sich in die Ewigkeit stürzen ... Der Zen-Meister Seppo
sagt: »Wenn du wissen willst, was Ewigkeit bedeutet – sie ist nichts wei-
ter als eben dieser Moment ...«[229]

Karlfried Graf Dürckheim:

Wir wissen heute, dass gerade bei jenen Erfahrungen, die wir mystisch
nennen, zum ersten Mal im Leben vieler Menschen etwas aufblitzt, das
nicht von dieser Welt ist ...

Seinserfahrungen sind immer wieder da; und glücklich der, der sich
an einige Augenblicke erinnert, oft ganz nah an einem Untergang, und
auf einmal geht etwas ganz Anderes auf, etwas Ungeheures ergreift ihn.
Er fühlt sich plötzlich von einer anderen Dimension »entdeckt«. Er wird
sich vielleicht zum erstenmal darüber klar, dass wir eigentlich nicht
sagen sollen: »Ich suche Gott« oder »ich suche mein Wesen«, sondern
»ich muss mich finden lassen«.[230]

Die Stimme der Dichtung

Rainer Maria Rilke

»*Nirgends, Geliebte, wird Welt sein als innen*«

Es spricht vieles dafür, Rilke in die Nähe der Mystik zu rücken, namentlich wenn man bedenkt, was im ersten Viertel des Jahrhunderts aus der allgemeinen Zeitstimmung heraus darunter verstanden und nicht selten missverstanden worden ist, sei es als eine Mystik mit oder ohne Gott[231]. Und viel spricht gegen Rilkes Zuordnung, insbesondere wenn man ein bestimmtes theologisch-mystologisches Vorwissen zugrunde legt, an dem man das Erleben und Schaffen des Dichters messen will. Schon hinsichtlich der Einschätzung seiner »Religiosität« scheiden sich die Geister. Ganz zu schweigen von den diversen Selbstinszenierungen, in denen er – entgegen eigener Deklaration – allzu oft »mit Verwandlungen prunkt«. Allzu viele haben sich schon zu seinen Lebzeiten an den schwärmerisch Verehrten geheftet und seine »heilige Autorschaft« (Martina König) Autoren heiliger Schriften gleichgestellt. Von solchen Rühmungen muss ohnehin hier nicht die Rede sein.

Nun richten die einen, die Religiöses wie ein Labsal suchen und dadurch Wellness-Bedürfnisse befriedigen möchten, ihre Aufmerksamkeit in der Hauptsache auf solche Dichtungen, in denen viel von »Gott« oder vom »Geist« die Rede ist, während andere vermeintlich Atheistisches, A-Christliches wertschätzen und – mit Ina Seidel – den Bereich der »leicht gesagten Worte« – wie es sich geziemt! – meiden.

Denn sind etwa, so muss gefragt werden, die Viel- und die Schönredner, die Gott, »das beladenste aller Menschenworte« (Buber), leichtfertig im Munde führen, glaubwürdiger als jene, die den letztlich Unnennbaren auf diskrete Weise »rühmen« oder strenge Arkandisziplin übend in gleicher Gesinnung konsequent verschweigen? Oder mit Kierkegaard: »Gott ist nicht der Frommen Gott, sondern der Gottlosen, und ein Gottloser muss man werden, um der Auserwählte Gottes zu sein ...«[232] Zu denken gibt die Frage: Vielleicht müssen wir gerade als Ungläubige mit anderen Ungläubigen lernen, der Gottesgegenwart von Neuem gewiss zu werden, damit wir uns nach innen erneuern können. – Und da ist neben diesem seinem »Leben in wachsenden Ringen, die sich über die Dinge ziehn«, das Opus magnum der Briefe Rilkes. Sorgfältig ediert, zählen sie nach einigen Tausenden. Bisweilen bekunden sie im Klartext, bisweilen zwischen den Zeilen, was vom Dichter als Botschaft gemeint ist, obwohl es sich »nur« um Kontexte handelt, Kontexte eines Dichters – auch eines Mystikers?

Diese Frage ergibt sich, was Rilke, aber auch andere anlangt, aus der Tatsache, dass Mystik aus christlicher Sicht und im strengen Sinn des Wortes »unmittelbare, mit geistigen Sinnen wahrgenommene Erfahrung Gottes (ist), das Sinne und Geist und Psyche durchdringende Fühl-Erkennen des Göttlichen in der Welt«.[233] Aber so dachte und erlebte Rilke wohl kaum. Zugegeben: Wir können nicht wissen, was beim Niederschreiben seiner Verse durch seine Seele gegangen ist und inwieweit das jeweilige Resultat Selbsterfahrenes betrifft. Immerhin gibt es Bezeugungen hie und da. Die immer wieder apostrophierten »Dinge« sind für ihn ja nicht etwa stumm. Sie atmen. Früh lassen sie sich vernehmen. »Ich höre Stimmen, die es gut meinen«, schreibt der junge Mann schon in den Augusttagen 1903 an Lou Andreas-Salomé. Büchern gegenüber hält er sich für »so unbeholfen ... Nur die Dinge reden zu mir.«[234]

Nach Rilkes Weltverständnis bergen die Dinge geheimes Leben – »offenbar-geheimes« Leben, wie es Goethe genannt hat. Das spricht für eine kreaturnahe Erlebnismystik, für ein Leben, das bei Weitem nicht allein auf das Biologische beschränkt ist. Diese Mystik grenzt sich also nicht etwa quietistisch von allen Weltbezügen ab, sondern nimmt die sinnlichen Erlebnismöglichkeiten in Dienst. Und was Empfindung und Einschätzung der Dinge betrifft, geht Romano Guardini in seiner Elegien-Deutung noch weiter:

»Nicht nur das: Sie – die Dinge – kommunizieren mit dem Herzen des Menschen und gelangen in dessen Verinnigungsakt zur Fülle bewussten Seins. Damit vollendet sich, was im Zusammenhang der ersten und zweiten Elegie über jene Tiefendimension gesagt worden ist, welche die Dinge aus der Seele des Menschen empfangen. Das alles kann deshalb geschehen, weil unter den Getrenntheiten der unmittelbaren Welt der Innenbereich des ›tiefen Seins‹, der ›Weltinnenraum‹ liegt, in dem alles verbunden ist.«[235]

Wenn immer auf den geistig-seelischen Gestaltwandel und auf die äußeren wie inneren Umbrüche hingewiesen wird, so war sich Rilke dieser Vorgänge augenscheinlich klar bewusst. Einen wichtigen Beleg hierfür stellt ein Brief dar, den er, auf sein Leben und Schaffen zurückblickend, als Fragenbeantwortung am 13. November 1925 an seinen polnischen Übersetzer Witold Huléwicz abgeschickt hat. Darin ist auf einen empfindlichen Elementar-, einen Sinn- und Seinsverlust der Dinge aufmerksam gemacht, inzwischen längst als ein weltweit vollzogenes tragisches Geschehen beklagt, denn:

»Noch für unsere Großeltern war ein ›Haus‹, ein ›Brunnen‹, ein ihnen vertrauter Turm, ja ihr eigenes Kleid, ihr Mantel: unendlich mehr, unendlich vertraulicher; fast jedes Ding ein Gefäß, in dem sie Menschliches vorfanden und Menschliches hinzusparten. Nun drängen – von Amerika her – leere gleichgültige Dinge herüber, Schein-Dinge, *Lebens-Attrappen* ... Ein Haus, im amerikanischen Verstande, ein amerikanischer Apfel oder eine dortige Rebe, hat *nichts* gemeinsam mit dem Haus, der Frucht, der Traube, in die Hoffnung und Nachdenklichkeit unserer Vorväter eingegangen war ... Die belebten, die erlebten, die *uns mitwissenden Dinge* gehen zur Neige und können nicht mehr ersetzt werden. *Wir sind vielleicht die Letzten, die noch solche Dinge gekannt haben.* Auf uns ruht die Verantwortung, nicht allein ihr Andenken zu erhalten (das wäre wenig und unzuverlässig), sondern ihren humanen und larischen[236] Wert.«[237]

Ein prophetisches, ein mahnendes Wort, bedenkt man, dass es zwei Jahrzehnte vor Beendigung des Zweiten Weltkriegs niedergeschrieben wurde, das heißt lange bevor die von Rilke charakterisierte »Amerikanisierung« und Entqualifizierung aller Dinge noch ungleich stärker, auch verhängnisvoller zu Tage getreten ist! Im »Buch der Bilder« (1901) finden sich Verse, die wie aus einer vergangenen Welt herüberwinken:

Dort draußen ist, was ich hier drinnen lebe,
und hier und dort ist alles grenzenlos;
nur dass ich mich noch mehr damit verwebe,
wenn meine Blicke an die Dinge passen
und an die ernste Einfachheit der Massen, –
da wächst die Erde über sich hinaus.
Den ganzen Himmel scheint sie zu umfassen:
Der erste Stern ist wie das letzte Haus.

So gibt es eine Fülle des Erlebten, des Erlebbaren, das sich auf Ereignisse bezieht, die sich sowohl in Raum und Zeit, gleichzeitig auch im eigenen, transzendent verankerten Innenraum begeben haben. Freilich, inwieweit ist es wirklich erlebt, was Rilke ein Jahrzehnt später, 1913, als ein einige Monate zurückliegendes Erlebnis schildert und seinen Lesern vorstellt – zu eigener Teilhabe? Aufgeschrieben ist es für die Fürstin Marie von Thurn und Taxis auf Schloss Duino, zumal sich dieses »Ereignis« auf ihren Duineser Schlossgarten bezieht. In einem Garten also, einem mythischen Ort, der Bezüge zu einem je raum-zeitlichen Topos nahelegt.

Zunächst heißt das doch:
Seine seit Prager Tagen in einer aus Engeln, Heiligen und Madonnen bevölkerte katholisch sich nennende weihrauchgeschwängerte Religionswelt war zweifellos mancherlei Wandlungen und schließlich für ihn dem Untergang unterworfen. Spürbar wird das, vergleicht man das an Bilder der Vergangenheit angelehnte »Stundenbuch« mit den Beschwörungen des »Orpheus« oder den Anrufungen der Engel in den »Elegien« des Spätwerks. Einst waren da die Bücher des jungen Mannes vom »Mönchischen Leben« (1899), »Von der Pilgerschaft« (1901) und das »Buch von der Armut und vom Tode« (1903) innerhalb des Stundenbuchs, gemäß Widmung »gelegt in die Hände von Lou«. Alles Anklänge an naturfromme Weisen, verbunden mit der bescheidenen Bitte:

Gib mir noch eine kleine Weile Zeit:
ich will die Dinge so wie keiner lieben.

Dann, nach knapp zwei Jahrzehnten, als dem Dichter die augenscheinlich leicht von den Lippen fließenden Reime der Frühzeit nicht mehr

genug sein dürfen, das Geständnis gegenüber Orpheus, als Sänger angesichts des zu Leistenden, des Eigentlichen letztlich unvermögend zu
sein, denn nur:

> Ein Gott vermags. Wie aber, sag mir, soll
> Ein Mann ihm folgen durch die schmale Leier?
> Sein Sinn ist Zwiespalt. An der Kreuzung zweier
> Herzwege steht kein Tempel für Apoll.

Gesang und alles Vieltönende, das letztlich nur artifizielles, dem be-
rauschten Anfänger, vom Spätwerk her gesehen, gerade noch verzeih-
bares süßes Wortgeräusch bleibt, das seiner Eingängigkeit wegen von
Anfang an sich breiter Beliebtheit erfreut, es muss verstummen,
denn:

> Dies *ists* nicht, Jüngling, dass du liebst, wenn auch
> Die Stimme dann den Mund dir aufstößt, – lerne

> Vergessen, dass du aufsangst. Das verrinnt.
> In Wahrheit singen, ist ein andrer Hauch.
> Ein Hauch um nichts. Ein Wehn im Gott, ein Wind.

Dieser andere »Hauch um nichts«, dieses »Wehn in Gott« – ist damit
schon die pneumatische Sphäre betreten, in der *der Geist* weht, wie,
wann und wo *er* will? Wohl nicht im christlichen Sinn, denn von der
Überlieferung seiner Kirche – war sie je *seine* Kirche? – hat sich Rilke
seit jeher getrennt gefühlt. Ihr hat er auch dort eine Absage erteilt, wo
er »Gott« reichlich im Munde führt. Nicht am wenigsten dort, wo er
als »Ritter im schwarzen Stahl« in der brausenden Welt »tausendmal
Gott an alle Straßen gestellt« sieht. Jene Transzendenz oder Jenseitig-
keit, die der mystische Mensch im Jetzt und Hier unter Erschütterungen wie unter Beglückungen erlebt, ist bei Rilke in eigentümlicher
Weise eingekleidet, wenn nicht verkleidet. Und der Grund? Das mag
sich aus der allgemeinen Zeitsituation ergeben, die sich von dem »hinter den Dingen« Wohnenden, vom Heiligen entfernt hat, weil – nicht
erst seit Nietzsche und anderen – »Gott« tot ist. Auch das ist freilich
eine »mystische Tatsache«, die nicht übergangen werden darf. Ein bald
von Frommen wie von Unfrommen in Beschlag genommener »Gott«
spottet so sehr der Gottheit Gottes, dass der sich verbergen, eben zum

Deus absconditus, dem *En Sof* der Kabbalisten werden muss. Oder aus anderer Sicht: Er verdient so etwas wie einen Gnadentod, damit endlich der Blick auf jenen *Ganz-Anderen* wieder frei wird und der ganz Jenseitige – paradoxerweise – im menschlichen Seelengrund (laut Meister Eckhart) geboren werden kann – die johanneische Wiedergeburt aus Wasser und Geist. Und eben Friedrich Nietzsche, dieser Philosoph mit dem Hammer, der bis heute den »allzu Gläubigen« notwendigerweise eine Anfechtung darstellt, hat letztlich auch Rilke die Feder geführt, wie es scheint, der Eröffnung neuer Einsichten wegen. Oder grundsätzlicher mit den Worten von Martina Wagner-Egelhaaf:

»Die moderne ›Mystik‹ exponiert ein Subjekt, das vom Verlust eines metaphysischen Werthorizonts nurmehr auf sich selbst verwiesen ist. Dieses Selbst aber ist mit dem verlorenen Bezug auf gesicherte und Sicherheit verleihende Werte gleichfalls unauffindbar geworden. Das Spiegelverhältnis zwischen Subjektverlust und metaphysischer Orientierungslosigkeit lässt die Suche nach Wahrheit und Authentizität zugleich als Heimweh und Sehnsucht des Subjekts nach sich selbst erscheinen. Das Muster der *unio mystica*, das Außen und Innen, Gott und die menschliche Seele identifiziert, aber gleichzeitig, in der Differenzerfahrung, radikal auseinanderfallen lässt, bietet sich dieser Befindlichkeit an.«[238]

Da ist zunächst der Dichter des Stundenbuches, ein kaum 25-Jähriger, enthusiasmiert, des Gottes – seines Gottes – voll, der sich nicht damit genug tun kann, den Namen des Unnennbaren auszurufen, den er – noch nicht wissend – im Bild eines uralten Turms wie ein Falke, wie ein Sturm umkreist. Keiner Vertraulichkeit fremd, spricht er ihn geradezu »besorgt«, mitleidig an – lebt der überhaupt noch, der, ein Vereinsamter, gar Unbeholfener, ein Nachbar, der nachbarlicher Hilfe bedürftig zu sein scheint? Welch eine Annahme!

> Du, Nachbar Gott, wenn ich dich manchesmal
> In langer Nacht mit hartem Klopfen störe, –
> so ists, weil ich dich selten atmen höre
> und weiß: du bist allein im Saal.
>
> Und wenn du etwas brauchst, ist keiner da,
> um deinem Tasten einen Trank zu reichen:
> Ich horche immer. Gib ein kleines Zeichen.
> Ich bin ganz nah.

Die Stimme der Dichtung

Welches Ich ist da eigentlich »ganz nah«? Immerhin eines, das ohne Selbstgenügsamkeit, ohne Arroganz nicht auskommt. Eines, das sich selbst multipliziert, sich aufbäumt und fordert:

> Du, Gott, ich möchte viele Pilger sein,
> um so, ein langer Zug, zu dir zu gehn,
> und um ein großes Stück von dir zu sein:
> du, Garten, mit den lebenden Alleen.
> Wenn ich so gehe, wie ich bin, allein,
> wer merkt es denn? Wer sieht mich zu dir gehn?

Da gebärdet sich einer – ein »Stück« von ihm –, der Weisungen, Tröstung oder Ratschläge meint geben zu können, etwa: »Du musst nicht bangen, Gott …« oder besorgt, »Falle nicht, Gott, aus deinem Gleichgewicht.« Schließlich der Hinweis auf das totale Abhängigsein dieses Gottes von diesem Menschen, nachdem das Geschöpf sich seines Schöpfers überhebt oder naiverweise sich zu überheben trachtet:

> Was wirst du tun, Gott, wenn ich sterbe?
> Ich bin dein Krug (wenn ich zerscherbe?)
> Ich bin dein Trank (wenn ich verderbe?)
> Bin dein Gewand und dein Gewerbe,
> mit mir verlierst du deinen Sinn.

Was ist da noch übrig geblieben vom Ewigen? Sind es Spuren, die mehr sind als ein Ding unter Dingen? Gibt es da überhaupt noch eine – mystische – Sehnsucht nach Gott? Ist sie nicht längst erloschen? Und wenn da kein inbrünstiger Aufschrei ist – »wie der Hirsch schreit nach quellfrischem Wasser …« –, ist da der Mystik, die diesen Rang verdient, nicht jeder Gehalt, jeder Reiz abgesprochen, allenfalls der christlichen Mystik? Ist denn gar nichts mehr übrig geblieben als dies vom einstigen Prager Katholizismus von Rilkes bigotter Mutter Phia? – Dem setzt der Theologe Hans Jürgen Baden (1911–1986) die Beobachtung entgegen, dass der vielgereiste Dichter zu sakralen Bauten Beziehungen hatte, die sich durchaus nicht im Architektonischen und Ästhetischen erschöpft hätten: »Immer wieder hören wir, dass Rilke in Kirchen oder Kapellen zu stiller Besinnung eintrat, gelegentlich auch an Gottesdiensten teilnahm, offenbar ohne den mindesten kritischen Vorbehalt. So entdeckt er, Pfingsten 1920, auf Spaziergängen eine katholische Kirche und kam, wie er schreibt, zurecht, ›um eben noch dem Schluss des abendlichen Gottesdienstes, mit Gesang und Orgel, zuzuhören‹. In Sierre befindet sich ein Hotel, das Rilke häufig besucht; in dessen Hauskapelle legt er Rosen nieder, und er berichtet der Freundin, dass er dort täglich für einen stillen Moment eintrete. Auch besitzt er ein fast zärtliches Verhältnis zu jener kleinen Kapelle, welche seiner Wohnung, dem Schlossturm Muzot, benachbart und der heiligen Anna geweiht ist.«[239]

Was daraus erschließbar ist, darf wohl dennoch die Sehnsucht nach einer Gott-Unmittelbarkeit genannt werden, freilich unter Ausschließung des Christus als Mittler zwischen Mensch und Gott. Dieser Christus erschien ihm ohnehin überflüssig, ja in einem geradezu muslimischen Sinn widergöttlich. Das verwundert nicht, man liest davon in einem Brief vom 17. Dezember 1912 aus dem andalusischen Ronda an Fürstin Marie von Thurn und Taxis auf Schloss Duino. Er schreibt in Erinnerung an andere Spanienaufenthalte:»Ich bin seit Cordoba von einer beinah rabiaten Antichristlichkeit, ich lese den Koran, er nimmt mir, stellenweise, eine Stimme an, in der ich so mit aller Kraft drinnen bin, wie der Wind in der Orgel ... Mohammed war auf alle Fälle das Nächste; ein Fluss durch ein Urgebirg, bricht er sich durch zu dem einen Gott, mit dem sich so großartig reden lässt jeden Morgen, ohne das Telefon ›Christus‹, in das fortwährend hineingerufen wird: Holla, wer dort? – und niemand antwortet.«[240] Sollte Tertullians Diagnose von der naturhaften Christlichkeit der menschlichen Seele (anima naturaliter christiana) auf Rilke nicht mehr zutreffen?

Was nun jene christentumskritischen Aussagen anlangt, so sind seit der Niederschrift des»Stundenbuches« oder der»Geschichten vom lieben Gott« viele Jahre vergangen. Will man das darin über Gott und Beten, über monastisches Leben und Pilgerschaft Gesagte bereits als»mystisch« bezeichnen, so scheint seit den spanischen Impressionen das zeitweilig geläufige Frommsein entwertet, was aber nicht heißen muss, dass er mit der Verminderung religiöser Wendungen auf Spirituelles, auf Mystisches gänzlich verzichtet habe. Es dürfte nicht als bloße Ausflucht gewertet werden, hört man von ihm, dass er später die Erwähnung des Gottesnamens nicht für nötig hielte. Er verbindet es mit dem Geständnis:»Es bereitet mir jetzt oft eine unsägliche Genugtuung, ihn (Gott) zu schonen –, von etwas ganz Bewegendem zu handeln und ihn doch nicht zu bemühen.« Und sogleich die überraschende, seit der Sinai-Offenbarung[241] theologisch so bedeutsame Feststellung: »Sein (Gottes) Name, in allen Sprachen, hat etwas unbeschreiblich Verschweigbares.« Besteht von daher betrachtet ein Anlass, Rilkes Respekt vor dem den Mystikern sehr wohl vertrauten »verborgenen Gott« (*deus absconditus*) in Zweifel zu ziehen? Und gerade im bewussten Verzicht auf eine gleichsam dosierte Bigotterie des Herr-Herr-Sagens nähert sich der Dichter der Mystik. Er überlässt seiner Leserschaft, bisweilen a-theistisch tönende Vokabeln auf religiöse Innerlichkeit hin zu dechiffrieren. Ein verborgener, sich entbergender Gott, eine »Leere«.

Auch wenn man am Substanz- und Gestaltwandel festhält, der zwischen Früh- und Spätwerk natürlicherweise zu konstatieren ist, völlig unvorbereitet entlässt der Dichter des Stundenbuchs seine Leser ins Spätwerk nicht. Denn auch da sind ja immer wieder die Dinge, die Bilder, die spirituell gefüllten Realitäten »Baum« und »Garten«, das Blühen und Fruchten, insgesamt das Leben in seiner sinnlichen Vielgestalt wahrnehmbar. Für Rilke ist es laut Brief an Fürstin Marie Taxis vom 17. Februar 1921 jenes Leben, das ihn »in unversöhnlichen Konflikt« mit der zu leistenden Kunst stürzt, den er »fast nicht übersteht«. Während er einräumt: »Ich fürchte mich so vor der Menschen Wort«, lauscht er umso aufmerksamer nach innen, weil die Dinge »singen«. Und dann ist er seinem ihm ureigenen »Ding« zugekehrt, so zugekehrt, dass Fühlung, Begegnung, Umarmung einen Raum schaffen, der Welt ist, draußen wie drinnen. Im Grunde sind die landläufigen Grenzen in der Weise aufgehoben, dass sie ineinander sich verschränkend eine Einheit bilden. Der Raum Rilkes aber ist mystischer Raum, einer, dessen man inne werden kann, der durch alle Wesen reichende, »der eine Raum«.

Hier ist nochmals auf die erwähnten beiden Erlebnis-Texte zurückzukommen: Erlebnis II vom 6. Januar 1913 und Erlebnis I, etwa vier Wochen später festgehalten, nämlich während seines Aufenthalts im südspanischen Ronda. Unspektakuläres und doch irgendwie Schwer-, wenn nicht Unbeschreibliches begibt sich: Der Berichterstatter hat nach seiner Gewohnheit ein Buch in die Hand genommen. Da tritt er im Schlossgarten vor einen strauchartigen Baum hin. An ihn lehnt er sich, »und sofort fühlte er sich in dieser Haltung so angenehm unterstützt und so reichlich eingeruht, dass er so, ohne zu lesen, völlig eingelassen in die Natur, in einem beinah unbewussten Anschaun verweilte. Nach und nach erwachte seine Aufmerksamkeit über einem nie gekannten Gefühl. Es war, als ob aus dem Innern des Baumes fast unmerkliche Schwingungen in ihn übergingen; er legte sich das ohne Mühe dahin aus, dass ein weiter nicht sichtlicher, vielleicht den Hang flach herabstreichender Wind im Holz zur Geltung kam, obwohl er zugeben musste, dass der Stamm zu stark schien, um von einem so geringen Wehen so nachdrücklich erregt zu sein ... mehr und mehr war er überrascht, ja ergriffen von der Wirkung, die jenes in ihn unaufhörlich Herüberdringende in ihm hervorbrachte. Er meinte nie von leiseren Bewegungen erfüllt worden zu sein, sein Körper wurde gewissermaßen wie eine Seele behandelt und in den Stand gesetzt, einen Grad von Einfluss aufzunehmen, der bei der sonstigen Deutlichkeit leiblicher Verhältnisse eigentlich gar nicht hätte empfunden werden können«.[242]

Wenn von jenem Baum die Rede ist, dem sich der Berichterstatter »vertraulich« zuwendet, so erinnert dies an Erlebnisse, wie sie etwa auch bei Jakob Böhme (1575–1624) vorkommen, wenn er rät: »Tue deine Augen auf und gehe zu einem Baum und siehe den an und besinne dich«[243], denn dann könne er der besonderen mit der Tiefe des Seins korrespondierenden Qualitäten inne werden. Das Augen-Auftun, das Hingehen, das Hinsehen und schließlich das sich Besinnen markiert die Schritte, die zu Erfahrungen des Drinnen und Draußen der Natur führen – für Böhme ist's die Gottesgegenwart. Für Rilke etwa nicht?

Erlebnis II bezieht sich auf »gewisse Momente«, die ihm, dem Berichterstatter, »in jenem anderen südlichen Garten (Capri)« widerfahren sind. » ... da ein Vogelruf draußen und in seinem Innern übereinstimmend ..., indem er sich gewissermaßen an der Grenze des Körpers nicht brach, beides zu einem ununterbrochenen Raum zusammennahm, in welchem, geheimnisvoll geschützt, nur eine einzige Stelle reinsten, tiefsten Bewusstseins blieb. Damals schloss er die Augen, um in einer so großmütigen Erfahrung durch den (sic) Kontur seines Leibes nicht beirrt zu sein, und es ging das Unendliche von allen Seiten so vertraulich in ihn über, dass er glauben durfte, das leichte Aufruhn der inzwischen eingetretenen Sterne in seiner Brust zu fühlen ...«[244]

Was ist geschehen? Wessen ist »er« in konkreten, zugleich ausgesonderten Momenten teilhaft geworden? Das Geschilderte, die Wahrnehmung von Baum und Vogelruf, die sich wie zum allerersten Mal einstellt, gleicht einem Aufwacherlebnis und einer wort- wie bildlosen Wesensschau, wie sie in Gestalt einer Naturalen Meditation[245] immer

wieder erfahrbar wird. Zwar wird versucht das Gemeinte, Unsagbare
so auszusagen, dass Bezüge zur Körperlichkeit und deren Grenzen
hergestellt werden. Doch letztlich geht es um »reinstes, tiefstes Bewusstsein«, um mystische Erfahrung. Ihr und der besonderen Qualität
ihres »Raumes« begegnet man in den Versen, die als poetischer Nach-
trag ein Jahr nach jener Aufzeichnung Gestalt gewinnen, verbale Be-
gleitmusik zu den Erlebnisberichten, denn:

> Es winkt zu Fühlung fast aus allen Dingen,
> aus jeder Wendung weht es her: Gedenk!
> Ein Tag, an dem wir fremd vorübergingen,
> entschließt im Künftigen sich zum Geschenk.

> Wer rechnet unseren Ertrag? Wer trennt
> uns von den alten, den vergangnen Jahren?
> Was haben wir seit Anbeginn erfahren,
> als dass sich eins im anderen erkennt?

> Als dass an uns Gleichgültiges erwarmt?
> O Haus, o Wiesenhang, o Abendlicht,
> auf einmal bringst du's beinah zum Gesicht
> und stehst an uns umarmend und umarmt.

> Durch alle Wesen reicht der eine Raum
> *Weltinnenraum.* Die Vögel fliegen still
> durch uns hindurch. O, der ich wachsen will,
> ich seh hinaus, und in mir wächst der Baum.

> Ich sorge mich, und in mir steht das Haus.
> Ich hüte mich, und in mir ist die Hut.
> Geliebter, der ich wurde, an mir ruht
> der schönen Schöpfung Bild und weint sich aus.

Bei den Duineser Elegien angekommen, einem Werk, das während
eines vollen Jahrzehnts (zwischen 1912 und 1922) er-dient und erwartet werden musste, eröffnet sich der mystische Weltraum nicht
etwa zu neuen Inhalten nach Katechismusart, sondern eher zu deren
»Nichtung«, zur Leere hin, nach innen – »O und die Nacht, die Nacht,
wenn der Wind voller Weltraum / uns am Angesicht zehrt«. Weiter in

der ersten Elegie, in der er seinen Aufschrei an die Hierarchien der Engel – Rilkes Engel! – richtet:

> Wer, wenn ich schriee, hörte mich denn aus der Engel
> Ordnungen? Und gesetzt selbst, es nähme
> einer mich plötzlich ans Herz: ich verginge von seinem
> stärkeren Dasein ...
> jeder Engel ist schrecklich. Und dennoch, weh mir
> ansing ich euch, fast tödliche Vögel der Seele,
> wissend um euch ...

Dieter Bassermann, der sich unter anderem dem »späteren Rilke« zugewandt hat, kommt auf eine zugrunde liegende Wandlungstendenz im dichterischen Schaffen zu sprechen. Danach überwiege im *Stundenbuch* »der Versuch einer innerlichen Gotteserschaffung ..., in den Aufzeichnungen des *Malte* ›Gott‹ sich schließlich zu der ›Richtung der Liebe‹ von offenbar nur noch magnetischer Virtualität entpersönlicht(e) und er in den *Elegien* in die volle Anonymität und Gestaltlosigkeit eines Waltens des Ewigen entrückt (werde)«. Und weiter: »Mit der Anerkenntnis, dass diese nach draußen, nach drüben ins Jenseits verlegte Satzung des verpersönlichten Ewigen – dass dieses Göttliche, ›Gott‹ – ein nur noch nicht angetretener Teil des menschlichen Gemüts ist, fällt dem Menschen die Aufgabe zu, diesen Teil seines Gemüts nun endlich in Angriff zu nehmen, das heißt, es nicht im Jenseits anzubeten und in Liebesformen, mit Gefühlsintensitäten aus dem Ich heraus, nach ihm als einem Unerforschlichen hinzuzuverlangen, sondern nun stellt sich – nicht mehr aufschiebbar, nicht mehr ausweichbar – die Aufgabe, dieses Ewige *im Ich*, im *Hier und Jetzt* zu verwirklichen.«[246] Das heißt doch auch, dass »höchste Verwirklichung der Immanenz und ihre Metamorphose in immerwährende Innerlichkeit« der Beauftragung des Menschen entspricht, »in einer Welt, die unter dem Sternbild des Engels steht«.[247] Man könnte auch sagen: im Angesichts des Todes und damit der Ewigkeit, denn – so liest man im »Florenzer Tagebuch«:

Wir brauchen die Ewigkeit; denn nur sie gibt unsren Gesten Raum, und doch wissen wir uns in einer Endlichkeit. Wir müssen also innerhalb dieser Schranken eine Unendlichkeit schaffen, dass wir an die Grenzenlosigkeit nicht mehr glauben.«[248] Rilke, der im buchstäblichen Sinn des Wortes Unbehauste, dessen Werk *unterwegs* entstanden und *weitgereist* ist, bekennt sich schließlich – wenn die Zeilen aus der siebten Elegie als Kürzel genommen werden dürfen – zum Wandlungscharakter menschlichen Existierens überhaupt:

> Nirgends, Geliebte, wird Welt sein als innen. Unser
> Leben geht hin mit Verwandlung. Und immer geringer
> schwindet das Außen …

Christian Morgenstern

»*Licht ist Liebe, Sonnenweben*«

Es erscheint gewagt und ist kaum zu rechtfertigen, wenn man auf Rilke Christian Morgenstern (1871–1914) folgen lassen und in den Kontext dieses Jahrhundertthemas stellen will. Die dichterische Distanz und Diskrepanz zwischen beiden liegt ohnehin auf der Hand. Dabei haftet ihm und seinem Weltanschauungsdenken etwas an, was dem »Geist der Zeit« in besonderer Weise verpflichtet ist und nur aus eben dieser Zeit heraus verständlich sein dürfte: auch bei ihm eine Religiosität weit abseits der Tradition, außerhalb einer als abgestorben empfundenen Kirchlichkeit, und doch oder gerade deshalb ein elitäres Suchen, ebenfalls abseits der von der vom »Wein der Zeit« trunkenen Menge bevölkerten Heerstraßen im wilhelminischen Deutschland. Keine Frage: »Die zur Wahrheit wandern, wandern allein …« Wer dagegen – mit den Saturierten – alles so »herrlich weit gebracht« hat, begnügt sich mit dem Status quo des Erreichten und ist ohne Ziel, jedoch:

> Wer vom Ziel nicht weiß,
> kann den Weg nicht haben,
> wird im selben Kreis
> all sein Leben traben;
> kommt am Ende hin,
> wo er hergerückt,
> hat der Menge Sinn
> nur noch mehr zerstückt …

> Denn zu fragen ist
> nach den stillen Dingen,
> und zu wagen ist,
> will man Licht erringen;
> wer nicht suchen kann,
> wie nur je ein Freier,
> bleibt im Trugesbann
> siebenfacher Schleier.

Die Stimme der Dichtung

Eine sehr kurze Lebens- und Schaffenszeit war auch ihm, Christian Morgenstern, bestimmt.[249] 1871 in München geboren, Sohn eines Landschaftsmalers; auch beide Großväter waren Künstler. Der Jugendliche erwog, Theologie zu studieren, um als Prediger und Seelsorger tätig zu sein. Er wurde Publizist, Verlagslektor, Übersetzer skandinavischer Autoren (Björnstjerne, Hamsun, Ibsen, Strindberg) und schließlich Autor mystisch-anthroposophischer Gedankenlyrik – nicht ohne pathetisch zu predigen und zu seelsorgen. Doch bekannt wurde er zuvor als Dichter der »Galgenlieder«, als Verfasser von Humoresken, ein »Nonsensdichter«, und als solcher erfolgreich. Das veranlasste Kurt Tucholsky, ihn (1919) den »Wilhelm Busch unserer Tage« zu nennen. Und was den Weltanschauungsdichter anlangt, so gab Hermann Hesse (1912) zu bedenken: »Er ist zu wenig Denker, um das Dichten lassen zu können, und nicht Dichter genug, um vom Abstrakten je ganz loszukommen. Wunderlich schön und rührend stehen zwischen allen diesen ernsten, ja fanatischen Versuchen und poetisch-grüblerischen Studien einzelne Verse und kleine Lieder von ganz reiner lyischer Schönheit.« Andere Kritiker gehen mit ihm hart ins Gericht, sprechen von mangelnder Originalität, von »blassem Klassizismus und romantisierendem Epigonentum«, dem zeitkonformen »Gefühls- und Formkitsch« (Jürgen P. Wallmann) nicht fern. Schon vor Erreichung der Lebensmitte von seiner Todeskrankheit, der Tuberkulose, gezeichnet, starb er – erst 43 Jahre alt – vier Monate vor Ausbruch des Ersten Weltkriegs in Untermais/Südtirol.

Im Spannungsfeld von Krankheit, Poesie und mystisch getönter Religiosität vollzog sich Morgensterns Leben. Es machte ihn, die Sanatorien häufig wechselnd, zum Einsiedler, zu einem Christen eigener Prägung, zu einem missionierenden Mystiker. Als zurückgezogen Lebender ging er auf Spurensuche, bis er mit seinesgleichen sagen konnte: »Wir fanden einen Pfad.« Doch nicht alle seiner Freunde, zu denen der Schauspieler Friedrich Kayßler gehörte, konnten oder mochten in seine Fußstapfen treten, als sich zeigte, welche Richtung er schließlich einschlagen musste. Da ist beispielsweise das von Kiefernwäldern umsäumte Lungensanatorium Birkenwerder bei Berlin. Man schreibt das Jahr 1905. Zeit und Ort – es ist Morgensterns Lebensmitte – bezeichnen eine Station auf dem Weg nach innen. Es handelt sich nicht um eine Umkehr oder Wandlung, weil die Tendenz seines Lebens längst in ihm angelegt zu sein scheint. Während seine Altersgenossen, die wie er erst in den zwanziger Jahren stehen und ihre Jugend genießen, sinnt er abstinent über *Ewigkeit* nach: »O diese Ewigkeit«, heißt es 1896 während eines Klinikaufenthalts in Arco. Sein Blick ist nach vorne, ins Zukünftige ausgerichtet, und seinem Leben schreibt er einen *Stufen*-Charakter zu. Und weil schon dem 18-Jährigen eine Schrift über die Reinkarnation in die Hand gekommen war[250], begann er von da an Zukunft und Ewigkeit in dem besonderen Licht einer geistigen Evolution zu sehen. Der Mensch ist im Werden begriffen; alles soll letztlich dazu dienen, diesen Menschen Stufe um Stufe dem Lichte entgegen, nach oben zu tragen. Bald bedient er sich, idealistisch gestimmt, buddhistischer, dann anthroposophischer Begriffe von Karma und von der Selbstgestaltung des eigenen Schicksals. *Per aspera ad astra* – vom Dunkel zum Licht!

»In die Ewigkeit zu schreiten, von Stufe zu Stufe sich höher entwickelnd, von Gestirn zu Gestirn fliegend, in immer vollkommeneren Gestaltungen sich ausleben und betätigen – Fortschritt zu unendlichen Zielen, ewig gesteigerte Fähigkeit des Fassens und Empfindens, immer höhere Lust, immer tieferer Schmerz, immer fortwachsen ins qualitativ Große, ein grenzenloses Ringen ... welch ein Prospekt, welch eine Herausforderung zu nie erschlaffender Lebensbejahung, welch ein *Ideal* im höchsten Sinne!«[251]

Dazu bedarf es einer inneren Gewissheit, die sich in Morgensterns Leben – trotz der unheilbaren Krankheit – mit unbezweifelter Folgerichtigkeit abzeichnet und in seinen Versen widerspiegelt:

> Bist du nie des Nachts durch Wald gegangen,
> wo du deinen eignen Fuß nicht sahst?
> Doch ein Wissen überwand dein Bangen:
> Dich führt der Weg.

> Hält dich Leid und Trübsal nie umfangen,
> dass du zitterst, welchem Ziel du nahst?
> Doch ein Wissen übermannt dein Bangen:
> Dich führt *dein* Weg.

Dieses von innen her Geführtsein stellte sich bei Christian Morgenstern als Ahnung, schließlich als Gewissheit im Winter 1905/06 ein. Folgt man einer autobiographischen Notiz aus dem Jahre 1913 – ein Jahr vor seinem Tod –, dann lässt sich der weitere Verlauf seiner Lebensspur überblicken, wenn es da autobiographisch heißt: »Inzwischen war dem 35-Jährigen Entscheidendes geworden. Natur und Mensch hatten sich ihm endgültig vergeistigt. Und als er eines Abends wieder einmal das *Evangelium nach Johannes* aufschlug, glaubte er es zum ersten Male wirklich zu verstehen. – Die nächsten Jahre des Austragens, Ausreifens, zu Ende Denkens überstand er so, wie er sie überstand, eigentlich nur, weil ihm Gesundheit und Mittel fehlten, sich irgendwohin zurückzuziehen, wo er in völliger Unbekanntheit seine Tage hätte vollenden dürfen.«[252]

Und so kam das Jahr 1908, in dem die zwei Menschen auftauchten, die sein weiteres Leben bestimmten: der eine, Margareta Gosebruch von Liechtenstern, die er zwei Jahre später in Meran-Obermais heiratete und die nach weiteren zwei Jahren, nämlich nach Morgensterns Tod 1914, zusammen mit dem ebenfalls lungenkranken, ebenfalls Rudolf Steiner nahestehenden Freund Michael Bauer die Betreuerin seines Werkes werden sollte. Im Blick auf Margareta entstanden die Zeilen:

> *Wir fanden einen Pfad*, der klar und einsam
> empor sich zog, bis, wo ein Tempel stand.
> Der Steig war steil, doch wagten wirs gemeinsam.
> Und heut noch helfen wir uns, Hand in Hand.

Zur Gefährtin auf dem Weg trat der Zweite, der Weg-Führer in der Gestalt von Rudolf Steiner (1861–1925). Es war die Zeit, als der deutsche Zweig der Theosophical Society sich in Gestalt der Anthroposophie als Erkenntnisweg ausformte und schließlich 1912 als Anthroposophische Gesellschaft konstituierte. Die beiden Morgensterns wurden Steiners spirituelle Schüler. Sie gehörten zu jenen Anhängern, die – soweit die sich nach und nach verschlimmernde Krankheit es erlaubte – dem »Geisteslehrer« zu dessen Vorträgen in verschiedenen Städten nachreisten. Das Gehörte verlangte nach dichterischer Ausformung. Das hohe Maß von Morgensterns Verehrung spricht aus den Steiner gewidmeten Versen:

> So wie ein Mensch, am trüben Tag, der Sonne vergisst,
> sie aber strahlt und leuchtet unaufhörlich, –
> so mag man Dein am trüben Tag vergessen,
> um wiederum und immer wiederum

erschüttert, ja geblendet zu empfinden,
wie unerschöpflich fort, und fort und fort
Dein Sonnengeist
uns dunklen Wandrern strahlt.

Die spirituelle Erkenntnishilfe, die Christian Morgenstern der Anthroposophie verdankt, ist religiös-mystischer Natur. Infolge seines frühen Todes war es ihm nicht mehr beschieden, mitzuerleben, wie Rudolf Steiner 1922 zum geistigen Paten der in Dornach gestifteten *Christengemeinschaft* als einer »Bewegung für religiöse Erneuerung« wurde, in deren Mitte das Altarsakrament (Abendmahl) ebenfalls eine Erneuerung erfuhr. Doch im Grunde war die Gesinnung des Dichters bereits lange zuvor eben darauf gerichtet. Er mochte an einen Kultusvollzug gedacht haben bei den Worten:

Ich hebe Dir mein Herz empor
als rechte Gralesschale,
das all sein Blut im Durst verlor
nach Deinem reinen Male,
O CHRIST!

O füll es neu bis an den Rand
mit Deines Blutes Rosenbrand,
dass DEN fortan ich trage
durch Erdennächt' und -tage,
DU bist!

Nun entfaltet sich die anthroposophische Christus-Mystik nicht nur als ein innermenschliches Geschehen. Sie erweitert sich ins Kosmische, sodass der kosmische Christus, wie er etwa im Epheser- und Kolosserbrief des Neuen Testaments verkündet wird, von Neuem in den Blick kommt. Das schildern die Verse, die die Christus-Gegenwart mit einer künftigen liebedurchdrungenen sonnenhaften Erde verbinden:

Licht ist Liebe ... Sonnen-Wesen
Liebesstrahlung einer Welt
Schöpferischer Wesenheiten,

die durch unerhörte Zeiten
uns an ihrem Herzen hält,
und die uns zuletzt gegeben

ihren höchsten Geist in eines
Menschen Hülle während dreier
Jahre: da ER kam in seines

Vaters Erbteil – nun der Erde
innerlichstes Himmelsfeuer:
dass auch sie einst Sonne werde.

Morgensterns Werk, speziell seine der Anthroposophie zugesprochenen bekennerhaften Dichtungen, fanden bei Steiner zustimmende Aufnahme. Seine Frau Marie, geborene von Sivers, rezitierte sie in öffentlichen Veranstaltungen der Anthroposophischen Gesellschaft. Die besondere Nähe zum Steinerschen Werk belegt die Tatsache, dass Morgensterns Urne neben derjenigen Steiners im Goetheanum in Dornach bei Basel Aufstellung fand.

Robert Musil
»Tiefsinn kann nicht tief genug sein«

Vorweg ist zu sagen, dass es sich hier nur um eine knappe Skizze handeln kann, die das Augenmerk auf mystische Bezüge in dem umfänglichen, zwischen 1930 und 1952 erschienenen, monumentalen Roman-Fragment »Der Mann ohne Eigenschaften« richtet. Sein Autor, der aus Klagenfurt stammende Schriftsteller Robert Musil (1880–1942)[253], Sohn eines österreichischen Maschinenbau-Ingenieurs und selbst von der Technik, dann vom Philosophie- und Psychologiestudium herkommend, wird von seinem Freund, dem Schriftstellerkollegen Hermann Broch 1948, also posthum, als »ein ungeheuer komplexer Geist« charakterisiert. Diese Komplexität bekundet sich nicht zuletzt in seinem unvollendeten Hauptwerk dadurch, dass Musil es unternimmt, Aspekte der Mystik einzubeziehen und die Leitfiguren seines Romans, das Zwillingsgeschwisterpaar Ulrich und Agathe, an dem »anderen Zustand« Anteil haben zu lassen. Dieser »Zustand« meint die geistig-seelische Verfassung, die einen mystischen Menschen insofern ausmacht, als er den »Normalzustand« des Alltagsbewusstseins transzendiert. Das entspricht – nach Erich Neumann – einer »Wandlung der Persönlichkeit«, bei der »das Ich aus seinem alten Bewusstseinssystem ebenso wie aus seiner alten Bezogenheit zur Welt« löst und »das Eintreten in die grundsätzliche Paradoxie des Mystischen« eröffnet; der Mensch wird zum Ort der mystischen Begegnung von Ich und Nicht-Ich.[254]

Nun sind auf die Frage, wie man dazu komme, je nach Ansatz und Zielvorstellung, verschiedene Antworten möglich. Wie oben besprochen, formulierte Musils älterer Landsmann Rudolf Steiner: »Wie erlangt man Erkenntnisse der höheren Welten?« und gab entsprechende meditative, für einen spirituellen Erkenntnisweg im Sinne der Anthroposophie qualifizierende Anleitungen. Jakob Böhme (1575–1624) beantwortete die Frage einst, wie man zu dem übersinnlichen Leben kommen könne, mit den Worten: »Wenn du dich magst einen Augenblick in das schwingen, da keine Kreatur wohnt, so hörst du, was Gott redet ... Es ist *in dir*, so du magst eine Stunde schweigen von allem deinen Wollen und Sinnen, so wirst du unaussprechliche Worte hören.«[255] Im Hintergrund steht da wie dort die vielschichtige mystische Tradition mit ihren meditativ-kontemplativen Übungen.

Nun äußerte Musil gelegentlich (1925), dass man über Wesen und Bedeutung des anderen Zustands »so gut wie nichts« wisse – eine Behauptung, die bei ihm wohl kaum Beleg für eine tiefer gehende Beschäftigung mit der Mystik in Tradition und praktischem Vollzug sein dürfte, denkt man an die ebenso vielen wie verschiedenartigen Bezeugungen mystischer Erfahrung, die die Geschichte bereitgestellt hat und die ihm nicht unbekannt sein konnten. Immerhin räumt er in seinen Tagebuchaufzeichnungen, die die ungemein langwierige Arbeit am Roman begleiten, ein, dass ein »geheimnisvoll schwellendes und ebbendes Zusammenfließen unseres Wesens mit dem der Dinge und anderen Menschen« eintreten könne.[256] Dabei muss man sich freilich immer wieder vergegenwärtigen, dass es sich hierbei nicht um eine Annäherung ans Übungsfeld einer religiösen Frömmigkeit handelt, sondern dass die um und nach 1900 bestehende allgemeine Marginalisierung spiritueller und metaphysischer Vorstellungen mitberücksichtigt werden muss. Die darin sich auslebende Skepsis allem Transzendenten gegenüber meint naturgemäß nicht das Hochziel religiöser Mystik, die *Unio mystica*. Sondern sie kann um der erforderlichen Unterscheidung willen eine säkulare »gottlose Neomystik« (Uwe Spörl) genannt werden, wie man sie von der Lebensphilosophie Friedrich Nietzsches, Georg Simmels oder Wilhelm Diltheys, andererseits von der Sprachkritik Fritz Mauthners her kennt. Im Übrigen knüpfte bereits Bubers Freund Gustav Landauer an Mauthners Sprachphilosophie an. Er teilte dessen Überzeugung, dass die vom Intellekt bestimmte Sprache nicht in der Lage sei, die Tiefendimension der Wirklichkeit zu erreichen. Da müsse vielmehr die Mystik dazu dienen, Unmittelbarkeit zwischen Ich und Welt herzustellen.[257] Gleichwohl gibt es – wie sie unter anderem Rilke auf seine Weise bezeugt hat – Erlebnisse, die sich von einem »anderen Zustand« ableiten lassen. Dazu bemerkt Martina Wagner-Egelhaaf: »Eigenschaftslosigkeit als Voraussetzung für die unio mystica, bei Meister Eckhart schon die mystische Erfahrung selbst, kann für die moderne Skepsis nicht in die Positivität umschlagen, sondern verbleibt im Modus dezentrierter Subjektivität.«[258]

In diesem Kontext steht nicht zuletzt die schöpferische Energie (*élan vital)*, wie sie Henri Bergson (1859–1941) lebensphilosophisch zur Geltung gebracht hat. Der Höhepunkt dieser Mystik wird schließlich – analog zur religiösen Überlieferung – als Einswerdung mit jenem schöpferischen Aufschwung (*évolution creatrice*) verstanden. Es wird im Übrigen nicht wundernehmen, dass Bergsons jüngerer Landsmann, der Jesuit Pierre Teilhard de Chardin (1881–1955), durch derlei Gedanken beeinflusst und zu einer christlichen, Geist und Materie verbindenden Synopse angeregt wurde. Darauf wird noch zurückzukommen sein.

Doch von einer dergestaltigen kosmischen Mystik ist bei Musil nicht die Rede. In den Dialogen des »eigenschaftslosen« Ulrich mit Agathe geht es um die zwischen ihnen sich ereignenden Erlebnisfiktionen. Artikuliert werden sie – bald im Zitat, bald in Paraphrase – anhand mystischer Texte. Zum einen partizipierte Musil an der zeitüblichen, in vieler Hinsicht einflussreichen Lektüre Nietzsches, sodann an den bei Eugen Diederichs, dem Mystik-Vermittler nach 1900, verlegten Autoren wie Ralph Waldo Emerson oder Maurice Maeterlinck. Letzterer kündet zeitaltergemäß und prophetisch: »Es wird vielleicht eine Zeit kommen – und es sind viele Anzeichen vorhanden, dass sie nahe ist –, eine Zeit wird vielleicht kommen, wo unsere Seelen sich ohne Vermittlung der Sinne erblicken werden. Es steht fest, dass sich das Reich der Seele täglich mehr verbreitet.«[259] – Zum anderen ist da ein anderes, noch bedeutsameres Diederichs-Buch, das als Musils Hauptquelle für die Erhellung und Kommentierung des »anderen Zustands« ausschlaggebend werden sollte, nämlich Martin Bubers bereits erwähnte »Ekstatische Konfessionen«[260], eine Textsammlung, die sich in der Hauptsache aus Wortlauten der christlichen Überlieferung zusammensetzt. Sie sind auf die Art des Erlebens bezogen, ungeachtet der Tatsache, dass auch pathologisch anmutende Momente darin vorkommen mögen.

Nun ist von Buber bekannt, dass er aufgrund seiner ersten Veröffentlichungen mitunter selbst für einen »Mystiker« gehalten wurde; dass er aber in seinem Essay »Mit einem Monisten« (1914) eben diese Einschätzung verneinte. Überraschenderweise erklärte er sich als einen »Rationalisten«[261]. Ratio und Mystik lassen sich aber nicht gegeneinander ausspielen. Einer Verbindung von Ratio und »tagheller« Mystik begegnet man in Musils Roman, aber nicht nur hier. Autor und Werk figurieren geradezu als eine Beispielgestalt. Offensichtlich handelt es sich um eine weit verbreitete Zeiterscheinung um und nach der vorletzten Jahrhundertwende, bei Musil nicht weniger als bei Buber, nicht weniger als bei deren unmittelbaren Zeitgenossen, etwa Thomas Mann, Gottfried Benn, Hermann Broch oder Hermann Hesse. Mit anderen Worten: »Eine wichtige Gemeinsamkeit verbindet diese Dichter: Sie alle haben sich eingehend mit Nietzsche beschäftigt und manches – wenn auch unterschiedlich akzentuiert – von ihm übernommen.«[262]

Was nun Ulrich und Agathe im Roman miteinander verbindet, entspricht eben dieser wechselseitigen, mit dem »anderen Zustand« zusammenhängenden Bezogenheit von Mystik und Ratio; ein komplementäres Verhältnis, das zu Vergleichen einlädt. Wenn nämlich der Jesuit Karl Rahner in der zweiten Jahrhunderthälfte – zumindest für den Christen der Zukunft – das Mystiker-Sein postulierte und davon die Fortexistenz des Christseins abhängig machte, so verdient eine Zukunftsidee Ulrichs Beachtung, die er mit der Vorstellung verbindet: »Aber ich glaube vielleicht, dass die Menschen in einiger Zeit einesteils sehr intelligent, andernteils Mystiker sein werden. Vielleicht geschieht es, dass sich unsere Moral schon heute in diese zwei Bestandteile zerlegt: Ich könnte auch sagen: in Mathematik und Mystik. In praktische Melioration (d. h. Verbesserung) und unbekanntes Abenteuer!«[263] Und um ein Abenteuer, um ein Erlebnis mit der *Frouwe aventiure*, eine Quest, wie sie die Gralsucher je und je unternehmen, handelt es sich, wenn immer der Gang nach innen angetreten und mit den Vokalen der Dichtung zum Tönen gebracht wird. Im Fall von Robert Musil ist es immerhin bedeutsam, dass er sich als der mit technischer Intelligenz Vertraute von den Stimmen der Mystik ansprechen ließ, wie sie in den von Buber zusammengetragenen »Ekstatischen Konfessionen« dokumentiert sind. Hier ist zumindest die erstaunliche Tatsache festzuhalten, wonach in »Der Mann ohne Eigenschaften« (nach Dietmar Goltschnigg) nicht weniger als gegen 300 mehr oder weniger wörtliche Zitate aus Buber und deutliche Anspielungen zu finden sind. Die Forschung hat somit nachgewiesen, dass der Wirkungsbereich der Buberschen Mystiker-Sammlung das gesamte Romanwerk durchdringe. Das belegt die von Goltschnigg unternommene aufschlussreiche Textsynopse. Und wenn das Ziel aller mystischen Strömungen das Einheitserlebnis der *Unio mystica* ist, dann besteht eine wichtige Parallele darin, wenn man sieht, wie fleißig der Romancier von seinen Vorlagen Gebrauch macht, denn:

»Die Hauptfunktion der ›Ekstatischen Konfessionen‹ im ›Mann ohne Eigenschaften‹ ist freilich die Beschreibung des *anderen Zustands*. Mit Hilfe der mystischen Zeugnisse werden alle Merkmale der

Unio mystica auf die ekstatische Sozietät der Geschwister übertragen. Dort, wo kein echter mystischer Zustand vorherrscht, taucht Musil die ›Ekstatischen Konfessionen‹ in ein ironisches Gegenlicht. Das Ziel aller mystischen Strömungen ist das Einheitserlebnis. Auch Musil lässt die Geschwister Ulrich und Agathe im *anderen Zustand* das mystische Gefühl der Entgrenzung erfahren – bemerkt Goltschnigg –, das zur *schwebenden Einheit* aller Dinge und Seelenkräfte führt. Diese Einswerdung kann sich als Einheit von Ich und Welt, als Verschmelzung von Ich und Du sowie als Vereinigung von Ich und Du in den Dingen vollziehen.« (Man denke an die unitive Bedeutung, die Rilke seinem Umgang mit den Dingen wiederholt beigemessen hat!) Und Goltschnigg fährt fort: »Die Einheit von Ich und Welt, die die Stellung des Individuums im *anderen Zustand* zur Wirklichkeit kennzeichnet, vermittelt dem Menschen eine veränderte Beziehung zu den Dingen und zu sich selbst, wie sie Agathe in einem ekstatischen Traumzustand erfährt, als sich ihre Seele vom Körper gelöst zu haben scheint.«[264]

Unter Verzicht auf eine Würdigung der Gesamtstruktur des Romans und ohne auf weitere Details einzugehen, ist summarisch festzuhalten, worin die Bedeutung der »Ekstatischen Konfessionen« Martin Bubers für Musils Werk besteht. Sie besagt: Der *andere Zustand* in Robert Musils Roman »Der Mann ohne Eigenschaften« ist undenkbar ohne Martin Bubers Anthologie ... »Einheit und Entgrenzung, Aufhebung von Zeit und Raum, Einsamkeit und Sprachlosigkeit, Eigenliebe und geistige Erleuchtung, Steigerung und Aufhebung des Ichbewusstseins, Säkularisation von Metaphysik und Gottesbegriff, Trennung und Vereinigung von Seele und Körper: Alle diese Begleiterscheinungen der *Unio mystica* werden im Gewande der ›Ekstatischen Konfessionen‹ auf den *anderen Zustand* der Geschwister Ulrich und Agathe übertragen.«[265] Damit ist etwas über die beträchtliche literarische Fernwirkung jenes Parts aus dem Buberschen, der Mystik gewidmeten Frühwerk ausgesagt, obwohl der Autor sich aufgrund seiner nachfolgenden »Bekehrung« zum Dialogischen hin – wie berichtet – von seinen »Ekstatischen Konfessionen« längst distanziert hatte.

Theologisch-weltanschauliche Positionen

Skepsis und Ablehnung der Mystik durch die Theologie [266]

Das Auftreten mystischer, mystizistischer oder mystikähnlicher Bewegungen am Jahrhundertanfang, vor allem nach dem Ersten Weltkrieg, rief die apologetische Theologie, namentlich im Protestantismus, auf den Plan.

Das gilt in erster Linie für Vertreter der orthodoxen Richtung, während kulturprotestantisch ausgerichtete Kreise sich in Predigt und Publizistik toleranter zeigten. Eine (Pseudo-)Religiosität bevölkerte das literarische und künstlerische Leben, in dem eine Art Mystik sich mit einem zeitüblichen Ästhetizismus verschwisterte. Da stießen Faszination und energische Abwehr aufeinander. Mit Emil Brunner (1989–1966) sagte man (1924):

»In diesem Sinne sind alle bedeutenderen Wortführer der Gegenwart religiös – von Maeterlinck bis Stefan George. Von dieser Religion ist unsere Literatur beherrscht, sie sucht man, und ein Dichter, der nicht auch den Prophetenmantel wirkungsvoll zu tragen weiß, darf auf keinen Erfolg rechnen. Man sucht ›das tiefere Selbst‹, die ›schöpferischen Urgründe‹, die Seele, das unmittelbare, das Irrationale, Heilige, die Ursprünglichkeit des Lebens. Auch die protestantische Theologie tut ihr möglichstes, mit dieser Entwicklung Schritt zu halten. Sie füllt die alten Schläuche mit diesem neuen Wein ...«[267]

Auffindbar sind diverse kritische Stellungnahmen unter anderem in den einzelnen Jahrgängen des Kirchlichen Jahrbuchs.[268] Solche Äußerungen drängten sich auf, weil mit allerlei »Erneuerungsbewegungen«, Sondergemeinschaften – nicht nur sogenannte »Sekten« – und spirituell, theosophisch-anthroposophisch ausgerichtete Strömungen die Aufmerksamkeit auch »kirchlicher Leute« auf sich zogen. So war bereits im Weltkriegsjahr 1916 dem Kirchlichen Jahrbuch die generelle Feststellung zu entnehmen:

»Die Kultur des Intellektualismus wird jetzt abgelehnt. Vielen hat in schweren Tagen sich gezeigt, was für Kräfte in der Religion wurzeln. Diese nicht ungepflegt zu lassen erscheint ihnen wichtig. Da aber auf dieser Seite nach allen vorliegenden Voraussetzungen es sich wesentlich nur darum handeln kann, dass der Mensch mit den religiösen Grundkräften seiner Seele zu dem innerweltlichen Urgrund des Lebens eine Beziehung gewinnt, so muss jetzt eine neue Blütezeit der Mystik kommen.«[269]

Diese Zeit kam offensichtlich, vermutlich mit intensiver verlaufenden Reaktionen als vermutet, denn bereits 1921 war von einem »geilen Emporschießen des religiösen Synkretismus« als Begleiterscheinung in den gärenden Zeiten die Rede. Die Begriffe Mystik, Gnosis beziehungsweise Gnostizismus, Okkultismus und dergleichen dienten, aus kirchlicher Sicht betrachtet, traditionellerweise als Bezeichnungen des Unechten und des strikt Abzulehnenden. Es entsprach einer Brandmarkung, wenn einem Autor das Etikett »Mystiker« oder »Gnostiker« in diffamierender Absicht angeheftet wurde.[270] Zu wirkkräftig und zu faszinierend empfand man somit all das, was man unter dem naturgemäß vagen Begriff des Mystischen oder gar des Obskuren zusammenfasste. Selbst Namen seiner »Klassiker« wie der eines Meister Eckhart oder Jakob Böhmes gerieten zeitweise in Misskredit, zumal besagte Neomystiker oder Neognostiker – ganz zu schweigen von braunen Ideologen – deren Schriftgut häufig zitierten und – freilich in befremdlichem Milieu – der lange währenden Vergessenheit enthoben.

Das Verlangen nach Wiederentdeckung solcher Vergessener oder Verdrängter war jedoch unverkennbar. Durch die Luther-Renaissance, die mit dem Jubiläum – 400 Jahre Thesenanschlag von 1517 – ebenfalls in die Weltkriegszeit fiel, konnte zwar die Bedeutung der mittelalterlichen Mystik für den jungen Reformator nicht übergangen werden. Aber weil Luther in seiner Hochschätzung Johannes Taulers zwar aus der mystischen Tradition schöpfte, mit der »Theologia Deutsch« sogar eine Grundschrift dieser Frömmigkeit wiederholt herausgab (1516 und 1518), jedoch keinen Zugang zur spekulativen Mystik, etwa des Dionysios Areopagita, gefunden hatte, ergab es sich, vornehmlich dessen mystikkritische Äußerungen in Erinnerung zu rufen und Mystik generell mit Skepsis zu begegnen. Gefürchtet war der gleicherweise diffamierte »Spiritualismus« ohnehin, der von Männern wie Thomas

Müntzer, Sebastian Franck, Kaspar Schwenckfeld und anderen im Reformationsjahrhundert vertreten worden war. Eben dieser Zug der Ablehnung sollte sich beim Gros der Theologen späterer Generationen erhalten.

Deutlich wird dies nicht allein bei den Vertretern der Dialektischen Theologie, an ihrer Spitze Karl Barth (1886–1968). Ein Charakteristikum für die Art der Ablehnung der Mystik von kirchlicher Seite ergibt sich daraus, dass mehrfach pseudomystische und damit wesensfremde Fehlformen als Beispiele für die angebliche Problematik der Mystik als solcher als abschreckende Belege heranzogen wurden.[271] In seinem einflussreichen Werk »Lehrbuch der Dogmengeschichte« hatte bereits Adolf von Harnack (1851–1930) seine Ablehnung geradezu autoritativ ausgesprochen, indem er schrieb: »Die Mystik ist *die* katholische Frömmigkeit überhaupt, soweit diese nicht bloß kirchlicher Gehorsam, das heißt fides implicita, ist.«[272] Ein Mystiker, der nicht Katholik sei oder werde, müsse als »ein Dilettant« betrachtet werden; jedenfalls sei er theologisch gar nicht ernst zu nehmen. In den Tagen Luthers sprach man von »Schwimmelgeistern«, vom »Schwärmertum«, um ähnlich wirksame Verdikte zu verhängen. Ferner: »Die Mystik wird man niemals protestantisch machen können, ohne der Geschichte und dem Katholizismus ins Gesicht zu schlagen.«[273] Harnack meinte, dass ein veräußerlichtes und vereinseitigtes Verständnis der lutherischen Rechtfertigungslehre die sogenannte katholische Mystik gefördert, das »evangelische Lebensideal (dagegen) verdunkelt« habe.

Was die durch Karl Barth initiierte Dialektische Theologie betrifft, so fußte sie auf Kierkegaards These vom »unendlich qualitativen Unterschied«, der zwischen Gott und Mensch besteht. Vom Menschen und etwaigen Möglichkeiten religiöser Erfahrung her gebe es keinen Zugang zu Gott, sondern nur einen solchen – ausschließlich durch Jesus Christus vermittelt – von Gott zum Menschen. Damit konnte es für Barth nur die göttliche Offenbarung in Christus geben. Alles andere sei zum Scheitern verurteiltes Menschenwerk, mithin die mit Menschlichem vermengte Religion, an erster Stelle die Mystik, insofern sie religiöse Erfahrung impliziert: Religion und Mystik erschienen geradezu als »Abfall von Gott« und als ein Versuch – an Stelle der Gerechtigkeit, die allein Gott bewirkt –, eine egozentrierte Menschengerechtigkeit zu etablieren. Jeder Versuch, so etwas wie eine »natürliche Gotteserkenntnis« anzustreben, eine allgemeine oder »Uroffenbarung« gelten zu lassen, werde dem göttlichen Offenbarungsgeschehen nicht gerecht. Mit anderen Worten: »Die Offenbarung will den Menschen von seinen eigenen Phantasien über das Göttliche gerade wegholen« (Helmut Gollwitzer). Damit ist im Kern die christliche Mystik mitbetroffen als ein angeblich Menschlich-allzu-Menschliches, wie alle Religion nach Barths Verständnis. In seiner monumentalen »Kirchlichen Dogmatik« wird dies durch Thesen wie diesen zum Ausdruck gebracht:

»Religion von der Offenbarung her gesehen wird sichtbar als das Unternehmen des Menschen, dem, was Gott in seiner Offenbarung tun will und tut, vorzugreifen, an die Stelle des göttlichen Werkes ein menschliches Gemächte zu schieben ... Religion ist *Unglaube*; Religion ist eine Angelegenheit, man muss geradezu sagen: *die* Angelegenheit des *gottlosen* Menschen ... Sie (die Religion) ist der ohnmächtige, aber auch trotzige, übermütige, aber auch hilflose Versuch, mittels dessen, was der Mensch wohl könnte, aber nun gerade nicht kann, dasjenige zu schaffen, was er nur kann, weil und wenn Gott es selbst schafft: Erkenntnis der Wahrheit, Erkenntnis Gottes.«[274]

Das Evangelium wurde von daher zur »Krise aller Religion« erklärt. Anerkannt war lediglich eine von daher gedeutete »Theologie des Wortes Gottes«, wie Barth seinen und seiner unmittelbaren Anhänger Ansatz zu bezeichnen pflegte. Entsprechende Positionen nahmen andere Vertreter der Dialektischen Theologie ebenfalls ein. Sein schweizerischer Landsmann und Kollege Emil Brunner beispielsweise behauptete antithetisch, die Mystik sei das feinste Destillat der »Naturvergötterung, des Heidentums, der Geistverdinglichung«.[275] Von einem Kompromiss, etwa mit einer bedingten Anerkennung mystischer Erfahrung, konnte nicht die Rede sein. Vielmehr gab es nach Emil Brunner nur die Alternative: »Entweder die Mystik oder das Wort.«[276] Das ist in der Frühzeit der Dialektischen Theologie im angegebenen Zusammenhang zwar mit Blick auf Friedrich Schleiermacher und die im 19. Jahrhundert entfaltete Lehre der Gotteserkenntnis ausgesprochen. In der Tat ist die direkte und auch indirekte Wirkung Schleiermachers auf all jene spürbar, die das Bedürfnis religiöser Erfahrung artikuliert und vertreten haben. Aber Brunners Grundthese basiert auch in späteren Schriften auf der besonderen Gottbezogenheit der menschlichen Existenz. Die Mystik sei demnach dazu angetan, die menschliche Autonomie abzusichern. Brunner räumt lediglich ein:

»Wohl versucht die Mystik ...: Das Ich soll ganz von sich entleert werden, um rein nur im Empfangen des göttlichen Lebens zu leben.

Aber weil es in der Mystik nie um die Schuld, sondern immer nur um das Göttlichwerden geht, kommt es in ihr nie zur Erkenntnis des Widerspruchs zwischen dem Ursprung und dem Gegensatz. Der Mystiker nimmt niemals die Last seiner eigenen Vergangenheit auf sich. Er versucht, an der Vergangenheit vorbei mit Gott *eins* zu werden. Darum versucht er auch, den Weg zurück selbst zu gehen, also diese Versöhnung selbst zu bewerkstelligen – und darin lebt noch der ganze Selbstständigkeitswahn des autonomen Ich.«[277]

Alles in allem überwiegt die prinzipielle Ablehnung. Und die artikuliert man mit allerlei exorzistischen Kraftworten. Stellte doch Barth der von ihm ins Visier genommenen Mystik das Zeugnis aus, es handle sich hierbei um einen »esoterischen Atheismus«[278]. Brunner garniert diese Einschätzung mit der Behauptung, Mystik verkörpere die »Tochter der Magie und teilt mit ihr die Ehrfurchtslosigkeit«[279].

Andere, beispielsweise der Erlanger lutherische Theologe Paul Althaus (1888–1966), warnten bereits vor dem Gebrauch des Wortes *Mystik*, als Althaus 1924 schrieb: »Die Mystik als selbständige religiöse Lebensform ist der Todfeind biblisch-reformatorischen Christentums und durch keine Synthese mit ihm auszugleichen.« In seiner Dogmatik »Christliche Wahrheit« charakterisiert er Mystik als »Aufhebung des personhaften Gegenüber von Gott und Mensch«[280]. Vom Evangelium her gesehen stelle die Mystik einen »Fluchtversuch vor der personhaften Wirklichkeit Gottes (dar) und aus der wahren Lage des Menschen vor ihm«[281]. Die nach innen gerichtete, die mystische Grundhaltung werde »durch Christus gerichtet und abgetan«. Es könne nur das reformatorische »sola gratia, sola fide« (allein aus Gnaden, allein durch den Glauben) Geltung beanspruchen. Alles andere sei widersinnige Zutat und damit rückhaltlos abzulehnen. Bei diesen Aburteilungen mystischer Frömmigkeit fällt die durchgehende Pauschalierungstendenz in der theologischen Kritik auf. Ernsthafte Verstehensversuche derer, die als Mystikerinnen und Mystiker mitverurteilt werden, unterbleiben in der Regel. Mithin entfällt die zu wünschende Bereitschaft zu erwägen, inwiefern innere Erfahrungen und damit verbundene Übungen wie Meditation und Kontemplation berechtigt sein mögen. Und gerade darauf käme es an, Erleben und Erfahrung, zusammen mit all dem Tun derer anzuschauen, für die die mystische Lebensform existentiell wichtig geworden ist. Andernfalls gehen Kritik und Ablehnung ins Leere.[282]

Es ist bekannt, dass derlei Positionen in der negativen Einschätzung mystischer Frömmigkeit während der Zeit des Dritten Reiches, des

Kirchenkampfes und darüber hinaus dominierten. Das war insbesondere durch die überaus brisante kirchenpolitische Lage bestimmt, die sich aus dem spannungsvollen Gegenüber der nationalsozialistisch, zugleich antijudaistisch orientierten sogenannten »Deutschen Christen« und der aus bibeltreuen, konfessionell ausgerichteten Gruppierungen der Bekennenden Kirche ergeben hatte. Da Karl Barth zu den maßgebenden Wortführern des kirchlich-theologischen Widerstandes gehörte, kam es nach und nach zu einer Dominanz seiner auch international wirksamen Theologie. Das zeigte sich schließlich nach dem Zusammenbruch des Nationalsozialismus an den theologischen Fakultäten und in weiten Kreisen der Gemeindefrömmigkeit. Als wichtigstes zeitgeschichtliches Dokument ist die »Barmer Theologische Erklärung« von 1934 anzusehen, die in wesentlichen Stücken wiederum die Handschrift Barths trug. Vom theologischen Ansatz der Dialektischen Theologie her und durch die Zeitlage bedingt, gehörte Mystik somit *nicht* zu der darin zu behandelnden, vor allem christologisch zentrierten Thematik. Ausdruck fand sie bereits in These 1 der Barmer Erklärung: »Jesus Christus, wie er uns in der Heiligen Schrift bezeugt wird, ist das *eine* Wort Gottes, das wir zu hören, dem wir im Leben und im Sterben zu vertrauen und zu gehorchen haben ...«[283]

Für unsere Thematik lässt sich hierzu die Frage anfügen:

Gibt es nicht auch jenen Gehorsam, mit diesem *einen* Wort Gottes in die Stille zu gehen, die Art des Hörens zu intensivieren und darüber hinaus spontan sich ergebende Anreden aus der Tiefe eines inneren Erlebens heraus ernst zu nehmen? (Außer Frage steht indes gewiss, dass im Gewand Barthscher und anderer Theologie in den schweren Jahren von Kirchenkampf und Weltkrieg ein intensives Glaubensleben praktiziert worden ist, das seinerseits mystische Züge trug.)[284] – Es ginge daher um die Belebung einer *Erfahrungstheologie*, wie sie im 19. Jahrhundert unter anderem von Schleiermacher her betrieben wurde. Sie lässt deutlich werden, inwiefern christlicher Glaube sich der Inspiration und Impulsierung durch den Heiligen Geist verdankt[285], jedoch nicht etwa mit einem sich absolut setzenden »Spiritualismus« verwechselt werden darf. Der Erlanger Kirchenhistoriker Walther von Loewenich (1903–1992) sprach sich in einem ähnlichen Sinne aus:

»Das Anliegen der Erfahrungstheologie ist, modern ausgedrückt, die Überzeugung von dem existenziellen Charakter der theologischen Aussagen. Die Gewissheit einer theologischen Aussage im Sinn einer Glaubensaussage lässt sich weder spekulativ noch autoritativ-traditionalistisch, sondern nur existenziell begründen.«[286] Und wie könnte man sie begründen, wenn man auf das mystische Innewerden – das Johannesevangelium spricht vom *Bleiben* im Worte (Joh. 8, 31) – verzichten wollte?

Karl Barth:
Gottes Offenbarung in ihrer subjektiven Wirklichkeit besteht in bestimmten, von Gott gegebenen Zeichen ihrer objektiven Wirklichkeit. Unter Zeichen der objektiven Wirklichkeit der Offenbarung sind zu verstehen bestimmte Ereignisse, Verhältnisse und Ordnungen innerhalb der Welt, in der die Offenbarung objektive Wirklichkeit ist, innerhalb der Welt also, die auch unsere Welt, die Welt unserer Natur und Geschichte ist.[287]

Er enthüllt sich als der, der er ist, indem er sich verhüllt in eine Gestalt, die er selbst nicht ist. Er bedient sich dieser von ihm selbst unterschiedenen Gestalt, er bedient sich seines Werkes und Zeichens, um in, mit und unter dieser Gestalt gegensätzlich zu sein und also sich uns zu erkennen zu geben: Offenbarung heißt Zeichengebung.[288]

Nathan Söderblom
Evangelische Katholizität

Von Friedrich Daniel Ernst Schleiermacher (1768–1834), dem »protestantischen Kirchenvater des 19. (und 20.) Jahrhunderts, muss in der Tat auch gesprochen werden, gerade von ihm, wenn der Blick auf jene theologischen Denker fällt, die auf seinen Schultern stehen.[289] Nathan Söderblom, Rudolf Otto, Friedrich Heiler, Paul Tillich, Ernst Benz und nicht wenige andere, auch katholische Theologen in aller Welt, stehen auf seinen Schultern oder setzen sich mit ihm auseinander. Exemplarische Bedeutung darf seiner Schrift »Über die Religion. Reden an die Gebildeten unter ihren Verächtern« zugemessen werden, die kennzeichnenderweise auf der Jahrhundertschwelle 1799 die Presse verließ und bis heute weitreichende Beachtung erfährt. Als Mensch redet er darin »von den heiligen Mysterien der Menschheit«, in denen er »die innerste Triebfeder« seines Daseins erblickt und die ihm »auf ewig das Höchste« bleiben werden.[290] Dass letztlich von mystischer Erfahrung die Rede ist, wenn Religion thematisiert wird, bringt er deutlich genug zum Ausdruck. Religion ist für ihn durchwegs das Gewahrwerden des Göttlichen; denn: »Mitten in der Endlichkeit Eins werden mit dem Unendlichen und ewig sein in einem Augenblick, das ist die Unsterblichkeit der Religion«, heißt es am Ende der zweiten Rede über die Religion.[291]

Auf die Seite Schleiermachers stellte sich Paul Tillich, als er im Frühjahr 1963 in Chicago seine Vorlesungen über Aspekte der protestantischen Theologie im 19. und 20. Jahrhundert hielt. Und wenn Schleiermacher den christlichen Glauben mit heute kaum mehr verständlichen, daher sehr missverständlichen Worten als »Gefühl schlechthinniger Abhängigkeit« charakterisiert hat, war es Tillich vorbehalten klarzustellen, dass damit keine bloße subjektive Empfindung gemeint sein könne, da der Blick auf die »Tiefe unseres Seins (gerichtet ist), in dem Subjekt und Objekt transzendiert, von dem Grund alles Seienden in uns«[292]. Und weiter über die Qualität dieses »Gefühls«:

»Es ist in seinem moralischen Sinn sehr bestimmt oder auch bestimmt in seinem *mystischen* Sinn. Es ist kein subjektives ozeanisches Gefühl. Das Wesen der religiösen Erfahrung ist das Gefühl für die Gegenwart eines Unbedingten, ein Gefühl, das jenseits unseres Wissens und Handelns liegt. Diese Erfahrung enthält auch ein emotionales Element wie alles, was die ganze Person betrifft, aber das Emotionale bestimmt nicht den Charakter der Religion.«[293]

Als unverzichtbar anzusehendes Korrektiv zum Kierkegaardschen »unendlich qualitativen Unterschied« zwischen Gott und Mensch lässt sich nach wie vor das Bedürfnis des Menschen verstehen, die Gottesgegenwart zu erleben und des In-Christus-Seins gewiss zu werden. Darin bekundet sich das seit je bestehende Verlangen nach mystischer Erfahrung, und zwar letztlich unabhängig von der Bezeichnung, derer man sich dabei bedient. Mit anderen Worten: Der ferne *Ganz Andere* ist immer auch der unmittelbar nahe Gott; es ist der »in mir, über mir« (Nietzsche). Insofern korrespondieren Transzendenz und Immanenz miteinander, auch wenn einzuräumen ist, dass Nähe und Ferne Gottes nie ein für alle Mal zu definieren sein werden. Das zeigt die Religionsgeschichte in ihrer Gesamtheit, einmal mehr auch das Phänomen der Mystik im 20. Jahrhundert. Von daher ergibt es sich – auch als geschichtliche Begebenheit –, dass skeptische Betrachtung und existentielle Bezeugung einmal zeitgleich nebeneinander stehen, ein andermal einander ablösen können, so wie eine Welle einer anderen folgt. Und wenn bei Musil und anderen von dem Gegenüber von Ratio und Mystik zu sprechen war, so ergeben sich zwei intellektuelle Traditionen, zwei unterschiedliche Vorgehens- und Erlebnisweisen. Die einen blicken auf die Dokumente religiöser Bezeugung und bevorzugen eine rationale, auch historisch-kritische Betrachtung unter Führung der Philologen; andere wertschätzen die innere Erfahrung als solche, nicht zuletzt das eigene Gewahrwerden der Gottesgegenwart in der eigenen Seelentiefe. Beide bedürfen einander!

Diese zweite Einstellung trifft zweifellos auf Nathan Söderblom (1866–1931), den langjährigen lutherischen Erzbischof Schwedens (1914–1931), zu, der sich als Religionswissenschaftler, als Hochschullehrer an den Universitäten Uppsala und Leipzig, einen Namen gemacht hat. Aufmerksamkeit erweckte er darüber hinaus als Ökumeniker der ersten Stunde, als das Verlangen nach interkonfessioneller Zusammenarbeit noch in den Anfängen stand. Wenige Wochen vor seinem Tod am 12. Juli 1931 bekundete er seine Gewissheit, dass Gott lebe, dass Gott seine Gegenwart Mal um Mal zur Erfahrung bringe. Wieder und wieder habe er dies durch die Religionsgeschichte in großer Vielfalt bestätigt gefunden. Und diesem Forschungsgebiet hatte er einen wesentlichen Teil seines Lebenswerks gewidmet.

Nathan Söderblom entstammte einer pietistisch geprägten Familie Mittelschwedens. Nach einem etwa elfjährigen Theologie- und Sprachen-Studium in Uppsala hatte er eine durch die Begegnung mit der damaligen »modernen Theologie« ausgelöste religiöse Krise zu bestehen. Zu groß erschien ihm die Diskrepanz zwischen der heimatlichen Frömmigkeit des Pietismus und dem, was Evangelienkritik zusammen mit der modernen Leben-Jesu-Forschung anzubieten hatten. Es waren einige spirituelle Erfahrungen, die ihm Gewissheit gaben für das Dasein Gottes. Berichtet wird, dass er etwas von der *Heiligkeit Gottes* erlebt haben müsse.[294] So schwierig es ist, derlei Eindrücke oder Einbrüche vom Transzendenten her darzustellen, wichtig ist, dass die theologische Reflexion auf solchen, wie auch immer gearteten mystischen oder mystisch zu nennenden Primärerlebnissen derer gegründet ist, die sich mit diesem zentralen Thema forschend und verkündigend befassen. Dadurch werden nicht etwa Glaubenszweifel entkräftet, aber es gibt Momente eines Gewisswerdens, die durch rationale Operationen oder durch Bekenntnisverpflichtungen nicht zu ersetzen sind. Freilich reicht andererseits das individuell-existentielle Ergriffensein für sich genommen auch nicht aus. Es bedarf der großen Kontexte, die Überlieferung und Gegenwart in Wort und Schrift liefern.

Was Nathan Söderblom anlangt, so brachte er hierfür wichtige Voraussetzungen mit. Er verfügte über ausgezeichnete philologische Kenntnisse moderner wie alter Sprachen, einschließlich des Awesta, das ihn befähigte, den persischen Mazdaismus, sein Spezialgebiet, zu erforschen. Von Schleiermacher beeinflusst, bedeutete für ihn die Mystik zusammen mit der Erfahrung des Heiligen, der Heiligkeit des gegenwärtigen Gottes, die Grundkategorie des Religiösen überhaupt. Deshalb konnte er als Theologe, als Religionswissenschaftler, nicht zuletzt als leitender Bischof der schwedischen Kirche weder nur Wissenschaftler noch nur Repräsentant und Hierarch sein. Seine Friedensarbeit während und nach dem Ersten Weltkrieg, die Bemühung um Versöhnung zwischen den zerstrittenen »christlichen« Völkern stellten für ihn zusammen mit der Pflege von Liturgie und Gebet eine Einheit dar, die bisweilen als eine auf die Christenheit als Ganzes zielende

»Evangelische Katholizität« betrachtet werden kann[295]. Der in den zwanziger Jahren vieldiskutierte, nicht unumstrittene Inder Sadhu Sundar Singh[296] fand im Erzbischof einen aufgeschlossenen Gesprächspartner. Für ihn war er ein »evangelischer Mystiker in einer indischen Seele«.

Andererseits fehlte es nicht an Schilderungen, in denen es ihm gegeben war, als vom Geist der Mystik geprägter Religionswissenschaftler jene innere Erfahrung zu bezeugen als das, was durch keine menschliche Mitwirkung hervorgerufen oder beeinflusst werden kann. Deshalb bemühte er sich einerseits, Oberflächliches oder Vordergründiges von dem in der Tiefe der Wahrnehmung Empfangenen zu unterscheiden; andererseits lag ihm daran, auch orientalische Mystik einzubeziehen. Das unternahm er unter anderem in seinem als Gifford-Vorlesungen dokumentierten Werk »Der lebendige Gott im Zeugnis der Religionsgeschichte«[297]. Was nicht durch den Menschen bewirkt werden kann – und damit steht Söderblom in der lutherischen Tradition –, das zeichnet sich durch Phänomene aus, die das hier gemeinte im Vollzug befindliche Mystische charakterisieren. Es kann und muss sich nicht im Leben eines jeden religiösen Menschen ereignen. Es ersetzt nicht die durch Vertrauen getragene Glaubensgewissheit, aber es stützt und bereichert sie, und zwar unter Bedingungen, die Söderblom so charakterisiert hat:

Der Geist ist völlig wach. Das Bewusstsein ist nicht getrübt, noch weniger sind seine Grenzen überschritten. Es gibt keine Versetzung in die Welt des Träumers und der Trance. Das Bewusstsein geht nicht verloren, sondern wird geschärft. Es wird konzentriert. Kein hypnotisches Phänomen tritt ein oder braucht einzutreten. Für das Entschwinden der Seele aus dem Lichte des Bewusstseins in das Zwielicht, wohin Aufmerksamkeit und Gedächtnis nicht nachfolgen können, hat man die Worte Trance und Ekstase benutzt. Aber der Zustand, den wir im Sinne haben, ist von jeder Art Trance ganz verschieden. Der Mensch ist er selbst. Er sieht und erkennt klar. Doch ist er nicht er selbst, denn er wird völlig durch den ewigen Geist gehalten und erfüllt.[298]

Das, wovon wir sprechen, ist keineswegs das Vorrecht gewisser Mystiker. Die Psychologie der Bekehrung, des Glaubens, der Rechtfertigung und der Annahme an Kindes statt umfasst ebenso sehr wie die Mystik die Kategorie der Seligkeit, und das mit gleichem Recht. Ein christliches Leben kann ohne irgendwelche außerordentlichen Erfahrungen tief gegründet, gefestigt und wertvoll sein. Und wir dürfen unsere Augen nicht

vor der Gefahr verschließen, der alles Entzücken und alle Ekstase un-
terliegt ... Aber das Außerordentliche und Ungewöhnliche hat auch in
der Religion seinen Platz.[299]

Theologisch-weltanschauliche Positionen

Rudolf Otto
Anwesenheit des Heiligen

Im Blick auf Zugang, auf Erleben und Erforschung der Mystik im 20. Jahrhundert sind viele Namen zu nennen. Daher fällt es nicht leicht, den einen aufzurufen, dagegen andere zu verschweigen, als dürfte man bei den Erträgen des einen oder bei anderen stehen bleiben. Wenn hier von dem evangelischen Theologen und Religionswissenschaftler Rudolf Otto (1869–1937) die Rede sein soll, dann insbesondere, weil er – nach Nathan Söderblom – mit besonderer Nachhaltigkeit das Heilige als Grundkategorie der Gotteserfahrung und somit der christlichen wie der nichtchristlichen Mystik herausgestellt und zum Gegenstand weiterführenden Nachdenkens erhoben hat. Epochale Bedeutung erhielt seine bereits einleitend besprochene, im Ersten Weltkrieg veröffentlichte Schrift »Das Heilige« (1917).[300] Adolf von Harnack stellte das Buch mehr als ein Jahrhundert nach Schleiermacher neben dessen Reden »Über die Religion«. Es habe einen Schauer der Befreiung und der Erleuchtung bei unzähligen ausgelöst. Paul Tillich begrüßte Ottos Buch als eine »Wesensschau des Heiligen im besten Geiste historisch befruchteter Phänomenologie«. Nachhaltig erwies sich der Einfluss dieses Buches und seiner Deutung des religiösen Phänomens auch für C. G. Jung.

Es fällt auf, dass Rudolf Otto vor und nach 1900 viel unterwegs war; für einen angehenden Religionswissenschaftler wohl keine Besonderheit, um aus unmittelbarem Erleben praktizierter Religiosität das jeweils Zugrundeliegende verstehend in sich aufzunehmen. Diesem seinem Lebensthema muss er frühzeitig begegnet sein. Schon vor seiner Dissertation über »Die Anschauung vom Heiligen Geiste bei Luther« (1898) war er zu seiner ersten Orientreise nach Ägypten und Jerusalem, nach Beirut und zum Athos aufgebrochen. Besonders bedeutsam aber sollte für ihn ein Erlebnis werden, das ihn im Frühjahr 1911 unter anderem nach Nordafrika führte. In Marokko betrat er die Synagoge einer kleinen jüdischen Gemeinde. »Es ist Sabbat, und schon im dunklen, unbegreiflich schmutzigen Haus hörten wir das ›Bemschen‹ der Gebete und Schriftverlesungen, jenes halb singende, halb sprechende nasale Cantilieren, das die Synagoge an die Kirche wie an die Moschee vererbt hat. Die Worte zu trennen und zu fassen bemüht sich das Ohr zunächst vergeblich und will die Mühe schon aufgeben, da plötzlich löst sich die Stimmenverwirrung, und – ein feierlicher Schreck fährt durch die Glieder – einheitlich, klar und unmissverständlich hebt es an:

> Kadosch, Kadosch, Kadosch
> Elohim Adonai Zebaoth.
> Heilig, heilig, heilig
> Ist Gott der Herr Zebaoth
> Himmel und Erde sind voll
> Von seiner Herrlichkeit!

In welcher Sprache immer sie erklingen, diese erhabensten Worte, die je von Menschenlippen gekommen sind, immer greifen sie in die tiefsten Gründe der Seele, aufregend und rührend mit mächtigem Schauer das Geheimnis des Überweltlichen, das dort unten schläft.«[301] Wer solche Eindrücke empfangen hat, sei es im Gegenüber fremder Glaubensvollzüge, sei es in einem Augenblick, der mitten im Alltag oder in Todesnähe eintreten mag, der liest mit anderen Augen die heiligen Texte oder auch die an das Innerste rührenden Schilderungen von Menschen in Geschichte und Gegenwart. Entsprechend verhält es sich mit dem Denk- und Darstellungsstil des zu Bezeugenden. So muss man auch Rudolf Otto in seiner Eigenschaft als Religionswissenschaftler nicht eigens das Zeugnis ausstellen, dass er diesem Erfordernis entsprochen habe. Es basiert auf der generellen Einsicht, dass »Religion nicht in ihren rationalen Aussagen aufgeht und das Verhältnis ihrer Momente so ins Reine zu bringen (sind), dass sie sich selber deutlich werde«.[302]

Sagte schon Meister Eckhart, dass es nicht ein gedachter, sondern nur ein wirklicher Gott sei, der sich »in allen Dingen« ergreifen lasse, so ist für Otto ein nur begriffener Gott überhaupt kein Gott. Dessen kann man gewahr werden, nämlich in Gestalt seiner Heiligkeit. Und diese Heiligkeit ist in einer bestimmten Urtümlichkeit qualifiziert. Er nennt es »das Numinose«. Dieser nicht erst von ihm erfundene Begriff, der schon bei Zinzendorf und zuvor bei Calvin gebraucht wird, hat mit dem zu tun, was aus einer Empfindung erwächst, einem schlechthin

Überlegenen, Unnahbaren, tiefe Ergriffenheit Erzeugenden gegenüber-zustehen. Er spricht von dem »Mysterium tremendum« und »fascino-sum«; gemeint ist ein Mysterium, das einerseits tiefes Erschrecken (tremendum) auslöst, das andererseits als das Faszinierende, Entzü-ckende, Hinreisende, Beseligende auf den ergriffenen Menschen wirkt. Damit verweist Otto auf jene Stellen im Alten wie im Neuen Testa-ment, die diese Doppelheit der numinosen Qualität vergegenwärtigen. Nicht der konventionelle, geradezu verharmloste »liebe Gott«, sondern der »Ganz Andere« bezeugt sich als Gegenwärtiger.

Hinzuweisen wäre hier beipielhaft auf diesbezügliche Aussagen bei Martin Luther oder bei Jakob Böhme, in denen neben dem Potential der göttlichen Liebe das Schrecken Erzeugende, zugleich das Ferne in deren Gottesbild hervorgehoben wird, der »verborgene Gott« (deus absconditus). Und wenn von einer Wiedererweckung des Mystischen in der ersten und – unter anderen Aspekten – in der zweiten Jahrhun-derthälfte zu sprechen ist, so ist andererseits auch einzugestehen, was der frühere Erlanger Kirchenhistoriker Walther von Loewenich mit der Feststellung anprangert:

»Die lutherische Schullehre ist dem Numinosen nicht gerecht ge-worden. Die Religion fängt nicht mit sich selbst an und ist bereits in den Vorstufen des Mythischen und Dämonischen wirksam. Durch das Numinose sind die Anfänge in Zauber, Totendienst und Naturdienst Vorhof der Religion.«[303]

So viele Auflagen Ottos Werk binnen relativ kurzer Zeit erlebt hat, so blieb er doch von einer vielseitigen Kritik nicht verschont, insbe-sondere von jenen (K. Barth, R. Bultmann), die Ottos Interesse an Ernst und Tiefe der Mystik beanstandeten, weil sie meinten, er habe die geis-tige Verwandtschaft mit Meister Eckhart und Luther *über*betont. An-dere tadeln die Hervorhebung der inneren Erfahrung gegenüber dem kausalen Fragen nach Gott. Der Katholik Bernhard Häring rügt: »Ein ernster Mangel an Ottos Religionswissenschaft ist die Unterschätzung des Personalen in der Religion.« An die Stelle des persönlichen Gottes trete mit dem Heiligen eine unpersönliche Macht, ein *Es* – ein dem mystischen Erleben so oft gemachter Vorwurf! Das komme daher, meint Häring, dass er den Begriff des Numinosen generell zugrunde lege und somit das unmittelbare Angerührtsein von Gott dem ratio-nalen Denken vorgeordnet werde.[304] Der Rückzug aufs Irrationale – besser: aufs Transrationale – wirke gelegentlich als Ausflucht und be-wirke die Vermeidung präziser Äußerungen. »Als eindrucksvoll aber bleibt Otto als homo religiosus, wie auch sein gottesdienstliches und liturgisches Interesse bekundet.«[305]

Einseitig hat man in Eckhart fast immer nur den »Mystiker« gesucht. Es lohnt aber, einmal ihn nach seiner »schlichten Frömmigkeit« kennen zu lernen, und gerade auch hier schon ihn in seiner Originalität und Eigenart zu verstehen. Wäre er nie ein Mystiker oder Scholastiker gewesen, er bliebe als eine eigene und besondere Blüte christlich-inniger und starker Gemütsart eine große Erscheinung, die sich zugleich schon als solche original und reformatorisch von ihrer Umwelt abhebt.[306]

Die Meister des Ostens und des Westens stimmen überein in der Forderung, dass »Gott entwerde«. Aber beide stimmen auch darin überein, dass sie ihres Ortes gläubige Theisten sind, dass ihre Mystik sich wölbt über theistischem Grunde, und dass ihre mystische Spekulation, so hoch sie sich wölbe, den Grund nicht verleugnet, auf dem sie steht.[307]

Albert Schweitzer
»Ehrfurcht vor dem Leben«

Das oft gehörte Vorurteil Unkundiger, Mystik laufe auf bloße Einkehr, auf Weltverlust oder Wirklichkeitsflucht hinaus, im Übrigen spreche sie fast ausschließlich Menschen des introvertierten Persönlichkeitstypus an, kann nicht unwidersprochen bleiben – sofern es sich nicht um einen ebenso gearteten, hier auszuschließenden Mystizismus handelt. Das zeigen die zahllosen mitten im Leben stehenden, die ernster Pflichterfüllung hingegebenen Frauen und Männer, die – nicht selten unerkannterweise – auch ein inneres Lebens führen. Dass manche von der ihnen bedeutsamen mystischen Dimension der Wirklichkeit Zeugnis abgelegt haben, ist offenkundig. Zu ihnen gehört im letzten Jahrhundert vorrangig Albert Schweitzer (1875–1965), der als *Urwalddoktor* und Menschenfreund, als Anwalt der »Ehrfurcht vor dem Leben« weltweit bekannt geworden ist. Berühmtheit erlangte er nicht weniger als Kulturphilosoph, als Organist und Musikforscher am Werk Johann Sebastian Bachs. Darüber hinaus stellen gerade sein praktisches Tun wie sein Denken, seine Reflexion theologischer wie philosophischer Themen Indizien für den mystischen Wurzelgrund seines Menschseins dar. (Dass er in den Kreis einer durch Glorifizierung bedrohten Elite geraten ist, sei eben nur angemerkt.) Jene Indizien sprechen im Übrigen für sich, aber in seinen Predigten und Schriften hat er sich auch mehrfach hierzu geäußert. Unverblümt hat er immer wieder gesagt, wie unverzichtbar für ihn die Mystik für sein humanitäres Schaffen, nicht am wenigsten für seine theologische und religionsgeschichtliche Forschung, gewesen sei.

Ehe der aus dem Oberelsass stammende protestantische Pfarrerssohn und Professor der Theologie – bereits in der Mitte seines Lebens stehend – Medizin studierte, um einem inneren Impuls folgend in Afrika (Gabun) unter den von allerlei Krankheiten betroffenen Schwarzen als Arzt zu dienen, war ihm Jesus begegnet, der Jesus der Bergpredigt. Bereits das in diesen schlichten Worten Ausgedrückte entspricht einer *mystischen Tatsache*. Zunächst war es der Jesus, um dessen Leben sich die gelehrte Forschung und dann er selbst bemühte.[308] Immer konkreter gestaltete sich für ihn in seiner Existenz das Bild jenes Jesus, den das »Messianitäts- und Leidensgeheimnis«[309] umgab, der das »Reich Gottes« ausrief und dieses Reich durch allerlei »Zeichen« bekundete. Den in mehrfacher Hinsicht initiativen Mann forderte diese Einsicht zu jenen ethischen Konsequenzen heraus, die er an seinem Teil in mehrfacher Hinsicht zu erfüllen versuchte.

Als 19-jähriger Student der Theologie hatte er einst unter Anleitung seiner neutestamentlichen Lehrer üblicherweise mit der Auslegung des Markusevangeliums begonnen. Aber an die Stelle einer Betrachtung des historischen Jesus trat für ihn immer stärker der Bezug zum *gegenwärtigen*, zu dem in tätiger Nächstenliebe sich ereignenden Jesus. Es ging ihm somit um die Deutung und Darstellung einer *ethischen Mystik*, die in der jeweiligen Gegenwart weltweit Gestalt gewinnen müsse. Mit der Forderung, das Grundwesen des Sittlichen zu erkennen und dieser Erkenntnis gemäß zu handeln, musste er sich vergegenwärtigen und seiner Predigtgemeinde in Straßburg (1919) ins Gewissen rufen:

»Die christliche Sittlichkeit ist zu keiner Macht in der Welt geworden. Sie ist nicht tief in die Menschengemüter eingedrungen, sondern nur mehr äußerlich angenommen worden, mehr in Worten anerkannt als in der Tat geübt. Die Menschheit steht so vor uns da, als ob die Worte Jesu für sie nicht existierten, als ob es für sie überhaupt keine Sittlichkeit gäbe. Darum nützt es gar nichts, die sittlichen Gebote Jesu einfach immer wieder zu wiederholen und auszulegen ... Wir werden zu einer Erkenntnis gedrängt, vor der sich die Generationen vor uns und wir selbst uns bisher immer gesträubt haben, der wir aber doch nicht entgehen können, wenn wir wahrhaft(ig) sein wollen.«[310]

Wenn Schweitzer von einer unverzichtbaren Erkenntnisverpflichtung spricht, dann ist zu berücksichtigen, dass er bestrebt ist, das zu erneuernde Denken in die »Menschengemüter« einzupflanzen – selbstredend durch das von ihm selbst aufgestellte, von ihm in mehrfachen Ansätzen aktualisierte Tat-Zeichen im Herzen Afrikas und damit vor aller Welt. Die urchristliche Erwartung des Reiches Gottes hatte sich in eine auch theologisch zu begründende Christus-Mystik zu verwandeln. Hierzu boten ihm die Schriften des Apostels Paulus die erforderliche Erkenntnishilfe. So trat zur »Geschichte der Leben-Jesu-Forschung« die Vertiefung in die Briefe des Völkerapostels und in das Wesen seiner Mystik.

Als entscheidende Daten für seinen Lebensberuf sind folgende zu nennen: Der in Philosophie und Theologie promovierte, dann habilitierte, für eine Theologieprofessur vorgesehene junge Gelehrte wird 1904 mit einem Aufruf bekannt, vor welchen karitativen Aufgaben die protestantische Mission am Kongo stehe. Der Hochschullehrer und Prediger in Straßburg entschließt sich – zum Erstaunen vieler –, als Missionsarzt in die Tropen zu gehen. Eben darauf ist sein Medizinstudium gerichtet, das er im Dezember 1910 mit dem Staatsexamen abschließt. Nach den entsprechenden Praktika erlangt er im Februar 1912 die ärztliche Approbation. 1913 wird der Dr. phil., der Dr. theol.habil. und Universitätsprofessor zum Dr. med. promoviert – an sich schon eine überaus bemerkenswerte Tatsache! Noch im Frühjahr dieses Jahres verabschiedet er sich von Universität, Heimat und Elternhaus. Am 16. April trifft er in Lambarene, dem Ort seiner eigentlichen Lebensbestimmung ein, der er sich zusammen mit seiner jungvermählten, aus jüdischer Familie stammenden Ehefrau Helene, geborene Bresslau, widmet. Doch wird die bevorstehende Pionierarbeit durch den Ersten Weltkrieg mit Internierung und schwerer Erkrankung unterbrochen. Bezeichnend ist nun, dass er in eben diesen Jahren (1915) die wegführende Einsicht gewinnt: »Ich bin Leben, das leben will, inmitten von Leben, das leben will.« Daraus resultiert schließlich das Leitmotiv seines künftigen Schaffens, nämlich der »Ehrfurcht vor dem Leben«. Damit ist zugleich der Keim seiner *Kulturphilosophie* gelegt. Nicht zu vernachlässigende Parallelen zu diesem Werdegang stellen seine fortgesetzten theologischen Studien dar. Sie sind begleitet von seinem künstlerischen Schaffen als Organist und Bach-Forscher. Zur »Geschichte der Leben-Jesu-Forschung« haben sich seine Paulus-Studien gesellt, die in »Die Mystik des Apostels Paulus« (1930) ihren Abschluss finden.[311]

Was nun Schweitzers Mystik-Verständnis anlangt, so ist sie aufs Innigste mit seinem Leben und Denken[312] verknüpft. Und das ungeachtet des von verschiedenen Seiten erhobenen Widerspruchs. Widersprochen wurde ihm namentlich von solchen Kritikern, die als *Mystik* nur gelten lassen wollten, was aus der Geschichte darüber bekannt ist, also eher ein aus der historischen Distanz betrachtetes Phänomen. Er sah jedoch keinen Anlass, sich davon abhalten zu lassen, sein Mystik-Verständnis als *ethische Mystik* zu begreifen und aus seinem Leitwort abzuleiten, das heißt: »Ehrfurcht vor dem Leben«. Denn bereits *Leben*, wie immer es sich manifestiert, entspricht einem Mysterium, dem keine andere Zuwendung gemäß ist als eine allem Lebendigen in Ehrfurcht entgegengebrachte. Albert Schweitzer konnte es angesichts der Mystik gerade nicht um bloße Lebensformen oder Dokumente der Vergangenheit gehen, etwa um die vielzitierten Mystikerinnen und Mystiker des Mittelalters. Er meinte die *jetzt und hier* unter entschiedenem Willenseinsatz zu vollziehende Lebenseinstellung; Christentum – im Sinne Sören Kierkegaards – als *Existenzmitteilung*.

Schweitzer erschien Mystik prinzipiell als die »vollendete Art von Weltanschauung«, in der der Mensch zu dem »unendlichen Sein« zu gelangen sucht, dem er natürlicherweise selbst angehört, denn: »Handelt es sich in der Weltanschauung letzten Endes um unser geistiges Eins-Werden mit dem unendlichen Sein, so ist die vollendete Weltanschauung notwendigerweise Mystik. In der Mystik verwirklicht der Mensch das geistige Einswerden mit dem unendlichen Sein.«[313] Bei seiner Gegenüberstellung der aus der christlichen Lebenseinstellung gewachsenen Mystik und jener vom indischen Denken herrührenden Mystik gelangt Albert Schweitzer zu einer Bewertung, auf die ihm vom Osten her mit Kritik und »Richtigstellung« geantwortet werden musste. So meinte Schweitzer beispielsweise, die brahmanische Mystik habe nichts mit Ethik zu tun, weil sie sich in einem transzendenten und damit überethischen Raum bewege. Dem trat der indische Religionswissenschaftler und zeitweilige Staatspräsident Sarvapalli Radhakrishnan (1888–1975) – wie Schweitzer ebenfalls Empfänger des Friedenspreises des deutschen Buchhandels 1961 – mit dem Hinweis entgegen, dass es zwischen Mystik und einer »hochgespanntesten Ethik« keinen Gegensatz gebe. Selbst die »größten Kontemplativen« Indiens waren jene, »die im Dienst für andere am tätigsten waren«[314]. So hatte Schweitzer aus dem reichen Ertrag seiner Leben-Jesu-Forschung ein Resümee zu ziehen, mit dem er das umfängliche Werk beschloss:

»Im letzten Grunde ist unser Verhältnis zu Jesus *mystischer* Art. Keine Persönlichkeit der Vergangenheit kann durch geschichtliche Betrachtung oder durch Erwägungen über ihre autoritative Bedeutung lebendig in die Gegenwart hineingestellt werden. Eine Beziehung zu ihr gewinnen wir erst, wenn wir in der Erkenntnis eines gemeinsamen Wollens mit ihr zusammengeführt werden, eine Klärung, Bereicherung und Belebung unseres Willens in dem ihrigen erfahren und uns selbst in ihr wiederfinden. In diesem Sinne ist überhaupt jedes tiefere Verhältnis zwischen Menschen mystischer Art. Unsere Religion, insoweit sie sich als spezifisch christlich erweist, ist also nicht so sehr

Jesus-Kult als Jesus-Mystik. Nur so schafft Jesus auch Gemeinschaft unter uns.«[315]

Das Evangelienwort im Ohr, erfährt ihn der Verfasser dieses Standardwerkes neutestamentlicher Forschung und beschließt sein Buch, als hätte er ein aktualisierendes Postskript zu den neutestamentlichen Synoptikern (Matthäus, Markus, Lukas) zu schreiben:

»Als ein Unbekannter und Namenloser kommt er (Jesus) zu uns, wie er am Gestade des Sees an jene Männer, die nicht wussten, wer er war, herantrat. Er sagt dasselbe Wort: *Du aber folge mir nach!* Und stellt uns vor die Aufgaben, die er in unserer Zeit lösen muss. Er gebietet. Und denjenigen, welche ihm gehorchen, Weisen und Unweisen, wird er sich offenbaren in dem, was sie in seiner Gemeinschaft an Frieden, Wirken, Kämpfen und Leiden erleben dürfen, und als ein unaussprechliches Geheimnis werden sie erfahren, wer der ist ...«[316]

Resultat seiner Paulus-Studien ist schließlich sein der »Mystik des Apostels Paulus« gewidmetes Werk, das 1930 die Presse verlassen kann. Seinem eigenen Zeugnis gemäß war Schweitzer schon nach Beendigung der Geschichte der Leben-Jesu-Forschung dazu übergegangen, sich mit Paulus und dessen Theologie zu befassen. Ende 1911 hatte er sein neues Werk bereits unter dem heutigen Titel angekündigt. Aber es mussten nahezu zwei mit ärztlicher und wissenschaftlicher Arbeit ausgefüllte Jahrzehnte vergehen, ehe er mit dem fertiggestellten Buch vor die Öffentlichkeit treten konnte.

Mit Recht betont der als Herausgeber tätige Rudolf Grabs in seiner Einleitung, dass Schweitzers Anliegen durch die grundsätzliche Verbindung von *Mystik und Ethik* beachtet werden müsse. Hier begegne einem zusammen mit dem Theologen der Kulturethiker Schweitzer. Ein bloß überlieferter Glaube verliere seine Beziehung zum »geistigen Leben der Zeit«, wie sich Schweitzer ausdrückt. Die von ihm geforderte »Übersetzungsaufgabe der Theologie« müsse schon um der christlichen Wahrhaftigkeit willen in immer neuer Situation in Angriff genommen werden.[317]

In knapper Skizzierung dessen, was Schweitzer unter Mystik versteht, lässt sich sagen: »Mystik liegt überall da vor, wo ein Menschenwesen die Trennung zwischen irdisch und überirdisch, zeitlich und ewig als überwunden ansieht und sich selber, noch in dem Irdischen und Zeitlichen stehend, als zum Überirdischen und Ewigen eingegangen erlebt ... Das Eingehen zum Überirdischen und Ewigen geschieht durch eine Tat des Denkens. In dieser erhebt sich die Persönlichkeit über den Trug der Sinne, demzufolge sie sich in diesem Dasein dem Irdischen und Zeitlichen unterworfen vorkommt ... Die Einheit aller Dinge in Gott, dem Sein an sich, erkennend, tritt sie aus der Unruhe des Werdens und Vergehens in den Frieden des zeitlosen Seins ein und erlebt sich als in Gott seiend und ewig in jedem Augenblick. Diese Denkmystik ist Gemeingut der Menschheit.«[318]

Hinsichtlich der Mystik, wie sie uns bei Paulus begegnet, ist hervorzuheben, dass es sich bei ihm nicht um eine Gottesmystik handelt. Das ergibt sich schon aus seinem Judesein heraus, das ihm verbietet, dem Allheiligen auf diese intim-kommunikative Weise entgegentreten und sich mit ihm vereinigen zu wollen. Daher Schweitzers Feststellung: »Nie spricht Paulus von einem Einssein mit Gott oder einem Sein in Gott. Wohl behauptet er die Gotteskindschaft des Gläubigen. Gotteskindschaft aber fasst er merkwürdigerweise nicht als ein unmittelbares mystisches Verhältnis zu Gott auf, sondern lässt sie vermitteln und verwirklicht sein durch die *mystische Gemeinschaft mit Christo.*«[319] Von daher schlussfolgert der Autor:

»Der Fundamentalgedanke der paulinischen Mystik lautet: Ich bin in Christo; in ihm erlebe ich mich als ein Wesen, das dieser sinnlichen, sündigen und vergänglichen Welt enthoben ist und bereits der verklärten Welt angehört; in ihm bin ich der Auferstehung gewiss; in ihm bin ich Kind Gottes. Etwas ganz Eigentümliches hat diese Mystik noch dadurch an sich, dass das Sein in Christo als ein Gestorben- und Auferstandensein mit ihm vorgestellt wird ...«[320]

Angesichts der Lebensganzheit, die bei Albert Schweitzer dem karitativen Tun ebenso viel Raum gibt wie dem theologischen und kulturphilosophischen Denken, versteht sich die bruchlose Integration von Forschen und ethischem Handeln. Das »In-Christus-Sein« im Sinne der paulinischen Mystik kann daher – im Grunde für jeden Christen! – nur ein Leben in der Liebe sein, ein selbstloses Dasein für andere. Es ist jene Liebe, von der Martin Buber gesagt hat, sie sei »Verantwortung eines Ich für ein Du«. Da hat ein egoistisches Heilsverlangen, das sich um Mensch und Mitwelt (nicht nur um die sogenannte »Umwelt«!) nicht kümmert, keinen Platz. Vielmehr muss alles Leben auf der Erde, insbesondere das Leben angesichts der atomaren Bedrohung, der die Menschheit seit der Jahrhundertmitte ausgesetzt war, einbezogen sein. Nicht umsonst warnte der mit dem Friedensnobelpreis Ausgezeichnete in den fünfziger Jahren eindringlich vor den damals üblichen Atombombenversuchen und deren unheilvollen Wirkungen.

Unter den vielen Rühmungen, die diesem Boten einer ethisch ausgerichteten Christus-Mystik zugerufen wurden, sei hier nur an ein
Wort Albert Einsteins aus dem Jahre 1955 erinnert: »Nicht nur gepre-
digt und gewarnt hat er und nicht geträumt davon, dass sein Beispiel
Vorbild und Trost für Unzählige werde. Einfach aus innerer Notwendigkeit heraus hat er gehandelt. Am Ende muss doch ein unzerstörba-
rer guter Kern in vielen sein, sonst hätten sie nie seine schlichte Größe
erkannt.«[321]

*Paulus ist ein logischer Denker, und seine Mystik ist ein vollendetes
System. Mag er in der Ausdeutung und Ausbeutung von Schriftstellen
nach der sprunghaften rabbinischen Logik verfahren: in der Mystik bewegt er sich in einer durch ihre Einfachheit und Klarheit für das Denken
als solches zwingenden Folgerichtigkeit. Seine paradoxe Behauptung,
dass die, die in Christo sind, nur noch dem äußeren Scheine nach natürliche Menschen sind, in Wirklichkeit aber als bereits Gestorbene und
Auferstandene zu gelten haben, ist unabweisbar, sobald man in die es-
chatologische Erwartung die Doppeltatsache des Todes und der Auferstehung Jesu in dem Werte einsetzt, den sie für die Eschatologie tatsächlich hat.*[322]

*Die große Gefahr für alle Mystik ist, dass sie überethisch wird, das
heißt, dass sie die Geistigkeit, die mit dem Sein im Ewigen gegeben ist,
zum Selbstzweck werden lässt. Eine solche Wertung des Geistigen findet
sich bei den Brahmanen, bei den Buddhisten und bei Hegel. Auch die
Mystik der hellenistischen Frömmigkeit ist sozusagen ohne ethische Interessen. Ihr Streben geht nur darauf, den Menschen durch Weihen die
Gewissheit der Unsterblichkeit erlangen zu lassen. Sie hält den zu neuem
Leben Wiedergeborenen nicht an, sich in der Welt nun auch als neue
Persönlichkeit ethisch zu betätigen.*[323]

Alfons Rosenberg
Experiment Christentum

Von den bisher Genannten nimmt Alfons Rosenberg (1902–1985) in mancher Hinsicht eine Sonderstellung ein. Der »Mystiker vom Wörthsee«[324] verkörperte einen ökumenisch ausgerichteten religionswissenschaftlichen, symbolkundigen Schriftsteller und spirituellen Berater. Er entstammte einer jüdischen Familie. Statt in die Schuhfirma seines Vaters einzutreten, war es ihm gegeben, ein geistig selbstbestimmtes, von mancherlei äußeren und inneren Wandlungen durchzogenes Leben zu führen. Von daher war es verständlich, dass er sich nicht einer einzigen Konfession zuordnen lässt.[325]

Als Erwachsener empfing er 40-jährig von dem reformierten Pfarrer und Kirchengeschichtler Walter Nigg (1903–1988) in dessen Schweizer Dorfkirche das Sakrament der Taufe. Diese Wendung zum Christentum, in dessen Kern sich für ihn eine innige Jesus-Liebe entfaltete, war das große Ereignis seiner Lebensmitte. Es handelte sich bei Alfons Rosenberg um einen spirituellen Werdeprozess. Von daher verstand es sich, dass der Eintritt in die relativ nüchterne Gestalt des reformierten Protestantismus nach einer Erweiterung und Intensivierung verlangte. Diese Steigerung fand er in der 1931 in Marburg gestifteten evangelischen Michaelsbruderschaft, die von Deutschland aus auch in der Schweiz Menschen zusammenführte, die aus der lutherischen Reformation heraus nach der Una Sancta, der einen heiligen Kirche, verlangten. Von da aus war der Schritt nicht weit zu Kultus, Symbolik und Tradition der römisch-katholischen Kirche. Diesen Schritt vollzog er unmittelbar nach Kriegsende. Die Konversion unternahm er, ohne die bisher durchlaufenen Stationen seines persönlichen Wegs etwa als Verirrung zu bezeichnen.

Freilich blieben ihm Erlebnisse der Vereinsamung nicht erspart. Seine jüdischen Freunde waren großenteils enttäuscht, als sie merkten, dass ihr Mitgenosse Christ sei. Aber – abgesehen von seinen Brüdern in der Michaelsbruderschaft – verstanden auch protestantische Freunde, warum er den ihm innerlich vorgezeichneten Weg weiterging, und zwar nicht von einer Konfession in eine andere, sondern gleichsam durch die Potenzierung der Spiritualität beider Kirchen in ökumenischer Gesinnung. In dem Wissen, dass es nicht viele sein können, denen ein solcher Entwicklungsweg gemäß ist, da es sich letztlich um einen die ganze Existenz erfüllenden inneren Vorgang handle, drückte er es in seiner Lebensbilanz so aus:

»Denn ich lebte zwar als Glied der katholischen Kirche, aber unter Einbezug der protestantischen Frömmigkeit und Theologie nicht anders als der Kern des ökumenischen Kreises in der *Einen*, von Christus gestifteten Kirche – obwohl wir uns keinerlei Illusionen hingaben über die noch zu bewältigenden Schwierigkeiten.«[326]

In München geboren, hatte Alfons Rosenberg dort die Wirren der Zeit nach dem Ersten Weltkrieg unmittelbar erlebt. So wurde er 17-jährig Zeuge der Ermordung des bayerischen Ministerpräsidenten Kurt Eisner (1919). Ehe die Nationalsozialisten in den dreißiger Jahre seine Flucht in die Schweiz erzwangen, arbeitete der später auch als Maler Tätige als Bauer und Handwerker auf der im oberbayerischen Wörthsee gelegenen Insel Wörth. Das Leben in und mit der Natur blieb ihm zumindest innerlich nah, wenn er in der Stadt, unter anderem in Zürich, wohnen musste. Schon während dieser Zeit auf der Insel, in der er das Neue Testament für sich entdeckte, fand er Zugang zu den in den Symbolen niedergelegten spirituellen Traditionen der Menschheit. Er wurde zu einem Symbolkundigen, angefangen bei der Astrologie als einer Möglichkeit, von der sinnenhaften Anschauung der »Zeichen am Himmel« zu den Tiefenschichten von Sinn und Bedeutung im Gang der Menschheitsgeschichte vorzustoßen. Er wurde zum spirituellen, an der Analytischen Psychologie C. G. Jungs geschulten Schriftsteller. Im Laufe der Jahre versammelte er um sich einen Kreis spirituell suchender Menschen, die er beratend auf dem meditativen Weg begleitete.

Kennzeichnend für sein literarisches Schaffen ist, dass es mit der Schrift »Wirklichkeit«, Versuchen zur Erneuerung des Christentums, in dem Jahr seiner Taufe (1942) begann. In seinem Programm ging es um Zentrum und Umkreis christlicher Wirklichkeitserfassung. Es ging um spirituell-mystisches Weggeleit für suchende Zeitgenossen. Zu den ersten Darstellungen gehört sein Entwurf für eine Geistesgeschichte der Sternenweisheit, betitelt: »Zeichen, die am Himmel geschehen« (1949; 1984), gefolgt von der Wirkungsgeschichte »Der Christ und die Erde« (1953; 1970) des heute weitgehend vergessenen Friedrich Oberlin, eines Gemeindepfarrers des 18. Jahrhunderts, der als Sozialreformer, Erzieher und Jenseitskundiger im weltabgeschiedenen Steintal der Vogesen den dortigen Menschen väterlich und ermutigend beistand. Das Buch wurde durch die »Seelenreise« (1954; 1971), einer Sammmlung von Dokumenten über das jenseitige Leben und dessen Wandelzustände in vergangenen Jahrhunderten, ergänzt. Werke wie »Michael und der Drache« (1956) oder »Engel und Dämonen« (1967), die noch die Engel in der Gegenwartskunst bei Paul Klee und Chagall einbezogen, zeigen, wie wichtig dem auch mit übersinnlichem Gespür ausgestatteten Autor die »Geschwister« der oberen wie der inneren Schar wurden.

Im Schweizer Exil, das ihm nach und nach zu einer Heimat mit geistigen Knotenpunkten werden sollte, trat er in geistigen wie freundschaftlichen Austausch mit schöpferisch-inspirativen Menschen. Dazu gehörten vor allem Mitwirkende und Teilnehmer an den alljährlichen Eranos-Tagungen in Ascona am Lago Maggiore, an ihrer Spitze deren Initiatorin Olga Froebe-Kapteyn sowie C. G. Jung, der Symboltheologe Hugo Rahner S. J., die Naturwissenschaftler Walter Heitler, Adolf Portmann und Carl Friedrich von Weizsäcker, ferner so bedeutende Mythologen des Jahrhunderts wie Walter F. Otto, Karl Kerényi, Dichter wie Erhart Kästner, Werner Bergengruen und Theodor Däubler.

»Eine ungeheure Erweiterung« seines geistigen Horizonts nannte Rosenberg die Begegnung mit dem Werk Wolfgang Amadeus Mozarts, insbesondere mit dessen Mysterienoper »Zauberflöte«, für die er eine geistvolle Interpretation schuf (1964), gefolgt von einer Deutung des »Don Giovanni« (1968). Zum Zentrum seines Schaffens in Wort und Schrift gehört die Meditation, die er über sechs Jahrzehnte hindurch pflegte und in »Christliche Bildmeditation« (1955; 1975) auch symbolisch veranschaulichte. Der frühe Beginn solcher Schriften zeigt, dass er zu den Anfängern der Meditationsbewegung seines Jahrhunderts gehörte, die in jenen Jahren in Gang kam. Wie noch zu zeigen sein wird, stellen solche geistig-geistliche Übungen Möglichkeiten zu einer mystischen Praxis dar, auch wenn es bei Weitem nicht allen gegeben ist, den inneren Weg konsequent zu gehen und damit an einer spirituellen Wandlung teilzuhaben. Alles in allem muss man nicht nach zusätzlichen Indizien suchen, ob und inwiefern für ihn die Bezeichnung »Mystiker« angemessen ist. Es versteht sich, dass auch er sich nicht dieses Prädikat beigelegt hätte. Und doch darf er im Kreis dieser Menschen seiner Zeit nicht fehlen.

Wichtig war ihm die herausgeberische Zusammenarbeit mit Ursula von Mangoldt, der Leiterin des Otto-Wilhelm-Barth-Verlags, in dem er die zwölfbändige Textreihe »Dokumente religiöser Erfahrung« betreute. Die Spannweite seines Schaffens erstreckt sich von solchen hauptsächlich historischen Zeugnissen auf eine Zukunftsschau hin, genauer: auf Aspekte einer Weiterentfaltung des im Christentum Angelegten. In diesem Zusammenhang warb er für einen Neugewinn des Gnosis-Prinzips, das heißt einer Erkenntnis-Mystik, die bereits bei einer *spirituellen Interpretation* des Neuen Testaments ansetzt und für eine Kirche arbeitet, die die hierarchische Exklusivität samt einer maßlosen Überbewertung des Priestertums beim Sakramentsvollzug hinter sich lässt. Damit ist auch das Selbstverständnis des Katholiken Rosenberg charakterisiert, denn er meinte mit Blick auf Jesus eine *Bruderkirche*, die er als eine durch Christus zusammengeführte Gemeinschaft von Brüdern und Schwestern begriff. Es ist kein Geheimnis, dass die darin sich aussprechende Sehnsucht innerhalb der verfassten Kirche gleich welcher Konfession nach wie vor besteht.

Der Theologe Emil Brunner, einstiger Weggefährte Karl Barths, dessen Vorlesungen Rosenberg an der Universität Zürich gehört hatte, machte ihn darauf aufmerksam, dass die Theologen aus den Traditionskirchen »das Monopol der Christusverkündigung längst verloren« hätten. Die Gültigkeit dieses Wortes steht ebenfalls außer Frage. Für Rosenberg drückt sich der unumgängliche, zumindest langsam sich insgeheim anbahnende Strukturwandel darin aus, dass die *Klerikerkirche* ebenso wie die immer noch dominierende *Theologenkirche* abgewirtschaftet haben. Und weil es nicht genügen kann, lediglich Wünsche und Forderungen zu artikulieren, plädierte er für ein »Experiment Christentum«, das er in einer gleichnamigen Schrift (1969) als mögliche Gestalt einer künftigen Christenheit umrisshaft entwarf. Im prophetisch-mystisch artikulierten Klartext, der auf eine neu zu initiierende Gottesfreundschaft hinweisen will, heißt das:

»Gott in Jesus ist nicht tot.

Gott in Jesus, das ist die Seele, die Liebes-, Schöpfungs- und Zeugungskraft im Menschen, das ist die Verheißung des ewigen, äonischen Lebens schon jetzt und hier, in diesem Augenblick.

Gott in Jesus, das ist der einzige Sinn, den das Leben des Menschen überhaupt noch haben kann.

Gott in Jesus hindert alleine den Menschen daran, in den Abgrund zu stürzen, an dem er unaufhörlich entlangwandelt ...

In Jesus ist Gott uns zum Freund geworden und wir zu Gottesfreunden ...

Ein *Zeitalter der Freundschaft* ist angebrochen.«[327]

Das ist notgedrungen zunächst noch Utopie, das heißt: Es gibt den Ort solcher Freundschaft noch nicht, bestenfalls im je sich ereignenden »Experiment« als dem jeweiligen Erfahrungs- und Ereignisort des Reiches Gottes. Denn wenn von solchen Sehnsuchtsvorstellungen die Rede ist, die zu Rosenbergs Lebzeiten im Laufe der sechziger Jahre geäußert wurden, muss man sich gleichzeitig vergegenwärtigen, wie viel Scheitern und auch – aber nicht nur – wie viel gewaltträchtige Verirrung sich in eben jenen Jahren der sogenannten *Achtundsechziger* ereignet hat! In diesem Kontext erwägt Alfons Rosenberg:

»Glücklicherweise war und ist die Kirche nie identisch mit dem Christentum gewesen und wird es auch nie sein. Sie stellt nur eine Seite desselben dar: seinen institutionellen, dogmatisch-ideologischen, sakramentalistischen oder intellektualistischen Aspekt, der kulturell durchaus von Bedeutung ist. Aber außerhalb solcher Kirchenart bestehen viele andere Weisen des Christseins: christliche Gemeinschaften, die sich im weiteren Sinne durchaus Kirchen nennen dürfen, die Solowjew als *freie Theokratie* bezeichnete. Diese *Kirchen außerhalb der Kirche* realisieren die Botschaft Jesu mindestens so fruchtbar, wie dies die Großkirche für sich in Anspruch nimmt, ohne wie diese legitimistisch gesinnt zu sein.«[328] Wenn aber erst Geist und Gesinnung von Johann Christoph Blumhardt und Johannes XXIII. durchgedrungen sein werden – und ein anderer kann uns nichts nützen – , dann ist nach Rosenbergs Überzeugung für den Fortgang des Christentums in seiner doppelten Kirchengestalt einiges zu erhoffen. Im Zeichen dieser Hoffnung ging Alfons Rosenberg ans Werk.

Jesus hat den Gleichnischarakter alles Geschaffenen, und insbesondere den Gleichnischarakter des Menschen aufgedeckt und verkündet. Seitdem ist alles Leibliche transparent auf die wirkende Gottheit geworden, und alle Funktionen von Geist, Leib, Geschlecht und Gemeinschaft sind einbezogen in die Fülle des Reiches Gottes. Einzig jene, die den lebendigen Leib wie ein Ding betrachten und ihn so behandeln, hat Jesus vom Reiche Gottes ausgeschlossen ... Die sinnenhafte Liebe ist die Voraussetzung zur Einübung der Gottesliebe. Wer nie einen Menschen leidenschaftlich geliebt hat, vermag auch Gott nicht liebend zu umfangen.[329]
Je höher einer steigt in der Folge der Geistgeburten, je reifer er wird in seinem Altern, desto einfacher wird seine Frömmigkeit. Da wird er lächelnd zusehen, wie Priester und Gläubige das Volkswerk, die Liturgie, treiben, wie sich die Frommen in die Rüstung der Askese zwängen, wie

*kostbare Tempel erbaut und geschmückt werden – meist freilich mehr
zur Ehre ihrer Architekten und Stifter als zur Ehre Gottes. In der Reife
werden Worte und Gesten, werden die Ausdrucksformen der Frömmigkeit sparsamer.*[330]

Dietrich Bonhoeffer
»Christus in unseren Herzen«

Wer den Namen von Dietrich Bonhoeffer
(1906–1945) mit christlicher Mystik in Verbindung zu bringen versucht, der muss sich
unter Umständen auf energischen Widerspruch gefasst machen, zumal man ihn in der
Hauptsache aus ganz anderen – oder vermeintlich anderen – Zusammenhängen kennt: als einen ökumenisch ausgerichteten theologischen
Denker, der die Fragwürdigkeit der mit dem Nationalsozialismus kol-
laborierenden Kirche angeprangert hat; als Mann des kirchlichen Widerstandes in den dreißiger Jahren bis hin zur mehrjährigen Inhaftie-
rung und der Ermordung im Konzentrationslager Flossenbürg/
Oberpfalz; einer, der schließlich – in geistiger Nachbarschaft von Karl
Barth – bereits im Wesen der Religion einen Gegensatz zur christlichen Offenbarung sah, ja der nicht zögerte, das Ende der Religion zu
proklamieren: ein religionsloses Zeitalter. Nicht ohne Grund nennt
man ihn den während der zweiten Jahrhunderthälfte weltweit am
meisten gelesenen und diskutierten Theologen. Das alles trifft auf
Bonhoeffer zu, fragt sich nur, inwiefern seinem denkerischen und tätigen Engagement jeweils ein bedeutsames spirituelles Erleben zugrunde liegt.

Nun fällt es nicht schwer, aus dem Schrifttum Dietrich Bonhoeffers
nachzuweisen, wie er sich zur Mystik, genauer: zu der traditionellerweise als»Mystik« bezeichneten Glaubenshaltung verhalten hat. Theologen, die zu seiner Lebenszeit die *mystische* , nach innen und auf das
Subjekt (Ego) gerichtete Frömmigkeit mit einer *prophetischen*, das
heißt mit der auf das *Du* Gottes gerichteten Glaubensbeziehung kon-
frontierten, hielten in der Regel diese nach *oben* gewandte Weise des
Frommseins statt der nach *innen* gerichteten für die angemessenere.
Allzu oft wurde von Skeptikern der Eindruck erweckt, »Mystiker« sei,
wer nur um das eigene religiöse Ich kreise, Weltverzicht leiste, sein
individuelles »Seelengärtlein« pflege, aber darüber die Distanz zwischen Schöpfer und Geschöpf nicht ernst genug nehme. Entscheidend
komme es darauf an, dass das Distanzbewusstsein gegenüber dem Ewigen Du wach gehalten werde. Dem ist entgegenzuhalten, dass letztlich

in jeder Gestalt der Hinwendung zu Gott, der prophetischen nicht weniger als der mystischen, innere Urerlebnisse zugrunde liegen. Von daher müsse gelten, was die Theologin und Religionswissenschaftlerin Liselotte Richter (1960) zu bedenken gegeben hat:

»Die Mystik mit ihrer planmäßigen religiösen Selbsterziehung und meditativen Versenkung muss als Korrektiv an die Stelle der hektischen Extraversion der modernen Industriegesellschaft treten. Schließlich ist es ganz allgemein die Aufgabe, den Strom christlicher Religiosität vor Erstarrung und Absinken in leeren Formalismus zu bewahren. Es könnte sich zum Beispiel aus der Überbetonung des unendlichen Abstandes von Gott und Mensch eine Mutlosigkeit und religiöse Indifferenz entwickeln, gerade etwa angesichts des absurden Lebensgefühls gegenüber unserer menschlichen Situation als eines Ausgeliefertseins an eine sinnlos gewordene Natur und Geschichte. Für alle religiös Heimatlosen hat die Mystik eine tröstende Botschaft und den Auftrag, auf höherer geistiger Ebene erneut die verlorene Einheit von Gott und Mensch persönlich zu erstreben.«[331]

Nimmt man hinzu, dass man unter Mystikern und Mystikerinnen nicht selten Menschen vermutete, die ausschließlich ein im gesellschaftlichen Abseits, etwa gar in selbstquälerischer Askese begrenztes Leben der buchstäblich (miss-)verstandenen Jesus-Nachahmung führen, so konnten die Intentionen und Lebensideale Dietrich Bonhoeffers freilich nicht gegensätzlicher sein. Auch hatte er – nach einem Wort des Apostels Paulus – keine »Lust abzuscheiden, um bei Christus zu sein«. Er liebte vielmehr das Leben in seiner Fülle; nicht ein fernes Jenseits, sondern ein vom Leben durchpulstes Diesseits. Das ist bis in seine vermächtnishaften Briefe aus der Gefangenschaft zu verfolgen, die sein Freund Eberhard Bethge unter dem Titel »Widerstand und Ergebung« (1951) herausgab. Am Abend des 21. Juli 1944, das heißt einen Tag nach dem missglückten Attentat auf Adolf Hitler, schrieb er:

»Ich habe in den letzten Jahren mehr und mehr die *tiefe Diesseitigkeit* des Christentums kennen und verstehen gelernt. Nicht ein *homo religiosus*, sondern ein Mensch schlechthin ist der Christ ... die tiefe Diesseitigkeit, die voller Zucht ist, und in der die Erkenntnis des Todes und der Auferstehung immer gegenwärtig ist, meine ich ... Ich erfahre es bis zur Stunde, dass man erst in der vollen Diesseitigkeit des Lebens glauben lernt ... Dies nenne ich Diesseitigkeit, nämlich in der Fülle der Aufgaben, Fragen, Erfolge und Misserfolge, Erfahrungen und Ratlosigkeiten leben ... Wie sollte man bei Erfolgen übermütig oder an Misserfolgen irre werden, wenn man im diesseitigen Leben Gottes Leiden mitleidet?«[332]

Diese der Meditation bedürftigen Sätze enthalten schon etwas von der Essenz der »Mystik Bonhoeffers«. Sie gründet in dem Wort von einem Leben, das – im Bewusstsein von dem gegenwärtigen Sterben und Auferstehen als Teilhabe am Leben Christi – »Gottes Leiden mitleidet«. Das meint: Anteil haben an einem Mysterium, und zwar inmitten alles dessen, was gerade auch die Dunkelheiten der menschlichen Existenz umfasst. Dabei müssen sich die nachgeborenen Leserinnen und Leser seiner Texte vor Augen zu führen versuchen, was das konkret heißt. Denn diese Zeilen wurden nicht in der gegen Gefährdungen abgeschotteten Studierstube eines in bürgerlichen Verhältnissen wirkenden Pfarrers niedergeschrieben, sondern in der Zelle eines Strafgefangenen des NS-Reiches! Und dessen Schicksal war ungewiss – nein, es war des Vernichtetwerdens gewiss!

Beschäftigt man sich nun mit Bonhoeffers Texten, in denen er auf Mystik zu sprechen kommt, zum Beispiel bereits in der Dissertation des erst 21-Jährigen[333], dann ergibt sich daraus eine energische Ablehnung alles traditionellerweise als »mystisch« Vorgestellten. Danach könne es Gottesgemeinschaft »nur im Wort von Christus« geben, eine Behauptung, die Karl Barth ebenso formuliert haben könnte. Abgewiesen wird das ersehnte mystische Einssein (Unio mystica). Somit gibt es für Bonhoeffer »kein letztes ›Einer sein‹ im Sinne mystischen Verschmelzens«, weil sonst »die Grenzen der konkreten Ich-Du-Gegebenheit« verschwimmen. »Damit sind alle mystischen Gedanken eines letzten Eingehens in Gottes Allperson, einer Verschmelzung unseres göttlichen Wesens mit dem seinen von vornherein abgeschnitten ... Sie bleibt Willensgemeinschaft freier Personen, und ihre Seligkeit hat mit mystischer Verschmelzung nichts zu tun ... Kraft und Herrlichkeit der Liebe wird vom Mystiker nicht verstanden.«[334]

Wer Derartiges behaupten kann, dem dürfte – nach flüchtigem Augenschein – die Überzeugung jener Mystiker entgangen sein, die mit Meister Eckhart wussten, dass es gelte, »in allen Dingen Gott (zu) ergreifen«; eben auch und gerade in den Dingen des konkreten Lebens. Ganz zu schweigen von der ethisch ausgerichteten Christus-Mystik eines Albert Schweitzers, der sich 1905, also ein Jahr vor Bonhoeffers Geburt, entschieden hatte, aus einer solchen Motivation heraus als Missionsarzt nach Afrika zu gehen. Freilich steht hinter Bonhoeffers

Ablehnung die Verwechslung solcher Mystik mit jenem selbstzufriedenen und damit egoistischen Mystizismus. Dieser Missdeutung fiel auch Bonhoeffer anheim, eine Zeit lang allenfalls, und er befand sich, wie ersichtlich, mit Barth und vielen anderen in »guter« Gesellschaft. Sabine Dramm, die etwaigen Spuren der Mystik bei Bonhoeffer nachgegangen ist, erinnert daran, dass sich in »Widerstand und Ergebung« nur zwei Stellen finden, die sich mit dem Thema beschäftigen.[335] Da ist zunächst der für die sogenannte »Gefängnistheologie« vielzitierte und für den Schreibenden so charakteristische Brief vom 5. Mai 1944, in dem er »die *religiösen* Begriffe schlechthin (als) problematisch« bezeichnet. Geht es ihm ja darum, eine religionslose Interpretation des Evangeliums als das Gebot der Stunde zu fordern.

»Nicht um das Jenseits, sondern um *diese* Welt, wie sie geschaffen, erhalten, in Gesetze gefasst, versöhnt und erneuert wird, geht es doch. Was über diese Welt hinaus ist, will im Evangelium *für* diese Welt da sein; ich meine das nicht in dem anthropozentrischen Sinne der liberalen, mystischen, pietistischen, ethischen Theologie, sondern in dem biblischen Sinne der Schöpfung und der Inkarnation, Kreuzigung und Auferstehung Jesu Christi.«[336]

Bedenkt man, dass das evangelische Kirchengesangbuch zahlreiche Sonntag für Sonntag gesungene Lieder enthält, die, aus mystischem Quellgrund geschöpft, zu einer mystischen Frömmigkeit einladen, dann ist es erstaunlich, dass ausgerechnet Theologen und Gemeindepfarrer von der mystisch geprägten geistlichen Strahlkraft solcher Wortlaute nicht erreicht worden sein sollten. Doch einmal – vermutlich noch öfter – geschieht das Erstaunliche. Für Bonhoeffer ist es eine Entdeckung: Paul Gerhardts Lied »Ich steh an deiner Krippen hier / o Jesu, du mein Leben« erweckt Bonhoeffers Aufmerksamkeit.[337] Es ist der 19. Dezember, vierter Advent, 1943. Was diese Liedverse und wohl auch die weiteren Strophen anlangt, so hatte er sich, wie er gesteht, bisher »nicht viel daraus gemacht«. Aber nun kann er sagen: Ich habe diese Verse »für mich entdeckt« – und das spricht doch für eine innerliche und damit mystische Aneignung. So gesteht er, wie es ihm dabei ergangen ist, auch wie man verfahren müsse, um deren Gehalt zu empfinden:

»Man muss wohl lange allein sein und es meditierend lesen, um es aufnehmen zu können. Es ist in jedem Worte ganz außerordentlich gefüllt und schön. Ein klein wenig mönchisch-mystisch ist es, aber doch gerade nur so viel, wie es berechtigt ist; es gibt eben neben dem

Wir doch auch ein *Ich und Christus*, und was das bedeutet, kann gar nicht besser gesagt werden als in diesem Lied.«[338]

Dass es nicht eine beiläufige Erwähnung des Zugrundeliegenden sein kann, die er seinem Freund Eberhard Bethge anvertraut, geht aus manchen Kontexten hervor. Unmittelbar anschließend lässt er den Freund wissen, dass er derzeit die dem Thomas a Kempis zugeschriebene »Nachfolge Christi« (Imitatio Christi) lese, und zwar in der lateinischen Fassung, weil sie »doch unendlich viel schöner« ist als deutsch; er kennt also beide Fassungen dieser mystischen Schrift! Im selben Brief schlägt er das große, für ihn existentiell wichtige Thema der *Wiederbringung aller Dinge* (griech. *apokatástasis*) an. Und er interpretiert: »Es geht nichts verloren, in Christus ist alles aufgehoben, aufbewahrt, allerdings in verwandelter Gestalt, durchsichtig, klar, befreit von der Qual des selbstsüchtigen Begehrens. Christus bringt alles wieder, und zwar so, wie es von Gott ursprünglich gemeint war, ohne die Entstellung durch unsere Sünde.« Und die Gedanken des Briefschreibers – sind es etwa nicht die eines, wie es gar nicht anders sein kann, heimlichen Mystikers? –, seine Gedanken gehen weiter, bis hin zur *neuen Schöpfung* (griech. *kainé ktísis*), in die der glaubende Mensch hineingenommen, hineinverwandelt werde – alles in allem: ein mystischer Prozess.

Ganz so plötzlich kann ihn im Tegeler Gefängnis das mystische Thema übrigens nicht heimgesucht haben. Belege dafür finden sich in seinen Schriften aus den dreißiger Jahren, »Nachfolge« (1937) und »Gemeinsames Leben«. Was das Erstgenannte betrifft, mit dem er auch erstmals vor eine größere Öffentlichkeit tritt, so spielt er auf die »Imitatio« des Thomas a Kempis an. In Anknüpfung an ein Wort aus 1. Joh. 3,2: »Wir werden ihm (Christus) gleich sein, denn wir werden ihn schauen ...«, schreibt Bonhoeffer:

»Wer Christus schaut, der wird in sein Bild *hineingezogen*, seiner Gestalt *gleichgemacht* ... Schon auf dieser Erde wird sich *in uns* die Herrlichkeit Jesu Christi widerspiegeln ... Das ist die Einwohnung Jesu Christi *in unseren Herzen*. Das Leben Jesu Christi ist auf dieser Erde noch nicht zu Ende gebracht. Christus lebt es weiter in dem Leben seiner Nachfolger. Nicht von unserem christlichen Leben, sondern von dem wahrhaftigen Leben Jesu Christi in uns ist nun zu reden. ›Nun aber lebe nicht ich, sondern Christus lebt in mir‹ (Gal. 2,20). Der Menschgewordene, der Gekreuzigte, der Verklärte ist in mich eingegangen und lebt mein Leben.«[339]

Theologisch-weltanschauliche Positionen

Es geht um nichts anderes als um das *Gleichförmigwerden* (confor-
mitas) mit Christus, wie bereits Martin Luther in Übereinstimmung
mit der mittelalterlichen Mystik-Tradition dieses Verbundenwerden
genannt und gerühmt hat, und zwar als ein Sich-selbst-Finden und
damit als ein Finden der eigenen vollen Identität![340] Dieses Finden ist
bei Bonhoeffer bekanntermaßen an das Wort der Schrift gebunden.
Und die öffnet sich – wenn nicht spontan – dann auf dem Weg der
meditativen Vergegenwärtigung. Dazu suchte er auch die ihm anver-
trauten Kollegen im Finkenwalder Predigerseminar der Bekennenden
Kirche (1935–1937) anzuleiten, etwa in der Art:

»Wie du das Wort eines lieben Menschen nicht zergliederst, sondern es hinnimmst, wie es dir gesagt ist, so nimm das Wort der Schrift
hin und bewege es in deinem Herzen, wie Maria tat. Das ist alles. Das
ist *Meditation*. Suche nicht neue Gedanken und Zusammenhänge im
Text wie zur Predigt! Frage nicht: Wie sage ich es weiter, sondern: Was
sagt es *mir*! Dann bewege dieses Wort lange in deinem Herzen, bis es
ganz in dich eingeht und Besitz von dir genommen hat.«[341]

Logischerweise zieht Sabine Dramm den Schluss: Es gibt zweierlei
Bewertung der Mystik bei Bonhoeffer, nämlich den von ihm, und nicht
allein von ihm, abzulehnenden Mystizismus auf der einen Seite, auf
der anderen die im Evangelium und den Paulusbriefen verwurzelte
Christusmystik. So gesehen gibt es durchaus »mystische Konturen bei
Dietrich Bonhoeffer«, Glauben und Erfahrung werden bei ihm geist-
real, oder nochmals mit den Worten von Sabine Dramm:

»Wenn ich als zentrale Kriterien mystischen Erlebens Leere und
Totalität, Ungewolltheit und Unverfügbarkeit, Unfasslichkeit und Erschrecken annehme und zu zentralen Kriterien mystischer Sprache die
Vorliebe für Dialektik und Negation, für Eros und Paradoxie zähle,
komme ich bei näherer Untersuchung gewiss zu der Schlussfolgerung,
dass Mystik tatsächlich bei Bonhoeffer zu entdecken ist – wider Erwarten, wider seinem Selbstbild und wider dem uns geläufigen Bon-
hoeffer-Bild.«[342]

Und dieses Bild bestimmte jahrzehntelang die theologische Diskussion. In dieser reduzierten Form mag sie noch in manch anderem
versteckt sein. Diese Diskussion stützte sich insbesondere auf die in
»Widerstand und Ergebung« enthaltenen Skizzen, die auf eine Ver-
kündigungsweise im Sinne eines »religionslosen Christentums« hi-
nauslaufen, denn: »Gott ist mitten in unserem Leben jenseitig.« So
kann es nicht verwundern, wenn der während der zweiten Jahrhun-

derthälfte leidenschaftlich diskutierte Blutzeuge Jesu Christi für eine »Frömmigkeit in einer weltlichen Welt« und für eine »Kritik an der Kirche« in Anspruch genommen wurde.[343]

Was nun Dietrich Bonhoeffer selbst angeht, so findet sich bei ihm offensichtlich beides: zum einen die prinzipielle Ablehnung eines Mystizismus, der sich selbst genug ist und Züge einer modernistischen Wellness-Lebensform annehmen kann, weil seine Vertreter es sich in einer wohltemperierten Kirchlichkeit bequem machen möchten; zum anderen eine wirkliche Mystik, und damit Menschen, die dem Ernst der Nachfolge Christi mit ihrem ganzen Leben entsprechen, alles Pfäffische abtun und ihr Menschsein als *Dasein für Andere* begreifen, den »Mund für die Stummen auftun« , »für die Juden schreien« und gegebenenfalls »dem Rad in die Speichen fallen«. Mit anderen Worten:

»Wird Mystik als Chiffre für ekstatische Kognition Gottes im Bewusstsein eines einzelnen Menschen verstanden, sozusagen als individuelles Fenster zur Transzendenz, so finden wir Bonhoeffer nicht in ihrer Nähe. Lässt sich hingegen Mystik als Chiffre für eine überwältigende Wahrnehmung der in Christus sich vollziehenden Konfluenz von Gotteswirklichkeit und Weltwirklichkeit verstehen, so ist Bonhoeffer ihr nahe: Er wusste sich hineingerissen in das Christusgeschehen und damit, dadurch und deshalb in das Geschehen der Welt. Es handelt sich bei ihm um eine Identität von geistlichem und weltlichem Leben und um eine Kongruenz von Transzendenz und Immanenz.«[344]

Dorothee Sölle, deren innere Verwandtschaft mit der Lebens- und Geistesart Bonhoeffers kaum zu bestreiten sein dürfte, unterstellte zwar einmal[345], er sei »weit fort vom mystischen Denken« – tatsächlich meinte aber auch sie, wie allgemein üblich, den zu verneinenden Mystizismus! Gleichzeitig bestätigt sie ihn, indem sie auf Meister Eckhart verweisend die Übereinstimmung zwischen ihm und dem Mystiker-Zitat hervorhebt: *Geh aus von dir selbst und lass dich!* »Bonhoeffer tut beides, er geht aus sich heraus ... und er lässt beide Erfahrungen, die äußere und die innere, die relative Selbstgewissheit der Contenance und die relative Selbstgewissheit der Depression. Das zweite ist schwerer; es ist leichter, den falschen Trost der Freunde zu lassen als die eigene Depressivität. Aber die große Hingabe bedeutet, dass wir auch unsere eigene Depression lassen.« Und Sölle fügt hinzu: »Ich zögere, das Wort ›Hingabe‹ im Zusammenhang mit Bonhoeffer zu gebrauchen. Aber das zeigt nur die Verblödung unseres Denkens, als ob Hingabe nur etwas für Frauen – oder Mystiker – sei, während Männer immer Eroberer, Sieger und Nehmer, notfalls Hin-Nehmer wären!«[346]

In seiner Tegeler Zelle notierte Bonhoeffer im Juli 1944 lapidar: »Ich warte auf Gott.«

Gottes Bild soll im Menschen wiederhergestellt werden. Dabei geht es um ein Ganzes. Nicht dass der Mensch wieder rechte Gedanken über Gott habe, nicht dass er seine einzelnen Taten wieder unter Gottes Wort stelle, sondern dass er als Ganzheit, als lebendiges Geschöpf Gottes Bild sei, ist das Ziel und die Bestimmung. Leib, Seele und Geist, die ganze Gestalt des Menschen soll das Bild Gottes auf Erden tragen. Gottes Wohlgefallen ruht allein auf seinem vollendeten Ebenbild.[347]

Allein dadurch können wir sein »wie Christus«, weil wir ihm gleichgemacht sind. Nun, da wir zum Bilde Christi gemacht sind, können wir nach seinem Vorbild leben. Hier geschehen nun wirklich Taten, hier wird in der Einfalt der Nachfolge ein Leben gelebt, das Christus gleich ist. Hier geschieht der schlichte Gehorsam gegen das Wort. Kein Blick fällt mehr auf mein eigenes Leben, auf das neue Bild, das ich trage. Ich müsste es in demselben Augenblick verlieren, in dem ich es zu sehen begehre.[348]

Dorothee Sölle

»Der Wunsch, ganz zu sein«

Aus der Geschichte der christlichen Frömmigkeit ist bekannt, welchen auch zahlenmäßig hohen Anteil Frauen an mystischem Erleben und Gestalten vor Jahrhunderten gehabt haben. Lange bevor es das »mystische Dreigestirn« Eckhart, Tauler und Seuse gab, hatten Frauen, Nonnen und Beginen, das heißt außer einer Ordensverbindung lebende, religiös strebende Frauen vielfältige Zeugnisse eines inneren Lebens auch schriftlich niedergelegt. Namen wie die der rheinischen Seherin Hildegard von Bingen, die Heftaer Klosterfrauen, Mechthild von Magdeburg oder Gertrud, genannt: die Große, dann die Zeitgenossin Eckharts, die 1310 in Paris als Ketzerin verbrannte Begine Marguerite Porete sowie ungezählte vor und nach ihnen in Erscheinung getretene Frauen sind zum Kreis der christlichen Mystikerinnen zu zählen. Nicht einmal im Islam fehlt es an Frauen, die sich durch diese Glaubenshaltung auszeichnen. Im Rahmen des Sufismus war der Frau jedenfalls spirituelle Entfaltungsmöglichkeit eingeräumt.[349] Dagegen ist der weibliche Anteil – soweit er in der Öffentlichkeit sichtbar geworden ist – für den Zeitraum der letzten Jahrhunderte innerhalb der protestantischen Kirchen auffallend gering. Dabei sei freilich eingeräumt, dass mystisches Erleben erfahrungsgemäß sehr viel seltener bekannt wird, insbesondere wenn die betreffenden Personen – durch die gesellschaftlichen Verhältnisse bedingt – keine Möglichkeit hatten oder nutzen wollten, ihr religiös-spirituelles Innenleben literarisch zu dokumentieren. Umso berechtigter ist es, zumindest die eine oder andere exemplarische Gestalt vorzustellen und auf ihren Bezug zur Mystik hinzuweisen.

Die politisch engagierte, zum Widerstand gegen Konformismus oder Beliebigkeit, gleichzeitig zu verantwortlicher Lebensführung bereite Literatin und Theologin Dorothee Sölle (1929–2003) hatte mancherlei Denk- und Schicksalswege abzuschreiten, um zu ihren speziellen Erfahrungen zu kommen. Mit einer Arbeit über die Zusammenhänge von Literatur und Theologie nach der Aufklärung hatte sie sich 1972 an der Universität Köln habilitiert. Sie versah verschiedene Lehraufträge, zunächst einige Jahre im höheren Schuldienst; von Herbst 1975 bis 1987 war sie Professorin am Union Theological Seminary in New York, an dem einst auch Paul Tillich lehrte. Dagegen erschwerte man ihr lange Zeit, offenbar aus politisch-kirchenpolitischen Gründen, einen theologischen Lehrstuhl in Deutschland zu begleiten. Groß war das vielseitige öffentliche Engagement der Mutter von vier Kindern.

Impulsiert durch Menschen wie Dietrich Bonhoeffer, andererseits durch die Befreiungstheologen Mittel- und Südamerikas, wurde sie zu einer prominenten, kaum einen Einsatz scheuenden Friedensaktivistin der siebziger wie der achtziger Jahre. Als Initiatorin des Politischen Nachtgebets in Köln, als politische Publizistin und in Demonstrationen trat sie vor die Öffentlichkeit hin, sei es innerhalb der Evangelischen Kirche in Deutschland (EKD), sei es vor der Vollversammlung des Weltkirchenrats 1983 in Vancouver, und bekannte sich damit kirchenkritisch zur Theologie der radikalen Diesseitigkeit. Entsprechenden »Gegenwind« bekam sie von den jeweiligen Amtsinhabern und deren Gefolgsleuten, so auch der Titel eines ihrer zahlreichen Bücher. So wenig wie bei dem Bonhoeffer der Gefangenschaftsbriefe in »Widerstand und Ergebung« vermutete man – allenfalls waren es Außenstehende – bei ihr einen Bezug zur Mystik, die für sie verständlicherweise ein ganz besonderes Gepräge annahm, etwa das einer politisch aktiven, zugleich widerständigen Mystikerin.

Dazu war eine ihrem Wesen gemäße Weise des Unterwegsseins erforderlich. Wer ihre Gedichte las, ihre Gebete erprobte, vor allem, wer sie unmittelbar erlebte, der war immerhin darauf vorbereitet. Dorothee Sölle überraschte nicht wenige ihrer freundschaftlich zugetanen Parteigänger/innen, als sie ihr Buch »Die Hinreise« 1975 erscheinen ließ, eine ebenso eigentümliche wie eigenwillige Zusammenstellung von Erfahrungsberichten und Überlegungen zu und aus verschiedenen Landschaften der Religion. Doch dazu bedurfte es der Bereitschaft, einen langen Weg anzutreten. Jedenfalls gesteht sie, woher sie kam, was sie bewegte und welches Bestreben sie erfüllte:

»Ich war nicht ›religiös‹, ich hatte kein Gebetsleben, keine besondere Beziehung zu irgendetwas Übernatürlichem, schon gar keine Beziehung zur Kirche. Ich wollte ›die Wahrheit‹ wissen, ich hatte sie in der Philosophie nicht gefunden, jedenfalls nicht sinnlich und praktisch genug. Ich hatte die Vorstellung, dass ich mein Leben nicht nur in Arbeit und Konsum zubringen könne, mein Leben sollte eine Richtung

haben ... Wenn ich versuche, Worte für diese unbestimmten Wünsche
zu finden, so fallen mir ein:

> ganz sein – nicht zerstückelt leben
> heil sein – nicht zerstört
> heil machen – nicht kaputt machen
> hungern nach Gerechtigkeit –
> nicht satt sein in der Ungerechtigkeit
> authentisch leben – nicht bewusstlos-apathisch
> in den Himmel kommen –
> nicht in die Hölle.[350]

Was sie und ein Großteil der Theologenschaft seit den Tagen Karl
Barths, Dietrich Bonhoeffers und Rudolf Bultmanns lange Zeit versäumt hätten, nämlich Religion und das religiöse Bedürfnis auszusprechen, das bedürfte einer Korrektur, eben einer *Hinreise*, wobei
das Bild der Reise und des auf dem Wege-Seins seinerseits eine religiöse Metapher darstellt. Nur »wer bereit zu Aufbruch ist und Reise«
(H. Hesse), macht neue, tiefer gehende Erfahrungen. Gelingen sie,
weist er sein alltägliches Ich in die Schranken und findet sein tieferes
Selbst. »Gerade die aufgeklärten Theologen, die kritisch zu ihren Kirchen und Überlieferungen standen, haben versäumt, dieses Bedürfnis
verständlich zu machen – was immer bedeutet: es zu verknüpfen mit
etwas, was der, der verstehen will, *in sich selber* wiederfinden kann.«
Und dann das Geständnis: »Viele von uns waren, als wir zwar über
Theologie sprachen, aber über Religion schwiegen, noch zu sehr im
Banne der von Karl Barth getroffenen Unterscheidung, die die Religion als etwas Nur-Menschliches verdammt und sie radikal unterscheidet von dem durch die Offenbarung begründeten Glauben.«[351]
Dorothee Sölles Selbstkritik macht nicht einmal vor Bonhoeffer Halt,
wie sie ihn, und zwar den fragmentierten Bonhoeffer, kennen gelernt
hatte:

»Vielleicht waren wir auch zu sehr im Banne der von Dietrich Bonhoeffer aufgestellten These vom *religionslosen Zeitalter* und meinten,
die moderne Industriegesellschaft brauche keine Religion, da sie ihre
Probleme selber rational zu lösen vermöchte. Viele dachten, dass es in
der Wohlstandsgesellschaft Elend, Hoffnungslosigkeit und Auferste-
hungssehnsucht nur noch bei den sozialen Randgruppen gebe ... So
gaben die Theologen die Antworten der Theologie, ohne dass sie auf

die Fragen der Religion gehört hätten. Diese Fragen nach Religion, die *Sehnsucht nach etwas anderem* ...«[352]

Und dass es sich nicht um *irgendwas anderes* handeln kann, sondern durchaus einigermaßen präziser zu benennen ist, auch wenn es in den allermeisten immer noch als ein ungewisses, kaum artikuliertes Ahnen oder Vermuten schlummern mag, in einer Lebensbilanz verbunden mit der Sorge: Soll das Bisherige *schon alles gewesen sein?* Für die Autorin handelt es sich um den bereits mehrfach ausgesprochenen Wunsch, *ganz zu sein:*

»Der Wunsch, ganz zu sein und nicht zerstückelt zu leben, ist als ein ursprüngliches Bedürfnis der Menschen anzusehen; es ist der Wunsch wachsender Liebe, immer größere Einheiten zusammenzubinden. Der individuelle Wunsch, selber ein Ganzes zu sein, verbindet sich mit dem Wunsch, das Ganze zu erfahren, seiner ansichtig zu werden, das Tao zu erkennen. Dass Gott sei ›alles in allem‹ ist die christliche Formulierung dieser Sehnsucht. Nicht nur mein Leben soll erfüllt, ohne Verstümmelung meiner Möglichkeiten sein, sondern alles Leben und das Leben aller.«[353]

Es kann jedenfalls nicht verwundern, dass Dorothee Sölles Sehnsucht den individuellen Rahmen spirituellen Erlebens und auch Gestaltens sprengt. Und analog zu Schweitzers »Leben, das leben will«, zu Bonhoeffers »Dasein für andere« will hier »das Leben *aller*« einbezogen werden. Diese ethische Mystik hat einen Sitz im konkreten Leben in Gestalt der christlichen Liebesethik. Was die Autorin in ihrer »Hinreise« erst als vorläufige Andeutung auszusprechen vermag, das findet in ihrem nachfolgenden Buch »Mystik als Widerstand« eine leidenschaftliche Vertiefung. Wie es Dorothee Sölles Art gewesen ist, begleitet sie ihre Gedanken in Gestalt eines persönlichen Geständnisses. Damit zeigt sie an, wie sich Mystik im Verhältnis von Kirche und Theologie verstehen lässt:

»Die mystische Erfahrung und das mystische Bewusstsein haben mich seit vielen Jahren angezogen und getragen. Sie erschienen mir als das Zentrale innerhalb der komplexen Erscheinung ›Religion‹ ... Mich persönlich hat weder die Kirche, die ich eher als Stiefmutter erlebte, noch das geistige Abenteuer einer nachaufklärerischen Theologie zu dem lebenslangen Versuch, Gott zu denken, verlockt. In keiner der beiden religiösen Institutionen Kirche und wissenschaftliche Theologie bin ich beruflich verankert oder gar beheimatet. *Es ist das mystische*

Element, das mich nicht loslässt. Es ist, um es vorläufig und einfach zu sagen, die Gottesliebe, die ich leben, verstehen und verbreiten will. Sie scheint mir in den beiden genannten Institutionen wenig gefragt ... Ist nicht die ›Achtsamkeit‹ oder die ›bare Aufmerksamkeit‹ der buddhistischen Tradition ein anderes Wort für das, was in den abrahamitischen Traditionen ›Liebe zu Gott‹ heißt?«[354]

Und diese Liebe ist überaus vielgestaltig. Deshalb hat sich Dorothee Sölle nicht allein bei den Mystikern und Mystikerinnen früherer Jahrhunderte umgesehen. Sie hat sich insbesondere von der Leidenschaft derer anstecken lassen, die in Mittel- und Südamerika jene vieldiskutierte »Theologie der Befreiung« vertreten und sich damit von den Hütern des »unfehlbaren« Lehramts diskriminieren lassen mussten. Dabei ist sie sich bewusst, selbst in einem Mystikstrom zu leben, der keine Ufer kennt. Immer wieder tritt seine Vielgestalt in Erscheinung. Sie nennt einige Momente, wie er uns begegnet:

Solche Erfahrung lässt sich festmachen an Orten wie Natur oder Erotik. Aber kann sie auch gelebt werden im Schmerz, in der Entbehrung, im Leiden? Wo soll sich da Ekstase, Außersichsein oder die Ganzheit, in der ›ich bin, was ich tue‹, abspielen; heißt Leiden nicht immer, das gerade nicht zu sein, was andere Mächte an mir, gegen mich tun?[355]

Oder mit einem anderen Wort: Die Mystik als die zukünftige Gestalt der Religion bezieht sich auf diese Einheit des Lebens. Das Gebet als ihre Sprache macht die Einheit, die mit der Schöpfung gegeben ist, bewusst.[356]

Die Reduktion aller Lebensvollzüge auf die herrschende Zweckrationalität hin hat uns zu einem Ausmaß an Starre und Konventionalität gezwungen, das überhaupt erst erfahren wird, indem man es überschreitet. Dann reibt man sich die Augen und sieht: ›Ich war tot‹, ich verhielt mich zu den meisten Menschen, mit denen ich zu tun habe, konventionell, beteiligungslos, maskenhaft, ohne Kommunikation. Ich funktionierte nur ...[357]

Wege der Meditation

Die Zugänge zur Mystik sind verschieden. Bisweilen sind sie so verschiedenartig wie die Versuche, das jeweils Gemeinte zu benennen und gegenüber Missverständnissen abzuschirmen. Dass Mystik und die Zugänge zu ihr nicht jedermann/jederfrau Sache sind, weil auch unterschiedliche Bezeichnungen verwendet werden, ist bekannt. Auszuschließen ist jedenfalls die in der Theologie üblich gewordene Bezeichnung »Predigtmeditation«, mit der Erwägungen zum auszulegenden Text gemeint sind, nicht aber ein geistliches Exercitium. Leichter fällt der Versuch, eine Vorgehensweise im Sinne einer mystischen Praxis anzugeben, auch dazu anzuleiten und gegebenenfalls weiterführende Hinweise zu geben im Sinne einer Mystagogie.[358]

Im Grunde ist Mystik ohne die ihrem Wesen und Ziel beziehungsweise ihrem Lebensvollzug entsprechende geistig-geistliche Übung nicht zu denken. Dabei gehört es zur Eigenart des mystischen Innewerdens, die Umtriebigkeit unseres Egos zurücktreten zu lassen und aus seinen vielfältigen Verstrickungen mit der »Welt«, mit ihrem Stress und ihren Vereinnahmungen zu lösen. Zum Ausdruck kommt dies auf dem Weg der Ge-Lassenheit, von der nicht nur Meister Eckhart in geradezu beschwörender Weise spricht. Darüber sei aber nicht vergessen, dass das Esoterische, das heißt das innen Erfahrene, wiederum im kreativen wie karitativen Tun dienstbar gemacht wird, letztlich – universal gedacht – in Verantwortung für den Organismus Erde. Die *ethische Mystik* liegt auf vielen Schultern. Erst im Tun empfängt Mystik ihre Erfüllung. Deshalb Meister Eckharts bewusste Korrektur an dem traditionellen Ideal des ganz der Kontemplation hingegebenen Menschen, der die Neigung zeigt – im Bilde gesprochen –, auf dem »Berg der Verklärung« verweilen zu wollen (Mark. 9,5), statt den Weg in die Welt einzuschlagen.

Mit anderen Worten heißt das: Nicht die kontemplative Maria, sondern die dem Evangelium gemäß zur beherzten Tat schreitende

Martha (Luk. 10; Joh. 11) dient im Sinne Eckharts als Beispiel für die Christusnachfolge. Dennoch verbietet es sich, die Meditation als geistliche Übung lediglich als ein Mittel zu benutzen, das einem bestimmten Zweck zu dienen hätte. Da ist an jene Predigt Eckharts zu erinnern (*In hoc apparuit caritas dei* – darin ist die Liebe Gottes erschienen), in der es heißt: »Aus dem innersten Grunde sollst du alle deine Werke wirken ohne Warum (*sunder warumbe*). Solange du deine Werke wirkst um des Himmelreiches oder um Gottes oder um deiner ewigen Seligkeit willen, also von außen her, so ist es gar nicht recht bestellt ... Wer Gott in einer bestimmten Weise sucht, der nimmt die Weise (für wichtig) und verfehlt Gott.«[359]

Meditation, von lat. *meditari*, nachsinnen, mit einem Gedanken umgehen und üben, ist mit dem griech. *Medomai*, fürsorgen, an etwas denken, verwandt. Da wie dort gibt es das sinnende, oft hörbare, auch ein von Körperbewegungen begleitetes Einüben[360], sodann die Beherzigung einer Wahrheit, die in ständiger Wiederholung und Verinnerlichung »bewegt« wird. Der Meditierende und Betende ist bestrebt, in ganzer Person präsent zu sein. Die abendländische Geistesgeschichte und die Geschichte der christlichen Frömmigkeit zeichnet sich auf dem Feld des meditativen Lebens durch eine große Formenvielfalt aus. Darüber hinaus verfügt jede Religion ihren eigenen Weg, der Gottesgegenwart gewiss zu werden, sei es in Meditation, sei es in anderen Weisen des Zur-Mitte-Findens.[361] Almuth und Werner Huth, zwei erfahrene Fachärzte, die verschiedene Schulen meditativer Praxis, westliche und östliche, durchlaufen und für die Weitergabe ihren eigenen Weg gefunden haben, knüpfen an das genannte Grundwort an und fassen zusammen:

»Im *meditari* sind *Nachdenken* und *Einüben* gleichermaßen mitenthalten. Im Nachdenken klingt ein *Vertrautwerden des Bewusstseins mit dem meditierten Objekt* an, und zwar im Zustand der jeweils höchstmöglichen *Bewusstheit*. Dieses Vertrautwerden gelingt, wenn der Meditierende sich gleichzeitig um eine Balance von Nachdenken und Einüben bemüht. Der meditative Prozess darf somit weder mit dem Denken noch mit dem Fühlen noch mit dem Üben gleichgesetzt werden, obwohl diese Momente bei jeder Meditation mitschwingen. Und *Üben* heißt dabei, dass es nicht auf ein Endergebnis ankommt, sondern auf den meditativen Prozess, durch den eine Wandlung (Transformation) des eigenen Bewusstseins erfolgt. Aber noch etwas Weiteres scheint im *meditari* auf, nämlich die Wurzel *med*, die sowohl auf *ermessen* wie auf *bedenken* hinweist. Das heißt, dass es beim Meditieren um eine Art von *übendem Nachdenken* geht, bei dem jene weder aktive noch passive, sondern *pathische* – empfangende – Mittelstellung gewahrt wird.«[362]

Rudolf Steiner und Friedrich Rittelmeyer

Blickt man auf die verschiedenen Ansätze, die im Laufe des 20. Jahrhunderts durch Meditation und Kontemplation unternommen worden sind, um dadurch auf dem inneren Weg als einem Prozess der Selbst-Werdung voranzukommen, so handelt es sich darum, sowohl geistlich-religiös wie geistig-philosophisch ausgerichtete Wege zu unterscheiden. Das hängt mit der jeweiligen Eigengestalt des Mystischen oder auch des Quasi-Mystischen zusammen, das von Fall zu Fall in Erscheinung tritt. So war beispielsweise Rudolf Steiner – wie eingangs dargestellt – zunächst in Vorträgen bestrebt, an die mystische Geistesart eines Meister Eckhart, eines Johannes Tauler, Valentin Weigel oder Jakob Böhme anzuknüpfen, freilich ohne zu historischen Formen mystischer Seelenhaltung zurückzukehren und darin zu verharren. Sein eigentliches Ziel bestand vielmehr darin, »Geistesschüler auf den Weg der Entwicklung zu bringen«[363]. Dazu war es erforderlich, eine entsprechende Methodik zu entwickeln. Er tat es, indem er eigene Meditationsmethoden entwickelte, unter anderem in seiner Schrift »Wie erlangt man Erkenntnisse der höheren Welten?« sowie in einer Reihe weiterer Werke und Vortragswortlaute.[364]

Damit ging er über die Praktiken der anglo-indischen Theosophie H. P. Blavatskys und ihrer Vorläufer sowie ihrer Anhänger und Nachfolger hinaus.[365] Dabei legte er spätestens seit der noch im organisatorischen Rahmen der von ihm als Generalsekretär der deutschen Sektion der Theosophischen Gesellschaft gegründeten Anthroposophischen Gesellschaft (1912) großen Wert auf die Eigengestalt seiner meditativen Anleitungen. Eine wichtige Position stellt des Weiteren die Herstellung eines »leeren Bewusstseins« dar, also etwa analog zur gegenstandsfreien Meditation oder Kontemplation. Offensichtlich ist Rudolf Steiner einer der Ersten gewesen, die in diesem Jahrhundert an das meditative, auf spirituellen Erkenntnisgewinn zielende Leben herangeführt haben. Er hat bis heute in der Anthroposophie Gültigkeit. Auf einem anderen Blatt steht, inwieweit die Anhängerschaft wirklich meditiert und zu eigenen Erfahrungen gelangt ist oder ob das Gros der Mitgliedschaft – abgesehen von den vielseitigen lebenspraktischen Umsetzungen – sich bereits mit der bloßen Rezeption der Steinerschen »geisteswissenschaftlichen« Forschungsergebnisse zufrieden gibt. Jedenfalls hatte er selbst bereits Anlass, darauf hinzuweisen, dass ein seelenpassives Konsumverhalten dem anthroposophischen Streben nicht angemessen sei.

Streng genommen kommt die mystische Dimension erst dort zur Geltung, wo die an Gegenstände (Bilder, Symbole, Worte) gebundene Meditation sich dieser Objekte entledigt und zur Kontemplation übergeht. Das Wort deutet bereits auf Wesentliches hin, leitet es sich ja von lat. *contemplari*, beschauen, in einem (ungegenständlichen) templum, ab, das heißt im Bewusstsein der Gottesgegenwart und des Numinosen verharren. Raimondo Panikkar bietet hierfür eine Charakteristik:

»Für die Kontemplation ist das Überschreiten der raumzeitlichen Kategorien der einzig mögliche Weg, um bewusst in der Welt zu leben und an dem Prozess des Seins teilzuhaben, der weiterschreitet. Die Kontemplation sucht nicht rationales Verstehen, ist aber auch kein Akt der Imagination. Sie ist tatsächlich Teilhabe an der Wirklichkeit des Betrachteten, wirkliches Teilnehmen an den Dingen, die man ›sieht‹, dynamisches Identifizieren mit der Wahrheit, die man erfährt ... So ist Kontemplation eine Erfahrung, nicht ein Experiment. Nur der Kontemplative vermag in zwei oder mehr verschiedenen religiösenTraditionen zu leben und somit eine vermittelnde und ergänzende Rolle zu spielen.«[366]

An dieser Stelle ist auch der aus der bayerischen Landeskirche kommende Theologe Friedrich Rittelmeyer (1872–1938) zu nennen, weil er sich in seiner zweiten Lebenshälfte zwar als Schüler Rudolf Steiners bekannte, aber in dem Bestreben, das religiöse Leben und damit die Selbst-Werdung des Menschen im Sinne einer geistlichen Persönlichkeitsreifung zu fördern, eine betrachtende Weise der Meditation empfahl. In der Meditation als solcher erblickte er das Gebot der Stunde. Schon als evangelischer Gemeindepfarrer in Würzburg, Nürnberg und Berlin (bis 1922) ging es ihm in zeitweiliger Zusammenarbeit mit dem Nürnberger Pfarrer Christian Geyer (1862–1929) darum, in deutschlandweit viel beachteten Predigten seine jeweilige Gemeinde zu einer betrachtenden Verinnerlichung der Evangelien anzuleiten. Intensivieren konnte er diese Bemühungen – zusammen mit einer Belebung des kultisch-sakramentalen Lebens – im Rahmen der von ihm (1922) mitbegründeten »Christengemeinschaft«. Sie begriff er als eine *Bewegung für religiöse Erneuerung.* Seine Motivation für die Verstärkung der Meditation drückte er Anfang der zwanziger Jahre vorausschauend so aus:

»Wir gehen einer Zeit entgegen, wo die Menschen ganz anders als in den jetzigen Zeiten ihre *Selbsterziehung* werden in die Hand nehmen müssen. Das ist nicht eine willkürliche Weissagung, sondern eine Entwicklungsnotwendigkeit, die man an vielen Stellen der Gegenwart gleichsam ablesen kann ... Das große Heilmittel einer zukünftigen Menschheit zum inneren Vorwärtskommen wird die Meditation sein. Alles andere, was man sonst nennen mag, um den Menschen innerlich zu fördern: moralische Ideen festhalten, Bibel lesen, große Persönlichkeiten wirken lassen, Kunst aufnehmen – gewinnt seine Förderungskraft, seine Verwandlungskraft, seine Verwandlungsmacht genau in dem Maße, als es *Meditation* wird.«[367]

Von Mystik im engeren Sinn des Wortes ist hier nicht die Rede, wohl aber von »innerer Ordensstiftung«, also von einer Initiative, die einem spirituellen, einem inneren Weg entspricht und insofern mit Mystik zumindest korrespondiert. Zwar verweist Rittelmeyer darauf, wie viel an geistiger Förderung er durch Steiners Anthroposophie empfangen habe. Zu beachten ist aber zweierlei: Zum einen finden sich bereits in Texten und Predigten des jungen Pfarrers deutliche Verweise auf sein inniges Verlangen nach einem *Leben in Gott.* Dazu die Erinnerung: »Ihr Höchstes, Zartestes, Edelstes erreicht keine Seele ohne harte Zucht, ohne Umschaffung des Leibes zum geheiligten Gehilfen des Geistes. *Sei dein eigener Ordensstifter,* so streng als klug als zielbewusst.«[368] Schon hier wird deutlich, dass Rittelmeyer auf das selbsterzieherische Element setzt. Es wird andererseits ergänzt und vertieft durch das mystische »Ruhen in Gott«, das heißt durch eine Weise des Gelassenseins.[369]

Sein bis heute mehrfach aufgelegtes Buch »Meditation« (1929), das den ursprünglichen Untertitel »Zwölf Briefe über Selbsterziehung« trägt, systematisiert seine Anregungen für den inneren Weg anhand des Johannesevangeliums. Offen bringt der Verfasser zum Ausdruck, wie viel er Rudolf Steiner für sein eigenes Innenleben

verdankt, auch wenn er hervorhebt, inwiefern er für das Johannesevangelium mancherlei Anregungen empfangen hat, etwa mit seinem Hinweis:

»Wenn jemand die ersten fünf Verse des Johannesevangeliums
regelmäßig morgens nur etwa fünf Minuten lang ernsthaft in der Seele
da sein lässt, so wird sich im Lauf einiger Jahre sein ganzes Seelenle-
ben verwandeln … Die ersten mächtigen Sätze des Johannesevangeliums können vor allem dazu dienen, dem Menschen eine gewisse
Größe des Lebens, eine überpersönliche Weltentiefe, einen weiten
Lebensatem, einen einheitlichen großen Lebensstil zu geben. Dies ist
in der verwirrenden Fülle der Einzelheiten des Lebens eine hohe
Wohltat.«[370]

Unverkennbar ist andererseits, inwiefern sich Rittelmeyer hinsichtlich Ausformung und Durchführung der Meditation von Steiners Anleitungen abhebt. Jedenfalls erblickt der Theologe seinen Lebensauftrag
darin, aus dem Evangelium heraus religiös erneuernd zu wirken. Eine
Übernahme anthroposophischer Anschauungen ist letztlich nicht erforderlich. Sein Meditationsbuch ist in der Weise komponiert, dass er
drei Siebenergestalten nacheinander in die Mitte der Betrachtung
rückt: sieben johanneische Ich-Bin-Worte; sieben Stufen, die durch die
Passion zur Auferstehung und Himmelfahrt Christi führen; sodann
sieben Christustaten. Die Worte, die Lebensstufen und die Zeichenta-
ten entsprechen einer Arbeit an den Fähigkeiten des Denkens, des
Fühlens und des Wollens. Durch die Meditation soll der seelische Organismus gleichsam »durchchristet« werden.

Die wiederholten Neuauflagen des Buches gehen nicht zuletzt
darauf zurück, dass nicht nur Anthroposophen oder Mitglieder der
Christengemeinschaft seit Jahrzehnten von diesem Buch Gebrauch
machen. Der einstige evangelische Indienmissionar Friso Melzer
(1908–1998), der aus seiner Distanz zur Anthroposophie keinen Hehl
gemacht hat, merkt an: »Während uns Steiner mehr als der intellek-
tuell Erkennende und Denkende erscheint, entfaltet Rittelmeyer die
Kräfte des Herzens in echter Meditation. Vor allem: Er richtet sich
auf Christus, und zwar auf … das Christus-Zeugnis des Johannesevangeliums … Soweit im Abendlande ein Einzelner bereits Johannes
von sich aus verstehen und auslegen konnte, hat Rittelmeyer es ver-
mocht. Vielleicht ist er deswegen zu weit nach der einen Seite gegangen, weil die Theologie seiner Zeit zu weit nach der anderen gefallen
war.«[371]

Die Bibel ist der Menschheit von den göttlich führenden Mächten nicht zum flüchtigen Lesen gegeben, sondern zum innersten Verarbeiten. Sie enthält tatsächlich die Wege zu allen höchsten Höhen des Menschentums. Sie kann und sollte von der Menschheit in viel gründlicherer und zugleich freierer Weise zum Eigenleben gemacht werden, als in der Vergangenheit je geschehen ist.[372]

Eine Zeit der allgemeinen Krisensituation im gesellschaftlich-politischen wie im geistig-religiösen Leben zeichnete sich schon vor Ausbruch des Ersten Weltkriegs ab. Aber durch das Kriegsgeschehen und seine in vieler Hinsicht bedrückenden Folgen wurde die Lage in bestürzender Weise offenbar. Viele empfanden dies als Aufruf zu Besinnung und Neubeginn. Die Zeit individueller wie kollektiver Zusammenbrüche zwang die Einsichtigen zur Umkehr. Geweckt wurde das Verlangen nach einer Wiederbelebung, wenn nicht nach einem grundlegenden Neuansatz des geistigen Lebens, und zwar innerhalb wie außerhalb der Kirchen. Der durch die notvollen Ereignisse erzwungenen Extraversion folgte das Bedürfnis, einen Weg nach innen zu suchen und schließlich konsequent zu gehen.

Die erwähnte, um Friedrich Rittelmeyer gescharte, 1922 in Dornach bei Basel gestiftete Christengemeinschaft war davon ausgegangen, dass die konfessionellen Kirchen, Katholizismus wie Protestantismus, den zu erwartenden Neubeginn nicht zu leisten vermöchten. Es bedürfte so etwas wie einer *neuen Offenbarung*, zumindest eines religionserneuernden Impulses. Durch die Anthroposophie schien diese weltanschaulich gegeben zu sein, im gottesdienstlichen Leben bis hin zu neu formulierten kultisch-sakramentalen Wortlauten und Riten. Aber auch innerhalb der beiden Kirchen regte sich der Wille, die schmerzlich empfundenen Defizite auszugleichen: Im Katholizismus machten sich »Reformkräfte« bemerkbar, die unter anderem im Zusammenwirken mit religiös gestimmten Gruppierungen aus der Jugendbewegung belebende Anregungen zu geben versuchten. Das geschah unter anderem durch den Theologen und späteren Hochschullehrer Romano Guardini sowie, was eine Rückbesinnung auf die reiche liturgische Tradition der alten Kirche anlangt, mit dem Benediktiner Odo Casel.

Protestantischen Ursprungs und ebenfalls von Kreisen der Jugendbewegung begleitet, formierten sich die »Berneuchener«, genannt nach dem Gut Berneuchen, ihrem einstigen Tagungsort in der Neumark. Von ihnen ging unter dem späteren lutherischen Bischof Wilhelm Stählin und dem Pfarrer Karl Bernhard Ritter[373] die 1931 zur Michaeliszeit in Marburg gestiftete evangelische »Michaelsbruderschaft« aus. Wie die Seelenlage nach Kriegsende von dieser Minderheit eingeschätzt wurde, drückte der vom Bund deutscher Jugend kommende Stählin so aus: »Zu einer Zeit, da unsere Kirche nach dem Urteil der meisten unerschüttert dastand, hatte uns ein tiefes Erschrecken über den inneren Zustand dieser unserer Kirche und die Sorge um ihre Zukunft zusammengeführt.«[374] Und K. B. Ritter knüpfte »nach einem Menschenalter« daran an: »Die Grundfrage, die uns damals bewegt hat und immer wieder bei den nachfolgenden Konferenzen bedrängte und nicht losließ, lässt sich vielleicht auf die Formel bringen: Wie es geschehen könne, dass die Kirche Jesu Christi in allen ihren Lebensäußerungen, in ihrer Verkündigung, ihrer Verfassung und ihren Lebensordnungen, in ihrem Gottesdienst, in ihrem Umgang mit der Heiligen Schrift, in ihren praktischen, handelnden Stellungnahmen zu den sozialen und kulturellen Problemen unserer Gegenwart eine überzeugende Gestalt gewinne. Es ging uns um die Frage der Verwirklichung der Kirche.«[375]

Zunächst dies, um anzudeuten, in welchem Zusammenhang und aus welchen Bestrebungen heraus in den beiden Nachkriegsjahrzehnten meditative Wege gesucht worden sind: In den genannten kirchlichen Vereinigungen mit ihrem je eigengestalteten spirituellen Leben entdeckte man die Meditation von Neuem. Der katholische Theologe und Religionsphilosoph Romano Guardini (1885–1968)[376] leitete Anfang der dreißiger Jahre auf der Jugendburg Rothenfels am Main zu meditativen Übungen an.[377] Durch den in freimaurerischen Zusammenhängen aktiven Internisten und Nervenarzt Carl Happich (1878–1947) ließen sich Berneuchener und Michaelsbrüder übend mit der Meditation bekannt machen.[378] Wichtig war ihnen, dass die Einführung zum ursprünglichen Sinn durch persönliche Einweisung und Begleitung erfolgen solle, etwa analog zum Starez in den Ostkirchen oder zum Guru in hinduistischen Zusammenhängen. Mit diesem Bedenken über das Fehlen eines solchen Erfahrenen weist Ritter auf das auch von seinem Kreis geschätzte Rittelmeyersche Meditationsbuch hin.[379] Wichtig war hierbei stets, vor allem bei dem durch Steiner beeindruckten Rittelmeyer, dass die christlich verantwortbare Meditation nur bei klarem Bewusstsein und in voller Freiheit von etwaigen bewussten oder unbewussten Beeinflussungen vollzogen werden solle. Mediumistische, Trance verursachende oder suggestiv-selbstsuggestive Faktoren waren somit auszuschließen. Zum späteren Schülerkreis Happichs gehörte nach eigenem Geständnis Friso Melzer, der nach Beendigung des Zweiten Weltkriegs und seiner Rückkehr aus dem indischen Missionsdienst Meditationskurse gab und über seine Erfahrungen publizierte.[380]

Ähnlich wie nach dem Ersten Weltkrieg, so belebte sich auch nach dem Zweiten das Interesse an meditativen Praktiken. Dazu trugen Anregungen bei, die durch Yoga und Zen ausgelöst wurden. Es kam zu einer Art *Meditationswelle*. Da konnte es infolge einer oft verflachenden Breitenwirkung ohne Verfälschungen und Veräußerlichungen nicht abgehen, insofern das, was man Meditation nannte, bisweilen zum Zweck der Durchsetzung irgendwelcher Interessen, zum Beispiel der Leistungssteigerung, seinem Wesen entfremdet wurde. Ähnliches geschah im Zeichen einer ebenfalls veräußerlichten und damit verfälschten *Esoterik*[381], in deren Folge die alsbald sich einstellende Kommerzialisierung widerliche Blüten trieb. Das Esoterische geriet dadurch in Misskredit. Da wie dort ging durch eine derartige Verkennung des Ursprünglichen der mystische Kern verloren. Außer Acht gelassen wurde auf diese Weise auch das Motiv der Selbst-Erziehung und der Persönlichkeitsreifung, wie es bei Rittelmeyer, Happich, Ritter und anderen mitintendiert war.

Spirituell-therapeutische Bestrebungen

Zwei Motti stehen am Eingang einer Dokumentation, die über die Veranstaltungen berichten, die auf Initiative des Stuttgarter Arztes und Psychotherapeuten Wilhelm Bitter (1893–1974) zurückgehen:

> *Die größten Ereignisse – das sind nicht unsere lautesten,*
> *sondern unsere stillsten Stunden.*
>
> Friedrich Nietzsche

> *Wer unbetrübt und lauter sein will,*
> *der muss eines besitzen:*
> *das ist die innere Einsamkeit.*
>
> Meister Eckhart

Wilhelm Bitter hatte zusammen mit dem katholischen Pfarrer Hermann Breucha und einem gemischten Mitarbeiterkreis 1949 in Stuttgart die »Gemeinschaft Arzt und Seelsorger« ins Leben gerufen, die heute die Bezeichnung »Internationale Gesellschaft für Tiefenpsychologie« trägt. In jährlichen Kongressen treffen sich seitdem in diesem Rahmen Menschen, die in Heil- und Seelsorgeberufen tätig sind, zur gemeinsamen Arbeit. Es kennzeichnet die Intentionen dieser Gemeinschaft, dass die Meditation und verwandte seelentherapeutische Verfahren – zumindest in ihrer Anfangszeit – ins Zentrum der Bestrebungen gehört haben. In diesem Zusammenhang war auch das Thema der Mystik tangiert. Anders gesagt: In diesem in mehrfacher Hinsicht qualifizierten Kreis von Ärzten, Seelsorgern, Tiefenpsychologen und Meditationslehrern, der – was eigens zu betonen ist – jeweils durch Männer wie durch Frauen repräsentiert war, hatte die Mystik, soweit sie Gesprächsgegenstand sein kann, im 20. Jahrhundert Raum gefunden. Mitwirkende waren beispielsweise Karlfried Graf Dürckheim, Friso Melzer, Hugo Rahner, Hugo Enomiya-Lassalle, Karl Bernhard Ritter, Alfons Rosenberg. Aus der Sparte der Tiefenpsychologie war und ist der Anteil der Jungianer beträchtlich.

So legte Wilhelm Bitter nachdrücklich Wert auf eine *synoptische*, das heißt auf Zusammenschau verschiedener Forschungs- und Sichtweisen gerichtete Beiträge, um die Grenzen etwaiger Schulmeinungen nach Möglichkeit von Fall zu Fall im Dialog zu überwinden. Thematisiert wurde die Frage des Wandlungsgeschehens in der Mystik.[382] Zwei nicht weniger ertragreiche Tagungen (1957) widmete man der Meditation in Religion und Psychotherapie.[383] Waren die Mitwirkenden bei diesen ersten Veranstaltungen in der Hauptsache Ärzte, Psychotherapeuten und Theologen, so ist die Jahrestagung von 1967 eigens hervorzuheben. Sie stand unter dem Thema »Abendländische Therapie und östliche Weisheit«[384] und fand auf Schloss Elmau/Oberbayern statt. Hier erweiterten erstmals Gelehrte und spirituell Erfahrene aus Indien und dem Fernen Osten den geistigen Horizont. Zu den Vorträgen kamen Übungen hinzu, zum Wort der erlebbare Vollzug.

Schließlich sei erwähnt, dass die meditative wie die mystische Thematik und deren Pflege im Rahmen der evangelischen und katholischen Akademien sowie in kirchlichen wie nichtkirchlichen Exerzitienhäusern praktiziert wurden. Hatten Graf Dürckheim und der Jesuit Hugo Enomiya-Lassalle in der Elmauer Tagung Übungen angeboten, so gab dies wiederum den Anstoß, auch andernorts mit einer gewissen Regelmäßigkeit ähnlich zu verfahren. Zu nennen ist der kurz darauf entstandene »Frankfurter Ring«, gemeinsam initiiert durch Dürckheim und Enomiya-Lassalle. Zu den Praktikern des geistlichen Lebens wären an dieser Stelle noch eine Reihe anderer Persönlichkeiten zu nennen, die mit verwandten Zielsetzungen, aber ohne besondere organisatorische Anbindung bereits bestehende Institutionen das spirituelle Leben befruchtet haben. Graf Dürckheim baute zusammen mit seiner Frau Maria Hippius-Gräfin Dürckheim in Todtmoos-Rütte 1951 die »Existential-psychologische Bildungs- und Begegnungsstätte«, zugleich »Schule für Initiatische Therapie« auf. Andere Dürckheim-Schüler bauten in eigener Initiative Exerzitienhäuser auf. Um Alfons Rosenberg bildete sich ein privater Schüler- und Freundeskreis. Wenn daher von Mystik im 20. Jahrhundert die Rede ist, sollte an das namentlich gar nicht immer zu kennzeichnende Geflecht von kleinen und kleinsten Menschenkreisen gedacht werden, die je auf ihre Weise versucht haben, einen Weg in die Mitte zu gehen. Eine besondere Ausformung solcher Bestrebungen stellt die interkonfessionell ausgerichtete »Gesellschaft der Freunde christlicher Mystik« dar, die in Jahrestagungen und regionalen Konventen zusammentritt.[385]

Unter westlich-östlichem Spannungsbogen

Der Anteil östlich-fernöstlicher Religiosität und Mystik hat auf die Wiederbelebung mystischer Geistigkeit in der westlichen, bislang christlich tingierten Welt seit Langem einen erheblichen Anteil. Sandten die Kirchen Europas und Amerikas Jahrhunderte lang ihre Missionare mit der Absicht der Verbreitung des Christentums hinaus, um gleichzeitig die jeweils heimischen Religionen zurückzudrängen, so kam es im Laufe der Jahrzehnte zu einer ungeahnten Gegenbewegung. Die war nur für jene erstaunlich, die die herkömmliche Kirchlichkeit für das Maß aller Dinge hielten oder Religion mit einer Sammlung von leblos gewordenem Katechismuswissen verwechselten. Nicht zu verkennen ist die Tatsache, dass die sogenannte Heidenmission der Kirchen und Konfessionen über einige Jahrhunderte mit dem von imperialistischen Ansprüchen verknüpften Kolonialismus verbunden war – ein Geschichtsabschnitt, der abgelaufen ist. Inzwischen hat sich der Prozess der allgemeinen Globalisierung, samt der vieldiskutierten Migrationsbewegungen, auch auf dem interreligiösen Feld ausgewirkt. Mit anderen Worten:»Die Problematik der Pluralität der Religionen und ihrer Beziehung zueinander ist heute eine Menschheitsfrage geworden.«[386]

Längst gehört die Anwesenheit hinduistischer, buddhistischer oder islamischer Religionsvertreter wie selbstverständlich zum allgemeinen Erscheinungsbild in der westlichen Welt, so problematisch deren Auftreten von Fall zu Fall empfunden worden sein mochte. Dazu gehören verschiedene Schulen des Yoga. In katholischen Klöstern und evangelischen Exerzitienhäusern (u. a. Akademien) finden Zen-Kurse statt. In Gestalt des Sufismus ist der Islam als Mystik – freilich nicht nur er – bekannt geworden. Wie die sich manifestierenden Probleme in der Öffentlichkeit gesehen werden, zeigt sich, wenn im Zentrum einer Großstadt eine Moschee gebaut werden soll und um die akzeptierbare

Höhe der zu errichtenden Minarette gestritten wird, während christliche Kirchen in islamischen Ländern tabuisiert sind.

Das Zusammentreffen mit den Religionen und den darauf basierenden Philosophien sorgte für allerlei Irritationen, selbst dort, wo man im Zeichen der Ökumene sich um eine Annäherung der verschiedenen Konfessionen bemühte. Aus »kirchlicher Verantwortung« heraus betonte der erste Generalsekretär des Ökumenischen Rates der Kirchen, der Holländer Willem A. Visser't Hooft, wie sehr man christliche Einigungsbestrebungen von einem religiösen Synkretismus unterscheiden müsse.[387] Visser't Hooft bezeichnete es als »die große Tragödie der letzten Jahrhunderte, dass das Christentum sich nicht richtig auf diese neue Begegnung mit der einen Welt vorbereitet hat«[388]. Der verhältnismäßig gute Erfolg der christlichen Missionen in den letzten 150 Jahren dürfe die Kirchen nicht blind machen gegenüber der Tatsache, dass das Christentum aufs Ganze gesehen an einer Verdunkelung der universalen Elemente seiner Botschaft gelitten habe. Groß war noch über die Jahrhundertmitte hinaus die Befürchtung, dass es gar nicht allein um eine Begegnung der Religionen gehe, sondern um eine Vereinnahmung, etwa im Sinn früherer Buchtitel: »Indien greift nach uns« oder weiter gefasst: »Asien missioniert im Abendland«.[389]

Augenfällig wurde diese so gedeutete Erscheinung bereits in der zweiten Hälfte des 19. Jahrhunderts, als sich eine Wende der kolonialistisch geprägten Epoche abzuzeichnen begann. Ein Signal stellte die Agitationsarbeit der Russin Helena Petrovna Blavatsky (1831–1891) und des amerikanischen Colonel Henry Steel Olcott dar, die gemeinsam 1875 in New York die anglo-indische Theosophical Society begründeten. Wie am Beispiel Rudolf Steiners gezeigt, erfuhr diese östliche Theosophie im Westen eine Transformation.[390] Von den in Indien tätigen Missionaren wurden die auf Hochschätzung und Erneuerung östlicher Religionen angelegten Aktivitäten dieser Theosophen in Asien als Infragestellung und Beeinträchtigung ihrer Wirksamkeit erachtet.[391] Ein anderes Fanal stellte der ominöse Kongress der Religionen auf, der 1893 in Chicago stattfand und auf dem unter anderem der Hindu Swami Vivekananda (1863–1902) mit Nachdruck und Erfolg östliche Geistigkeit präsentierte und im Westen einführte. Die Friedensethik des Mohandas K. Gandhi (1869–1948), respektvoll *Mahatma*, große Seele, betitelt, imponierte weltweit Ungezählten durch seine beispielhafte politisch-religiöse Tätigkeit. Eine auf anderer Ebene wirksame Persönlichkeit ist die des XIV. Dalai Lama. Der japanische

Zen-Buddhist Daisetz Teitaro Suzuki (1870–1966) hat, wie kaum ein Zweiter, die Zen-Lehre in Wort und Schrift von den USA aus verbreitet. Auf akademischer Ebene wäre Sarvapalli Radhakrishnan zu nennen, der sich als Politiker und Religionswissenschaftler einen Namen machte und 1961 in Frankfurt mit dem Friedenspreis des deutschen Buchhandels dekoriert wurde.

Wie bekannt, ließen sich viele weitere Namen und Daten anfügen. Im Folgenden soll es nun darum gehen, jenen ein Augenmerk zu schenken, die jeweils auf ihre durchaus unterschiedliche Weise dazu beigetragen haben, die Ergänzungsbedürftigkeit des westlichen Religionsdenkens durch die Begegnung mit der östlichen Esoterik zu zeigen und diese in ihrer Bedeutung für das mystische Erleben beispielhaft zu erproben.

Bede Griffiths
Hochzeit von West und Ost

Es gehört zu den Charakteristiken der christlichen Mystik im 20. Jahrhundert, dass der Weg nach innen nicht allein innerhalb des westlichen Denkens und Erlebens begangen worden ist. Die Weisheits- und Frömmigkeitspfade des Ostens konnten nicht länger nur zur Kenntnis genommen werden. Philologie und Religionswissenschaft früherer Jahrhunderte hatten wesentliche, freilich nur äußere Voraussetzungen für ein tieferes Eindringen in die relativ fremde Welt östlicher Spiritualität und Intellektualität geschaffen. Und das Hauptinteresse der Kirchen des Westens mit der Vielfalt ihrer Konfessionen bestand einst so gut wie ausschließlich darin, das Evangelium zu verbreiten, mit der Taufe Mitglieder zu gewinnen und durch karitative Aktivitäten die Liebe Christi auf dem Missionsfeld Gestalt werden zu lassen. Rudyard Kiplings einst vielzitierte These: »Oh east is east and west is west and never the twain shall meet!« hatte beinahe zusehends an Gültigkeit verloren. Denn als eine Weise innerer Erfahrung ist Mystik an keinen Kontinent und an keine Religion gebunden, wenngleich die Eigengestalt christlicher Mystik im Gegenüber zu jeder anderen nicht zu verkennen ist. Das Gleiche gilt für die Spiritualität aus der Sicht anderer Glaubensrichtungen. Konkret wird die gleichzeitig innere Bezogenheit wie die Besonderheit, wenn man den Blick auf Beispielgestalten richtet, die unter dem spirituellen west-östlichen Spannungsbogen Zeichen gesetzt haben.

Ein solches mystisch geprägtes exemplarisches Christenleben hat der Engländer Bede Griffiths (1906–1993) verkörpert. Raimon Panikkar, schon durch Geburt selbst ein westlich-östlich geprägter Christ, der ihn beim Sanskritstudium unterstützte, erblickte in ihm einen der wenigen spirituellen Meister seiner Zeit. Und Yehudi Menuhin nannte Griffiths einen Zeugen für die Weisheit in den großen Religionen, einen Zeugen der Gottesgegenwart, die im Osten wie im Westen in je eigentümlicher Weise erfahren werden kann. Andere, die auf die mystische Grundhaltung Pater Bedes blickten, nannten ihn einen »Tiefseetaucher des Glaubens« (R. Schermann).[392]

Als Alan Richard Griffiths wurde der Sohn mittelständischer anglikanischer Eltern am 17. Dezember 1906 in Walton-on-Thames, unweit von London, geboren. Nach langer Selbstprüfung kam der junge Mann zu dem Ergebnis, dass er nicht länger bei seinem angestammten Bekenntnis bleiben könne. Insofern genügte ihm die Mitgliedschaft in der seit dem Reformationsjahrhundert existierenden anglikanischen Kirche nicht. Ihn verlangte danach, einen unmittelbaren Anschluss an die Frömmigkeit der alten Kirche zu finden und in innerer Konsequenz schließlich ein mönchisches Leben zu führen. Dabei war ihm bewusst, welchen Schmerz er seiner Mutter durch die Konversion zufügte, als er sich 1932 an die katholische Kirche anschloss. Ein Jahr später trat der 27-Jährige als Novize in ein englisches Benediktinerkloster ein. Den Ordensnamen *Bede* nahm er mit Ablegung der ewigen Gelübde an – genannt nach *Beda Venerabilis*, einem durch seine angelsächsische Gelehrsamkeit als ehrwürdig gehaltenen Mönch aus Northumbrien des frühen 8. Jahrhunderts. 1940 wurde Bede Griffiths zum Priester geweiht.

Letztlich ging seine frühe Glaubensentscheidung auf innere Erlebnisse zurück, die für ihn lebenbestimmend wurden. Einmal widerfuhr dem Jugendlichen Folgendes: Er war allein zur Zeit des Sonnenuntergangs. Überraschend sah er die ihn umgebende Natur, und zwar in ungeahnter, neuer Weise. Inmitten dieser Welt ging ihm eine wie von innen verwandelte Welt auf: die untergehende Sonne, so wie er sie noch nie gesehen hatte, der Rotdornbaum, die Lerche, der leichte Nebelschleier der sich anbahnenden Abenddämmerung ... Und das nahm er als einer wahr, der in diesem Moment erschüttert der Gottesgegenwart in ihrer absoluten Andersartigkeit gewiss geworden ist. – Ein Erleben, das sich wie jedes mystische Innewerden einer einigermaßen zutreffenden Schilderung entzieht[393] und das doch oder gerade deshalb lebenslang als eine Gewissheit anhält.

Eineinhalb Jahrzehnte verblieb Bede Griffiths nach der Priesterweihe in englischen Klöstern. Groß war sein Interesse an den Weltreligionen. Ihnen galt sein Studium. Insbesondere an einer Zusammenschau der da wie dort gelebten Spiritualität war ihm gelegen. Er suchte letztlich nach der geistigen Einheit in der religiösen Vielheit, ähnlich wie jene Ordensbrüder, die wenige Jahre vor ihm dem Ruf nach Indien gefolgt waren, zum Beispiel der Franzose Pater Henri Le Saux-Abhishiktananda und der belgische Ordensmann Francis Mathieu-Acharya. An-

ders als denjenigen aus den verschiedenen Orden sowie aus nichtka-
tholischen Kirchen, die einst hinausgegangen waren, um Hindus nicht
nur zur Übernahme des Glaubens zu missionieren, sondern auch zur
Anpassung an westliche Glaubensformen und Riten zu bewegen, ging
es den Genannten um eine *andere* Weise des Christseins und Mönchseins unter östlichem Himmel. Die Hinwendung zu Christus sollte
nicht mit dem Preis einer kulturellen und spirituellen Entwurzelung
derer erkauft werden, die fürs Evangelium gewonnen werden sollten.
Dazu bedurfte es für den westlichen Menschen freilich einer nicht
gerade leichten Überwindung, nämlich eines Loslassens bisheriger
Vorstellungen und Lebensweisen.

Um die Jahrhundertmitte war die allgemeine Skepsis angesichts eines derartigen Experiments noch groß. Von orthodoxer Seite befürchtete man, dass das im Hinduismus und Buddhismus beheimatete kontemplative Leben auf Christen eine zu große Faszination ausüben
könnte, was eine synkretistische Vermengung der religiösen Gehalte
zur Folge hätte. Es bedurfte daher einer grundlegenden theologisch-
religionspolitischen Wendung der römischen Kirche, die durch das II.
Vaticanum (1962–1965) eingeleitet und bestätigt wurde, um zu einem
neuen spirituellen Ansatz zu kommen. In der Gestalt des hinduistischen
Ashrams bot sich eine Möglichkeit an, kleine Mönchsgemeinschaften
mit gleichsam urchristlichen Zügen zu gestalten. Es ging darum, anstelle
eines großen Klosters westlichen Zuschnitts überschaubare charisma-
tische Lebensgemeinschaften zu gründen, in denen sich Mönche und
Laien um einen geistlichen Hausvater und Führer (Guru) scharen, um
ihr gesamtes Leben und Arbeiten benediktinisch (*ora et labora*), zugleich individuell zu formen.

Die Parole lautete *Inkulturation,* das heißt: das Evangelium so leben,
dass die Botschaft in den jeweiligen Lebensalltag – hier nach Maßgabe
der hinduistischen Lebenswirklichkeit – eingepflanzt werde. Da hatte
der gregorianische Choral, gesungen von Männern in schwarzen Be-
nediktinerkutten und unter Wahrung der monastischen Klausur, keinen Platz. Das Leitbild gab zwar auch künftig die Regel Benedikts vor,
aber das Brauchtum der Hindus, die sparsame Kleidung der Wander-
mönche (Sanyassins) und deren Lebensart, nicht am wenigsten deren
spirituelle Traditionen, hatten eine organische Einheit neuer Prägung
zu bilden. Neben das Psalmengebet und die Schriftlesung traten wie
selbstverständlich Sanskrit-Gesänge sowie Lesungen aus den heiligen
Schriften anderer Weltreligionen. Zum christlichen Gebetskanon hat-

ten die Meditationsformen des Ostens (Yoga) zu treten. All das verlangte eine weitgehende Wandlung des Bisherigen. Das konnte ohne Schwierigkeiten oder auch ohne zeitweilige Missverständnisse da wie dort nicht abgehen.

In den Märztagen des Jahres 1955 folgte der fast 50-jährige Griffiths dem Ruf eines indischen Benediktiners und versuchte, den Prinzipien eines interkulturellen Christseins und Mönchseins zu folgen. Gerade weil er längst kein Anfänger des geistlichen Lebens mehr war, fiel ihm diese Wandlung nicht leicht, angefangen bei der Schwierigkeit, die jeweilige Landessprache zu lernen und sich tief genug mit der vielschichtigen Geistestradition Indiens vertraut zu machen. Der Religionswissenschaftler Martin Kämpchen, der selbst seit Jahrzehnten in Indien lebt, berichtet:

»Frustriert wollte Bede Griffiths bald aufgeben und zurückkehren. Theologisch und theoretisch war diese Vereinigung von hinduistischem und christlichem Mönchtum eine attraktive Idee, doch es gab keinen praktischen Ansatzpunkt. Im rechten Moment wurde ihm angeboten, in den Bergen von Kerala an der Gründung eines christlichen Ashrams mitzuwirken. Gemeinsam mit dem belgischen Trappisten Francis Acharya baute er den Kurisumala-Ashram auf.«[394]

Bede Griffiths' Indienfahrt hatte noch eine persönliche wie überpersönliche Note erhalten. Dazu trug die Bekanntschaft mit der Tiefenpsychologie C. G. Jungs bei, die er schon zuvor durch Toni Sussmann, eine während der NS-Zeit nach England geflüchtete Psychotherapeutin aus der Schule C. G. Jungs, empfangen hatte. Auf einen knappen Nenner gebracht, bedeutete das für ihn die Einsicht, dass westliches Denken durch Rationalität und durch eine starke Extraversion (Wendung nach außen) bestimmt sei. Dadurch komme jene mehr nach innen gerichtete Einstellung zu kurz; die intuitiven Seelenmöglichkeiten würden vernachlässigt. Die von ihm gesuchte Seinserhellung und -vertiefung drückte er in einem an einen Freund gerichteten Brief mit den Worten aus: »Ich will die *andere Hälfte* meiner Seele entdecken.« Der Erkenntnis dieser »anderen Hälfte« aber sei der westliche Mensch als solcher ebenfalls bedürftig. Programmatisch ist dies durch eines seiner späteren Bücher zum Ausdruck gebracht, in dem er eine Hoffnung für die Menschheit in der »Hochzeit von West und Ost« erblickt.[395] Sieht man einmal von Griffiths und seinesgleichen ab, dann wurden in der ersten wie in der zweiten Jahrhunderthälfte – vor allem durch die junge

Generation – vielfältige Versuche unternommen, auf dem Weg über Indien oder andere asiatische Regionen für sich diese »andere Hälfte« zu finden. Das geschah nicht selten deshalb, weil man nicht mehr oder noch nicht wusste, dass diese Entdeckung letztlich *in der eigenen Seele* – das heißt auf mystische Weise – zu machen ist.[396] Das schließt nicht aus, dass es Sinn machen kann, eine irgendwie geartete äußere Pilgerreise zu absolvieren, dann etwa, wenn diese gleichzeitig von einer inneren Reise begleitet ist.

Dass auch die Kirche als solche diese »Hochzeit« vollziehen müsse, wenn sie ihre zivilisations- und theologiegeschichtlich bedingten Einseitigkeiten überwinden wolle, hatte er selbst schrittweise zu lernen. Griffiths berichtet, wie es ihm und seinen Begleitern erging, als sie im südindischen Bangalore an die Arbeit gingen. Sie erwarben ein Grundstück auf dem Land, um zunächst in bisher gewohnter Weise mit dem mönchischen Leben zu beginnen. Anfangs meinten sie, ihren europäischen Lebensstil beibehalten zu können. Doch es kam anders:

»Wir trugen das traditionelle (schwarze) Benediktinergewand. Wir errichteten eine Kapelle in westlichem Stil mit Stühlen und Lesepulten. Unsere Mahlzeiten nahmen wir am Tisch sitzend ein, mit Gabeln, Messern und Löffeln. Unsere Zellen waren spärlich mit hölzernen Betten und Strohmatratzen ausgestattet, einem Tisch, einem Stuhl und einem Regal für Kleider und Bücher. Dies betrachtete ich damals als Beispiel für Einfachheit. Nur schrittweise entdeckte ich, dass nahezu alle diese Gegenstände für die Menschen im Nachbardorf unerhörten Luxus bedeuteten.«[397]

Nahezu alles musste aufgegeben werden: Sitzen kann man auf der Erde, zum Essen genügen die Hände, als Kleidung kommt ein indischer Wandermönch mit einem Minimum aus. Äußere Unterschiede zu den Gott Geweihten des Ostens bedarf es ohnehin nicht. Die generelle Einsicht lautete für Griffiths: »Es ist heute für eine Religion nicht länger möglich, sich weiterhin von anderen Religionen zu isolieren …« Auch ist uneingeschränkter Kontakt und Dialogbereitschaft anzustreben. Darin stimmt er mit all jenen überein, die auf anderem Feld die west-östliche Polarität in sich selbst gelebt haben, etwa wie der Jesuit Hugo Enomya-Lassalle, der in Japan wirkte und der Griffiths wiederholt in Indien besuchte. Werden diese Boten aus dem Westen richtig verstanden, so stellt ihr Tun nicht etwa einen Kompromiss mit einem angeblichen Irrtum dar. Vielmehr handelt es sich um einen »Prozess der Bereicherung, bei dem jede Religion sich selbst der

Wahrheit, die in einer anderen Religion gefunden wird, öffnet und die zwei Seiten in der gemeinsamen Suche nach Wahrheit zusammenwachsen. Jede Religion muss die fundamentale Wahrheit in ihrer eigenen Tradition bewahren und zur gleichen Zeit dieser Tradition sich zu entfalten erlauben, wenn sie anderen Aspekten der Wahrheit ausgesetzt wird.«[398]

So fand Pater Bede seinen eigenen Lebensstil, nachdem er die Berge von Kerala verlassen hatte, um den inzwischen vakant gewordenen, am Fluss Kavery gelegenen Ashram *Shantivanam* (Wald des Friedens) im südindischen Bundesstaat Tamil Natu zu übernehmen. Er trat damit gegen Ende des Jahres 1968 in die Nachfolge von Henri Le Saux ein, der sich als Einsiedler in die Einsamkeit Nordindiens zurückzog. Dieser Ashram mutete wie der Zusammenfluss der beiden geistigen wie geistlichen Welten von West und Ost an. »Shantivanam ist zum Mittelpunkt des inkulturierten indischen Christentums und des christlichen Dialogs mit dem Hinduismus geworden ... Für die Gäste hält Pater Bede Unterricht über die Bhagavad-Gita, die Upanishaden, jene mystischen Schriften des Hinduismus. Er verbindet seine Unterweisungen auf genial-intuitive Weise mit den heiligen Schriften des Christentums ... Abends versammelt er die Ashram-Gemeinschaft zum *Satsang,* dem freundschaftlich-erholsamen Gruppengespräch, und während des ganzes Tages empfängt er Einzelne in seiner kleinen Lehmhütte zum privaten Gespräch. Für Ungezählte ist er Guru, Seelsorger und Vorbild geworden. Viele junge Menschen hat er auch als Mönche in seine Gemeinschaft aufgenommen und gleichwohl Gottsucher aus allen Teilen der Erde zu Laienbrüdern des Heiligen Benedikt (Oblaten) geweiht. Sie sind *Christliche Sannyasins* und tragen (wie er) das orangefarbene Mönchsgewand.«[399]

So hat sich der Benediktiner aus England am Ufer des Kavery ein neues »Zuhause« geschaffen. Als er 1971 dabei ist, eine Art Zwischenbilanz zu ziehen, indem er sich für seine Freunde im Westen als *Sannyasin in Indien* in der ihm eigenen Schlichtheit des Lebensvollzugs beschreibt, stellt er fest: »Meine Seele ist ebenso weit gereist wie mein Körper. Seit 16 Jahren lebe ich als Inder unter Indern, folge der indischen Lebensweise, studiere indisches Denken und vertiefe mich in die lebendigen Traditionen des indischen Geistes. Ich blicke zurück auf das, was Indien mir gegeben hat, betrachte, wie sich mein Geist in diesen Jahren entwickelt hat, wie sich meine Lebensweise verändert hat und was in den Tiefen meiner Seele vor sich gegangen ist.«[400]

Nun kann es nicht genügen, lediglich interreligiöse Texte zu rezitieren und im Sinn eigener Glaubensanschauungen auszulegen. Deren spiritueller Gehalt muss Satz um Satz verdeutlicht und in die Lebenssituation der Anwesenden hineingesprochen werden. Eben darin sah Griffiths seinen besonderen Auftrag. Zum einen stellte er eine aus den heiligen Schriften von Christentum, Judentum, Hinduismus, Buddhismus, Islam, Shikhismus und Taoismus komponierte Weltbibel zusammen.[401] In seinem Todesjahr 1993 erschien die von ihm mit einem spirituellen Kommentar versehene deutsche Ausgabe der *Bhagavad Gita*.[402] Bedenkt man den hohen geistlichen Rang dieses über den Hinduismus hinaus bedeutsamen Dokumentes der religiösen Weltliteratur, dann kann man ermessen, was Bede Griffiths auch in literarischer Gestalt zur Gemeinsamkeit der Religionen in West und Ost beigetragen hat. Aus christlich-religionswissenschaftlicher Sicht urteilt Martin Kämpchen:»Die Leistung des Buches ist, dass es zum ersten Mal eine Bhagavad-Gita für Christen anbietet. Der Kommentar bemüht sich um den Brückenschlag hin zum christlichen Leser und Sucher.«[403]

Als ein in der praktischen Bildungsarbeit engagierter Kenner und kritischer Beobachter der indischen Verhältnisse versäumt es Kämpchen auch nicht, mit gebotener Nüchternheit festzustellen, wie begrenzt der Einsatz Griffiths' in Indien tatsächlich war. Gerade gelehrte Hindus seien erfahrungsgemäß überzeugt davon, schon genau zu wissen, welche Beziehung die Religionen zueinander besitzen und dass aus deren Sicht der vielgepriesene Dialog sich eigentlich erübrige. Somit bleibt das skeptische Resümee:»So war Bede Griffiths – gesamtindisch gesehen – *ein Rufer in der Wüste*.«[404]

Nun bestehen die geschichtlich gewachsenen Strukturen des Denkens wie des Gott-Innewerdens weiter, sei es im Christentum, sei es im Streben nach einem wechselseitigen Verständnis der Suchenden auf dem inneren Weg. Aber, so blieb Pater Griffiths überzeugt:

Wir müssen uns um die lebendige Wahrheit des Neuen Testaments bemühen. Aber das kann der westliche Geist allein nicht. Wir müssen uns auch der Offenbarung des göttlichen Mysteriums öffnen, die in Asien stattgefunden hat ... Und dabei dürfen wir auch nicht die intuitive Weisheit der sogenannten primitiven Völker übergehen, der Eingeborenen Australiens, der polynesischen Inselbewohner, der afrikanischen Buschmänner, der Indianer Amerikas und der Eskimos. Überall auf der Welt hat der allerhöchste Geist Zeichen seiner Gegenwart hinterlassen. Das christliche Mysterium ist ein Mysterium von Gottes Gegenwart im Menschen.[405]

Das göttliche Mysterium ist überall und in den Herzen aller Menschen zugegen. Es ist in jeder Religion. Das Mysterium der Kirche, welches das Mysterium des göttlichen Lebens unter den Menschen ist, muss im Lichte der kosmischen Offenbarung gesehen werden. Es reicht nicht aus, zur Bibel zurückzukehren, um die ursprüngliche Quelle des Christentums zu entdecken ... Keine Religion kann heute isoliert bleiben.[406]

Henri Le Saux
Das Feuer der Weisheit

Will man sich ein Bild vom Ertrag der Bemühungen machen, unter Einbezug der östlichen Spiritualität den Weg nach innen anzutreten, dann begegnet man nicht gerade spektakulären, schon gar nicht messbaren Wirkungen. Dergleichen entspräche ohnehin nicht dem Wesen der Mystik, die zuerst in der individuellen Seelentiefe, in der »Höhle des Herzens«, aufflammt und deren Intensität nicht abzuschätzen ist. So sind es in der Regel Einzelne und darüber hinaus kleine Freundeskreise, die derlei Unternehmungen stützen, etwa analog zu der Bewegung der sogenannten *Gottesfreunde* im Mittelalter[407]. Und doch sind Vergleiche in der Regel kaum mehr als Versuche einer Annäherung, wenn es sich beispielsweise um die Guru- oder Meister-Gestalten handelt, um die sich ein solcher Kreis bildet. Von *spirituellen Lehrern* im landläufigen Sinn zu sprechen trifft nicht, weil jene Gurus des Ostens, zu denen Sinnsuchende pilgern, um ihre Nähe zu erleben, nicht schulmäßig dozieren.[408] Und wenn sie sprechen, indem sie auf Fragen antworten, dann handelt es sich nicht um ein informatives Faktenwissen. Nicht einmal eine detaillierte Botschaft gilt es zu vernehmen. Das jeweilige Wort eines Guru ist eher als eine Art Samenkorn gemeint, das in einem etwas bewirkt, indem es keimt und spirituelles Wachstum befördert – sofern man dafür offen wird.

Aber lebt der wirkliche, der eigentliche Guru etwa nicht in unserem Innern, als der innere Meister, der der Indoktrination von außen her gar nicht bedarf? »Er lässt ohne den Lärm der Worte in der aufmerksam hinhorchenden Seele das ›Du bist Das‹, *tat tvam asi* der vedischen Rishis erklingen. Und dieser wahre Guru nimmt in dem Augenblick irgendeine äußere Form an, wenn Hilfe notwendig ist, um dem Schüler über die letzte Hürde zu helfen.«[409]

Es fragt sich, auf welche Weise das von einem geistig-kulturell fernen Horizont her Empfangene weitervermittelt werden kann. Dieser Aufgabe eines geistigen Brückenschlags hatten sich die unter einem besonderen Spannungsbogen lebenden Menschen zu stellen. Henri Le Saux (1910–1973)[410] war einer von ihnen, ähnlich wie Pater Griffiths ein *hindu-christlicher Mönch,* und doch, wie es nicht anders sein kann, ein eigengearteter Zeuge seiner individuellen Erfahrung. Von ihm stammt das Wort: »Um das Geheimnis des Gurus zu kennen, muss man ihm begegnet sein, von ihm gefangen sein; der Blitzstrahl der ersten Liebe.«

Väterlicherseits entstammt Henri Le Saux einer bretonischen Familie von Seeleuten. Wie schon bei Bede Griffiths regte sich auch bei ihm bereits im Kindesalter der Wunsch, einst Priester zu werden und mit dem Heiligen nahen Umgang zu pflegen. 19-jährig trat er in das Benediktinerkloster Sante Anne de Kergonan ein und wurde Mönch. 1935 legte er die ewigen Gelübde ab und erlangte die Priesterweihe. Es war das kontemplative Leben als solches, in dem er immer heimischer werden wollte. Damit verband er sein wachsendes Interesse für die mystische Spiritualität des Ostens, wenngleich seine ursprüngliche Motivation darin bestand, in herkömmlicher Weise zu missionieren.

In und von Indien mit seiner uralten geistig-religiösen Tradition meinte er für sich gleichzeitig eine Steigerung und Intensivierung in der kontemplativen Praxis empfangen zu können. Für ihn wie für ungezählte andere aus dem Westen wurde Ramana Maharshi (1879–1950)[411] der wegweisende Garant für die Erfüllung dieses Verlangens. Dieser »Heilige von Tiruvannamalai« vom Arunachala-Berg gilt als einer der herausragenden spirituellen Meister. Viele sehen in ihm geradezu die Verkörperung des Wegs, der vom individuellen Ich zum übergeordneten Selbst führt. Le Saux erblickte in dem Maharshi eine Gestalt, die für die Christenheit eine ganz besondere Bereicherung darstelle. In einem ähnlichen Sinn gab bereits der Indologe Heinrich Zimmer, ein Freund C. G. Jungs, zu bedenken: »Wir Abendländer sind im Begriff, an einen Kreuzweg zu gelangen, den die indischen Denker schon etwa siebenhundert Jahre vor Christi Geburt erreicht hatten.«[412]

Es waren zunächst hohe spirituelle Ideale, die den bretonischen Benediktiner mit Einwilligung seines Ordens und dem Segen seines Abts gen Osten ziehen ließen, von wo er nie mehr zurückkehren sollte. Unterstützt sah er sich durch den aus dem Burgund stammenden, 15 Jahre älteren Abbé Jules Monchanin (1895–1957), mit dem er in Briefkontakt stand und der, von ähnlichem Streben beseelt, bereits über Indienerfahrungen verfügte. In Frankreich hatte dieser sich in den Dienst der christlichen Ökumene gestellt. In Südindien galt es, vor einem sehr viel weiteren und tieferen Horizont das Christsein zu bezeugen – und zwar nicht durch die herkömmliche missionarische Predigt und lehrhafte Unterweisung, sondern durch ein gelebtes Christ-sein, ein inneres Abenteuer, das durch Offenheit für die indische Spiritualität an Substanz gewinnt. Zusammen mit Monchanin begründete Le Saux 1950 den Ashram Saccidananda (*sat* Sein, *cid* Bewusstsein, *ananda* Seligkeit) in Shantivanam/Tamil Nadu und legte sich – im Gewand des indischen Wandermönchs – den Namen *Abhishiktananda* (Freude des Gesalbten, d. h. des Christus) zu.

Bald zeigte es sich, dass ein von vielen Menschen belebter Ashram nicht das Ziel seines Erdenwegs sein könne. Er suchte die Einsamkeit, einen Ort der Stille und der vertieften Kontemplation. Deshalb verließ Pater Le Saux Shantivanam, nachdem Monchanin 1957 gestorben war. Auch hatte sich kein einziger Inder dem Ashram angeschlossen. Jahre später trat Bede Griffiths die Nachfolge seines französischen Ordensbruders an. Der pilgerte nordwärts zu den Höhlen des heiligen Berges Arunachala, also dorthin, wo Shri Ramana einst gelebt hatte. Kurz vor dessen Tod kam es noch zu einer unmittelbaren Begegnung mit dem Heiligen. Swami Abhishiktanandas Ansatz wurde von indischen Mitchristen jahrelang missverstanden, weil sie die Bekehrung herkömmlicherweise mit einem gleichzeitigen Bruch mit den bisherigen Frömmigkeits- und Lebensformen verbanden. Und nun sollte ausgerechnet ein Missionar des »christlichen« Westens sich mit Leib und Seele in die Denkungs- und Erlebnisart der indischen Weisen hüllen, die wir um Christus willen verlassen haben?

Jedenfalls stellten Ramana und der Arunachala als Zentrum hinduistischer Frömmigkeit für Le Saux eine außerordentliche Herausforderung dar, der er gerade als Christ entsprechen musste, ohne sein Christsein in Frage zu stellen, ging es doch darum, das Wagnis einer interreligiösen Existenz zu wagen[413]. Denn Ramanas Spiritualität konzentrierte sich auf die Nichtzweiheit (*advaita*), gemäß der das menschliche Selbst (*atma*) und die geistige Mitte des Universums (*brahma*) in letzter Tiefe als eins zu erfahren ist. Die christliche, mit Le Sauxs Leben und Denken vertraute Indologin Bettina Bäumer führt dazu aus:

»Die Mystik des Advaita ist eine Erkenntnismystik und Seinsmystik, die das reine Bewusstsein anstrebt, die Verwirklichung des Selbst oder des wahren Ich, die für Abhishiktananda jeder Gotteserfahrung vorausgehen muss. Der Weg zu ihr besteht nach Ramana Maharshi in der Selbsterforschung, die innere Frage ›Wer bin ich?‹, verbunden mit schweigender Meditation. Doch darf man sich keiner Täuschung hingeben: Dieser Weg verlangt eine totale Entblößung, eine innere und oft auch äußere Nacktheit, die dem Menschen nicht mehr erlaubt, sich irgendwo einzurichten.«[414]

Pater Le Saux brach einst auf, um in das Hindu-Milieu Christus als das neue Sein zu bringen. Doch nach eigenem Geständnis habe er nach und nach eingesehen, dass ihn Indien »viel tiefer in das Mysterium« habe eindringen lassen. Die Züge Christi seien ihm auf diesem Weg noch viel deutlicher geworden. In einer Tagebuchnotiz vom 14. November 1956 heißt es geradezu: »Ich war hierher gekommen, um Dich (Jesus) meinen Hindu-Brüdern bekanntzumachen, doch bist Du es, der sich mir durch ihre Vermittlung zu erkennen gab.«[415] Mit anderen Worten: Der Nachvollzug der Advaita-Erfahrung führte Abhishiktananda zu einer radikalen Reinigung und Vertiefung seiner christlichen Erfahrung, nicht etwa zu deren Minderung. Was in einer skizzenhaften Darstellung seines Strebens beinahe wie selbstverständlich erscheinen mag, darf gewiss nicht über die Mal um Mal zu bewältigenden Probleme und Glaubenszweifel hinwegtäuschen, die sich letztlich bei jeder mit innerer Folgerichtigkeit vollzogenen Christusnachfolge einzustellen pflegen. Und gerade dadurch nahm seine Existenz für jene exemplarischen Charakter an, die sich in die Lebenszeugnisse dieses hinduchristlichen Mönchs vertiefen. Darauf weist Bettina Bäumer in ihrem Porträt hin:

»Für viele Suchende, die Methoden östlicher Meditation folgen, ist er zum Symbol dafür geworden, dass es möglich ist, die indische Weisheit mit der christlichen Mystik zu integrieren, ohne in Sektierertum oder Synkretismus zu verfallen. Christliche Kontemplative finden in ihm ein Vorbild für die Erneuerung kontemplativen und nicht zuletzt eremitischen Lebens.«[416] Dazu tragen schließlich die in verschiedene Sprachen übersetzten Schriften bei, bei deren Meditation etwas von dem Feuer christlich-hinduistischer Weisheit spürbar wird.

Wenn der Hindu den Weg betritt, den die alten Rishis gewiesen haben, und die Welt seines Innern zu entdecken beginnt, jenseits der Laute, der Formen, aller Worte und Gedanken – sogar jenseits der notwendigen Erfahrung des Todes und des Nichts –, dann endlich kommt die Stunde seiner vollkommenen Erneuerung. Für den Christen bedeutet sie die Erfahrung der Auferstehung des Herrn, nachdem dieser Tod und Hölle überwunden hat. Des Menschen Begegnung mit Gott ist Neugeburt.[417]

Pierre Teilhard de Chardin
Pilger der Zukunft

Unzählige Pilgerwege nach innen kreuzen sich auf und zwischen den geistig-seelischen Hemisphären dieses Globus. Den einen wird gesagt, dass ihr Ziel in der »Höhle des eigenen Herzens« liegt; andere sehen sich beauftragt, geographisch wie beruflich in die Fremde führende Pilgerwege um eben dieses Zieles wegen zu gehen. Darin erblicken die so oder so daheim Gebliebenen bisweilen eine Verfehlung, die ihre jeweiligen Oberen auf die ihnen gemäße Weise rügen. Da ist zum Beispiel der Jesuit und Naturwissenschaftler Teilhard de Chardin, dem es als Ordensmann zu seinen Lebzeiten untersagt war, die Ergebnisse seines Forschens, verbunden mit der spirituellen Deutung seines erkennenden Glaubens, zu veröffentlichen. Von wissenschaftlicher Seite unterstellte man ihm gelegentlich einen disziplinfremden »Mystizismus«; kirchlicherseits befürchtete man unstatthafte, mit dem Dogma nicht zu vereinbarende Vermengungen von religiösen Dogmen mit naturwissenschaftlichen Hypothesen. Doch ließ sich seine literarische Hinterlassenschaft nicht unterdrücken. Denn Teilhard hatte dem Strom mystischer Erfahrung in seiner Zeit und für die Zukunft eine ganz besondere Note zu geben. So wurde sein Lebenswerk zumindest posthum bekannt. Der Geist weht, wann und wo er will.

Am 1. Mai 1881 wird Pierrre Teilhard de Chardin auf einem Landschloss in der Auvergne oberhalb von Clermont-Ferrand geboren.[418] Beide Eltern entstammen dem französischen Landadel. Seine Biographen versäumen nicht, darauf hinzuweisen, dass die fromme Mutter mit dem Philosophen Voltaire verwandt gewesen sei. Der Eintritt ins Jesuitenkolleg sichert dem jungen Mann eine gründliche Schulbildung. Bald nach der Reifeprüfung tritt der 18-Jährige in den Orden des Ignatius von Loyola ein; er wird Jesuit. Philosophische, naturwissenschaftliche und theologische Ausbildung begründen seine mehrfache Kompetenz. Er empfängt 1911 die Priesterweihe. Frühzeitig spezialisiert er sich als Paläoanthropologe, auch für Geologie und allgemeine Prähistorie. Dem Auftrag seiner Ordensleitung gemäß, bereist er von 1923 an China und die Mongolei. Dass er während der Weltkriegsjahre

1914 bis 1918 in vorderster Linie als Sanitäter gedient hat, verdient besonders hervorgehoben zu werden, weil er mit dem Fronterlebnis – vor Verdun! – die damit verbundenen Grenzerfahrungen im Angesicht des massenhaften Todes kennen lernen musste. Seine Kameraden bestätigen ihm Einsatzbereitschaft und Unerschrockenheit.

Mitten im Krieg empfängt er bereits erste visionäre Ahnungen, die auf sein späteres Schaffen hinweisen. Es entsteht der Essay mit dem programmatischen Titel »Das kosmische Leben« (1916). Vorausgestellt ist das bedeutungshaltige Leitwort:

Es gibt eine Kommunion mit Gott
Und es gibt eine Kommunion mit der Erde
Und es gibt eine Kommunion mit Gott durch die Erde.

Dieser nüchternen Aussage »Es gibt« liegt eine auf mystischer Erfahrung basierende Gewissheit zugrunde. Die dazugehörige Einführung beginnt mit der für diesen Zeitpunkt erstaunlichen Feststellung: »Ich schreibe diese Zeilen aus Überfülle von Leben und aus dem Bedürfnis zu leben; – um eine leidenschaftliche Schau der Erde auszudrücken und um eine Lösung für die Zweifel zu suchen, in die mein Handeln gerät; – weil ich das Universum, seine Energien, seine Rätsel, seine Hoffnungen liebe und weil ich zugleich mich Gott geweiht habe, dem alleinigen Ursprung, dem alleinigen Ausgang, alleinigen Endziel. Ich möchte hier meine Liebe zur Materie und zum Leben sich ausströmen lassen und sie womöglich in Einklang bringen mit der einzigen Anbetung der allein absoluten und endgültigen Gottheit.«[419]

Da stellt sich die Frage: Spricht hier der Priester oder der nach empirischen Forschungsmöglichkeiten drängende Naturwissenschaftler? Aber gibt es für ihn hier überhaupt ein Entweder – Oder? – Macht man sich Schritt für Schritt mit dem umfangreichen naturwissenschaftlichen wie spirituellen Schrifttum Teilhards vertraut, dann ist nicht zu bezweifeln, dass sich bereits in diesem ersten, am 24. April 1916 abgeschlossenen Wortlaut der mystisch Ergriffene artikuliert.

Über die Art dessen, was er unter Mystik versteht, hat er sich mehrfach geäußert. Er sagt sich (1937): »Es muss, ohne den experimentellen Bereich zu verlassen, ein Mittel geben, um in den personalisierten Zonen des Universums irgendeinen psychischen Effekt (Strahlung oder Anziehung) zu erkennen, der spezifisch an das Wirken (Gottes) gebunden ist und folglich positiv dessen Existenz verrät.«[420] Ohne sich vom religiösen Überschwang, der ihm verständlicherweise hin und wieder unterstellt wird, mitreißen zu lassen, gibt er seiner vom Glauben geleiteten Zuversicht folgenden Ausdruck:

»Wir nähern uns also trotz aller Fehlschläge und aller Unwahrscheinlichkeiten einem *neuen* *Zeitalter*, in dem die Welt ihre Ketten abwerfen wird, um sich endlich den Kräften ihrer inneren Affinitäten zu überlassen.«[421]

Gleichzeitig muss man sich klarmachen, dass ihn derartige Gedanken heimsuchen, als er seinen ausgedehnten, von diversen Europa- und Amerika-Aufenthalten unterbrochenen Forschungsreisen durch Asien sowie durch den indischen wie indonesischen Subkontinent zur Erkundung der prähistorischen Gestalt des Menschen hingegeben ist. Aber es ist eben nicht nur der naturwissenschaftlich Forschende, der den Spuren längst vergangener Entwicklungen nachgeht, wie es dem Paläologen aufgetragen ist. Angesichts der wissenschaftlichen Erträge wird er gleichzeitig einer Schau ins Gegenwärtige wie ins Zukünftige gewahr – er, der Pilger ins Zukünftige. Da wie dort bewegt er sich im »göttlichen Bereich« (*le* *milieu* *divin*); im Umgang und auf dem Weg des immer tieferen Vertrautwerdens mit Strukturen der Materie wird er mehr und mehr zum Mystiker. Er wird zu einem Mystiker besonderer Prägung, dem sich Größe und Einheit der Welt enthüllt als ein jetzt und hier und immer wieder sich ereignendes Geschehen, als ein machtvoller evolutionärer, ins Spirituelle hinein sich erweiternder Prozess. Aus seinen Worten wird alsbald deutlich, wie anders geartet und in kosmische Dimensionen ausgreifend seine Frömmigkeit war, deutlich unterschieden etwa von der innigen Jesus-Verbundenheit, wie sie beispielsweise einst Gerhard Tersteegen (1697–1769) mit pietistisch oder quietistisch eingestellten Frommen in anrührender Weise zum Ausdruck brachte. Dagegen Teilhard, den Blick ins Kosmische gerichtet:

»Die ganze Welt erwacht nun und nimmt Gestalt an. Überall auf einmal ... erscheint das gleiche Streben nach einem umfassenderen und besser geordneten Einen hin ... Dieses kollektive Erwachen ist jenem Erwachen ähnlich, das dem Einzelnen eines schönen Tages das Bewusstsein für die wahren Ausmaße seines Lebens öffnet. Darum hat es unausweichlich eine tiefe religiöse Rückwirkung auf alle Menschen. Es kann niederschlagen und erheben.«[422]

Mit dieser Vorstellung steht Teilhard nicht allein. Die Überzeugung, vor einem großen Bewusstseinsumbruch zu stehen, bewegt seit der

Jahrhundertmitte viele Zeitgenossen. Angesichts dieses Phänomens stellt sich die Frage, die er selbst formuliert: Ist eine jesuanische Christusgestalt, die man sich anhand der Evangelien in Formen und Vorstellungen der antiken Mittelmeerwelt bildet, noch geeignet, um in ihr Mitte und Ziel dieser sich heute erschließenden unbegrenzt erscheinenden Welt zu sehen? Er hält es daher mit Paulus auf dem Areopag von Athen (Apostelgeschichte 17) und bekennt: »Gott ist überall gegenwärtig und berührbar wie eine Atmosphäre, in die wir getaucht sind. Er umhüllt uns von allen Seiten, wie die Welt selbst … Er wird sich euch durch die ungeheuren Schichten des Geschaffenen hindurch überall fassbar und wirkend zeigen – ganz nah und sehr fern zugleich.«[423]

Und weil diesem *Mystiker der Materie* die Inkorporation des transpersonalen Christusgeistes von so entscheidender Bedeutung geworden ist, deshalb kann er das Heilsgeschehen nicht auf einzelne Daten oder gar auf Ereignisse der Vergangenheit rezudiert sehen. Die Menschwerdung Christi ist vielmehr zugleich eine *Parousia,* eine prozessual fortschreitende zukunftsoffene Gegenwart. Da ist es gewiss eine angemessene Entsprechung, dass etwa gleichzeitig von recht unterschiedlichen Geistern das »Prinzip Hoffnung« (Ernst Bloch), eine »Theologie der Hoffnung« (Jürgen Moltmann u. a.) und jene »Parousia« (Paul Schütz) in den Blick gefasst wird. Mit großer Dynamik geht diese Menschwerdung – wenngleich verdeckt – weiter, und zwar nicht etwa als ein naturnotwendiger Vorgang. Denn zu ihrer Vollendung bedarf sie des menschlichen Mitwirkens. Das hat für die religiös-spirituelle Praxis in Gegenwart und Zukunft Konsequenzen. Die Teilhardsche Mystik erschöpft sich daher nicht in kontemplativen Gebärden:

»Nein, Gott lenkt unsern Blick nicht vorzeitig von der Arbeit ab, die er selbst uns auferlegt hat; im Gegenteil, er ist ja gerade in dieser Arbeit ertastbar …; denn die Innigkeit unserer Vereinigung mit ihm hängt ja geradezu von der geringsten gewissenhaften Vollendung ab, die wir dem kleinsten unserer Werke geben. Üben wir uns bis zur Sättigung in dieser grundlegenden Wahrheit, bis sie uns ebenso vertraut ist wie das räumliche Sehen oder das Lesen einer Schrift. Der lebendige fleischgewordene Gott ist nicht weit von uns. Er ist nicht außerhalb der greifbaren Sphäre. Er erwartet uns vielmehr jederzeit im Handeln, im Werk des Augenblickes. Er ist gewissermaßen an der Spitze meiner Feder, meiner Hacke, meines Pinsels, meiner Nadel – meines Herzens, meines Gedankens. Indem ich den Strich, den Schlag, den Stoß, mit dem ich beschäftigt bin, bis zur höchsten natürlichen Vollendung bringe, erfasse ich das letzte Ziel, nach dem mein tiefstes Wollen strebt.«[424]

Erinnert dieses angesichts unserer eher erfolglos mageren Bemühungen Zuversicht spendende Wort nicht an Meister Eckhart? Schärfte der uns nicht ein, Gott sei »in allen Dingen zu ergreifen«? Bei dem Jesuiten ist dieser Gedanke in naturwissenschaftliche Denkformen eingebettet, namentlich in die Vorstellung der Evolution, die er in dem »Omega« oder Zielpunkt allen Werdens sieht, dem Inbegriff für den ewigen Christus im Sinne der Johannes-Apokalypse.

»Weil Christus Omega ist, ist das Universum physisch bis in sein materielles Mark von dem Einfluss seiner übermenschlichen Natur durchtränkt. Die Gegenwart des inkarnierten Wortes durchdringt alles wie ein universelles Element. Im gemeinsamen Herzen aller Dinge leuchtet sie als ein unendlich innerliches und zugleich unendlich fernes Zentrum.«[425] Jedoch durch dieses Neben- und Ineinander von Natur und Gnade, von Glaube und Naturwissenschaft, wurde Teilhard de Chardin, bald von Seiten seiner akademischen Zunft, bald von seinen kirchlichen Autoritäten, prinzipiellen Widersprüchen ausgesetzt.[426]

Teilhard de Chardin beugte sich der jesuitischen Ordensdisziplin, indem er, abgesehen von der Mitteilung wissenschaftlicher Forschungsresultate, auf eine Veröffentlichung der theologischen Schriften zu seinen Lebzeiten verzichtete. Damit waren auch seine Zeugnisse mystischer Erfahrung betroffen, deren Bedeutsamkeit letztlich durch keine Institution, auch nicht durch eine kirchliche, beeinträchtigt werden darf! Wagte Teilhard für sein Tun nicht die einst von Luther formulierte *Freiheit des Christenmenschen* in Anspruch zu nehmen, die selbst speziellen Regeln und Gelübden übergeordnet bleiben muss? Trägt doch jedes Werk, das »eine mehr oder weniger ferne und unmittelbare Rückwirkung auf die geistige Welt hat, dazu bei, Christus in seiner mystischen Ganzheit zu vollenden«.

Man bestritt Teilhards dynamisches, dem Dogma unter Umständen entgegengesetztes Wirklichkeitsbild und setzte die theologischen Texte aus seiner Feder noch nach seinem Tod am 10. April 1955 auf den Index der verbotenen Bücher! So geschehen unter anderem in Gestalt eines Dekrets des »Heiligen Officiums« vom 6. Dezember 1967, zuvor durch ein vatikanisches Monitum vom 30. Juni 1962 indiziert.

So umstritten er seitdem war, eine langjährige Teilhard-Diskussion konnten und können derartige Maßnahmen nicht unwirksam machen.[427] Sein geistig-geistliches Vermächtnis ist nach wie vor lebendig, auch wenn es im Laufe der Jahre still um den französischen Ordensmann geworden ist. Doch diese *Stille* entspricht letztlich dem Wesen der mystischen Erfahrung als solcher, die aus seinem mittlerweile weltweit verbreiteten Schriftwerk kraftvoll spricht. Es ist das Zeugnis vom mystischen Erleben der Christusgegenwart in der Materie und von der geheimnisvollen, nach Offenbarung drängenden Christustendenz, die allem Sein und Werden innewohnt – verborgenerweise. Dazu kommen noch manche geistesgeschichtliche Konvergenzen. In Mitteleuropa wäre an Rudolf Steiner zu denken;[428] im Osten etwa an das Werk des Inders Sri Aurobindo (1872–1950).[429] Dabei stößt man auf frappante Analogien, die sich bei einer Zusammenschau dieser spirituellen Denker ergeben, obwohl diese Zeitgenossen einander nie gesehen und ihre Schriften nie wechselseitig zur Kenntnis genommen haben. Und wenn Jean Gebser (1905–1973) im Ablauf der menschheitlichen Kultur- und Bewusstseinsgeschichte die Heraufkunft eines neuen Gewahrwerdens der Wirklichkeit diagnostizierte,[430] dann konnte er sich auf die Genannten wiederholt beziehen.

So gesehen kann Teilhard de Chardin nach einem Votum von Friedrich Heer als ein »Denker der Zukunft und des Kosmos« betrachtet werden[431], einer, der naturgemäß kritischer Rückfragen bedürftig ist, dessen mystische Erfahrung aber weder durch (vorläufige) empirische Fakten noch durch zeit- und traditionsbedingte Theologismen einschließlich der (angeblich) verpflichtenden Dogmen entkräftet werden kann. Von Pierre Teilhard de Chardin geht eine bewusstseinserweiternde, zugleich eine impulsierende, das eigene Leben und Tun anregende Wirkung aus, eine Wirkung, die zwar nicht durch seine Person bedingt ist, die aber mit unserem In-Christus-Sein zu tun hat:

Wir Jünger Christi dürfen nicht zögern, diese Kraft zu ergreifen, die uns braucht und die wir brauchen. Im Gegenteil, wenn wir nicht Gefahr laufen wollen, diese Kraft zu verschleudern und selbst zugrunde zu gehen, müssen wir an den Bestrebungen wahrhaft religiöser Art teilnehmen, in denen die heutigen Menschen die Unermesslichkeit der Welt, die Größe des Geistes und den geheiligten Wert jeder neuen Wahrheit so machtvoll spüren.[432]

Der Katholizismus hat mich auf den ersten Blick durch seine engen Vorstellungen von der Welt und durch sein Nichtbegreifen der Rolle der Materie enttäuscht. Nunmehr erkenne ich, dass ich aufgrund des inkar-

nierten Gottes, den er mir offenbart, nur gerettet werden kann, wenn ich eins mit dem Universum bin. Und so wird gleichzeitig mein tiefstes pantheistisches Streben befriedigt, gelenkt, gefestigt. Die Welt um mich herum wird göttlich ... Ich werde nur zum Geist gelangen, wenn ich die Kräfte der Materie bis zum Letzten freisetze. Der totale Christus vollendet sich und wird erreichbar nur im Zielpunkt der universellen Evolution.[433]

Der Christus-Universalis, in dem mein persönlicher Glaube Zufriedenheit findet, ist nichts anderes als der authentische Ausdruck des Christus des Evangeliums. Ein im Kontakt mit der modernen Welt erneuerter Christus gewiss, aber ein Christus, der vergrößert wurde, damit er selbst bleibe.[434]

Hugo Enomiya-Lassalle
Erleuchtung ist erst der Anfang

Obwohl der Zen-Buddhismus erst zu Jahrhundertbeginn in der westlichen Welt Eingang gefunden hat, ging von Zen, trotz der
Strenge seiner Disziplin, eine anregende Wirkung auf Menschen aus, die sich für diesen
anspruchsvollen Übungsweg entschlossen haben, um des Wesenhaften
teilhaft zu werden. Mit der Frage, ob es sich hierbei um Mystik handle
oder nicht, muss man sich nicht lange aufhalten, zumal es Mal um Mal
darauf ankommt, von welch einem Mystik-Verständnis man ausgeht.
Dabei spielen beim Zen die Worte und Definitionen ohnehin keine
Rolle. Immerhin gibt jene Bemerkung des in der westlichen Welt einst
nachhaltig wirkenden Zen-Lehrers Daisetz Taitaro Suzuki (1870–1966)
zu denken, der über die Nähe zwischen Zen und christlicher Mystik
erstaunt war: »Als ich zum ersten Mal ein kleines Buch mit einigen von
Meister Eckharts Predigten las, beeindruckten diese mich tief, denn
ich hatte niemals erwartet, dass irgendein christlicher Denker – gleich,
ob alt oder modern – solch kühne Gedanken hegen würde, wie sie in
diesen Predigten ausgesprochen wurden.«[435] Fast mit Bestimmtheit
hätte er darin einen Ausfluss buddhistischer Spekulation vermuten
können. Daher schien Eckhart dem prominenten Buddhisten ein »un-
gewöhnlicher Christ« zu sein.

In Deutschland setzte das Bekanntwerden des aus den Zusammenhängen des Mahayana kommenden Zen-Buddhismus verhältnismäßig
spät ein. Nach dem Religionswissenschaftler Heinrich Dumoulin SJ.
stellt Zen gemäß seinem Selbstverständnis »jene besondere Linie der
unmittelbaren Geistüberlieferung dar, die, an keine heiligen Schriften
gebunden, den ursprünglichen Weg der Buddha-Erleuchtung den späteren Geschlechtern tradiert. Er ist, kurz gesagt, die Meditationsschule
des Mahayana-Buddhismus.«[436] Zu den ersten Schriften, die an Zen als
»lebendigen Buddhismus« heranführten, gehörte eine 1925 von dem
japanischen Gelehrten Ohasama Shuei veröffentlichte, der die Über-
setzung und Interpretation beisteuerte, in Verbindung mit dem Philosophen August Faust (1895–1945), der sich – wie noch zu zeigen sein
wird – auch mit der Herausgabe der Werke Jakob Böhmes beschäftigt

hat.[437] Das vermittelnde Geleitwort von Rudolf Otto wies auf den im Grunde nicht definierbaren Charakter der Zen-Lehre hin, deren individuelle Erschließung einen spirituellen Lehrer erfordere, um der Wahrheit in Gestalt der Buddha-Natur näher zu kommen. Der befremdliche Charakter von Zen scheint die Rezeption erschwert zu haben. Erst die kleine Schrift des Erlanger Philosophieprofessors und Japan-Kenners Eugen Herrigel (1884–1955) »Zen in der Kunst des Bogenschießens«[438] fand in mehreren Auflagen eine größere und wirkungsvollere Verbreitung. Hinzu traten die zahlreichen in der westlichen Welt veröffentlichten Schriften von Daisetz Taitaro Suzuki[439]. Er gilt als Pionier, dem der Brückenschlag zwischen Ost und West gelungen ist. Gerade er hat Ungezählte an Zen herangeführt, zumindest auf der Ebene der Information und der intellektuellen Kenntnisnahme, die natürlich keinen Ersatz für den letztlich entscheidenden praktischen Vollzug darstellt.

Nicht unerwähnt bleiben darf sodann die Tatsache, dass Zen gegen die Jahrhundertmitte und darüber hinaus im Westen Interpretationen und Aneignungen erfahren hat, die modische, wenn nicht verfälschende Züge annahm, wie sie Ernst Benz schon frühzeitig unter die kritische Lupe zu nehmen hatte. Denn vor den Zen-Buddhismus schob sich geschäftstüchtig ein irritierender Zen-Snobismus[440]. Vor diesem Hintergrund nehmen jene eine besondere Position ein, denen an einer ernsthaften Begegnung zwischen westlichem Denken wie zwischen christlichem Glauben und fernöstlicher Spiritualität gelegen war und die in Japan eine Zen-Initiation erhalten hatten. Mit unterschiedlichen Motivationen traten sie den Weg ins Land der aufgehenden Sonne an, sei es als Missionare der evangelischen oder katholischen Kirche, sei es mit wissenschaftlichen oder gar ideologischen Interessen. Es handelt sich um eine religionsgeschichtliche Parallele zu den Indien-Missionaren, die sich um eine Inkulturation des Christentums bemühten.

Was Zen und dessen Befruchtungen der christlichen Mystik anlangt, so kommt dem Beitrag des Jesuiten Hugo Lassalle (1898–1990) vor vielen anderen eine besondere Bedeutung zu.

Er entstammte einer katholischen Familie, geboren in Externbrock/ Westfalen. Doch der Name erinnert an seine hugenottischen Vorfahren, die mit Aufhebung des Edikts von Nantes 1685 durch den »Sonnenkönig« Ludwig XIV. über Südfrankreich, dann über die Schweiz nach Deutschland fliehen mussten. Im dritten Weltkriegsjahr 1916 wurde Hugo Lassalle 18-jährig einberufen. Als Soldat kämpfte er an der Westfront, wo er 1917 verwundet und 1919 aus dem Militärdienst entlassen wurde. Wie sich zeigte, entsprach der Eintritt in die niederdeutsche Provinz des Jesuitenordens seiner Lebenseinstellung, das heißt eines rückhaltlos einsatz- und opferbereiten, asketisch gesonnenen Menschen. Es war das keine Härte scheuende elementare soldatische Element, das da wie dort seiner Wesensart entsprach und das ihn – ohne individuelle Rücksichtnahme – zu vollem Einsatz anspornte. Letztlich war es nach Pater Lassalles eigenem Geständnis sein lebenslanges Bestreben, *ein Heiliger* zu werden.[441]

Nach seiner langjährigen Ausbildung in Holland, England und Frankreich sandte ihn die Ordensleitung zum Missionsdienst nach Japan. Er hatte sich, was den Inselstaat anlangt, in eine bedeutsame Traditionskette der dort tätigen Jesuiten hineinzustellen. Bekanntlich war es Franz Xavier (Xaverius), ursprünglich ein Studiengenosse des Ignatius in Paris, der dann ein glühender Apostel der ignatianischen Initiativen in Asien war. Er betrat auf Geheiß des Ordensgründers 1549 japanischen Boden und erzielte binnen weniger Jahre durch seine Predigt einen erstaunlichen Missionserfolg. Von 1929 an war Lassalle für mehrere Jahre in Tokyo, wo er in den dortigen Slums als Sozialarbeiter tätig war, im Anschluss daran als Novizenmeister der Jesuiten und als Gemeindepfarrer in Nagatsuka bei Hiroshima. So wurde er ein Opfer des ersten Atombombenabwurfs am 6. August 1945. Seine hierbei erlittene Strahlenverletzung machte eine lebenslange Behandlung erforderlich. Niemals erweckte er den Eindruck, dass diese Erkrankung seinen hingebungsvollen Missionsdienst in irgendeiner Weise hätte mindern können. Als Anerkennung seines sozialen Einsatzes erlangte Lassalle 1968 die Ehrenbürgerschaft von Hiroshima. Und weil *Inkulturation* des Evangeliums für ihn existentiell bedeutsam geworden war, wurde er schon 1948 japanischer Staatsbürger, verbunden mit der Erweiterung seines Namens: Hugo Makibi Enomiya-Lassalle – zugleich Ausdruck seiner engen Verbundenheit mit dem japanischen Volk und der Stadt Hiroshima.

Die Begegnung mit Zen erfolgte bei ihm in verschiedenen Etappen. Schon bei seiner Ankunft in Japan kam es zu einem ersten Kontakt mit Zen in Gestalt der Soto-Schule. Sein erstes Zen-Sesshin in einem Zen-Tempel absolvierte er 1943. Fragte man ihn, was ihn veranlasse, sich mit letzter Konsequenz in diese fremdartig anmutende Disziplin zu vertiefen, ohne sein Christsein aufzugeben, dann konnte es sich für ihn nur um die Suche nach dem *Wurzelgrund des Religiösen* in seiner Beziehung zum christlichen Glauben handeln. Nach den Worten seiner Schülerin und Biographin Ursula Baatz heißt das:»In der christlichen Mystik fand der Jesuit Lassalle das Pendant zu der Direktheit der Zen-Tradition. Schon das erste Sesshin im Kriegswinter 1943 hatte ihn davon überzeugt, dass die Zen-Mönche aus *derselben* Quelle schöpfen wie etwa Johannes vom Kreuz, der große spanische Mystiker.«[442] Diese Intuition war seinerzeit deshalb ungewöhnlich, weil man – zwei Jahrzehnte vor dem II. Vatikanum – katholischerseits davon ausging, dass Nichtchristen der Himmel verwehrt sei. Ursula Baatz merkt hierzu an, dass sein Weg, nicht weniger seine religionsphilosophische Position, umstritten sei, selbst unter einigen seiner eigenen Ordensbrüder.[443]»Gleichzeitig ermutigten sowohl Buddhisten als auch Christen Lassalle zu seinem Weg; und Buddhisten und Christen setzen diesen Weg mittlerweile fort«, bemerkt Ursula Baatz.

Regelmäßige Unterweisungen unter Führung ausgewiesener Zen-Meister und auf der Basis strenger Übungen trugen seit den fünfziger Jahren zur Intensivierung des Begonnenen bei. Im Zen begegnete ihm jene kompromisslose, quasi soldatische Ganzhingabe auf anderer Ebene, die er vom Kampf an der Front, dann von den ignatianischen Exerzitien, von ihrer Gehorsamserziehung samt Gewissenserforschung her kannte. Die offizielle Anerkennung als Zen-Meister erlangte Lassalle erst 80-jährig durch Yamada Koum Roshi in Kamakura. Mit seinen ersten Zen-Kursen in Deutschland hatte er lange zuvor in Benediktinerklöstern und Meditationshäusern begonnen. Dazu kamen ungezählte Zen-Sesshins, die er auf internationaler Ebene bis in sein hohes Alter hinein gestaltete. Seinem zudem sichtlich ausgemergelten Körper mutete er auf vielen Reisen infolge der damit verbundenen Strapazen Außerordentliches zu! Tausende Männer und Frauen wurden durch ihn an eine Gestalt dieses Innenwegs herangeführt, der gemäß des Buchtitels sowie weiterer Bücher eine »Zen-Meditation für Christen« darstellte[444]. Weil er aus eigenem Erleben erkannt hatte, dass die allgemeine westliche Geisteshaltung und Frömmigkeit, das Beten und spirituelle Betrachten einer Vertiefung bedürftig sind, die jedoch durch Zen vermittelt werden könne, ging es ihm um die Einübung in eine kontemplative Sammlung, in diese Gestalt einer mystischen Praxis. Durch *Zazen* sollte das fluktuierende, an der Oberfläche von Lehrgehalten verharrende Denken – sei es christlich oder buddhistisch – gleichsam gelöscht werden. Wichtig war ihm die Feststellung:

»Die christlichen Inhalte werden nicht zurückgestellt, weil sie wertlos seien, sondern weil die Art und Weise, in der sie bisher meditiert wurden, zu sehr in Gefahr ist, an der Oberfläche des Geistes haften zu bleiben. Das aber genügt nicht, um den Menschen im Grunde umzuwandeln, wozu doch schließlich die Meditation führen soll. Mit Hilfe der Zen-Meditation aber ist es uns möglich, tiefer in die Seele einzudringen. Es geht uns um das ›Durchbrechen der oberen Seelenschichten des zugreifenden Verstandes, des technischen Denkens, des bewussten, gezielten Willens und das Freigeben der tieferen Seelenschichten...‹ (Klemens Tilmann). Die gegenständliche Meditation soll also in einer übergegenständlichen Meditation zur Vollendung geführt werden.«[445]

Wem es nicht gegeben war, von Pater Lassalle angeleitet und auf dem Zen-Weg in der erforderlichen Weise begleitet zu werden, für den oder die hat er in einer Reihe von Schriften hilfreiches Erfahrungswissen zusammengetragen. Dabei ist zu bemerken, dass er nicht nur den »Zen-Weg zur Erleuchtung«[446] einführend beschrieb. Es handelt sich um jenes Buch, das kirchenoffiziell auf besonderen Widerspruch stieß, den er jedoch weitgehend zu entkräften vermochte. Schließlich ist Zen gerade nicht dazu angetan, Spekulationen zu nähren oder attraktive »Erlebnisse« (peak experiences) in Aussicht zu stellen[447]. Was könnten schon Worte für einen derartigen Weg über das Unsagbare zu »sagen« haben! Und wenn doch Erleuchtung in den Blick kommt, so ist das Zugrundeliegende sogleich wieder zu relativieren. Lassalles These kann daher in aller Nüchternheit nur lauten:

Erleuchtung ist erst der Anfang

Abgesehen davon, dass der Weg der Übung kein irdisches Ende, keine Vollendung zu Lebzeiten kennt, besagt dieses Wort: Jede Erkenntnis, auch jedes empfangene Vermögen dieser Art ist ein anvertrautes Gut, das *für andere* einzusetzen und auf angemessene Art dienstbar zu machen ist. Das auf dem inneren Weg Erlangte, Erleuchtung, gleich welcher Art und gleich welcher Intensität, ist niemals Endziel, sondern bestenfalls Durchgangsstation und Ausgangspunkt, eben *erst der Anfang.*[448] Er nennt es ein »Innewerden von der Wirklichkeit, dem Absoluten, und das verliert der Mensch auch nicht, aber die Umwandlung geschieht nicht allein durch die Erleuchtung – dazu braucht man das ganze Leben.«[449] Diese Feststellung gilt nicht zuletzt jenen, die in Verkennung jener jeweils zugrunde liegenden Wirklichkeit sich ein nebuloses »Erleuchtetsein« anempfinden möchten und sich selbst überschätzen oder andere als quasi »Erleuchtete« verkennen.

Als Praktiker spirituellen Erkennens und dessen Umsetzung im sozialen Füreinander-Dasein und Helfen ging es Pater Lassalle nicht um theoretische Erörterungen, sondern um die rückhaltlose Bemühung im Beistand für jene, die ernsthaft zur Gotteserfahrung zu gelangen suchen[450]. Gleichwohl liefen anlässlich der Sesshins seine Unterweisungen darauf hinaus, zumindest die Richtung anzugeben, die dem Suchenden zur Orientierung dienen können, denn:

»Was erfahren wird, ist der Grund, von dem her die Dinge auf uns zukommen, also jenes Geheimnis auf das, was uns im Dasein trägt, worauf alles ruht, was uns in der Tiefe anzurühren vermag, was durch allen Sinn und alle Schönheit hindurchleuchtet. Man hat diese Erfahrungen vielfach mit Recht als Seins-Erfahrungen bezeichnet, was sie auch wirklich sind. – Wenn wir die Schriften der Mystiker studieren, werden wir finden, dass der Weg der christlichen Mystik ein Weg zur Gotteserfahrung ist, und wir werden sehen, dass der ganze Weg viel Ähnlichkeit mit dem Zen hat.«[451]

Nun mag die Meinung vertreten werden, der mystische Weg erstrecke sich als *Weg nach innen* ausschließlich in purer, leibfremder Innerlichkeit. Aber wir sind Leib und Seele, im religiösen Leben nicht minder als auf der Ebene des allgemeinen Naturhaften, weil uns das christlich verstandene Inkarnationsgeheimnis anvertraut ist. Deshalb versäumt auch – und gerade – der asketische Jesuit nicht, erläuternd hinzuzufügen:

»Wer sein Christentum nicht nur im Kopf, sondern auch im Leib hat, der kann es nicht mehr lassen. Man kann sich fragen, ob ohne dieses somatische Moment die römische Märtyrerkirche überhaupt möglich gewesen wäre. Jene christlichen Männer, selbst Frauen und Kinder ... Sie waren an Leib und Seele von ihrem Glauben so durchdrungen, dass sie ihn nicht verlassen konnten. Ihnen war das Christentum buchstäblich *einverleibt* ... Das Somatische ist ein hervorragender Zug aller orientalischen Religionen, so sehr, dass man sich ohne dieses Element gar keine Religion denken kann. Die Lehre wird buchstäblich *inkorporiert*, nicht mit Gründen und Beweisen, sondern mit Körperhaltung und Atmung.«[452]

Man verkürzte Enomiya-Lassalles christlich-zenistische Mission und damit sein Mystiker-Sein, sähe man nicht, wie er unter Hinweis auf die christliche Mystik sich für ein »Leben im neuen Bewusstsein«

eingesetzt hat.[453] Der Philosoph und der der Mystik aufgeschlossene Physiker Carl Friedrich von Weizsäcker, der sich selbst um eine Zusammenschau der westlichen und östlichen Weisheit verdient gemacht hat, drückte das Gemeinte so aus:

»Was Enomiya-Lassalle (in seinem Buch: Wohin geht der Mensch?) bietet, ist der Versuch einer Geschichtsphilosophie, nämlich einer Interpretation des sich in der Geschichte wandelnden menschlichen Bewusstseins. Diese Interpretation ist nicht leicht. Viele haben sich an ihr versucht. Das Buch zitiert vor allem drei Autoren: Gebser, Aurobindo, Teilhard.«[454]

In der Tat ist es bemerkenswert, dass Hugo Lassalle sein eigenes Tun in einen Zusammenhang dieser drei eigengeprägten spirituellen Denker rückt. Auch hier kommt es ihm nicht allein auf eine synoptische, eine zusammenschauende Theoriebildung an, wenngleich ihm daran lag, das Streben nach einer individuellen, auf Heiligung ausgerichteten Wandlung auch im Kontext einer Transformation vor dem Horizont eines neuen Bewusstseins zu sehen, wie sie der von Enomiya-Lassalle häufig zitierte Jean Gebser (1905 1973) kulturphänomenologisch angekündigt hat.[455]

Bewusstseinsveränderungen vollziehen sich zwar konkret im Bewusstsein jedes Einzelnen, können aber, wie die Vergangenheit zeigt, die gesamte Menschheit betreffen. Obwohl der Gesamtprozess des Wandels des Bewusstseins in der Menschheit von dessen erstem Erwachen bis zur Gegenwart äußerst kompliziert war, lassen sich doch Etappen unterscheiden, die sich in der verschiedenen Formung des religiösen Bereichs widerspiegeln.[456]

Wie im Einzelnen das Christentum aussehen wird, nachdem das neue Bewusstsein vollkommen in die Menschheit integriert ist, kann heute niemand voraussehen. Wohl aber können und sollen wir uns fragen, was wir tun können, damit die richtigen neuen Formen gefunden werden. Dazu ist an erster Stelle zu sagen, dass wir zu den Quellen zurückgehen müssen, zu Christus und den Jüngern, die mit ihm lebten und ihn erlebten ... Wenn es überhaupt eine Gewähr gibt, so kann es nur die eigene religiöse Erfahrung sein, die wir in tiefem Gebet und in der Kontemplation finden.[457]

Karlfried Graf Dürckheim
Dem inneren Meister begegnen

Was den Zugang zum mystischen Erleben im 20. Jahrhundert anlangt, so zeigen die verschiedenen, unter dem west-östlichen Spannungsbogen erfolgten Bestrebungen, welch erheblicher Anteil daran dem buddhistischen Zen zuzuschreiben ist. Und erst auf diesem Umweg wurden dann auch manche gewahr, dass es eine reiche abendländische mystische Tradition gibt, an die vom heutigen Bewusstsein her angeknüpft werden kann. Doch dazu bedurfte es eben nicht selten eines Anstoßes von der östlich-fernöstlichen Spiritualität her. Die Zen-Meditation trug dazu bei, Suchenden einen Zugang zu innerer Erfahrung zu vermitteln, etwa analog zur Kontemplation. Abgesehen von der Grundstruktur, die dem östlichen und dem im Christentum verwurzelten westlichen Weg gemeinsam ist, gibt es auch Unterschiede:

Zen entstammt der buddhistischen mit taoistischen Elementen durchsetzten Überlieferung, weil es über China nach Japan und von dort nach Europa und Amerika gelangt ist. Von daher versteht es sich, dass gegebenenfalls buddhistische Sutren gelesen und damit verbundene Eigentümlichkeiten praktiziert werden, beispielsweise die Anwendung von Koans und die beratende Begleitung durch einen Zen-Meister. Die christliche Kontemplation wurde von den frühen Wüstenvätern und -müttern, über die mittelalterliche Mystik der Ost- wie der Westkirche bis heute weitergegeben. Weil das im Schweigen vollzogene Sitzen zu den selbst im mönchischen Bereich vergessenen Praktiken gehörte, ging von Zen eine anregende, die eigene Tradition erinnernde Wirkung aus. Insofern kann von einem westlichen Zen gesprochen werden, ohne dass dadurch der ursprüngliche Ansatz wesenhaft verändert werden müsste, wie es neben anderen durch Karlfried Graf Dürckheim (1896–1988)[458] geschah.

Graf Dürckheim, von Haus aus Professor für Psychologie, sodann Meditationslehrer und zusammen mit Maria Hippius-Gräfin Dürckheim Begründer der *Initiatischen Therapie*, kann als Lehrer einer westlichen Gestalt des Zen gelten. Als solcher hat er seit den vierziger Jahren seines Jahrhunderts spirituell ausgerichtete Menschen an das herangeführt, was er die »Große Erfahrung« genannt hat. Es geschah in und von der Schwarzwaldortschaft Todtmoos-Rütte aus. Unter dieser *Großen Erfahrung* kann – unabhängig von der jeweiligen religiös-weltanschaulichen Orientierung – eine Erlebnisweise des Mystischen verstanden werden. Bezeichnenderweise gehörten zu den Interessenten nicht wenige Ordensleute, Mönche wie Nonnen, die Dürckheim anleitete, zu einer Vertiefung ihrer je eigenen Ordensspiritualität zu gelangen. Die Betreffenden mussten – etwa mit Fidelis Rupert OSB, dem früheren Abt von Kloster Münsterschwarzach in Unterfranken – eingestehen, dass selbst im mönchischen Leben »viele Erfahrungswege verschüttet und vergessen worden (seien). Die klare Lehre stand vielfach im Vordergrund. Ich und viele andere standen hilflos vor der Frage, wie diese Lehre auch zu einem Erfahrungsweg werden konnte.«[459]

Den hierfür erforderlichen Impuls und Auftrag erhielt Graf Dürckheim im Laufe seines mehrjährigen Aufenthalts in Japan. Die äußere Veranlassung, in den Jahren – mit einer Unterbrechung – zwischen 1938 und 1947 dort Zen übend kennen zu lernen, war naturgemäß eine ganz andere als bei Enomiya-Lassalle. Dürckheim kam ja nicht als Missionar nach Japan, sondern studienhalber. Als pädagogisch interessierter Psychologe hatte er auf Geheiß seiner Vorgesetzten zu untersuchen, auf welcher weltanschaulich-ideologischen Basis Mentalität und Ethos des japanischen Menschen beruht und inwiefern Parallelen zum nationalsozialistischen Menschenbild bestehen. Eine vertraglich gestützte »Achse« zwischen Berlin – Rom – Tokyo bestand ohnehin, zumal hinsichtlich der Kriegsziele eine entsprechende Einmütigkeit der drei »Achsenmächte« angestrebt wurde. Der Philosoph Karl Löwith (1897– 1983), ein Kriegskamerad Dürckheims und ein Schüler Martin Heideggers, der aber seiner jüdischen Abstammung wegen in jenen Jahren nach Japan emigriert war, fasste die Einschätzung der deutsch-japanischen Beziehung so zusammen: »Der Samurai entsprach dem preußischen Offizier, der japanische Opfermut dem germanischen Heldentum, Bushido dem germanischen Ehrenkodex, die japanische Ahnenverehrung dem neudeutschen Rassegedanken – und andere Torheiten mehr.«[460]

Da Graf Dürckheim im Auftrag des NS-Reichsaußenministers Joachim von Ribbentrop (1893–1946) eingereist war und in enger Zusammenarbeit mit den bei der japanischen Regierung akkreditierten NS-Behörden stand, kann man sagen: Auch die Agitationsarbeit fürs

Dritte Reich gehörte während dieser Jahre zu Dürckheims Obliegenheiten. Dass er nach Kriegsschluss bis 1947 von der amerikanischen Besatzungsmacht aus diesen Gründen inhaftiert war, sei hier nur angemerkt.[461] Sein ehemaliger Chef Joachim von Ribbentrop wurde im Rahmen der Nürnberger Prozesse 1946 als Kriegsverbrecher hingerichtet. Es mag zu denken geben, dass Graf Dürckheim aus einer deutschnationalen Grundhaltung heraus in den Nationalsozialismus verflochten war. Freilich wird man sein späteres spirituelles Werk nicht von daher beurteilen dürfen, zumal sein Leben tatsächlich »im Zeichen der Wandlung« steht.[462] Was nun Dürckheims Erfahrungsweg anlangt, so begann dieser schon viel früher. Das von ihm mehrfach geschilderte, für seine weitere spirituelle Entwicklung bedeutsame Initiations-Erlebnis hatte er, als er nach Rückkehr von den Fronten des Ersten Weltkriegs am Anfang seines Studiums in München lebte. Anlässlich eines Besuchs bei dem Maler Willi Geiger nahm Dürckheims spätere (erste) Frau Enja von Hattingberg (1988–1939) wie zufällig das *Tao te king* des Laotse zur Hand und las die Verse:

Dreißig Speichen treffen die Nabe,
aber das Leere zwischen ihnen
erwirkt das Wesen des Rades;
aus Ton entstehen Töpfe,
aber das Leere in ihnen
wirkt das Wesen des Topfes;
Mauern mit Fenstern und Türen
bilden das Haus,
aber das Leere in ihnen
erwirkt das Wesen des Hauses.

Grundsätzlich:
Das Stoffliche wirkt Nutzbarkeit;
das Unstoffliche wirkt Wesenheit.

Dürckheims Bericht knüpft an dieses unscheinbare, jedoch für ihn und alles Weitere bedeutsame Ereignis an, wenn er bekennt:
»Und da geschah es: Beim Hören des elften Spruchs (von Lao-tse) schlug der Blitz in mich ein. Der Vorhang zerriss, und ich war erwacht. Ich hatte ES erfahren. Alles war und war doch nicht, war diese Welt

und zugleich durchscheinend auf eine andere. Auch ich selbst war und war zugleich nicht. War erfüllt, verzaubert, ›jenseitig‹ und doch ganz hier, glücklich und wie ohne Gefühl, ganz fern und zugleich tief in den Dingen drin. Ich hatte es erfahren, vernehmlich wie einen Donnerschlag, lichtklar wie einen Sonnentag; und das, was war, gänzlich unfassbar. Das Leben ging weiter, das alte Leben, und doch war es das alte nicht mehr. – Schmerzliches Warten auf mehr ›Sein‹, auf Erfüllung tief empfundener Verheißung. Zugleich unendlicher Kraftgewinn und die Sehnsucht zur Verpflichtung – auf was hin?«[463]

Das wie zufälligerweise Geschehene mag man als ein Erleuchtungserlebnis bezeichnen, wenn man ernst nimmt, dass »Erleuchtung erst der Anfang« ist, eine Initiation (von lat. *initium*, Anfang, und damit Einweihung in ein bislang Verborgenes). Zeitlich vor der Konfrontation mit Formen der fernöstlichen Spiritualität liegt bei Dürckheim auch die Bekanntschaft mit Schriften von Meister Eckhart.[464] Jedenfalls empfing er, wohl vor allem durch das befreundete Ehepaar Weinhandl bereits in den Jahren nach dem I. Weltkrieg erste wichtige Anstöße für das selbst zu eringende neue Seinsverständnis. Gemeint ist das, was er die »überweltliche Wirklichkeit« nannte. Von ihr berichtet er mit dem orthodoxen Theologen Alphonse Goettmann:

»Der Zustand der Seinsnähe, der mich von da an nicht mehr losließ, veranlasste mich, in allem, was mir begegnete, etwa Bestimmtes zu suchen. So war es nicht verwunderlich, dass es Meister Eckhart war, der mich im Inneren traf. Ich konnte mich nicht mehr von seinen Predigten und Traktaten losreißen, die ich aufnahm wie einen vielfältigen Widerhall der göttlichen Musik, die ich vernommen hatte. Ich erkannte in Eckhart meinen Meister, *den* Meister … Diese unglaubliche Einfachheit, mit der er von Gott spricht!«[465]

Geht man auf Dürckheims Intentionen näher ein, dann kann einem nicht verborgen bleiben, worin seine Absicht bestand, nach der Rückkehr sein Japan-Erlebnis fruchtbar zu machen, nämlich in Gestalt eines *westlichen* Zen[466]. Er sprach beispielsweise die Überzeugung aus, dass man eines Tages nicht mehr allein nach den östlichen Vorbildern richten werde, weil es sich nicht darum handeln könne, eine unter ganz anderen kulturellen und bewusstseinsmäßigen Bedingungen entstandene Spiritualität lediglich nachzuahmen, sondern den eigenen Weg zu gehen. Er gelangte beispielsweise zu der Einsicht:

»Je mehr wir uns einer geheimen Anziehungskraft folgend mit den Zeugnissen altöstlichen Geistes befassen, umso deutlicher sollte uns eigentlich werden, dass die Spannung, die wir immer wieder zwischen östlichem und westlichem Geist glauben feststellen zu müssen, letztlich nicht als ein völkerkundlich zu verstehender Gegensatz, sondern als ein *innermenschliches* Problem anzusehen ist ... Es geht um nichts Geringeres als um die empirische Entdeckung der transzendenten Wirklichkeit unseres Selbst, um das ›Schmecken‹ des divinen Seins in diesem weltlichen Dasein.«[467]

Dieser Vorstellung ging bei ihm die ideologisch vorgebildete Meinung voraus, es gebe so etwas wie ein *nationales Satori*, das heißt eine Erleuchtung, die ausschließlich der Durchsetzung und Erfüllung nationaler und damit imperatorisch-kriegerischer Interessen diene. Dann schrieb er einen Brief, der eine Wendung in seinen bisherigen Überzeugungen zum Ausdruck brachte. Es war der 20. April 1944, Hitlers Geburtstag, der Tag, an dem ihm aus Berlin mitgeteilt wurde, dass er mit dem Kriegsverdienstkreuz zweiter Klasse ausgezeichnet worden sei. Doch an einem derart denkwürdigen, noch zu seiner Vergangenheit gehörigen Tag fasst Dürckheim mit Blick auf die kommende Zeit den Gedanken, dass es ein »*ein übervölkisches Satori*« werde geben können, »*einen geistigen Durchbruch zur letzten Wirklichkeit*«. Im Einzelnen« werde ein »*kommendes größeres Selbst*« zum Bewusstsein kommen. Das heißt: Mit einem Mal scheinen sich für ihn jene neuen Horizonte aufzutun, die sein späteres Schaffen bestimmen sollten.

Und faktisch geschah eben dies auch – eine Einschätzung, die im Laufe der Jahre sich über seiner Aufbau- und Ausbildungsarbeit in Rütte festigte und vertiefte. Auf den allgemeinen menschlichen Charakter der von ihm vertretenen Zen-Praxis hindeutend, verzichtete er zwar darauf, sich generell der Bezeichnung *Mystik* zu bedienen, wenn er seinen international wachsenden Schülerkreis an *Zen* heranführte und die damit verbundene »*Initiatische Therapie*« zum Erlebnis brachte. Doch steht außer Frage, dass eine substantielle Entsprechung zwischen beiden Benennungen besteht. Unter Hinweis darauf, dass in jeder lebendigen Religiosität und – analog zur »Individuation« oder Selbst-Werdung bei C. G. Jung – in jeder Entwicklung der Vollreife des Menschen letztlich immer das Eine gemeint sei, nämlich die Möglichkeit:

»1. Zur Einswerdung mit unserem *Wesen* als der Weise, in der das überweltliche, göttliche SEIN in uns anwesend ist,

2. zu der uns aufgegebenen Verwandlung, deren Sinn die Große

Durchlässigkeit ist, die Transparenz für die uns innewohnende Transzendenz.

Das Za-Zen, dieses Sitzen in stiller Versenkung als Praxis der Meditation – Meditation nicht als ›Betrachtung‹, sondern als Verwandlungsübung verstanden –, ist ein sehr nüchternes, hartes und strenges Exerzitium, bildet ein Gegengewicht gegen allerlei ekstatische Bewegungen unserer Zeit und kommt durch das Gewicht, das es auf die disziplinierte Haltung im Leibe legt, nicht nur dem abendländischen *Ja* zur personalen Gestalt, sondern auch aus der christlichen Forderung nach Fleischwerdung des Geistes entgegen.«[468]

Damit verband Dürckheim die Zuversicht, dass – ohne dem buddhistischen Ursprung besondere Aufmerksamkeit schenken zu müssen – die Begegnung mit Zen dazu beitragen werde, die »Erfahrungswurzeln der in ihm enthaltenen universalen Wahrheit in unserer eigenen Tradition wiederzuentdecken und auch unser Glaubensleben neu zu beleben«. Eben dies sah er im Laufe der individuellen Erprobung bei katholischen wie evangelischen Christen bestätigt. Denn »Zen rührt in uns das Eigentliche an, das als das ewig verwandelnde, erlösende und schöpferische LEBEN vor keinem Gewordenen haltmacht und in keine feste Form gebannt werden kann.«
   Nun steht ausgesprochen und unausgesprochen am Anfang allen Tuns, gerade auch eines spirituellen Aktivwerdens, ein bestimmtes Bild vom Menschen. In einem solchen, von daher bestimmten Bezugsrahmen lässt sich dann etwas von dem ausmachen, was unserem Tun und Lassen Sinn verleiht. Einerseits sprach er davon, dass der Mensch eines doppelten Ursprungs sei, eines irdischen, natürlichen, aber auch eines übernatürlichen, himmlischen.[469] Andererseits lag ihm daran, als Anleiter, als spiritueller Begleiter oder gar als »Meister« sich jedoch nicht etwa in den Mittelpunkt zu stellen oder andere von sich geistig-seelisch abhängig zu machen. Wohl hatte er sich – ähnlich, doch in anderer Weise, seine Frau Maria Hippius – mit seinen Gaben zur Verfügung zu stellen. Doch erblickte Dürckheim im Rahmen der spirituellen Reifung die Aufgabe, auf den »inneren Meister« zu verweisen. Denn:
   »Wer reif wird zum Weg und nach dem Meister sucht, weil er der Führung bedarf, aber rings im Kreise keinen findet, der seinem Anspruch entspricht, darf wissen, dass er den Meister *in sich* hat, den

inneren Meister. Hätte er ihn nicht, so könnte er auch den Meister draußen nicht finden ... Der innere Meister ist man selbst als das bewusst gewordene Potential des Menschen, der man sein könnte und sein sollte. Den inneren Meister, das heißt dieses Potential zu spüren, zu erkennen und anzuerkennen hat eine bestimmte Stufe der Entwicklung zur Voraussetzung. Die Stimme des Meisters als Ruf zu hören, dazu gehört eine bestimmte Bereitschaft, ihm zu folgen, dazu gehört nicht nur Mut, sondern auch eine bestimmte Demut.«[470]

Dieses Bereitsein zielt nicht ins Nebulose oder Unverbindliche. So wie der »Alltag – im Sinn seines gleichnamigen Buches – als Übung« anzusehen ist, ergeht der Ruf des Meisters stets ins Konkrete. Gemeint ist, das *innen* als eine Gewissheit und als Teilhabe am Wesen Empfangene nun auch im äußeren Leben Gestalt werden zu lassen, und zwar selbst einschließlich all dessen, was uns unzumutbar oder untragbar oder unannehmbar erscheint. In der Bejahung solcher Unzuträglichkeiten – »ohne Warum – lässt sich etwas von dem spüren, was gemeint ist. Im Zusammenhang mit seinen im »Frankfurter Ring« gehaltenen Beratungsgesprächen umreißt Dürckheim abermals, was ihm und den auf dem Weg Befindlichen aufgetragen ist:

Wir sind gerufen, in unsere finstere und ungeordnete Welt das hineinzutragen, was »nicht von dieser Welt« ist, und so mitzuwirken an der wechselseitigen Durchdringung der beiden Welten, deren Bürger wir sind. Aber nicht die Leistungen der Gesellschaft können das bewirken. Wo immer wir in der Gesellschaft an einer Stelle eingesetzt sind, an der wir Verantwortung zu übernehmen haben, hängt der Segen unseres Wirkens von der Tiefe und der Reife der eigenen Person ab. Die Verwirklichung des Reiches Gottes auf Erden hängt einzig und allein ab von der lebendigen Beziehung jedes einzelnen Menschen zur Transzendenz.[471]

Henry Corbin
Durchlichtete Erde

Im Vergleich mit der Begegnung und geistigen Durchdringung der indischen und der
fernöstlichen Geisteswelt wurde der Islam
einschließlich seiner reichen mystisch-esote-
rischen Traditionen – abgesehen vom Juden-
tum – vom allgemeinen Bewusstsein in Mitteleuropa relativ wenig
berücksichtigt. Damit blieb ein Großteil der muslimischen Spiritualität selbst bei religionsgeschichtlich Interessierten unbekannt. Verwundern mag dies aus mancherlei Gründen, so auch, wenn man berücksichtigt, welche große Bedeutung die Botschaft des Propheten
Mohammed im Rahmen der abrahamitischen Ökumene von Juden,
Christen und Moslems erlangt hatte, die sich im Mittelalter in besonderer Weise auf der Iberischen Halbinsel entfalten konnte. Dabei
fehlte es in jüngster Zeit nicht an kompetenten, vor allem spirituell
kongenialen Zeugen sufischer Weisheit und Frömmigkeit, das heißt
der islamischen Mystik. Einer – nicht irgendeiner! – von ihnen ist der
französische Philosoph und Islamologe Henry Corbin (1903–1978).
Er verfügte über spezielle Kenntnisse der in Persien beheimateten
mystischen Traditionen. Doch auch er ist, abgesehen von seinen
Schriften in französischer Sprache, nur spärlich rezipiert, was immer
die Gründe für eine zögerliche Kenntnisnahme seiner Gedankenwelt
im Einzelnen sein mögen.[472] Leicht lesbar ist er jedenfalls nicht. Der
Hinweis auf ihn zielt an dieser Stelle nicht in erster Linie auf seine
akademisch hoch eingeschätzte Gelehrsamkeit, sondern auf seine spirituelle Qualifikation, die sich darin ausdrückt, dass ihm vor allem
anderen an dem jeweils zugrunde liegenden Geistigen gelegen war.
Die von ihm angestrebte Hermeneutik – streng genommen handelt
es sich um *Hermetik*[473] – entspricht einer spirituellen Interpretation,
die durch bloße philologische Übersetzungsarbeit samt deren rationaler Bewertung nicht geleistet werden kann. Das geht nicht zuletzt
aus Corbins arabischer Bezeichnung *ta'wil*, hervor; es bezeichnet den
Vorgang:»etwas zu seinem Ursprung, zu seiner echten Wirklichkeit
zurückführen«, sodass das den sakralen Wortlauten Inliegende, das
Esoterische, gewahrt werden kann.

Corbins äußerer Lebensgang begann und schloss zwar in Paris. Da ist er 1903 als Sohn einer protestantischen Familie geboren. Aber nach ausgedehnten Studien über die scholastische Philosophie von Étienne Gilson zur lateinischen Avicenna-Überlieferung, später unter anderem als Schüler des bedeutenden Historikers und Orientalisten Louis Massignon, ließ er sich von ihm auf Schihabaddin Sohrawardi und dessen orientalische Theosophie aufmerksam machen. Große Faszination übte der »Märtyrer der Gottesliebe al-Halladsch aus, der seine enthusiastische Gottesliebe 922 in Bagdad mit dem gewaltsamen Tod bezahlen musste. Auch Sohrawardi selbst wurde 1191 – ein Opfer orthodoxer Ketzerverfolgung – in Aleppo hingerichtet.[474] Damit sind die beiden islamischen Mystiker genannt, die Henry Corbins eigenes religiöses Streben inspirierend beeinflusst haben. Durch sie fand er Zugang in die Bezirke einer persisch geprägten Esoterik, von der er selbst sagt:

»Durch meine Begegnung mit Sohrawardi war mein geistiges Schicksal, diese Welt zu durchwandern, besiegelt. Dieser Platonismus drückte sich durch die zoroastrische Engellehre des alten Persien aus und erleuchtete den Weg, den ich suchte. Man brauchte nicht mehr zwischen Sanskrit und Arabisch hin und her gerissen zu werden. Persien befand sich hier im Zentrum, mittlere und vermittelnde Welt, denn Persien, das alte Iran, ist nicht nur eine Nation oder ein Imperium, es ist ein ganzes geistiges Universum, ein Foyer der Religionsgeschichte. Diese Welt war bereit, mich aufzunehmen, und sie nahm mich auf.«[475]

So verbrachte er forschend und lehrend viele Jahre im Vorderen Orient, sei es – kriegsbedingt – in Istambul (1940–1945), sei es in Teheran (1955–1973), das ihm zu einer zweiten, seiner inneren Heimat geworden war, zumal der iranische Islam in seiner Geschichte sich durch einen großen Reichtum an mystischen und theosophischen Gestalten und deren geistigen literarischer Hinterlassenschaft auszeichnet. Ihre Werke erschloss er für den Westen.[476] So hatte er sowohl in Paris den Lehrstuhl für islamische Religion an der École des Hautes-Études (Section des Science religieuses) inne als auch den des Directeur du Département d'Iranologie de l'Institut franco-iranien in Teheran. Seine Spezialgebiete in den Bereichen der islamischen Esoterik waren Schiismus, Sufismus und Ismaelismus. Entsprechend groß war die Reichweite seiner Studien und die Vielfalt seiner Veröffentlichungen. Einerseits konzentrierte er sich auf so weit auseinanderliegende Welten wie die Lichtmystik in der iranischen Philosophie, verkörpert durch Sohrawardi Maqtul, dem Meister der Erleuchtung (12. Jahrhundert), andererseits übersetzte er – thematisch weit davon abgesetzt – für kurze Zeit den frühen Karl Barth und philosophische Schriften Martin Heideggers.

Unverzichtbar war die Beschäftigung mit den Gedankenwelten der mittelalterlichen Mystik, etwa in Gestalt der Gottesfreundebewegung, ebenso wenig die Theosophie Swedenborgs und Jakob Böhmes sowie deren Umkreis. Da wie dort kam es ihm darauf an, einen individuellen inneren Zugang zu dem *Mundus imaginalis* zu gewinnen, wie er die symbolhaltige Geisteswelt nannte, die sich zwischen der sinnlichen und der intelligiblen Welt erstreckt, eine vermittelnde Welt der Engel- und Geistwesen. Um mit ihr in Beziehung zu treten, bedarf es einer besonderen geistig-seelischen Aktivität. Theologisch-religionswissenschaftliche Kenntnis dieser Art setzt *Gottesfreundschaft* in Gestalt eines spirituellen Verfasstseins, also einer adäquaten Geistesverfassung voraus, wie sie – analog zu den Gottesfreunden des 14. Jahrhunderts[477] – im schiitischen Sufismus Persiens als *auliya-yi chuda* beheimatet ist.

Wenn darauf hinzuweisen war, dass Corbins Rezeption mancherlei Wünsche offen lässt, so gab es immerhin seine über mehrere Jahre sich erstreckende Mitarbeit bei den jährlich in Ascona am Lago Maggiore von Olga Fröbe-Kapteyn (1881–1962) initiierten und seit 1933 über viele Jahre veranstalteten Eranos-Tagungen[478]. In geistkollegialer Zusammenarbeit mit bedeutenden, in ähnlicher Weise forschenden Zeitgenossen wie C. G. Jung, Mircea Eliade, Ernst Benz oder Gershom Scholem konnte Henry Corbin vor einem aufgeschlossenen internationalen Publikum Ergebnisse seines Schaffens zum Teil erstmals ausbreiten[479]. Er tat es, indem er auf seine Weise, das mystisch-esoterische Leben Ungezählter inspirierte. Seine Bedeutung hervorhebend, hat Annemarie Schimmel auf diesen Zusammenhang aufmerksam gemacht:

Es gibt in unseren Tagen niemanden mehr, der eine solche Verbindung von Philosophie, Philologie und persönlicher Hingabe an die Auslegung höchst komplizierter Denksysteme besäße, wie es der Fall war bei Henry Corbin, Freund C. G. Jungs, aber kein Psychologe und »Jungianer«, Freund von Denis de Rougemont, von Mircea Eliade, von Gershom Scholem und vielen anderen, die der Seelen- und Mythenkunde unseres Jahrhunderts ihren Stempel aufgedrückt haben … Die radikale Beto-

nung der persönlichen Erfahrung des Geistigen, der Nachdruck, der auf den individuellen Weg der Seele – gegen allen Versuch zur Kollektivierung! – gelegt wird; die Absage an Historismus und der Hinweis auf das, was die persischen Sufis als zaman anfusi, »Seelenzeit« bezeichnen, die Entdeckung des Lichtpoles ... Das sind Themen, die, wie mir scheint, gerade heute wieder eine besondere Bedeutung für Suchende aus allen religiösen Traditionen haben dürften.[480]

Seyyed Hossein Nasr
Des Ewigen gewärtig

Wo keine Götter sind, walten Gespenster.

Novalis

Es gehört zu den Phänomenen des religiösen Lebens, dass Epochen einer von Offenbarung erfüllten Gottesnähe immer wieder solchen der Gottes- und der Geistvergessenheit folgen. Dem Sakralen scheint unter den Menschen keine *Dauer* beschieden zu sein, zumal das, was man Zeit und Geschichte nennt, niemals jene durch die Dimension des Ewigen gesicherte *Dauer* zu gewährleisten vermag. Selbst sorgsam verzeichnete Buchstaben, durch die heilige Schriften dokumentiert sind, irdene Gefäße für einen letztlich nicht zu erschöpfenden Inhalt (2 Kor 4,7), sind dazu nicht befähigt. Auch solche Schriften sind der Missdeutbarkeit preisgegeben. Geist (spiritus) und Buchstabe (litera) wollen jeweils erwogen werden. Das Hier und Jetzt *(hinc et nunc)* der Mystik wahrt diese Dauer, aber nicht über die Länge der Zeit in ihrer bedrängenden Kürze. Meister Eckhart verwies auf das »*ewige nu*«. Goethe wusste immerhin und schärfte es seinen Freunden ein:»Bleibt uns nur das Ewige jeden Augenblick nah, dann leiden wir nicht an der vergänglichen Zeit.«

Und der Mensch, der nicht nur am Schnittpunkt der in ihrer Raumsymbolik betrachteten vertikalen und horizontalen Achsen des Daseins lebt?»Er ist ein der Zeit und dem Prozess des Wandels unterworfenes und zugleich für das Ewige und Unwandelbare geschaffenes Wesen, dem der Zugang zum Ewigen offensteht, auch wenn er äußerlich im Reich des Werdens lebt ... Sich ernsthaft mit dem Zustand des Menschen zu befassen, wie es alle Traditionen tun ..., heißt sich mit einem Wesen befassen, das in der Zeitlichkeit lebt, aber das Siegel des Ewigen trägt, mit einem Wesen, das sterblich ist, dessen Bestimmung aber die Unsterblichkeit ist.«[481]

Fragt sich nur, wie die Fähigkeit zu dieser Leid- und Zeitüberwindung gewonnen werden kann. Seyyed Hossein Nasr, der moslemische, der Mystik und dem Heiligen zugewandte persische Denker, der renommierte Hochschullehrer, zusammen mit Frithjof Schuon einer der klassischen Transzendentalisten des 20. Jahrhunderts, gibt darauf eine

Antwort. Er tut es, indem er das Mysterium von Zeit und Ewigkeit umkreist und in der augenblicklichen spirituellen Erfahrung eine »Pforte zum Ewigen« geöffnet sieht:

»Die Gegenwart ist das kostbarste Geschenk des Menschen; sie ist der Punkt, an dem sich Zeit und Ewigkeit begegnen; sie symbolisiert Hoffnung und Freude. Sie ist der Moment des Glaubens und die Pforte zum Nichtzeitlichen. Kontemplation ist Eintreten in die ewige Gegenwart, die sich *jetzt* ereignet. Die Gegenwart ist aber auch der Moment der spontanen Freude, der augenblicklichen Befriedigung, der mehr das Flüchtige der Zeit bewusst werden lässt als die befriedende Vergegenwärtigung der Ewigkeit.«[482]

Es versteht sich, dass kurze Benennungen oder Umschreibungen des Gemeinten nicht ausreichen, um das erforderliche Verständnis für einen großen und tiefen Sinnzusammenhang zu begründen. Daher ist auf den spirituellen Pfad (*Tariqa*) der Sufis als solchen und auf dessen Einbindung oder Zuordnung zur *Scharia*, das heißt zum Gottesgesetz im Islam, zu verweisen. Das besagt wiederum, dass die im Sufismus sich darstellende Esoterik auf die Exoterik oder äußere Gestalt des Religiösen bezogen bleibt. Im Bild gesprochen, verhalten sich diese beiden Aspekte wie Kern und Schale einer Frucht. Hierzu bemerkt Nasr: »Dem Islam ist es als Ganzem gelungen, in seiner Geschichte ein Gleichgewicht zwischen den beiden Dimensionen des Gesetzes und des Weges zu wahren, doch gab es gelegentlich Menschen, die das eine zu Lasten des anderen stärker betont haben. ... Für die übergroße Mehrheit der orthodoxen Muslime ist und bleibt der Sufi ein frommer Muslim, der wegen der Tiefe seines religiösen Lebens geachtet wird, auch wenn der Rest der Gemeinde sein Tun und Handeln weder genau kennt noch ganz versteht.«[483] Auf einem anderen Blatt steht, ob oder inwiefern es angeht, dass sich etwa Nichtmuslime aus einem mystischen Interesse heraus dem Sufitum annähern möchten, ohne sich dem Islam als solchem und seiner strengen Gesetzlichkeit verpflichten zu wollen. Nach wie vor ist zu beachten, dass keine Mystik sich gleichsam nur *über* den Religionen und Glaubensformen wölbt, sodass elitär sich gebende Sucher die Verankerung im jeweiligen religiösen Wurzelgrund von Offenbarung und Geboten umgehen könnten, etwa in der Art: Ja zu Meister Eckhart und zu seinen kühnen Predigten, aber Nein zum frommen Ordensmann, der seiner Anbindung an Dogma und Gelübde verpflichtet bleibt?

Seyyed Hossein Nasr wurde 1933 in Teheran geboren, wo er auch seine ersten Studien begann, durch die er mit den islamischen Überlieferungen in ihrer Lebendigkeit vertraut gemacht wurde. Infolge des frühzeitigen Todes seines Vaters ergab es sich, dass der Sohn seine weitere Ausbildung in den Vereinigten Staaten fortzusetzen hatte. Ähnlich wie vor ihm Gershom Scholem, durchlief auch er das Studium der Mathematik sowie der Naturwissenschaften. Doch mehr und mehr interessierten ihn philosophische, auf die Metaphysik gerichtete Grundfragen religiöser Orientierung. Anleitung schöpfte er aus dem Schrifttum von René Guénon und Ananda K. Coomaraswamy, das ihn dem integralen Traditionalismus und der *Philosophia perennis,* der ewigen Philosophie, näher brachte.[484] Sein persönlicher Lehrer in dieser Disziplin wurde der aus Basel stammende, dann in den USA wirkende Religionsphilosoph Frithjof Schuon (1907–1998).[485] Bis 1979 lehrte Nasr selbst Wissenschafts- und Philosophiegeschichte an der Universität Teheran; danach begleitete er eine Professur für Islamische Studien an der Temple University in Philadelphia sowie an der George Washington University.

Zu den hauptsächlichen Anliegen von Seyyed Hossein Nasr gehört die Notwendigkeit, den im Gang der Säkularisierung erfolgten geistig-religiösen Substanzverlust bewusst zu machen und die in keiner Religion verzichtbare Dimension des Heiligen von Neuem ins Bewusstsein zu heben. Beauftragt mit den berühmten Gifford Lectures an der Universität von Edinburgh, nahm er hierzu mit der gebotenen Ausführlichkeit Stellung. Dabei ging es ihm darum, einen Beitrag zu leisten zur »Wiedererweckung der heiligen Qualität der Erkenntnis und der Wiederbelebung der wahren geistigen Tradition des Westens aus dem Geiste der noch lebendigen Traditionen des Orients, in denen die Erkenntnis niemals vom Heiligen getrennt war«[486]. Wie nicht anders zu erwarten, konnte seine Bestandsaufnahme nicht kritisch genug sein, nimmt man das weltweit um sich greifende spirituelle Vakuum wahr, von dem in der Gegenwart kaum eine der großen Religionen ausgenommen ist. Groß war daher seine Skepsis der Moderne gegenüber, deren »Zeitgeist« dem *Geist* widerstreitet. Selbst westlichen Orientalisten hatte er vorzuwerfen, dass sie gewollt wie ungewollt dazu beigetragen hätten, den im Westen längst eingetretenen Traditionsabbruch auf den Osten zu übertragen. Heiliges wurde profaniert. Das wird Tag für Tag erlebt, am augenscheinlichsten im Umgang mit den religiösen Festzeiten, deren Gehalte aus Unkenntnis und Interesselosigkeit missachtet werden. Bei allem Zugeständnis, etwa die im Westen entwickelte historische Textkritik in Exegese und Hermeneutik der heiligen Schriften als berechtigt anzusehen, konnte er sich nicht der Tatsache verschließen, dass ein säkularisierter oder auf das Innerweltlich-Äußere reduzierter Verstand sich zergliedernd und damit entspiritualisierend ausgewirkt hat. Auf die Erkenntnis und ihre Entheiligung bezogen, kommt Nasr zu Feststellungen, die sich in thesenhafter Form ausdrücken lassen, etwa:[487]

»Die Erkenntnis ist fast vollständig externalisiert und entheiligt, und zwar vor allem bei jenen Teilen der menschlichen Rasse, die durch den Prozess der Modernisierung transformiert wurden.«

Die Wurzel und Essenz der Erkenntnis aber bleibt untrennbar mit dem Heiligen verbunden, denn die Substanz der Erkenntnis ist die Erkenntnis jener Wirklichkeit, die die höchste Substanz ist, das Heilige an sich, im Verhältnis zu dem alle Ebenen des Seins und alle Formen der Mannigfaltigkeit nur Akzidenzien (Anhängsel) sind.

Der moderne Mensch hat heute die Empfindung für das Wunderbare verloren!

Der Mensch bedenkt nicht mehr das Geheimnis, dass er sich nach innen zur unendlichen Welt in ihm selbst wenden, aber auch die äußere Welt objektivieren kann.

Die Reduzierung des Intellekts auf den Verstand und die Verkürzung der Intelligenz auf Gewitztheit und Gerissenheit hat in der modernen Welt nicht nur dazu geführt, dass heilige Erkenntnis unerreichbar und für manche sogar sinnleer wurde, sondern hat auch jene natürliche Theologie zerstört, die im christlichen Kontext immerhin eine Abspiegelung einer Erkenntnisfähigkeit heiligen Ranges, der Weisheit oder sapientia darstellte.

Die Wiederherstellung der übernatürlich-natürlichen Funktion der Erkenntnis, die Wiedervermählung des Verstandes (ratio) mit der Vernunft (intellectus) und die Wiederentdeckung der Möglichkeit, zu heiliger Erkenntnis zu gelangen, bedeuten daher auch eine Wiederanerkennung der natürlichen Theologie auf ihrer eigenen Ebene ...

Aus dem Gesagten ergibt sich, dass S. H. Nasr als Muslim bei Weitem nicht nur die durch Entheiligung bedrohte Gotteshingabe in den Blick fasst, durch die er den Islam bedroht sieht. Vernachlässigt und ihres spirituellen Rangs entkleidet sieht er auch die beiden anderen abrahamischen Religionen, Judentum und Christentum, darüber hinaus die aus nicht minder reichen Traditionen schöpfenden Glaubensrichtungen des Ostens, sofern sie durch das Virus des Säkularismus und einer rasch um sich greifenden Veräußerlichung infiziert sind. Zuversichtlich ist der Autor dort gestimmt, wo er feststellen kann:»Wenn man den Begriff der Religion wieder auf das erweitert, was von der Quelle in jenen objektiven Manifestationen des Logos herabsteigt, die man in den abrahmischen Religionen Offenbarung oder avatarische Herabkunft im Hinduismus nennt, dann kann man in ihm wieder den Kern jenes umfassenden Systems erkennen, das die *Tradition* ist.«[488]

Angesichts der Tatsache, dass sich mit der Nennung des Namens *Islam* seit geraumer Zeit recht sinistre Gedanken verbinden können, ist es angebracht, an dessen Wesen und Bedeutung zu erinnern. S. H. Nasr tut es in seiner Innenansicht als Muslim:

Die Bedeutung des Islam für die heutige Menschheit beruht auch darauf, dass er die Dimension der Spiritualität und Weisheit, die Techniken des inneren Gebets und der Meditation sowie die Möglichkeit, einem spirituellen Pfad zu folgen, der zu Gott führt, bis auf den heutigen Tag bewahrt hat. Im Unterschied zur modernen Welt wurden im Islam die inneren Dimensionen, die Träger von Weisheit sind, nicht überschattet oder an den Rand gedrängt. Ganz im Gegenteil: Spiritualität und initiatorische Führung ist nach wie vor ebenso verfügbar und verschafft Zugang zur Gnosis, dem erleuchtenden Wissen voller Weisheit, das, mit der Liebe verbunden, unter spirituellen Gesichtspunkten das oberste Ziel menschlicher Existenz ist.[489]

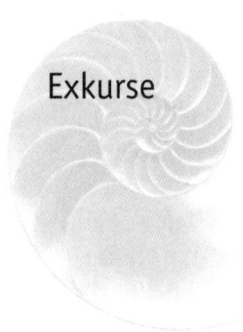

Exkurse

Moderne Physik oder Annäherung an das Ganz-Andere

Auf der Schwelle zum 20. Jahrhundert begannen Konturen eines neuen, eines bedeutsam erweiterten Erkenntnishorizonts sichtbar zu werden. Darauf ist an dieser Stelle, wenngleich in gebotener Kürze, insbesondere deshalb zu verweisen, weil mit der Suche nach dem *Ganz-Anderen* im Besonderen die Mystik mitbetroffen war. Es geschah in überraschender Weise von einer Disziplin her, von der für die innere, die spirituelle Dimension der Wirklichkeit bislang kaum eine Bereicherung erwartet werden konnte, nämlich von Seite der Physik und von einer betont rationalen Betrachtung der Naturerscheinungen. Mit René Descartes (1596–1650) unterschied man die Materie in ihrem Gesamtumfang als *res extensa* gegenüber der Welt des als Ratio verstandenen Geistes und dessen Träger, dem Menschen, als *res cogitans*. Damit war ein Dualismus kreiert, der keine Vermittlung zwischen Geist (im Sinne von Rationalität) und Materie gestattete. Dem entsprach die zeitgenössische, von Isaac Newton vertretene mechanistische Naturanschauung, die gemeinhin als Basis der *klassischen Physik* bezeichnet wird. Aufs Ganze gesehen, beanspruchte ihr Paradigma bis gegen Ende des 19. Jahrhunderts uneingeschränkte Gültigkeit. Dann aber trat eine bis dahin nicht dagewesene Umwälzung ein, deren Resultat man als die Physik des 20. Jahrhunderts oder auch als *moderne Physik* zu bezeichnen pflegt.[490]

»Der Bruch in unseren Anschauungen, zu dem die neue Physik auffordert, ist tief ... Die Frage: Was ist, was existiert? verliert ihren Sinn. Wirklichkeit ist keine *Realität* mehr in der ursprünglichen Bedeutung (lat. *res* = Ding) einer dinghaften Wirklichkeit. Wirklichkeit offenbart sich primär nur mehr als *Potentialität*, als ein noch nicht aufgebrochenes, gewissermaßen unentschiedenes ›Sowohl/als auch‹, nur als *Kann-Möglichkeit* für die uns vertraute Realität, die sich in objekthaften und der Logik des ›Entweder-oder‹ unterworfenen *Erscheinungsformen* ausprägen kann ... Der Weg zu den neuen Vorstellungen war dementsprechend äußerst mühsam und schmerzhaft.«[491]

Die Ansicht der Welt, wie sie durch Newton in Gestalt eines mechanistischen Modells vorgenommen worden war, erlebte somit eine beträchtliche, eine alle bisher bekannten Grenzen überschreitende Ausdehnung und vor allem eine grundlegende Veränderung. Sie betraf die physikalische Realität beziehungsweise Wirklichkeit als solche. Sie betraf das Verhältnis von Raum und Zeit. Zu nennen sind vorweg einige Physiker und deren Theorien. In den ersten drei Jahrzehnten des Jahrhunderts ereigneten sich maßgebliche und damit zielsetzende Erkenntnisdurchbrüche. Hierzu einige Daten:

Im Jahre 1900 hatte Max Planck das, was man »die Geburt der Quantentheorie« nennt, eingeleitet. Unmittelbar daran anschließend erregte Albert Einstein Aufsehen durch seine 1905 veröffentlichten Arbeiten zur Quantentheorie und die Entwicklung der speziellen Relativitätstheorie. »Das Neue, das Revolutionierende, dasjenige, welches den Grundcharakter aller heutigen wissenschaftlichen Ergebnisse ausmacht, ist nun die Tatsache, dass seit Einstein in die räumliche Weltanschauung die Zeit hereingenommen wurde. Sie wurde zu der berühmten und schwer verständlichen vierten Dimension. Dies war der Anfang ... So wie um das Jahr 1500 der europäische Mensch sein Weltbild durch die Überwindung des Raumbegriffs erweiterte und damit eine ganz neue Epoche einleitete, in demselben Maße begann eine vollständige, tiefgreifende Umwandlung und Umgestaltung innerhalb der abendländischen Kultur.«[492]

Das »goldene Zeitalter der modernen Physik« schien angebrochen zu sein. 1913 fand Niels Bohr den Schlüssel zum Verständnis des Atoms, das nicht länger ein »letztes Unteilbares« darstellen konnte. Vielmehr erwies sich die atomare Welt als ein spezielles mikrokosmisches Forschungsfeld mit den nur allzu bekannten schicksalhaften Folgeerscheinungen ... Nicht einmal der Erste Weltkrieg konnte die Arbeiten an der Grundlegung der modernen Physik aufhalten. Es folgte (1915) beispielsweise Einsteins Fortführung der Untersuchung zur allgemeinen Relativitätstheorie. Ebenfalls fortgeführt wurde ferner die wissenschaftliche Diskussion, und zwar unter Einbezug mystischer Sichtweisen, speziell die der Religionen und Philosophien des Ostens. Es handelte sich somit nicht allein um einen geistigen Austausch zwischen westlicher und östlich-fernöstlicher Spiritualität, wie er unter anderem durch eine Reihe christlicher Asienpilger – wie der genannten – vollzogen wurde. Was aufgefallen war, das war die Vergleichbarkeit zwischen der modernen westlichen Physik und der Mystik des Ostens. Dass es sich dabei nicht etwa um einen dilettierenden Umgang mit allerlei naheliegenden Analogien handeln konnte, ergibt sich aus Erwägungen, wie sie von namhaften Naturwissenschaftlern, unter ihnen Gründergestalten ihrer Disziplin dieses Jahrhunderts, geäußert wurden. So liest man etwa bei Julius Robert Oppenheimer: »Die allgemeinen Vorstellungen über die menschliche Erkenntnis …, wie sie durch die Entdeckungen der Atomphysik anschaulich werden, sind nicht ganz fremd oder unerhört. Sogar in unserer eigenen Kultur haben sie ihre Geschichte, und im buddhistischen oder hinduistischen Denken nehmen sie einen noch bedeutenderen Platz ein. Sie setzen Beispiele, bestätigen und verfeinern die alte Weisheit.«[493]

Niels Bohr bezieht sich auf Ergebnisse seiner eigenen, weitere Aspekte in Augenschein nehmenden Studien und merkt an:»Um zur Lehre der Atomtheorie eine Parallele zu finden …, müssen wir uns den erkenntnistheoretischen Problemen zuwenden, mit denen sich bereits Denker wie Buddha und Lao-tze auseinandersetzten, wenn sie einen Ausgleich schaffen wollen zwischen unserer Position als Zuschauer und Akteure im großen Drama des Daseins.«[494]

Werner Heisenberg, dem wir unter anderem eine Bestandsaufnahme der heutigen Physik verdanken,[495] ergänzt mit einem Beispiel, es »könnte der große menschliche Beitrag in der theoretischen Physik, der seit dem letzten Krieg von Japan geleistet worden ist, als Anzeichen für gewisse Beziehungen zwischen den überlieferten Ideen des Fernen Ostens und der philosophischen Substanz der Quantentheorie angesehen werden«[496].

Fritjof Capra, der in seiner vielbeachteten, popularisierenden, naturgemäß nicht unumstrittenen Darstellung diese und ähnliche Hinweise als Ausdruck einer Konvergenz von westlicher Wissenschaft und östlicher Philosophie zusammengetragen hat, kam zu dem Ergebnis, wonach die moderne Physik zu einer Anschauung der Welt geführt habe, die den Ansichten der Mystiker unterschiedlicher Zeitalter auffallend ähnlich sei. Die sich manifestierende Parallelität zweier auf den ersten Blick so unterschiedlicher Disziplinen wie moderne Naturwissenschaft und religiöse Philosophie östlicher Prägung begegnen uns demnach nicht nur in den Veden des Hinduismus, im I Ching (I Ging) oder in buddhistischen Sutren, sondern auch in den Fragmenten Heraklits, des »Dunklen« von Ephesus (544–483 v. Chr.) oder bei dem mittelalterlichen islamischen Mystiker Ibn Arabi. »Der Unterschied zwischen östlicher und westlicher Mystik liegt darin, dass mystische Schulen im Westen immer nur eine Nebenrolle spielten, während sie die Grundlage der östlichen philosophischen und religiösen Gedankenwelt bilden.«[497] Daraus ist jedoch nicht der Schluss zu ziehen, dass die abendländische Mystik – etwa seit dem 5. Jahrhundert des pseudonymen Dionysios Areopagita – ohne vergleichbare Negationen und Paradoxien auskomme, das Auszusagende, z. B. über das Gottesbild, letztlich unaussagbar geworden war[498].

Nun haben sich seit der Ausformung der Naturwissenschaft im 20. Jahrhundert vielfältige Verbindungen mit der Mystik – und zwar, wie ersichtlich, nicht nur in ihrer östlichen Prägung – ergeben. Es kam zu einer Annäherung, die ohne Paradoxien, ja ohne absurd zu nennende Erscheinungen nicht auskam. So gesteht bereits Albert Einstein in seiner Autobiographie, was für einen Schock er angesichts der ersten Begegnung mit der revolutionär empfundenen Atomphysik empfunden habe, weil alles von der Newtonschen Physik her Geläufige auf einmal ungültig zu werden schien: »Es war, als ob mir der Boden unter den Füßen weggezogen würde, mit keinem festen Fundament irgendwo in Sicht, auf dem man hätte bauen können!« So ging es auch den anderen Gründergestalten, also nicht erst den nachgeborenen Rezipienten ihrer Theorien und Einsichten. Mit anderen Worten: »Das Sinnwidrige, Widersprechende, Vernunftwidrige, im Sinngehalt Widerstreitende, das Paradox war zum konstituierenden Element der Physik geworden. Bis dahin konnte die Physik in anschaulichen Begriffen denken; das war nun nicht mehr möglich. In alter Weise ein Bild der Elementarteilchen zu entwerfen bedeutete, sie falsch zu interpretieren. Die Physiker wussten noch nicht, was dem Mystiker geläufig ist …«[499]

Oder aus anderem Blickwinkel betrachtet: Zu den bedeutsamen Ereignissen des 20. Jahrhunderts gehört die auf unterschiedlichen Ebenen zu beobachtende Bewusstseinswandlung. Veränderungen des Weltbildes, Veränderungen der Welt- und der Gottes-Anschauung stellen ja immer auch Wandlungen im menschlichen Bewusstsein dar, auch wenn bei Weitem nicht alle Zeitgenossen im Vollsinn des Wortes zeitgleich oder epochenidentisch daran teilhaben. Es war insbesondere der deutsch-schweizerische Kulturphänomenologe Jean

Gebser (1905–1973), der dies um die Jahrhundertmitte in seinem Hauptwerk »Ursprung und Gegenwart«[500] durch verschiedene Epochen des Wandels aufgezeigt und anhand von Beispielen veranschaulicht hat. Das geschah aus der Sphäre eines nicht näher belegbaren archaischen Bewusstseins heraus, über die magische, mythische und mentale Stufe zu der seit Jahrzehnten sich manifestierenden *integralen* Bewusstseinsstruktur hin. In überaus differenzierter Weise hat – teilweise an Gebser anschließend – Ken Wilber zusammen mit anderen philosophischen und psychologischen Forschern die ins Trans-Personale weisenden gedanklichen Linien ausgezogen. Dabei handelt es sich um kontemplative Stufen zur Erzeugung neuer innerer Strukturen des Menschen. Die dabei sich ergebenden Perspektiven umgreifen die innere und die äußere, die materielle und die spirituelle Dimension, und zwar analog zur östlichen und westlichen Sicht des Reifungsprozesses von Menschheit und Einzelmensch[501]. Worin besteht nun der »schöpferische Weg des Menschen«, wenn nicht in der Erweiterung seines Bewusstseins, was immer auch der Erweiterung seines Verantwortungsgefühls entsprechen muss. Und damit bietet sich zur Veranschaulichung eine Analogie an:

Für die klassische Physik war die gesamte Realität manifest, sinnlich wahrnehmbar, lokalisiert, begrenzt, fixiert und vielfältig. Das bleibt sie weiterhin. Hinzugekommen ist durch die Quantenphysik die unmanifeste, aber reale Welt der Wellenfunktion: nicht-lokalisiert, flexibel, unbegrenzt, die Welt der uneingeschränkten Korrelation, eine Welt größer gewordener Möglichkeiten ... Die moderne Physik erfährt die Welt des Verstandes, die Mystik durch extreme Schärfung des intuitiven Sinnes. Die beiden Ansätze sind ganz verschieden von der physikalischen Welt. Sie sind jedoch »komplementär«, wie wir in der Physik sagen. Keine von ihnen ist in der anderen enthalten, noch kann eine auf die andere zurückgeführt werden, aber beide sind notwendig und ergänzen sich für ein vollständiges Begreifen der Welt.

Um ein altes chinesisches Sprichwort abzuwandeln: Mystiker verstehen die Wurzeln des Tao, aber nicht seine Zweige; Wissenschaftler verstehen seine Zweige, aber nicht seine Wurzeln. Die Wissenschaft braucht die Mystik nicht und die Mystik nicht die Wissenschaft, aber der Mensch braucht beides.[502]

Was die Menschen als Gott bezeichnen, entspringt einer überwältigenden intensiven Erfahrung, die mit dem Gefühl der Selbstaufgabe im

Sinne eines Verlusts des Ego verbunden ist. Es ist eine Hinwendung zum mystischen Ich, eine freudige Hingabe, die ohne Angst ist, weil sie im tiefen Selbst das Ich zum unbegreiflichen Ganzen weitet.[503]

Die Wirklichkeit, die wir unmittelbar leben und erleben, offenbart sich viel reicher als die Erfahrung, die wir rational zu erfassen und wissenschaftlich zu erkennen versuchen. Dies ist für Menschen, die mystische oder religiöse Erfahrungen gemacht haben, offensichtlich.[504]

Wenn es – nach C. G. Jung – Mystikern und Mystikerinnen gegeben ist, sich im Raum der Archetypen zu bewegen und mit ihnen gestalterisch Umgang zu haben, dann trifft diese Feststellung in besonderer Weise auf Künstler zu, die die Bereiche des Gegenständlichen zum Ungegenständlichen oder Abstrakten hin durchbrechen[505]. Sie sind somit Zeitgenossen, wenn nicht gerade auch Geistesverwandte jener Sinnsucher, die am Jahrhundertbeginn auf den Plan getreten sind und einen Weg nach innen eingeschlagen haben; sei es, dass sie sich der Terminologie der Mystik bedient haben, sei es, dass sie darauf verzichteten und lediglich von dem *Anderen* sprachen, das ihrem Leben und Schaffen Inhalt und Sinntiefe verlieh. Nach ihm suchten sie, nachdem sie denselben Erlebnisraum mit jenen teilten – oder weil sie ihrerseits von diesem so oder so genannten Anderen *gefunden wurden*. Offensichtlich wurde gerade auch für sie das Sichtbare, Naturhafte transparent. Doch woraufhin?

In seinen Essays über Kunst und Künstler sprach sich Wassily Kandinsky (1866–1944) über seine Sicht moderner Kunst aus, die am Jahrhundertanfang einem Schwellenübertritt entsprach, von Gegenständlichem zum Übergegenständlichen, vom Personalen zum Transpersonalen, letztlich zu dem Geistigen hin. Danach ging es ihm nicht darum, Naturobjekte lediglich in herkömmlicher Manier naturalistisch abzubilden und ihrem Außensein nach zu beschreiben, sondern »die Natur im Ganzen« anschaubar zu machen. Möglich sei dies, so sagte er sich, wenn der Künstler aus einem Erleben seiner »geheimen Seele« schaffe und mit einem »inneren Blick« *gegenstandsfrei* bilde – vorausgesetzt, dass er das Unsichtbare wahrgenommen, dass er es *gewahrt* hat und es schließlich kreativ zu bezeugen vermag.

Paul Klee (1879–1940) ergänzt Kandinskys Anschauung, indem er anmerkt, wie sich im künstlerischen Prozess der Gegenstand über seine Erscheinung hinaus »erweitert«, weil das jeweilige Ding eben mehr sei, als was sich von ihm manifestiert: »Je tiefer er (der Künstler) schaut, desto mehr prägt sich ihm an die Stelle eines fertigen Naturbildes das allein wesentliche Bild der Schöpfung als Genesis ein ... Das bedeutet, dass die modernen Künstler nicht mehr als Anschauende, Wahrnehmende, sondern mit ihrem ganzen Wesen einzudringen versuchen in die Prozesse des Naturgeschehens, die Dynamik zu erleben und diese nachzuvollziehen. Dann entstehen Bildvorstellungen, die nicht mehr die Natur in ihrer greifbaren Dinglichkeit – *natura naturata* –, sondern das unsichtbare Walten der Naturgeistigkeit – *natura naturans* – umfassen.«[506] Als einer der Pioniere der sogenannten modernen Malerei gilt bereits Paul Cézanne (1839–1906). Während andere Maler seiner Zeit noch der »bloßen Oberfläche« verhaftet bleiben und mit dem äußeren Schein der abbildbaren Dinge beschäftigt sind, sucht er die Dinge »gleichsam neu zu schaffen, zu ihrem *geistigen Kern* vorzudringen, ihr Wesen, ihre geistige Existenz anzurufen und zu beschwören. *Von der Außenfassade zum Inneren* ging sein Weg, vom euklidischen, dreidimensionalen Raum zum sphärischen, nichteuklidischen *Gegenraum*, der aus der Krümmung, nicht aus der Linie, der aus dem Umkreis, nicht aus dem Punkt hervorgegangen ist: der Raum als Kontinuum mit seinen universellen Rhythmen, seiner Unendlichkeit der Strukturen, seiner Transparenz und der Vielaspektigkeit aller Dinge.«[507] Von daher ergeben sich Entsprechungen zu einem adäquaten Erleben und Denken.

An dieser Stelle ist nochmals an den deutsch-schweizerischen Kulturphänomenologen Jean Gebser (1905–1973) zu erinnern, dessen Denken darauf gerichtet war, auf seinem Gang durch die Kulturepochen der Menschheit – angefangen mit der archaischen, magischen, mythischen und der derzeit noch herrschenden mentalen Stufe – zur Sicht auf die aperspektiven beziehungsweise zu der sich bereits ankündigenden *integralen* Betrachtungsweise vorzustoßen. Bei Künstlern, die wie Cézanne und wie es heißt: den »sphärischen Bildraum« betreten haben, beginne »sich zu realisieren, was Franz Marc aussprach: ›Ich beginne immer mehr hinter oder besser gesagt; durch die Dinge zu sehen …‹« Es handelt sich um eine Wahrnehmung, die zuvor auch andere, gleichsam mystisch-theosophische Seher bezeugt haben, beispielsweise Jakob Böhme (1575–1624). Er tat dies in der Beschreibung seines Initialerlebnisses, das ihm ermöglicht habe, gleichsam ins Herz der Natur zu sehen.[508]

Alle diese Versuche machen eines anschaulich: das Verlangen, aus dem bisherigen Rahmen hinauszutreten.[509] Geistesgeschichtlich betrachtet heißt das: Zu Ende geht ein altes, das von der Ratio beherrschte mentale Bewusstsein, das bereits um 500 vor der Zeitrechnung mit den jonischen Naturphilosophen begonnen, das seit Renaissance und Aufklärung zur technischen Weltbewältigung hin seine Höhe erreicht hat. Bereits um die Jahrhundertmitte meinte Gebser Ankündigungen der neuen, transrationalen Bewusstseinsstufe benennen zu können.[510] In der bildenden Kunst erblickte er – neben anderen Kulturphänomenen – erste Zeichen einer Mutation zu einer »Welt ohne Gegenüber« auf der Ebene des von ihm angekündigten *Integralen Bewusstseins*.[511] Mit anderen Worten aus der Einschätzung des Biologen Joachim Illies: »In der integralen Struktur des Bewusstseins wird deutlich, dass das Mentale, das Rationale, nicht die letzte mögliche Antwort war, sondern dass Mythos *und* rationale Entmythologisierung zu integrieren sind in einer umfassenden Einsicht, in der die Götter wieder so lebendig sind wie die Struktur des Geistes, die sie sichtbar machte, und in der wir uns wieder zur Wirklichkeit der Wahrheiten der mythischen Stufe bekennen können, ohne die Klarheit der Ratio aufzugeben.«[512]

Dieses neue, als *aperspektivisch* sich darstellende Zeitalter bedeute eine »Überwindung der vergangenen rationalen Epoche, die zudem stark antireligiös gefärbt war, und es ist zugleich die Gegenströmung zu dem unchristlichen Nihilismus unserer Tage«; wobei hier unter Religiosität keine bloße Zugehörigkeit zu einer Religions- oder Bekenntnisgemeinschaft gemeint ist. Vielmehr ist eine Begründung im Sein und eine seinsbegründete Lebenseinstellung in den Blick gefasst, nämlich auf die jeweils aufgegebene existentielle Verwirklichung hin. Gebser erweckte den Eindruck, damit sei auch der Nachweis erbracht, dass dieses Zeitalter nicht mehr antireligiös – somit auch im strengen Sinn des Wortes nicht mehr mystikfeindlich – sein werde, weil nur das betont rationale Denken als antireligiös angesehen werden könne. Dagegen werde die arationale Vorstellung schon wegen ihrer Offenheit für *Transparenz* ein neues, gestärktes Verhältnis zur Religion gewinnen. (Graf Dürckheim prägte das Wort von der »Transparenz für Transzendenz«[513]).

An dieser Stelle ist auf *Gemeinsamkeiten in der geistigen Haltung* hinzuweisen, auf die Jean Gebser wiederholt aufmerksam gemacht hat. In den Bestrebungen Karlfried Graf Dürckheims war sie offensichtlich schon aufgrund beiderseitiger und gleichgestimmter Einschätzung von Zen gegeben, und zwar zusammen mit der uns heute zustehenden Bewusstseinsart[514]. Und wenn Dürckheim den traditionellen Mystikbegriff durch den der *Großen Erfahrung* ersetzte, dann nicht zuletzt deshalb, weil dieser Begriff mit undiszipliniertem, zum Rauschhaften neigenden Mystizismus nicht verwechselt werden durfte. Auf diese Klarstellung legte Gebser, vor ihm übrigens auch Steiner, gesteigerten

Wert, indem er jede »missverstandene, defiziente Mystik« als der heute erreichten Bewusstseinsstufe unangemessen ablehnen musste.

Dies tat er übrigens in Übereinstimmung mit dem ihm ebenfalls nahestehenden Lama Anagarika Govinda (1898–1985)[515], dass die von ihm gemeinte Mystik »nichts mit dem ›mystischen Dunkel‹ ungewisser, individueller Visionen schwärmerischer Gemüter gemeinsam habe. Sie ist auf geistiger Disziplin begründet, die weder gefühlsmäßigen Überschwang noch verschwommenes Denken oder ungebändigte Phantasie ermutigt.«[516]

Angesichts dieser Bewertung heute vertretbarer Mystik bekommt Gebsers Sicht von Künstlern aus den ersten Jahrzehnten seines Jahrhunderts eine besondere Note. Seine Betrachtungsweise bewahrte ihn jedoch vor einer unkritischen Einschätzung der jeweiligen Personen, zumal auch Männer wie der Russe Wassily Kandinsky oder der Holländer Piet Mondrian neben Frantischek Kupka, Kasimir Malewitzsch oder Max Beckmann sich für ihr Schaffen Anstöße geben ließen[517], die aus der zeitgenössischen anglo-indischen Theosophie (H.P. Blavatsky, Annie Besant, Charles W. Leadbeater) sowie aus der Anthroposophie Rudolf Steiners kamen. Auch im Blick auf die Genannten konnte auf eine Unterscheidung der Geister nicht verzichtet werden.[518] Eine für das Schaffen zahlreicher Künstler und Künstlerinnen bedeutsame Tatsache besteht eben darin, dass viele durch spirituelle Impulse zum Teil recht unterschiedlicher Art – sei es aus der Literatur, sei es aufgrund von Begegnungen – beeinflusst wurden.[519]

Die jeweiligen Quellen, aus denen Künstler jener Moderne geschöpft haben, sind naturgemäß vielfältig. Sie reichen von der Lektüre mittelalterlicher Mystiker, sodann des Görlitzer *Philosophus teutonicus* Jakob Böhme (1575–1624)[520] und des Rosenkreuzertums, über Anregungen aus der östlich-fernöstlichen Philosophie (z. B. Taoismus) und Religion, über die spiritistische Bewegung und die genannte angloindische Theosophie des späten 19. Jahrhunderts bis zur Anthroposophie Rudolf Steiners im ersten Jahrhundertviertel. Selbst schamanistische Anleihen traten gelegentlich zu Tage, einerseits bei dem Amerikaner Jackson Pollock (1912–1956), in anderer Form bei Joseph Beuys (1921–1986), der sich gleichzeitig auf Steiner berief. Manche Maler beschränkten sich auf augenfällige Nachahmungen, etwa anthroposophischer Vorbilder, während nicht wenigen, den mit Recht Vielgenannten, eigenprofilierte, integrative Neuschöpfungen gelangen. Von daher ergibt sich – mit Blick auf eine Teilhabe an Vorgängen einer

Bewusstseinswandlung im Sinne Gebsers –, dass durchaus nicht alle »Modernen« das erzielten, was als Manifestation und Ausdrucksweise eines *Schwellenübergangs* oder einer aperspektivisch-integralen Gestaltung angesehen werden kann. Was sich hierbei ausspricht, das lässt sich als Bestreben deuten, vielfach vorausschauend, nicht selten aber auch zurückgreifend, archaische Muster zu erproben, um die traditionellen Begrenzungen zu überschreiten.[521]

Nicht zu vernachlässigen ist schließlich ein Hinweis auf die Tatsache, dass Kandinsky im Zusammenhang mit seiner hohen Einschätzung theosophisch-anthroposophischer Schriften seine Anschauungen in seinen theoretischen Entwürfen niederlegte, namentlich in der 1912 erstmals herausgegebenen Schrift »Über das Geistige in der Kunst«, in der er sich ausdrücklich auf seines Landsmännin Madame Blavatsky berief.[522] Das Buch nahm den Charakter einer Programmschrift an. Als einer ihrer späterer Herausgeber weist Max Bill auf die großen Auswirkungen hin, die das schmale Buch gehabt habe. »Sein Einfluss ist unbestritten. Auch wenn Kandinsky darin manches angeregt hat, das er selbst nicht durchführte, so haben andere seine Gedanken aufgenommen und auf ihre Weise weiterentwickelt. Die vollständige Loslösung vom Naturvorbild, wie sie ebenfalls schon 1911 von Frank Kupka, 1913 von Kasimir Malevitsch und von Piet Mondrian erreicht wurde, ist möglicherweise auf Kandinskys Buch zurückzuführen.«[523]

Die kunsthistorische Forschung zeigt, dass Kandinsky schon mehrere Jahre zuvor mit dem Problem rang, über das Gegenständliche und Sichtbare hinauszukommen und, angeleitet durch theosophisch-anthroposophische Schriften, gestalterisches Neuland zu erkunden. Dazu gehören – abgesehen von H. P. Blavatskys »Secret Doctrine« (Geheimlehre) – vor allem Rudolf Steiners spirituellen Schulungsbücher »Theosophie« (1904)[524], »Wie erlangt man Erkenntnisse der höheren Welten?« (1904/05) oder »Die Stufen der höheren Erkenntnis« (1905/08). Da gilt es, auch meditativ übend zu einer künstlerischen Problemlösung zu gelangen. Zwei Briefen an seine Gefährtin Gabriele Münter – er war ihr in München begegnet – aus den Apriltagen 1904 entnimmt man die Mitteilung: »Ich muss mich aufmerksam *in mich selbst* vertiefen, um die Farbenwirkung auf meine Seele beurteilen zu können … In der Sache bin ich ziemlich weit gekommen und der Weg liegt ziemlich klar vor mir. Ohne zu übertreiben kann ich behaupten, dass ich, falls ich die Aufgabe löse, neuen, schönen, zur unendlichen Entwicklung geeigneten Weg der Malerei zeige …«[525]

Was die abstrakte beziehungsweise nichtgegenständliche Malerei jener Jahre anlangt, so ging es deren Pionieren darum, zu zeigen, wie der Sinngehalt ihres Schaffens aufgewiesen und das Sichtbare durchdringend zur Darstellung gebracht werden könne.[526] Es müsse, so sagte man sich, beispielsweise darauf ankommen, das bloß Ornamentale im bisherigen Kunstschaffen zu überwinden. Kandinsky gesteht von sich, dass es geduldiger geistig-seelischer Arbeit mehrerer Jahre bedurft habe, um jene für den erstrebten Neuansatz erforderliche »innere Reifung« zu erlangen. Offensichtlich ließ er sich – analog zum Erkenntnisweg der Anthroposophie – dazu anleiten, auch die Kunst als einen geistig-seelischen Schulungsprozess zu begreifen. Wie aus seinen Aufzeichnungen und seinen in anthroposophischen Schriften gemachten Notizen ersichtlich, wird deutlich, wie er dabei zu Werke ging, indem er sich das Ziel setzte, zu entsprechenden übersinnlichen und damit zu übergegenständlichen Wahrnehmungsfähigkeiten vorzustoßen. Mystisch impulsiert, hatte man sich vom Religiösen zum Ästhetischen hin bewegt, eine Einsicht, die der Mystik-Verleger in jenen Jahren formulierte.

Wiederholt sprach Kandinsky von »Gesetzen innerer Notwendigkeit«, auch von »fortschreitender Äußerung des Ewig-Objektiven im Zeitlich-Subjektiven«, desgleichen vom »mystischen Inhalt der Kunst«. Sein, des Künstlers »offenes Auge soll auf sein *inneres Leben* gerichtet werden und sein Ohr soll dem Munde der *inneren Notwendigkeit* stets zugewendet sein ... Dieses ist der einzige Weg, das *Mystisch-Notwendige* zum Ausdruck zu bringen. Alle Mittel sind heilig, wenn sie *innerlich-notwendig* sind.«[527]

Alles in allem zeigt die Berücksichtigung des künstlerischen Geschehens während der Zeit nach der Jahrhundertwende, welche epochale Bedeutung das Kunstschaffen samt seinen Ausdrucksformen im Verein mit spirituell-mystischen Bestrebungen gewonnen hat, wiewohl in beiden Bereichen – wie kaum anders zu erwarten – durchaus unterschiedliche Sprachen gesprochen wurden. Wesentlich ist und bleibt, in welcher geistig-seelischen Verfassung man der abstrakten Kunst – sei es schaffend, sei es seelenaktiv anschauend – gegenübertritt, weil sie vom äußerlich erkannten Gegenstand hinführt zum »real erfahrenen Prozess im Anschauen«.

Michael Bockemühl:
Im Anschauen aber ist schon das Geistige selbst enthalten, insofern die eigene schöpferische Sinnestätigkeit – die sonst dem gewöhnlichen All-

tagsbewusstsein verborgen bleibt – zu einem vertieften Bewusstsein ge-
führt wird. Dies eben ist Signatur der neuen Kunst, dass sie nicht alles
mehr unbewusst leistet. Die abstrakte Kunst weckt auf zu den konkreten
Prozessen. Einer der Gründe, weshalb das Bewusstsein spiritueller Wirk-
lichkeit nicht gegeben ist, liegt darin, dass man das Spirituelle immer
woanders, immer »hinter den Dingen«, darüber oder darunter oder
eben im Jenseits sucht, dass man es als ein anderes vorstellt. Als ein
offenbares Geheimnis (im Sinne Goethes) der durch die Moderne auf-
tretenden Kunstform muss es gelten, dass sie das Spirituelle als realen
Werdeprozess im Sinnlichen selbst veranlagt zeigt.[528]

Franz Marc:
Die Sehnsucht nach dem unteilbaren Sein, nach Befreiung von den Sin-
nestäuschungen unseres ephemeren Lebens ist die Grundstimmung al-
ler Kunst. Ihr großes Ziel ist, (alle unsere Sinnesbegriffe) das ganze Sys-
tem unserer Teilempfindungen aufzulösen, ein unirdisches Sein zu
zeigen, das hinter allem wohnt, den Spiegel des Lebens zu zerbrechen,
dass wir in das Sein schauen. Es gibt keine soziologische oder physiolo-
gische Deutung der Kunst. Ihr Wirken ist durchaus metaphysisch.[529]

Verleger der Mystik I

Eugen Diederichs

Als ein der Jugendbewegung, der Tradition wie der Moderne verpflichteter »Kulturverleger« mit weltanschaulichen Ambitionen und eigener »Verlagsreligion« hat sich Eugen Diederichs (1867–1930) einen Namen gemacht. Er tat dies, nicht zuletzt als »Verleger der Mystik«, wie ihn der Publizist Willy Haas anlässlich des 100. Geburtstags 1967 tituliert hat. Freilich auch braun gefärbte Literatur schickte Diederichs durch die Presse, »unglaublich schlechte; ›Blut und Boden‹ schien die Parole seines dichterischen Geschmacks (gewesen zu sein), schon lange bevor das Unglück hereinbrach«[530]. Auch wenn die ablehnende Haltung, wie sie vor allem protestantische Theologen (A. von Harnack, K. Barth, E. Brunner, P. Althaus u. a.) der Mystik gegenüber aus besonderen theologischen Gründen an den Tag gelegt haben, so dürften Verflechtungen mit völkischen und dann auch nationalsozialistischen Parolen für die Ablehnung durch die Genannten auch eine Rolle gespielt haben.

Wohl schätzte Eugen Diederichs die spätmittelalterlichen und frühneuzeitlichen Klassiker des geistig-geistlichen Lebens. Mit deren Edition begann er bereits 1903. Hermann Büttner besorgte eine noch nach der Jahrhundertmitte greifbare Eckhart-Ausgabe. (Das geschah zeitgleich mit einer Eckhart-Auswahl, die Bubers Freund Gustav Landauer in einem anderen Verlagshaus erscheinen ließ.) »Mit Ausgaben von Texten ... Johannes Taulers, Jakob Böhmes, Angelus Silesius', Sebastian Francks und Heinrich Seuses gelingt es ihm, die religiösen Kommunikations- und Vergesellschaftsprozesse im deutschen Bildungsbürgertum des frühen 20. Jahrhunderts tiefgreifend zu beeinflussen.«[531] Dazu gesellte der Mystik-Verleger Paracelsus-Editionen, Emanuel Swedenborgs *Theologische Schriften* sowie solche zeitgenössische neu-religiös getönte Schriften, von denen er meinte, sie seien nicht durch ein überlebtes kirchliches Christentum angekränkelt, zumal das – was er unter *Mystik* verstehen mochte – angeblich dogmenfrei und nicht am wenigsten der deutschen Wesensart gemäß sei. Diederichs zögerte nicht, einigermaßen freisinnig zu definieren, was er unter Mystik verstand. So bekennt er einem Autor gegenüber einmal:

»Unter Mystik verstehe ich persönliche Anschauung des Lebens und seiner Beziehung zum Unendlichen ... So steht Böhme auf den griechischen Naturphilosophen und dem Neuplatonismus, auch wenn er sie nicht direkt gelesen hat, und wirkt weiter zumal in unserer Romantik, in Schelling und Fechner bis zur Gegenwart.«[532] Auch wenn man derartige Formulierungen eines Mystik-Liebhabers, aber mit der Materie nicht näher Vertrauten nicht auf die Goldwaage legen muss, so zeigen sie doch, welcher Einfluss von einem erfolgreichen, dem Zeitgeist aufgeschlossenen Verleger ausgegangen sein wird. Sein Bestreben ging prinzipiell dahin, mit einer Auswahl aus »Schriften deutscher Mystiker« eine betont »Deutsche Frömmigkeit« zu propagieren.[533] In dem gleichnamigen Buch sind zwar die schon genannten Mystiker und Gottesfreunde aufgereiht und ergänzt durch Johann Gottlieb Fichtes religiöse Weltansicht als Ausblick auf eine *deutsche Religion*. Aber das in dieselbe Richtung weisende Schlusswort hat der Herausgeber Walter Lehmann Autoren eingeräumt, die einem religiös verbrämten Nationalismus das Wort geredet haben. Paul de Lagarde stellt »Richtlinien für eine deutsche Religion« auf und der dem Verleger nahestehende protestantische, 1902 aus dem Pfarrdienst ausgeschiedene Theologe Arthur Bonus (1964–1941) fügt das Seine hinzu. In einer Lebensrückschau bemerkt Eugen Diederichs: »Von Bonus aus gewann ich den Weg zu den Mystikern und zu allem, was ich religiöses Erlebnis nenne.«[534] Bonus war es denn auch, der auf der Basis seiner mystisch getönten Privattheologie eine Abkehr vom kirchlichen Christentum predigte und einen germanisierten *neuen Mythos* proklamierte, denn: »Der Vatergott ist durch die plumpen Vertraulichkeiten der Schulreligion für unser Gefühl fast schon eine *quantité négligeable* geworden ... Für den neuen Mythos liegt die andre Welt nicht außerhalb dieser ... Wir kommen ihr vielmehr umso näher, je tiefer wir in unser Inneres hinabsteigen. Sie ist der Grund und Hintergrund dieser Welt, und ihre Kräfte und Mächte, aus diesen Tiefen aufsteigend, sind in uns und um uns.«[535] Aus der Feder von Eugen Diedrichs liegen zahlreiche Zeugnisse vor, die seine religiöse Positionsbestimmung einsichtig machen.[536] Danach sei er bestrebt, in seinen Büchern »eine Religion ohne Blick nach rückwärts, vielmehr nach vorwärts« zu fördern. Dem protestantischen, bald in freireligiösen, später wieder im kirchlichen Amt tätigen Prediger Max Maurenbrecher verriet er (1914): »Das Wesentliche des Gottesbegriffes scheint mir in dem Erleben der Entwicklung des eigenen

Geistes zu liegen. In dem Glauben an das Empor.«Eine Studentin ließ er im Weltkriegsjahr 1917 wissen:»Letztenendes sind für mich religiöse Vorstellungen mathematische Hilfskonstruktionen, um zu dem Erlebnis zu kommen, dass man sich wie Münchhausen am Schopf nimmt und aus dem Sumpf herauszieht. Man muss eben auf den Geist hin leben ... Das scheint mir das eigentlich Reizvolle des Lebens, seinen Vergeistigungsprozess nicht zu konstruieren nach kategorischen Pflichtbegriffen, sondern seine Seele selbst lebendig zappeln zu fühlen und seine Formgestaltung zu erleben.«

Überaus bunt gemischt konstellierte sich der Kreis der Autoren unter dem Dach des Diederichs-Verlags. Dass der Verlagsherr keinen besonderen Wert auf die Mitarbeit kirchlich orientierter Schriftsteller legte, versteht sich von selbst. Daher – freilich ungesagt – sein ziemlich *erweiterter Mystikbegriff,* den er mit der Lebensphilosophie Henri Bergsons[537] und der Willensphilosophie Friedrich Nietzsches korrespondieren ließ, eben als»persönliche Anschauung des Lebens«. Dazu rechnete er – wenngleich mit unterschiedlicher Akzentuierung – auch zwei so gegensätzlich gerichtete Denker wie Rudolf Steiner und Martin Buber. Steiner beantwortete Mitte Mai 1904 eine Anfrage wegen eines Mystik-Buches zunächst positiv. Er gedachte binnen zwei Monate eine umfassende,»durchaus originale Arbeit« zum Thema abzuliefern und dann in seiner Eigenschaft als Generalsekretär der deutschen Sektion der»Theosophical Society« verbreiten zu helfen. Doch die Zusammenarbeit kam nicht zustande. Die Veröffentlichung erschien 1904 unter dem Titel»Theosophie«, aber nicht bei Eugen Diederichs: eine Grundschrift der Anthroposophie, daher jedoch nicht gerade ein Buch der Mystik. Dagegen kam Diederichs – wie berichtet – mit Buber zusammen. Das geschah in Gestalt der wiederholt aufgelegten Mystik-Anthologie»Ekstatische Konfessionen« (1909), von der der Herausgeber nach seiner»Bekehrung« zum Dialogischen freilich nichts mehr wissen wollte. In seinem Verlagsprofil mit Blick auf Diederichs' vielgestaltige Autorenriege zieht Friedrich Wilhelm Graf folgende Summe, die gleichzeitig ein bezeichnendes Licht auf den Mystik-Verleger wirft:

»Seine Autoren repräsentieren ein breites Spektrum gegensätzlichster religiöser Traditionen und Wertorientierungen. Protestantische Pfarrer, die aus tiefer Herzensfrömmigkeit an der Kirchenlehre litten, standen in seinen Verlagsprogrammen neben neopaganen Christentumskritikern, ekstatische jüdische Neumystiker neben antisemitischen

Neognostikern, religiös-sozialistische Propheten eines irdischen Gottesreiches neben faschismusbegeisterten Kündern stark politischer Autorität, antikatholische Freireligiöse neben kirchennahen Kulturkatholiken und buddhistisch inspirierte Theosophen neben antiurbanen Öko-Pietisten. Politisch reichte das Spektrum von oppositionellen Intellektuellen in der Sozialdemokratie, linken Revisionisten, religiösen Sozialisten und linksbürgerlichen Reformern bis hin zu den Vertretern einer ›neuen‹ völkischen Rechten, die die Krisen einer von Kapitalismus und Verwestlichung geprägten Gesellschaft in einem rassisch homogenen, starken deutschen Kulturstaat bewältigen wollten. Viele Diederichs-Autoren kamen aus religiösen Subkulturen beziehungsweise Alternativszenen oder lebten als Pfarrer, Lehrer oder Professoren im permanenten Konflikt mit der Institution, in der sie arbeiteten …«[538]

Verleger der Mystik II
Otto Wilhelm Barth

War es Eugen Diederichs, der mit seinem Verlag am Jahrhundertanfang in der ihm gemäßen Weise »mystisches« Schrifttum gepflegt hatte, so bewegte sich der ursprünglich in München beziehungsweise in München-Planegg oder auf dem Schilcherhof bei Weilheim angesiedelte Otto Wilhelm Barth-Verlag publizistisch in eine ähnliche Richtung. Doch waren die weltanschaulichen wie gesellschaftlichen Vorgaben andere. Das gilt naturgemäß vor allem für die Jahrzehnte nach dem Zweiten Weltkrieg. Es versteht sich, dass im Verlagsprogramm im Laufe der Jahre mancherlei Wandlungen und Akzentverschiebungen erfolgten. Denn begründet wurde O. W. Barth bereits 1924, hervorgegangen aus einer Buchhandlung des Namensgebers in München-Schwabing.[539] Zur theosophisch-rosenkreuzerischen Literatur, die dort angeboten wurde – darunter die deutsche Gesamtausgabe des französischen Okkultisten Eliphas Lévi (d. i. Alphonse Louis Contant, 1810–1875) und die von Karl Sudhoff und Wilhelm Matthießen betreuten Sämtlichen Werke von Paracelsus (Theophrast von Hohenheim) – trat astrologisches Schrifttum. Denn Fritz Werle, der etwa gleichzeitig in den Verlag eintrat und ihn schließlich leitete, war Astrologe. Im Kriegsjahr 1941 verfügte der NS-Staat die Schließung. Occulta waren unerwünscht, schon gar nicht »kriegswichtig«.

Nach dem Krieg (1947) trat die aus angesehenem großbürgerlichem, dem wissenschaftlichen wie spirituellen Leben aufgeschlossenen Haus in Berlin stammende evangelische Theologin Ursula von Mangoldt, geborene Andreae (1904–1987)[540], eine Nichte des einstigen, von antisemitischen Nationalisten 1922 ermordeten Reichsaußenministers Walter Rathenau, in den Verlag ein. Sie übernahm die Geschäftsführung von 1947 bis 1972. Schon während des Dritten Reiches war sie für Fritz Werles Verlag als Übersetzerin tätig gewesen. Das musste ihrer jüdischen Abstammung wegen – ihre Mutter war eine geborene Nachman – unter einem Pseudonym geschehen.

Durch Ursula von Mangoldt erhielt der O. W. Barth-Verlag sein spezifisches Profil, und das zu einer Zeit, als in den ersten Jahrzehnten nach dem Zweiten Weltkrieg bezüglich der Betreuung spiritueller, das östliche Geistesleben einbeziehender Literatur eine Pionierarbeit zu leisten war. Das ergab sich einerseits durch U. von Mangoldts Verwurzelung in der christlichen Tradition. Ihr Geburtsname erinnert an Johann Valentin Andreae (1586–1654), den Autor der berühmten Rosenkreuzerschriften[541]. Zum Interessenbereich der Verlegerin gehörte die lebenslange Beschäftigung mit charakterologischen Studien. Dazu dienten ihr Chirologie (Handlesekunst) und Astrologie, und zwar mit der Zielsetzung einer vertieften Selbsterkenntnis. Dagegen blieben Aspekte der Schicksalsvorausschau prinzipiell ausgeschlossen.»Während die Schrift das Daseiende, Gegebene, das Zuständliche im Menschen zum Ausdruck bringt, vermag die Hand darüber hinaus noch auszusagen, wie und auf was hin der Mensch im allgemeinen und der einzelne im besonderen seinen Sinn nach angelegt ist, wozu er die Möglichkeit des Werdens in sich trägt. Sie zeigt seinen dynamischen Weg auf und dringt in eine tiefere Dimension ein als die Schrift. Auch sind die Zeichen der Hand schon bei der Geburt eingeprägt, noch ehe der Mensch zu schreiben oder in sich irgendeinen anderen Test auszudrücken vermag. Dies ist wohl das Einzigartige und Wichtige der Hand-Symbolik und führt über das ›Erkenne dich in dem Gegebenen‹ zu dem ›Erkenne dich in dem Aufgegebenen‹.«[542] Ihre langjährige Bekanntschaft mit Karlfried Graf Dürckheim führte auf diesem Feld zu einer engen Zusammenarbeit, bei der er anthropologisch-psychologische Beiträge zum»Spiegel der Hand« lieferte und so theoretische Grundlagen der Handlesekunst bereitstellen half.[543]

Was nun Bereiche der Mystik und angrenzender Gebiete anlangt, so standen die diesbezüglichen Buchveröffentlichungen im Zentrum des Verlags. Zum einen gelang es der Verlegerin, namhafte Autoren als Vertreter der indischen und der zenbuddhistischen Tradition zu verpflichten, wobei sie selbst mehrere Werke aus dem Englischen oder Französischen übersetzte. Andererseits war sie schon von ihrer theologischen Vorbildung und religiösen Vorlieben her bestrebt, Bücher zu veröffentlichen, die dem westlich-östlichen Brückenschlag dienten und an die christliche Meditation[544] heranführten. Mit dem Erlanger Philosophen Eugen Herrigel gewann sie den aus eigener Zen-Erfahrung schöpfenden Verfasser des oftmals aufgelegten Büchleins»Zen in der Kunst des Bogenschießens«. Daisetz Taitaro Suzuki, der wie kaum ein Zweiter Zen in der westlichen Welt bekannt gemacht hat, ließ seine aus dem Englischen übertragenen Hauptwerke in Einzelausgaben bei

O. W. Barth erscheinen. Nachdem Karlfried Graf Dürckheim 1947 nach mehrjährigem Japan-Aufenthalt zurückgekehrt war[545], wurde Ursula von Mangoldt seine erste Verlegerin, die seine Japan-Erfahrung veröffentlichte[546]. Ein Teil der Werke von und über Sri Aurobindo legte ebenfalls O. W. Barth auf.[547] Stellvertretend für weitere Verfassernamen sind Ernst Benz, der Marburger Kirchen- und Geistesgeschichtler, sowie die beiden in der Schweiz wohnenden Autoren, der symbolerfahrene Religionsphilosoph Alfons Rosenberg und der Kulturphänomenologe Jean Gebser, zu nennen. Beide betreuten je eine Schriftenreihe. Alfons Rosenbergs »Dokumente religiöser Erfahrung« enthielten unter anderem Titel wie: »Adam. Der Mythus vom (androgynen) Urmenschen«; »Begegnung mit Engeln«; Joachim von Fiore:»Das Reich des Heiligen Geistes«;»Das Herzensgebet«, »Weisheit des Talmud«;»Die Liebesmystik der Kabbala«;»Die Chymische Hochzeit Christiani Rosenkreutz«. Jean Gebser, der mit »Abendländische Wandlung« und seinem Hauptwerk »Ursprung und Gegenwart« Ausblicke auf ein sich ankündigendes *neues Bewusstsein* eröffnet hatte, veranstaltete bei O. W. Barth eine Sammlung »Weisheitsbücher der Menschheit«[548]. Darunter befanden sich »Unbekannte tibetische Texte«; Dionysius Areopagita:»Die Hierarchien der Engel und der Kirche«; Shankara:»Das Kleinod der Unterscheidung«;»Die Zen-Lehre des chinesischen Meister Huang-Po«, ferner außerhalb der Reihe die Dokumentation zweier Münchener Vortragsreihen, die mit Blick auf Gebsers Zielsetzung »Die Welt in neuer Sicht« überschrieben sind.

In Anlehnung an Auskünfte der Leitung des Verlags[549], der 1972 verkauft und dem Scherz Verlag Bern unterstellt wurde, zieht Christoph Bochinger den Schluss:»Dieses Programm wirkte prototypisch auf die neuere Entwicklung in Deutschland. Es hatte konsequent und mit nur wenigen Ausnahmen einen allgemein verständlichen, nichtakademischen Stil. Es richtete sich an eine breite Öffentlichkeit und setzte religiöses Interesse, nicht aber christliche Einbindung voraus .... Die Verlegerin schreibt im Rückblick, sie habe mit dem Verlagsprogramm die Leser im Westen zu Meditation und Kontemplation anregen wollen: ›Die Thematik des Verlages war zu jener Zeit sehr neuartig ... Heute (1972) ist diese Literatur weit im Westen verbreitet ... Als die östliche Art des Meditierens nicht nur Anregung blieb, sondern zu einem oft ungeprüften Synkretismus führte, war die Pionierarbeit unseres Verlags im Grunde beendet.‹«[550]

Mystik, die diesen Namen verdient, darf weder mit unkontrollierten high-Zuständen (peak experiences) verwechselt oder gleichgesetzt werden, noch steht Mystik für eine modische Wellnessverheißung, die die Erfüllung sublimer egoistischer Sehnsüchte verspricht. Keinesfalls sind die von spontan sich einstellenden mystischen Eindrücken berührten Menschen aller Fragen und Probleme enthoben. Sie sind es ebenso wenig wie Menschen, die den Weg der Nachfolge Christi oder einen anderen spirituellen Weg des Westens oder Ostens gehen und Grade einer Erleuchtung erreicht haben. Auch ist die in diesem Jahrhundert in Erscheinung getretene Mystik als solche Mal um Mal gefährdet und nicht selten der Missdeutung preisgegeben. Man denke nur an diverse Erscheinungen einer Pseudo-Esoterik mit bald verlockenden, bald abschreckenden Angeboten.

Dazu gehören noch andere Aspekte. Zum einen ist da – religiös ausgedrückt – die Vermengung des vom Geist Gottes Bewirkten mit einer nachgerade verhängnisvollen völkischen Ideologie; zum andern gibt es die individuelle Gefahr, in einen Mystizismus mit seinen verschiedenen Begleiterscheinungen abzusinken. Damit kann die Tatsache gemeint sein, dass es zum Wesensbestand innerer Erfahrung gehört, der »dunklen Nacht« der Seele und des Geistes zu begegnen, wie sie – neben anderen – Johannes vom Kreuz aufgrund eigenen Erleidens einst beschrieben hat.

Was nun die immer wieder zu beobachtenden Phänomene einer Vermengung des Spirituellen, Religiösen sowie des Mystischen mit politischen Ideologien anlangt, so gab es schon vor Jahrhundertanfang verschiedene Spielarten einer weihevollen Verbrämung des eigenen Volkes samt seiner »Heldengeschichte«, die Hervorhebung seiner angeblichen Gottesfurcht – »Gott fürchen und sonst nichts auf der Welt« – samt der Überbewertung seiner in Anspruch genommenen »Sendung« gegenüber anderen Nationen. Das geschah beispielsweise gegenüber dem einstigen *Erbfeind* Frankreich. So sang man zum Kriegsausbruch 1914 – und noch lange danach – »*Heilig Vaterland* in Gefahren / deine Söhne sich um dich scharen ...« (R. A. Schröder). Und dass am »deutschen Wesen die Welt genesen« könne, wusste man ohnehin schon immer. Nicht ohne triftigen Grund verzichtet man seit Anfang der Bundesrepublik auf die erste Strophe des Deutschland-

Liedes, in der Deutschland »*über alles in der Welt*« erhoben wird. Dazu kommen sogenannte *neuheidnische Aufbrüche*, die ebenfalls schon vor der Jahrhundertwende in Erscheinung getreten waren und die dann in Gestalt nationalsozialistisch durchsetzter Mythen sowie kultähnlicher Inszenierungen für Jahrzehnte das Bewusstsein Ungezählter beeinflussten.[551]

Spricht man von »deutscher Mystik«, dann soll primär damit ausgedrückt sein, dass von einem bestimmten Zeitpunkt des hohen und des ausgehenden Mittelalters an das Lateinische geistlicher Texte durch die Volkssprache ersetzt erscheint. Nach allgemeinem Urteil gilt das *St. Trudberter Hohe Lied* (nach 1150) als das früheste Zeugnis dieser volkssprachigen deutschen Mystik. Es folgen dann die Aufzeichnungen von Mystikerinnen wie Mechthild von Magdeburg oder von Mystikern wie den drei Dominikanermönchen Meister Eckhart, Johannes Tauler oder Heinrich Seuse. Später entdeckte man die von Martin Luther 1516 und 1518 erstmals herausgegebene »Theologia Deutsch«[552]. – Daneben bürgerte sich in gewissen, national ausgerichteten Kreisen eine davon abweichende, ideologisch befrachtete Deutung ein. Man wollte unter *Deutscher Mystik* eine betont völkische, eine *deutsch geartete*, auf rassische Eigentümlichkeiten der *nordischen Menschen* fixierte Mystik verstehen. Dieser Sprachgebrauch hatte sich wie bereits betont schon lange vor Anbruch des Dritten Reiches eingebürgert.[553] Wie ersichtlich, konnte es sich nur um eine Verfälschung des Zugrundeliegenden handeln und dem verantwortbaren Verständnis mystischer Frömmigkeit schaden.

Wie beschrieben, lieferte das von Eugen Diederichs in Jena gepflegte Schrifttum vielfältige Belege mit dieser nationalistischen Einfärbung. Da musste Meister Eckhart – schon sein Name klingt so »deutsch« – herhalten: »Der Schöpfer einer eigenartigen deutschen Frömmigkeit ist Meister Eckehart, zugleich ihr sprachlicher Begründer«, heißt es in jener Anthologie aus der ersten Weltkriegszeit.[554] Über Johann Gottlieb Fichtes Christentum als »deutschen Idealismus« geht dann rasch der Weg zu Paul de Lagarde, der eine nationale »judenfreie« Religion forderte und Richtlinien für eine »deutsche Religion« entwarf. Alles müsse getan werden, so hieß es, »eine für Deutschland eigentümliche Gestaltung der Religion zustande zu bringen«[555]. Umkehr, eine Hinkehr zu neuer braun gefärbten Innerlichkeit schien geboten zu sein. Und »Mystik, dieser Ausdruck nicht im Sinne der Bierbänke genommen, ist allemal der Vorbote der Revolution«, sagte man sich in jenen rechtslastigen Kreisen.[556] Schließlich die unschwer zu erhebende Vermutung von de Lagarde:»Täusche ich mich nicht, so sind die Formen, unter denen Religion aufgetreten ist, verbraucht, und jetzt nur Eine neue möglich, die, Gott *im Menschen* zu erkennen und zu lieben ...«[557] Und das zu einer Zeit, als man noch nichts von großen Kirchenaustrittszahlen wusste, weil man sich in Europa noch für»christlich« hielt.

Der sprichwörtlichen»Machtergreifung« des Nationalsozialismus, in der Hauptsache durch den Beginn von Adolf Hitlers Kanzlerschaft am 30. Januar 1933 gekennzeichnet, hat sich in verhängnisvoller Weise auf das geistig-geistliche Leben ausgewirkt. Die ideologische Verfremdung der christlichen Mystik, wie sie sich namentlich auf Gestalten wie Meister Eckhart oder Jakob Böhme ausgewirkt hat, belegt dies. Aber blickt man auf das Schrifttum, das ein germanisches oder deutschgläubiges Christentum predigte, dann meldete es sich bereits einige Jahrzehnte früher zu Wort. Als Alfred Rosenberg (1893–1946)[558], der Ideologe des Nationalsozialismus, seinen»Mythus des 20. Jahrhunderts«[559], die vermeintlich weltanschauliche NS-Bibel, herausgab, konnte er sich auf zahlreiche Gewährsleute beziehen, unter ihnen immer wieder auf den antisemitischen Orientalisten und Kulturphilosophen Paul de Lagarde (eigentlich: Bötticher) (1827–1891) und Richard Wagners Schwiegersohn und Hitler-Verehrer, den aus Portsmouth stammenden englischen Philosophen Houston Stewart Chamberlain (1855–1926), verheiratet mit Tochter Eva Wagner. Chamberlains antisemitisch dröhnendes Buch mit den»Grundlagen des neunzehnten Jahrhunderts«, auf das sich Rosenberg nachweislich stützte, war erstmalig bereits 1899 erschienen und erlebte zahlreiche Auflagen.

Neben»Gedanken über die Gestalten der Kunst« gehörte das, was Rosenberg in Anlehnung an seine rassistisch denkenden Vorläufer unter Mystik verstehen wollte, ins Zentrum seines Opus. Im Kapitel »Mystik und Tat«[560] verweist er neben dem nordischen Wiking, dem germanischen Ritter, dem preußischen Offizier und den Dichtern der alten Epen auf den»deutschen Mystiker«:

»Dieser Mystiker ist bemüht, sich aus den Verstrickungen der stofflichen Welt immer mehr und mehr herauszulösen ... Er entdeckt eine rein seelische Macht und fühlt, dass diese seine Seele ein Zentrum an Kraft darstellt, dem schlechterdings nichts vergleichbar ist. Diese Freiheit und Unbekümmertheit der Seele allem, auch Gott gegenüber (!) und die Abwehr eines jeden Zwanges, auch eines solchen von seiten

Gottes (!), zeigt die tiefste Tiefe, bis wohin wir den nordischen Ehr- und Freiheitsbegriff hinunter verfolgen können ...«[561]

Wer an dieser Stelle noch nicht ahnen sollte, worauf der nationalsozialistische Autor sein Bild vom Mystiker gründet, dem gibt er zu verstehen, was Meister Eckharts Rede vom »Bürglein«[562] (hier heißt es markig: »Burgfeste der Seele«) und vom »Fünklein« meine. Er lässt den Leser seines »Mythus« wissen: Eckhart »stellt das innerste, zarteste und doch stärkste Wesen unserer Rasse und Kultur dar«. Doch eben dies Wesen sei von der »Europa feindlichen Kirche mit allen Mitteln erdrosselt worden, ehe sie ganz erblühen konnte«. Selbst der Protestantismus habe »den jüdischen Buchstaben des Alten Testaments als Götzen hingestellt«. Als bemerkenswert kann gelten, dass die als mystikfeindlich gebrandmarkte Kirche sich zu eben dieser Zeit 1934 – ein Jahr nach Hitlers-Machtübernahme, aber sechs Jahrhunderte nach Eckhart – dazu bequemte, den verketzerten Meister endlich zu rehabilitieren. Es geschah, um den braunen Ideologen willfährig zu sein, durch dieselbe Erzdiözese Köln, durch die der berühmte Dominikaner-Prediger einst als gefährlicher Irrlehrer beschuldigt worden war! Da ist erstaunlicherweise von »unschuldiger Schuld« die Rede. Sie habe darin bestanden, dass mit Eckhart »eine der zartesten Blüten am weithin schattenden Baum der Weltkirche und eine der geistvollsten und lautersten Persönlichkeiten deutscher Katholizität« angeprangert worden sei.[563] Es mag dahingestellt bleiben, was die damaligen Kirchenoberen zu dieser verspäteten, einigermaßen gekünstelten Rühmung veranlasst haben mag. Immerhin waren seit dem Konkordat zwischen dem Deutschen Reich und dem Vatikan (1933) erst wenige Monate vergangen!

Wie rücksichtslos und widersinnig Rosenberg ihn nach der Neuverdeutschung durch Hermann Büttner zitiert und gleichzeitig Meister Eckhart verfälscht, zeigt sich, wo er auf »das Edelste am Menschen« zu sprechen kommt, auf das *Blut*. Für den Ideologen kann es sich nur um eine rassistische Umdeutung handeln. Wohl liest man bei Eckhart[564]: »Das Edelste, was am Menschen ist, das ist das Blut, wenn es recht will; wiederum das Ärgste, was am Menschen ist, das ist das Blut, wenn es übel will.« Aber dergleichen – ganz abgesehen vom zugemuteten Anachronismus – auch nur im Entferntesten mit einer braunen »Blut und Boden-Mystik« in Zusammenhang zu bringen, das spottet jeder Beschreibung. Kein Wunder, dass Rosenberg den dazugehörigen Kontext verschweigt, in dem es bei Eckhart heißt: »Siegt das Blut dem

Fleisch ob, so ist der Mensch *demütig, geduldig und keusch* und hat alle Tugend an sich. Obsiegt das Fleisch hingegen dem Blute, so wird der Mensch hoffärtig, zornig und unkeusch und hat alle Untugend an sich ...« Wo eine dem christlichen Mystiker, einem frommen Ordensmann wie dem Dominikaner Eckhart zugeschriebene Aussage in dieser Weise verfälscht wird, erübrigt sich jeder Kommentar![565]

Nun fehlte es auch im Dritten Reich nicht an Philosophen, Historikern und Philologen, die anders als der in religionswissenschaftlichen Fragen dilettierende Rosenberg mit Texten aus der mystischen Tradition fachgerecht hätten umgehen können. Neben Meister Eckhart, dem – so vermutete man – aus ritterlichem Geschlecht stammenden Gottesmann und Opfer der kirchlichen Inquisition übte Jakob Böhme, ein redlicher Handwerker und inspirierter Schriftsteller, auch in der NS-Zeit eine große Faszination aus. Das traf gerade auch auf nationalsozialistisch gesinnte »Volksgenossen« zu. Galt es doch, sich »im neuen Deutschland« des geistigen »Ahnenerbes«[566] zu vergewissern, den *Philosophus teutonicus* als eigentlichen Begründer der *deutschen* Philosophie zu präsentieren. Hierfür einige Beispiele:

Darum bemühte sich Hans Alfred Grunsky (1902–1988), Autor einer respektablen Böhme-Monographie, in der er die Struktur Böhmeschen Denkens herausgearbeitet hat (1956)[567]. Die Entstehung dieses Buches kündigte er in einer auf einen Vortrag zurückgehenden Skizze (1940)[568] knapp zwei Jahrzehnte zuvor an. Dass der Görlitzer Schuster gemäß Untertitel der »Schöpfer einer germanischen Philosophie des Willens« gewesen sein soll, blieb im abgerundeten Werk von 1956 dann wohlweislich ungesagt. Ungesagt blieb ferner, dass man bislang »vielfach in die vom jüdischen Geist überwucherten Gefilde bloßen Literatengeschwätzes abirrte«[569]. War doch das, was der Leserschaft des Jahres 1940 vorgesetzt worden war, ein Jakob Böhme, der unter dem »Gesetz der Willenhaftigkeit« gestanden habe und unter dem Zeichen, »unter dem« die nordische Seele und insbesondere das Germanentum angetreten ist«. (*Antreten* und *marschieren* gehörte, auch wenn es sich um Zeugnisse mystischer Frömmigkeit handelte, ins selbstverständliche Vokabular in der NS-Zeit!) Und von diesem Gesetz, dem Böhme gefolgt sei, heißt es: »Es handelt vom tiefsten Wesen unserer Rasse.« Habe man so Böhme verstanden, so sei einem sein »wundervoller Tiefsinn« aufgegangen, dann habe man die »deutsche Philosophie« als solche begriffen ...

Deshalb sei gerade in dieser Zeit der nationalsozialistischen Herrschaft eine Böhme-Deutung gefordert, »die die ganze Innerlichkeit der

Eckhartschen Mystik in sich aufnimmt«. Und nachdem bei der Niederschrift der angeführten Zeilen das zweite Kriegsjahr angebrochen ist, scheint es jenem Autor angemessen zu sein, sein Elaborat geradezu *marschierend* zu beenden, denn:»Gleich weit ab sich halten von Plotin, von Jehova und von Spinoza – das bedeutet: in der Richtung auf uns selbst marschieren, in der Richtung der Selbstfassung unseres Willens. Diesen Marsch haben wir heute angetreten. Und so verstehen wir wieder den deutschen Philosophen Jakob Böhme, weil wir uns selbst zu fassen beginnen.«[570] – Bleibt nur noch Biographisches nachzutragen: Hans Grunsky war seit 1930 Mitglied der NSDAP, also das, was man damals einen»alten Kämpfer«zu nennen pflegte. Seit 1937 bekleidete er in München eine außerordentliche Professur. Vor allem war er Mitarbeiter im»Amt Rosenberg«, Abteilung Schrifttumspflege, wie sie nach Maßgabe des Rosenbergschen»Mythus des 20. Jahrhunderts«zu erwarten war. In dieser Sphäre gediehen denn auch Grunskys »Forschungen zur Judenfrage« und gleicherweise die antisemitisch ausgerichteten Studien über den»Einbruch des Judentums in die Philosophie«[571].

Neben Grunsky ist ein anderer verdienter Böhme-Forscher zu nennen: August Faust (1895–1945), ein Schüler des Philosophen Heinrich Rickert, zuletzt Professor an der Universität Breslau. Er gehörte zum Kreis jener Wissenschaftler, die sich rückhaltlos dem Nationalsozialismus verschrieben hatten, indem sie für die Nazifizierung ihrer Universität sorgten. Unter dieser ideologischen Prämisse waren sie ausersehen, für den Aufbau einer»deutschen Philosophie« initiativ zu werden. Darüber hinaus galt August Faust als»Sprachrohr des Amts Rosenberg«. Zum einen begann er 1942 mit der Herausgabe von drei Bänden, der später von Will-Erich Peuckert abgeschlossenen Ausgabe der Werke Jakob Böhmes. Das geschah auf der Grundlage der für die Forschung nach wie vor wichtigen Edition von 1730[572]. Andererseits verfasste er eine Philosophie des – gemäß der Parole Joseph Goebbels ausgerufenen –»totalen Krieges«.

Was die von August Faust vorgenommene geistesgeschichtliche Einordnung Jakob Böhmes anlangt, so ergibt sie sich aus seiner Schrift »Jacob Böhme als ›Philosophus teutonicus‹«[573]. Wie der Untertitel bereits andeutet, kam es dem Verfasser darauf an,»die ursprüngliche und selbständige Deutschheit seines Denkens« herauszustellen und gleichzeitig die»tiefe weltanschauliche Verwurzelung dieser Philosophia Teutonica« zu betonen.[574] Zug um Zug zeige sich beispielsweise Böhmes »eigentümliche deutsche Denkweise« im Gegenüber zum »äußersten Gegenpol des Cartesianismus«, der eben der französischen Mentalität des als »Jesuiten-Zögling« apostrophierten René Descartes entspreche und mit der »Deutschheit« des Görlitzers nicht zu vereinbaren sei. Wie nicht anders zu erwarten, tritt Faust insbesondere jenen entgegen, die wie die beiden Franz von Baader-Schüler Julius Hamberger und Franz Josef Molitor im 19. Jahrhundert Bezüge zur jüdischen Geistestradition (Kabbala) erwogen haben. Zwar muss Faust einräumen, mit welcher Hingabe sich Böhme in seinen Schriften der hebräischen Bibel zugewandt und sie ausgelegt hat. Aber er stellt sogleich die Behauptung auf, der Görlitzer Meister habe das Alte Testament aus seiner Verbundenheit mit dem deutschen Volkstum, also angeblich anders als die Theologen, ausgelegt. Immer wieder fühlt sich Faust bemüßigt, selbst das von Böhme am Anfang seiner »Aurora oder Morgenröte im Aufgang« beschriebene Baum-Symbol dadurch zu germanisieren, dass er sich durch dieses Symbol an die »germanische Esche Yggdrasil« erinnert sieht. So sei es immer der »typisch deutsch-germanische Wesenszug Jakob Böhmes im Gegensatz zum jüdischen Denken«[575], den der NS-Interpret in den Vordergrund zu rücken sucht. Das sei letztlich auch der Grund der zunehmenden Aktualität des uns durch Böhme hinterlassenen »geistigen Ahnenerbes«, das diese Generation »im Umbruch der Zeiten« viel angehe.

Unnötig zu sagen, dass Wissenschaftler und Hochschullehrer wie die Genannten keinesfalls allein standen. Wie weit man zu gehen bereit war, lässt sich Äußerungen des in den dreißiger Jahren in Frankfurt lehrenden Religionsphilosophen Hermann Schwarz (1964–1951) entnehmen, wonach Adolf Hitler eine selbst Martin Luther überbietende religiöse Vollmacht gegeben sei, weil er sein Volk zum »Blutserlebnis« geführt habe. Denn: »Uns ist beschieden worden, dass das gesprochene Wort des Führers die *mystische* Kraft gehabt hat. Adolf Hitler hat uns zum Bewusstsein des gemeinsamen Blutes und der schicksalhaften Zusammengehörigkeit in der Gemeinschaft des Blutes aufgerüttelt … Das ist Gottesleben, es ist überpersönliches Gottesleben, und zwar übergipfelt (sic) und krönt es alles überpersönliche Gottesleben.«[576]

Mit anderen Worten: Ausgerechnet durch die Ideologen des kurz vor dem Zusammenbruch stehenden Dritten Reiches sollten Meister Eckhart und Jakob Böhme als Hauptvertreter der im Christentum verwurzelten Mystiker die ihnen lange versagte Heimholung »ins Reich« erfahren, und zwar durch Missdeutung und Verfälschung! Keine Frage:

Das Gebot zur Unterscheidung der Geister hat seine Dringlichkeit noch nicht verloren.

Ein jeder Mensch träget in dieser Welt
Himmel und Hölle in sich.
Welche Eigenschaft er erwecket,
dieselbe brennet in ihm.

Jakob Böhme

Dr. theol. h. c. Gerhard Wehr, geb. 1931 in Schweinfurt/Main, lebt als freier Schriftsteller in Schwarzenbruck bei Nürnberg. Von ihm liegen zahlreiche Veröffentlichungen zur neueren Geistesgeschichte und christlichen Mystik vor. Darunter befinden sich Biographien über Martin Buber, C. G. Jung, Rudolf Steiner, Karlfried Graf Dürckheim, Jean Gebser, Helena Petrovna Blavatsky. Er ist Herausgeber zahlreicher Quellenwerke zur christlichen Mystik, speziell von Jakob Böhme. Ein Großteil seiner Werke ist in mehrere europäische und asiatische Sprachen übersetzt.

Jüngst erschienen von ihm: Jakob Böhme. Inspiration und Wirkung in der deutschen Geistesgeschichte (Marix Wiesbaden 2010); Martin Buber. Leben, Werk, Wirkung. (Gütersloher Verlagshaus Gütersloh 2010); Christliche Mystiker. Von Paulus und Johannes bis Simone Weil und Dag Hammarskjöld. (Pustet Regensburg 2008); C. G. Jung. Leben, Werk, Wirkung (Telesma Schwielowsee 2009); Der Chassidismus. Gott in der Welt lieben (Opus magnum Stuttgart 2009).

Anmerkungen

1. Ernst Troeltsch: Aus der religiösen Bewegung der Gegenwart (1910), zit. bei Christoph Bochinger: New Age und moderne Religion. Religionswissenschaftliche Analysen. Gütersloh 1995, S. 92.
2. Vgl. Mystik in: Theologische Realenzyklopädie (TRE). Berlin-New York 1994. Band XXIII, S. 533–597.
3. Friedrich Heiler: Kontemplation in der christlichen Mystik, in: Eranos Jahrbuch I (1933). Zürich 1934, S. 245ff.
4. Antoine Faivre: Access to Western Esotericism. New York 1994. – Ders.: Esoterik im Überblick. Freiburg 2001. – Vgl. Mysticism, in: Dictionary of Gnosis and Western Esotericism, ed. Wouter J. Hanegraaff. Leiden-Boston 2005, Vol. II, pp. 818–820. – Gerhard Wehr: Esoterisches Christentum (1975), jetzt: Gnosis, Gral und Rosenkreuz. Köln 2007. – Ders: Christliche Mystiker von Paulus und Johannes bis Simone Weil und Dag Hammarskjöld. Regensburg 2008.
5. »Unter ›philosophischer Mystik‹ verstehen wir … eine Denkrichtung, die, über das rationale Denken hinausgehende oder vielmehr hinter beides zurückgehende, sich auf die allen anderen Einzelerfahrungen zugrundeliegende Erfahrungen der Einheit von Ich und Weltgrund bezieht. Dieses Denken findet sich in allen Phasen der abendländischen Philosophie, jedoch ebenso im philosophischen Denken Indiens und Chinas.« (Karl Albert: Einführung in die philosophische Mystik. Darmstadt 1996, S. 1).
6. Ernst Troeltsch: Die Soziallehren der christlichen Kirchen und Gruppen (1912), Tübingen 1994, Bd. II, S. 850.
7. Gerd-Klaus Kaltenbrunner (Hg.): Wissende, Verchwiegene, Eingeweihte. Hinführung zur Esoterik. Freiburg (Herderbücherei Initiative 42) 1981, S. 7.
8. Paul Tillich: Systematische Theologie. Stuttgart (1958) 1977, Band II, S. 92.
9. Mechthild von Magdeburg: Das fließende Licht der Gottheit. In Auswahl hg. von Gerhard Wehr. Wiesbaden 2010.
10. Peter Dinzelbacher: Zur Sozialgeschichte der christlichen Erlebnismystik, in: Wege mystischer Gotteserfahrung. Hg. Peter Schäfer/Elisabeth Müller-Luckner. München 2006, S. 114f.
11. Bernhard von Clairvaux , hg. von Bernardin Schellenberger: Bernhard von Clairvaux. Düsseldorf 2001, S. 214.
12. Karl Rahner in: Publik Forum 2004, Nr. 3, S. 54f.
13. Alois Maria Haas: Mystik im Kontext. München 2004, S. 495.
14. Karl Rahner: Frömmigkeit früher und heute, in: Ders: Schriften zur Theologie VII, 2. Aufl. Einsiedeln 1971, S. 22f.
15. Hierzu ausführlicher aus der Sicht evangelischer Erwachsenenbildung und deren Vollzug: Hans Joachim Petsch: Reflexion und Spiritualität. Würzburg 1993, S. 119–136.
16. Friedrich Rittelmeyer: Christ und Krieg. Predigten aus der Kriegszeit. München o. J. (ca. 1916). – Gerhard Wehr: Friedrich Rittelmeyer. Sein Leben. Stuttgart 1998, S. 77f. – Karl Hammer: Deutsche Kriegstheologie 1870–1918. München 1971. – Günter Brakelmann: Der deutsche Protestantismus im Epochenjahr 1917. Witten 1974. – Renate Riemeck: Mitteleuropa. Bilanz eines Jahrhunderts. Freiburg 1965. – Die Großen der Weltgeschichte. Hg. Kurt Fassmann. Band 9. Zürich 1970. – Golo Mann (Hg.): Das zwanzigste Jahrhundert, in: Propyläen Weltgeschichte Band. 9. Berlin-Frankfurt 1986. – Über protestantische Kriegstheologie vgl. Fritz-Dieter Maaß: Mystik im Gespräch. Würzburg 1970, S. 215–224.

17. Gustav Landauer: Skepsis und Mystik. Belin 1903, S. 13.
18. Fritz Mauthner: Gottlose Mystik. Dresden o. J.
19. Guntram Knapp: Der antimetaphysische Mensch. Darwin, Marx, Freud. Stuttgart 1973.
20. Dietmar Goltschnigg: Mystische Tradition im Roman Robert Musils. Heidelberg 1974, S. 24.
21. Dietmar Goltschnigg a.a.O. S. 23.
22. Gustav Richard Heyer: Sinn und Bedeutung östlicher Weisheit für die abendländische Seelenführung, in: Eranos Jahrbuch 1933 (Band 1). Hg. Olga Fröbe-Kapteyn. Zürich 1934, S. 216.
23. Ludwig Klages: Mensch und Erde. Der erste Freideutsche Jugendtag in Dokumenten, Deutungen und Bildern. Köln 1988, S. 173.
24. Baal Müller: Kosmik. Prozessontologie und temporale Poetik bei Ludwig Klages und Alfred Schuler. Schwielowsee 2007, S. 16f.
25. Gerhard Ziemer, Hans Wolf (Hg.): Wandervogel und Freideutsche Jugend. Bad Godesberg 1961.
26. Karl Jaspers: Die geistige Situation der Zeit. Berlin-Leipzig 1931, S. 18f.
27. Handbuch der deutschen Reformbewegungen 1880–1933. Hg. Diethart Kerbs und Jürgen Reulecke. Wuppertal 1998. – Kreise, Gruppen, Bünde. Zur Soziologie moderner Intellektuellenassoziation. Hg. Richard Faber und Christine Holste. Würzburg 2000.
28. Paul Konrad Kurz: Mystikerfahrung in literarischer Gestalt, in: Orientierung. Katholische Blätter für weltanschauliche Information. Zürich 1982, Nr. 3, S. 30.
29. Leopold Ziegler: Der Mystiker (1902/03), in: Ders.: Gesammelte Werke in Einzelbänden, Band 6. Gesammelte Aufsätze I 1901–1916. Hg. Renate Vonessen. Würzburg 2007, S. 87.
30. Gustav Landauer: Skepsis und Mystik (1903). 3. Aufl. Münster/Wetzlar 1978; auszugsweise in: Rationalität und Mystik. Hg. Hans Dieter Zimmermann. Frankfurt 1981, S. 68–84.
31. Gustav Landauer, zit. bei Siegbert Wolf: Gustav Landauer zur Einführung. Hamburg 1988, S. 48f.
32. Martina Wagner-Egelhaaf: Mystik der Moderne. Die Visionäre der Ästheik der deutschen Literatur im 20. Jahrhundert. Stuttgart 1989, S. 1.
33. A.a.O. S. 2.
34. Rudolf F. Merkel: Zur Geschichte der Wiederauffindung deutscher Mystikerschriften im 19. Jahrhundert, in: Eine heilige Kirche. 22. Jahrgang, Heft 1 (1940) München, S. 96–110. Vgl. ders.: Die Mystik im Kulturleben der Völker. München 1940, jetzt in: Das Lied der Seele. Mystik I. Sinzheim-Gaggenau 2008.
35. Martin Buber: Die Erzählungen der Chassidim. Zürich 1949. – Ders.: Die chassidische Botschaft. Heidelberg 1952. – Gerhard Wehr: Martin Buber. Leben, Werk, Wirkung (1991). Gütersloh 2010, S. 67ff.
36. Gershom Scholem: Die jüdische Mystik in ihren Hauptströmungen. Frankfurt 1957.
37. Annemarie Schimmel: Mystische Dimensionen des Islam. Die Geschichte des Sufismus. München 1985.
38. Henry Corbin: Die smaragdene Vision. Der Licht-Mensch im persischen Sufismus. Hg. Annemarie Schimmel. München 1989.
39. Nikolaj Berdjajew: Die Philosophie des freien Geistes. Problematik und Apologie des Christentums. Tübingen 1930, S. 304 und 308.
40. Klassiker der Religionswissenschaft. Von Friedrich Schleiermacher bis Mircea Eliade. Hg. Axel Michaels. München 1997.

41. Rudolf Otto: Das Heilige. Über das Irrationale in der Idee des Göttlichen und sein Verhältnis zum Rationalen (1917). München 1970 u.ö. – Mircea Eliade: Die Religionen und das Heilige. Frankfurt 1986.
42. Rudolf Otto: West-östliche Mystik. Vergleich und Unterscheidung zur Wesensdeutung (1926). München 1971; Gütersloh 1979.
43. Aldous Huxley war nicht der Einzige, dem Berdjajew diesbezüglich widersprechen musste!
44. Rudolf Otto: West-östliche Mystik, S. 2.
45. Wassily Kandinsky: Über das Geistige in der Kunst (1911/12). Bern 2004. – Maurice Tuchman und Judi Freeman (Hg.): Das Geistige in der Kunst. Abstrakte Malerei 1990–1985. Stuttgart 1988.
46. Harald Szeemann: Monte Verità. Berg der Wahrheit. Mailand o.J. (1980).
47. Handbuch der deutschen Reformbewegungen 1880–1933. Wuppertal 1998. – Kreise, Gruppen, Bünde. Zur Soziologie moderner Intellektuellenassoziation. Hg. Richard Faber und Christine Holste. (Hg.) Würzburg 2000. – Nicolas Goodrick-Clarke: Die okkulten Wurzeln des Nationalsozialismus. Wiesbaden 2004.
48. Ulrich Linse: Barfüßige Propheten. Erlöser der zwanziger Jahre. Berlin 1993.
49. Richard Maurice Bucke: Die Erfahrung des kosmischen Bewusstseins (Cosmic Consciousness, 1901). Freiburg 1975.
50. Karlfried Graf Dürckheim: Im Zeichen der Großen Erfahrung. München 1974.
51. William James: Die Vielfalt religiöser Erfahrung (The Varieties of Religious Experience – The Gifford Lectures Edinburgh 1901/02). Olten-Freiburg 1979. Rainer Daiaz-Bone und Klaus Schubert: William James zur Einführung. Hamburg 1996.
52. Evelyn Underhill: Mystik. Eine Studie über die Natur und Entwicklung des religiösen Bewusstseins im Menschen. Mit einem Geleitwort von Friedrich Heiler. Bietigheim 1928.
53. Ernst Bloch: Durch die Wüste. Frühe kritische Aufsätze. Frankfurt 1977, S. 9.
54. Gerhard Marcel Martin: Mystik im Werk von Ernst Bloch, in: Anstöße. Aus der Arbeit der Evangelischen Akademie Hofgeismar. 2/1979, S. 53.
55. Ernst Bloch: Geist der Utopie (1918/23). Frankfurt 1964, S. 347.
56. Ernst Bloch: Thomas Münzer als Theologe der Revolution (1921). Frankfurt 1963, S. 243.
57. Klaus-Peter Steinacker: Das Verhältnis der Philosophie Ernst Blochs zur Mystik. (Diss.) Marburg 1973.
58. Dass »Selbst« nicht mit dem egozentrierten »Ich« verwechselt werden darf, ergibt sich aus der Psychologie C.G. Jungs und seinem auf den Reifungsprozess der Selbst-Werdung hindeutenden Individuationsbegriff. – Gerhard Wehr: Unterwegs zu sich selbst. Abenteuer der Lebensmitte. Regensburg 2009 (topos 704).
59. Aldous Huxley: Die Pforten der Wahrnehmung (The Doors of Perception). Meine Erfahrungen mit Mescalin. München 1954.
60. Timothy Leary: Politik der Ekstase. Hamburg 1970.
61. Rudolf Gelpke: Drogen und Seelenerweiterung (1966). München o.J.
62. Irmgard Buck (Hg.): Trug der Drogen. Erkenntnis, Prophylaxe, Therapie. Hamburg 1974.
63. Jean Gebser: Auf der Suche nach dem neuen Bewusstsein, in: Irmgard Buck: Trug der Drogen, S. 11. – Im Zusammenhang: Jean Gebser: Ursprung und Gegenwart (1949ff). in: Gesamtausgabe Band II – IV. Schaffhausen 1978. – Gerhard Wehr: Jean Gebser. Individuelle Transformation vor dem Horizont eines neuen Bewusstseins. Petersberg 1996.
64. R.C. Zaehner: Mystik religiös und profan. Stuttgart 1957. – Seymour Boorstein (Hg.): Transpersonale Psychologie. Bern-München 1990. – Frances Vaughan: Die Reise zur

Ganzheit. Psychotherapie und spirituelle Suche. München 1990. – Stanislav und Christina Grof: Spirituelle Krisen. Chance der Selbstfindung. München 1990. – Stanislav Grof und Hal Zina Bennett: Die Welt der Psyche. Die neuen Erkenntnisse der Bewusstseinsforschung. Reinbek 1997.

65. Gustav Landauer: Skepsis und Mystik, in: Rationalität und Mystik. Hg. Hans Dieter Zimmermann. Frankfurt 1981, S. 75f.
66. Martin Buber: Ekstatische Konfessionen (1909). 5.Aufl. Heidelberg 1984, S. XXX-VIIIf.
67. Dabei handelt es sich um die 1875 in New York begründete anglo-indische Geistesbewegung. Es ist jedoch zu beachten, dass »Theosophie« (sophia tou theou, wörtlich: Weisheit Gottes) eine eigengeprägte zweitausendjährige Geschichte hat, die durch die Intentionen H. P. Blavatskys und anderer nicht zu verwechseln ist. Vgl. Gerhard Wehr: Theo-Sophia. Christlich-abendländische Theosophie, eine vergessene Unterströmung. Zug/Schweiz (Die Graue Edition) 2007, S. 9ff.
68. Gerhard Wehr: Helena Petrowna Blavatsky. Biographie. Dornach/Schweiz 2005.
69. Gerhard Wehr: Theo-Sophia, S. 189ff.
70. Gerhard Wehr: Rudolf Steiner. Leben, Erkenntnis, Kulturimpuls. München 1987. – Robin Schmidt: Rudolf Steiner und die Anfänge der Theosophie. Dornach 2010.
71. Rudolf Steiner: Philosophie und Anthroposophie (1908/1918). Dornach 1965, S. 66.
72. Rudolf Steiner: Anthroposophische Leitsätze. Dornach 1994, S. 46.
73. Es handelte sich urspünglich um eine aus 26 Veranstaltungen bestehende Vortragsreihe, die Steiner auf Einladung des Ehepaars Graf und Gräfin Brockdorf zwischen September 1900 und April 1901 in der theosophischen Bibliothek Berlin, Kaiser-Friedrich-Straße 54a, hielt.
74. Rudolf Steiner: Die Mystik im Aufgange des neuzeitlichen Geisteslebens und ihr Verhältnis zur modernen Weltanschauung (1901). Dornach/Schweiz 6. Aufl. 1987. Die Werke Steiners liegen im Rahmen der Rudolf Steiner-Gesamtausgabe vor, die im Rudolf Steiner Verlag Dornach erschienen ist.
75. Johannes Hemleben: Rudolf Steiner und Ernst Haeckel. Stuttgart 2. Aufl. 1968.
76. Rudolf Steiner: Haeckel und seine Gegner. Minden 1900, jetzt in ders.: Methodische Grundlagen der Anthroposophie 1884–1901. Gesammelte Aufsätze zur Philosophie, Naturwissenschaft, Ästhetik und Seelenkunde. Dornach 1961, S. 152–200.
77. Rudolf Steiner: Die Mystik im Aufgange ... (Zitate nach Ausgabe nach 3. Aufl. Dornach 1924), S. XVI.
78. Rudolf Steiner: Philosophie und Anthroposophie, S. 108.
79. A.a.O. S. 108f.
80. Der Kontemplation entspricht bei Steiner die Herstellung eines »leeren Bewusstseins«. Vgl. Rudolf Steiner: Anthroposophie. Eine Einführung. Vortrag vom 1. Februar 1924, S. 64ff.
81. Karl Baier: Meditation und Moderne. Zur Genese eines Kernbereichs moderner Spiritualität in der Wechselwirkung zwischen Westeuropa, Nordamerika und Asien. I/II. Würzburg 2009.
82. Rudolf Steiner: Wie erlangt man Erkenntnisse der höheren Welten? (1904/1909). Dornach 24. Aufl. 1993.
83. Rudolf Steiner: Die Mystik im Aufgange ... S. 6f.
84. Rudolf Steiner a.a.O. S. IX ff.
85. Rudolf Steiner: Das Christentum als mystische Tatsache (1902), in heutiger Fassung vervollständigt durch den Zusatz: ... und die Mysterien des Altertums. 9. Aufl. Dornach 1989.

86. Christoph Lindenberg: Rudolf Steiner – eine Chronik. Stuttgart 1988, S. 190f.

87. Rudolf Steiner: Das Christentum als mystische Tatsache und die Mysterien des Altertums, Vorwort zur 2. Auflage 1910. 7. Aufl. Dornach 1959, S. 7.

88. Ders. a.a.O. S. 8.

89. Rudolf Steiner an Wolfgang Kirchbach am 2. Oktober 1902, in: Briefe II. Band 1892–1902. Dornach 1952, S. 306.

90. Rudolf Steiner: Mein Lebensgang (1925). 7. Aufl. Dornach 1962, S. 366.

91. Rudolf Steiner: Die Mystik im Aufgange ... S. 121.

92. Rudolf Steiner: Das Christentum als mystische Tatsache ..., S. 173.

93. Rudolf Steiner: Mein Lebensgang. Dornach 1962, S. 172f. – Vgl. Robin Schmidt: Rudolf Steiner und die Anfänge der Theosophie, S. 100ff.

94. Rudolf Otto: West-östliche Mystik. Gütersloh 1979, S. 2.

95. Ähnlich verhält es sich mit der Anwendung des Gnosis-Begriffs auf Jungs tiefenpsychologische Betrachtungsweise, insbesondere wenn diese Etikettierung von einer konfessionellen theologischen Position aus geschieht oder in der Weise, wie Martin Buber dem Werk Jungs entgegentrat (etwa in »Gottesfinsternis«, in: Martin Buber: Werke I. München-Heidelberg 1962, S. 503–604. Vgl. Gerhard Wehr: Carl Gustav Jung. Leben, Werk, Wirkung (1985). Erw. Aufl. Schwielowsee 2009, S. 410ff.

96. Henry F. Ellenberger: Die Entdeckung des Unbewussten I/II. Bern 1973. – Dieter Wyss: Die tiefenpsychologischen Schulen von den Anfängen bis zur Gegenwart. Göttingen 1966. – Gerhard Wehr: Gründergestalten der Tiefenpsychologie. Profile, Ideen, Schicksale. Zürich-Düsseldorf 1996.

97. Wilhelm Bitter: Der Verlust der Seele. Ein Psychotherapeut analysiert die moderne Gesellschaft. Freiburg 1969, S. 11.

98. C. G. Jung: Psychologische Typen. Gesammelte Werke 6. Zürich 1967, S. 242.

99. Herbert Silberer: Probleme der Mystik und ihrer Symbolik (1914). Darmstadt 1961.

100. Peter Gay: Freud. Eine Biographie für unsere Zeit. Frankfurt 1989, S. 235. – Während Freud sich von Mystik bzw. Mystizismus distanzierte, um seine wissenschaftlichen Bemühungen nicht zu diskreditieren, erblickte Steiner, wie wir gesehen haben, in der Mystik eine Notwendigkeit, die zeitgenössische Wissenschaft zu erweitern und zu vertiefen.

101. Aniela Jaffé: Mystik und Grenzen der Erkenntnis. Einsiedeln 1988, S. 15.

102. C. G. Jung: Über Grundlagen der Analytischen Psychologie, in: Gesammelte Werke 9, Teil I, S. 116.

103. C. G. Jung, in: Georg Gerster: Eine Stunde mit ... Frankfurt 1956, S. 17f.

104. Durch die ausführlichen persönlichen Schilderungen unterscheidet sich Jung beispielsweise von Rudolf Steiner, dessen »Forschungsergebnisse« nicht selten ohne besondere Quellenangabe auf guten Glauben hin in Wort und Schrift ausgebreitet werden. Vgl. auch Gerhard Wehr: C. G. Jung und Rudolf Steiner (1972). Stuttgart 1998.

105. Jolande Jacobi: Komplex, Archetypus, Symbol. Zürich 1957, S. 5. – Vgl. Johannes Tenzler: Selbstfindung und Gotteserfahrung. München-Paderborn 1975, S. 27ff.

106. C. G. Jung: Briefe Band II. 1946–1955. Hg. Aniela Jaffé und Gerhard Adler. Olten-Freiburg 1972, S. 108.

107. Belege hierzu in seinen Arbeiten zur Religionspsychologie, speziell in Gesammelte Werke 11.

108. C. G. Jung: Erinnerungen, Träume, Gedanken. Zürich 1962, S. 10.

109. A.a.O. S. 11.

110. Erich Neumann: Der mystische Mensch, in ders.: Kulturentwicklung und Religion. Zürich 1953, S. 139.
111. Erich Neumann a.a.O. S.149.
112. C.G. Jung: Erinnerungen, Träume, Gedanken, S. 40; 50ff.
113. A.a.O. S. 47.
114. A.a.O. S. 51. – Ausführlich beschäftigt sich der katholische Theologe Johannes Tenzler mit der Zwei-Personen-Thematik bei Jung, in: Tenzler: Selbstfindung und Gotteserfahrung. München-Paderborn 1975, S. 60–74.
115. C.G. Jung: Geist und Leben (1926), in: Ges. Werke 8, S. 372.
116. C.G. Jung insbesondere in seiner Autobiographie »Erinnerungen, Träume, Gedanken«. – Nahezu ein halbes Jahrhundert musste nach Jungs Tod vergehen, bis das textlich wie künstlerisch bedeutsame Dokument seines inneren Erlebens, das bis dahin weitgehend privat gehaltene »Rote Buch«, allgemein zugänglich wurde: C.G. Jung: Das Rote Buch. Herausgegeben und eingeleitet von Sonu Shamdasani. Düsseldorf 2009.
117. Gerhard Wehr: Begegnung mit dem inneren Christus, in: Ders.: Der innere Christus. Zürich 1993, S. 149–167. Erweiterte Neuausgabe als: Selbst-Werdung und religiöse Erfahrung. Analytische Psychologie und Spiritualität. Stuttgart 2010. – Gerhard Wehr: Unterwegs zu sich selbst. Abenteuer der Lebensmitte. Regensburg 2009
118. Weitere Belege dieser Art in Gerhard Wehr: Das Geheimnis des Lebens zwischen Zweien. C.G. Jung in seinen Briefen. Stuttgart 2011.
119. Unnötig zu betonen, dass der Kirchenaustritt nur ein Desinteresse an der betreffenden Konfession bekundet, jedoch nichts über die Religiosität aussagt, die erfahrungsgemäß in traditionellen Zusammenhängen von den meisten Menschen nicht mehr gefunden wird.
120. C.G. Jung: Psychologie und Religion, in: GW XI, S. 52f.
121. C.G. Jung: Symbolik des Geistes, in: GW XI, S. 171f.
122. C.G. Jung: Erinnerungen, Träume, Gedanken, S. 334. – In dem 1950 verkündeten Marien-Dogma Pius XII. erblickte Jung das größte religiöse Ereignis seit der Reformation!
123. C.G. Jung im Brief vom Juni 1957 an Bernhard Lang, in: Briefe III, S. 110.
124. C.G. Jung a.a.O. S. 112.
125. Roberto Assagioli (hg. Erhardt Hanefeld): Handbuch der Psychosynthese. Angewandte transpersonale Psychologie. Freiburg 1978; Rümlang/Schweiz 2004.
126. Um die Raum-Metapher zu vermeiden, wird man gut tun, von Schichten oder Ebenen im Unbewussten nur zum Zweck einer Veranschaulichung zu sprechen.
127. Bernard Lievegoed: Lebenskrisen – Lebenschancen. Die Entwicklung des Menschen zwischen Kindheit und Alter. München 1979, S. 176ff.
128. Bei Steiner fällt auf, dass er anstelle der Metapher der Tiefe in der Regel jene der Höhe und der Erkenntnis »höherer Welten« entgegensetzt. In seinen diversen Vorträgen über Psychoanalyse (1917) in: Individuelle Geistwesen und ihr Wirken in der Seele des Menschen. Dornach 1966 (GA 173), S. 124–169 wird dies deutlich. Hierzu Gerhard Wehr: C.G. Jung und Rudolf Steiner. Konfrontation und Synopse. Stuttgart (1972) 2. aktualisierte Aufl. 1998 S. 115–140.
129. Roberto Assagioli zit. in der Biographie von Paola Giovetti, S. 28.
130. Paola Giovetti: Roberto Assagioli. Leben und Werk des Begründers der Psychosynthese. Rümlang/Zürich 2007.
131. Roberto Assagioli: Handbuch der Psychosynthesis, S. 258.
132. A.a.O. S. 259.

133. Geert Grote, Thomas von Kempen und die Devotio moderna. Hg. H. N. Janowski. Olten-Freiburg 1978.
134. Roberto Assagioli: Psychosynthese und transpersonale Entwicklung. Paderborn 1992, S. 110.
135. Gerhard Wehr: Jean Gebser. Individuelle Transformation vor dem Horizont eines neuen Bewusstseins. Petersberg 1996.
136. Ulla Pfluger-Heist: Jean Gebsers und Roberto Assagiolis Wandlungsbotschaft, in: Transpersonale Psychologie und Psychotherapie 1/2006, S. 71–84.
137. Jean Gebser: Verfall und Teilhabe, in: Gesamtausgabe V/2, S. 102.
138. Jean Gebser: Asien lächelt anders, in: Gesamtausgabe VI, S. 164.
139. Roberto Assagioli, zit. in: Paola Giovetti: Roberto Assagioli. Leben und Werk ... S. 79.
140. Roberto Assagioli a.a.O. S. 92.
141. Gary Smith: Gershom Scholem. Zwischen den Disziplinen, in: Gershom Scholem. Zwischen den Disziplinen. Hg. Peter Schäfer und Gary Smith. Frankfurt 1989, S. 7ff.
142. Elisabeth Hamacher: Gershom Scholem und die allgemeine Religionsgeschichte. Berlin 1999.
143. Gershom Scholem: Die jüdische Mystik in ihren Hauptströmungen. Frankfurt 1957, S.1:»Es muss gesagt werden, dass die Geschichte der jüdischen Mystik ... sich nur allzuoft in Missverständnissen und Missdeutungen der Sachverhalte bewegt ... Männer wie Graetz, Zunz, Geiger, Luzzatto und Steinschneider hatten, um es sehr maßvoll auszudrücken, wenig Sympathie für die Kabbala.«
144. K. S. Davidowicz: Gershom Scholem und Martin Buber. Die Geschichte eines Missverständnisses. Neukirchen-Vluyn 1995.
145. Gershom Scholem: Von Berlin nach Jerusalem. Erweiterte Ausgabe. Frankfurt 1997, S. 77f.
146. Gershom Scholem: Die jüdische Mystik in ihren Hauptströmungen (1941). Frankfurt 1957. – Sabbatai Zwi. Der mystische Messias. Frankfurt 1992.
147. Hans Thomas Hakl: Der verborgene Geist von Eranos. Eine alternative Geistesgeschichte des 20. Jahrhunderts. Bretten 2001, S. 249–257.
148. Gerhard Wehr: Carl Gustav Jung. Leben, Werk, Wirkung (1987), erweiterte Neuauflage Schwielowsee 2009, S. 284f., 400ff. – Leonard Baker: Hirt der Verfolgten. Leo Baeck im Dritten Reich. Stuttgart 1982.
149. Gershom Scholem: Die jüdische Mystik in ihren Hauptströmungen, S. 5.
150. A.a.O. S. 7.
151. Hans Thomas Hakl: Der verborgene Geist ... S. 251f. – Elisabeth Hamacher: Gershom Scholem und die allgemeine Religionsgeschichte, S. 60f. – Joseph Dan: Gershom Scholem – Mystiker oder Geschichtsschreiber des Mystischen, in: Gershom Scholem. Zwischen den Disziplinen. Hg. Peter Schäfer und Gary Smith, S. 32–69.
152. Es legt sich ein Vergleich mit C. G. Jung insofern nahe, als auch er aufgrund seiner Beschäftigung mit spirituellen Inhalten darauf zu achten hatte, von seiner Zunft nicht als »Gnostiker« oder als »Mystiker« diskreditiert zu werden.
153. Gershom Scholem: Jüdische Mystik im 12. und 13. Jahrhundert, in: Judaica 3. Frankfurt 1973, S. 71 und 73.
154. Gershom Scholem: Zur Kabbala und ihrer Symbolik. Zürich 1960, S. 21.
155. Angelica Krogmann: Simone Weil in Selbstzeugnissen und Bilddokumenten. Reinbek 1970, S. 131.
156. Simone Weil: Das Unglück und die Gottesliebe. München (1953) 1961, S. 42f.

157. Martin Buber: An der Wende. Reden über das Judentum (1952), in ders.: Der Jude und sein Judentum. Köln 1963, S. 166.
158. Simone Weil: Das Unglück und die Gottesliebe, S. 45f.
159. Simone Weil: Vorchristliche Schau. München-Planegg 1959.
160. Aurelius Augustinus: Retractationes/Überprüfungen XII,3, in: Augustinus: De vera religione – Über die wahre Religion. Stuttgart 1983, S. 191.
161. Laut Angelica Krogmann: Simone Weil …, S. 178.
162. Malcolm Lambert: Geschichte der Katharer. Aufstieg und Fall der großen Ketzerbewegung. Darmstadt 2001, S. 254ff. – Gerhard Wehr: Esoterisches Christentum. Stuttgart 1975; erweitert als: Gnosis, Gral und Rosenkreuz. Köln 2007, S. 199ff.
163. Zu denken ist an den Terminus des »raptus« als Ausdruck mystischen Ergriffenwerdens und des Außer-sich-Seins, den wir aus vielen Zeugnissen außerordentlicher spiritueller Erfahrung kennen, wenn Menschen »in einem Nu« einen Aspekt der Gottesgegenwart erleben.
164. Simone Weil: Das Unglück und die Gottesliebe, S. 54f.
165. A.a.O. S. 71.
166. T. S. Eliot in: Das Unglück und die Gottesliebe, S. 10f.
167. Walter Nigg: Simone Weil. Die neue Heilige, in: Auf gespaltenem Pfad. Für Margarete Susman. Hg. Manfred Schlösser, Darmstadt 1964, S. 292.
168. Walter Nigg a.a.O. S. 294.
169. Simone Weil: Das Unglück und die Gottesliebe, S. 220.
170. A.a.O. S. 225.
171. Simone Weil: Schwerkraft und Gnade. München 1952, S. 182f.
172. Simone Weil: Schwerkraft und Gnade, S. 258.
173. Simone Weil a.a.O. S. 284.
174. Carl Albrecht: Psychologie des mystischen Bewusstseins (1951). Mainz 1976, S. 5.
175. Gerda Walther: Phänomenologie der Mystik (1955). Olten-Freiburg 1976. – Dies.: Zum anderen Ufer. Vom Marxismus und Atheismus zum Christentum. Remagen 1960. – Andreas Resch: Gerda Walther. Innsbruck 1983.
176. Ich stütze diese Vermutung einerseits auf einen Briefwechsel mit ihr während der sechziger und siebziger Jahre, andererseits auf ihren Umgang mit dem Phänomen des sogenannten automatischen Schreibens bei Irmengard Bardo (d. i. Bauer-Dorn), dokumentiert in Gerhard Wehr: Die Schrift aus der Mitte. Produktive Verwandlung einer (weiblichen) Existenzkrise. Petersberg 1995.
177. A.a.O. S. 5f.
178. Carl Albrecht: Das mystische Erkennen (1958). Mainz 1982, S. 13.
179. Es liegt auf der Hand, dass die begriffliche Abstraktion dieser Skizzierung erst eine eingehende und schrittweise Beschäftigung mit Albrechts Darlegungen in den genannten Werken nötig macht.
180. Carl Albrecht: Das mystische Erkennen, S. 5.
181. Hans Fischer-Barnicol, in: Carl Albrecht: Das mystische Wort. Erleben und Sprechen in Versunkenheit. Mainz 1974, S. 9.
182. Fischer-Barnicol a.a.O. S. 10f.
183. A.a.O. S. 13.
184. A.a.O. S. 16.
185. A.a.O. S. 11.
186. A.a.O. S. 3.
187. A.a.O. S. 12.

188. Carl Albrecht: Das mystische Erkennen. Mainz 1982, S. 52.
189. Dag Hammarskjöld: Zeichen am Weg. München 1965, S. 15.
190. De Imitatione Christi, Liber III De interna consolatione, caput 38.
191. Dag Hammarskjöld: Zeichen am Weg, S. 9.
192. Sven Stolpe: Dag Hammarskjölds geistiger Weg. Frankfurt 1964, S. 63.
193. Dag Hammarskjöld: Zeichen am Weg, S. 89f.
194. Dag Hammarskjöld a.a.O. S. 68.
195. Martin Buber: Werke I – III. München-Heidelberg 1962–1964. Den Band »Der Jude und sein Judentum – Gesammelte Aufsätze und Reden« ließ er gesondert erscheinen (Köln 1963).
196. Gerhard Wehr: Martin Buber. Leben und Werk (1991). Gütersloh 2010.
197. Martin Buber in der Einleitung zu Ekstatische Konfessionen, überschrieben: Ekstase und Bekenntnis, S. XXI ff.
198. Martin Buber: Mit einem Monisten (1914), in: Hinweise. Gesammelte Essays. Zürich 1953, S. 36ff.
199. Martin Buber: Mein Weg zum Chassidismus, in: Werke III, 966.
200. Martin Buber: Der Weg des Menschen, in: Werke I, 384.
201. Martin Buber im Brief vom 16. Juni 1907, in: Eugen Diederichs: Selbstzeugnisse und Briefe von Zeitgenossen. Düsseldorf-Köln 1967, S. 165f. – Drei Jahre zuvor hatte Rudolf Steiner unter Hinweis auf seine leitende Funktion in der »Theosophical Society« bei Diederichs angefragt, ob er ebenfalls an einem Werk über die Mystik interessiert sei. Doch es kam nicht dazu, vgl. Eugen Diederichs a.a.O. S. 145f.
202. Martin Buber: Ekstatische Konfessionen. 5. Aufl. Heidelberg 1984, S. XXIII.
203. Paul Mendes-Flohr, in: Martin Buber: Ekstatische Konfessionen, a.a.O. S. 247. – Ausführlicher in Mendes-Flohr: Von der Mystik zum Dialog. Martin Bubers geistige Entwicklung bis hin zu »Ich und Du«. Königstein 1979.
204. Wilhelm Michel: Martin Buber. Sein Gang in die Wirklichkeit. Frankfurt 1926.
205. Martin Buber: Zwiesprache, in: Werke I, 186f.
206. Meister Eckhart: Reden der Unterweisung 10, in: Deutsche Predigten und Traktate. Hg. Josef Quint. München 1963, S. 67.
207. Martin Buber: Zwiesprache, in: Werke I, 187.
208. Vgl. Brief vom 12. 5. 1916; vgl. Mendes-Flohr: Von der Mystik zum Dialog, S. 136f.
209. Walter Rebell: Mystik und personale Begegnung bei Martin Buber, in: Zeitschrift für Religions- und Geistesgeschichte 38.1986, Heft 4, S. 341–358.
210. Hugo Bergmann: Martin Buber und die Mystik, in: Martin Buber. Hg. Paul Arthur Schilpp und Maurice. Stuttgart (Philosophen des 20. Jahrhunderts) 1963, S. 266.
211. Rudolf Steiner: Wie erlangt man Erkenntnisse der höheren Welten? (1904/05). 22. Aufl. Dornach 1975, S. 19ff.
212. In der Anthroposophie spricht man von »Erkenntnissen der höheren Welten« oder von der »göttlich-geistigen Welt«. Das damit gemeinte Übersinnliche ist jedoch nicht in jedem Fall mit der Dimension des Mystischen gleichzusetzen, um die Grenze zwischen Immanenz und Transzendenz im religiösen Sinn nicht zu missachten. Das war letztlich der Grund, weshalb Buber die »Unmittelbarkeit« Gottes gegenüber übersinnlichen Wahrnehmungen gesichert wissen wollte.
213. Hugo Bergmann, in: Martin Buber und die Mystik, S. 274.
214. Zur Klärung der Frage hatte ich mich im Frühjahr 1967 an Professor Bergmann, Jerusalem, gewandt und erhielt diese Auskunft. Vgl. Gerhard Wehr: Martin Bubers Verhältnis zum Denken Rudolf Steiners und Hugo Bergmanns Versuche einer Vermittlung, in: Im Gespräch. Hefte der Martin Buber-Gesellschaft. Nr. 2, Frühjahr 2001,

S. 49–56; jetzt in: Anthroposophie und Judentum. Perspektiven einer Beziehung. Hg. Ralf Sonnenberg. Frankfurt 2009, S. 129–138.

215. Martin Buber, in: Schilpp-Friedman (Anmerkung 162), S. 614.
216. Vgl. Anmerkung 163.
217. Martin Buber a.a.O.
218. Martin Buber: Die jüdische Mystik, in: Werke III, S. 11.
219. Martin Buber: Mein Weg zum Chassidismus, in: Werke III, S. 962.
220. Gerhard Wehr: Unterwegs zu sich selbst. Abenteuer der Lebensmitte. Regensburg 2009 (topos-TB 704).
221. In diesem Zusammenhang ist an den Typus der spirituellen Krisen zu denken. Vgl. Christina und Stanislav Grof: Spirituelle Krisen. Chancen der Selbstfindung. München 1990. – Dieselben: Die stürmische Suche nach dem Selbst. Praktische Hilfe für spirituelle Krisen. München 1991.
222. Bis zum Zeitpunkt dieses Berichts (Herbst 2009) halten die Durchgaben an. Die im Laufe der Zeit eingetretenen inhaltlichen Änderungen entsprachen der sich wandelnden Seelenlage.
223. Dorothee Sölle: Mystik und Widerstand. München 1999, S. 246.
224. Arthur Koestler: Abschaum der Erde, zit. bei Almut und Werner Huth: Praxis der Meditation. München 2000, S. 33f.
225. Ihren schriftlichen Nachlass hat Irmengard Bardo (d. i. Bauer-Dorn) in der von ihr selbst geordneten Gestalt dem Bayerischen Staatsarchiv München anvertraut. Vgl. auch Gerhard Wehr: Die Schrift aus der Mitte. Petersberg 1995.
226. Irmengard Bardo: Mein Krebs und ich, zit. in: Gerhard Wehr: Die Schrift aus der Mitte. Produktive Verwandlung einer (weiblichen) Existenzkrise. Petersberg 1995, S. 130.
227. Irmengard Bardo a.a.O. S. 146f.
228. A.a.O. S. 148.
229. Ken Wilber: Wege zum Selbst. Östliche und westliche Ansätze zu persönlichem Wachstum. München 1984, S. 86f.
230. Karlfried Graf Dürckheim: Auf der Suche nach dem inneren Meister. Ausgewählte Texte. München 1996, S. 58 und 58.
231. Martina Wagner-Egelhaaf: Mystik der Moderne. Die visionäre Ästhetik der deutschen Literatur im 20. Jahrhundert. Stuttgart 1989. – Uwe Spörl: Gottlose Mystik in der deutschen Literatur um die Jahrhundertwende. (Diss. Erlangen 1995) Paderborn 1997.
232. Sören Kierkegaard: Stadien auf des Lebens Weg. (Gesammelte Werke, Band 15, übersetzt von Emanuel Hirsch), Düsseldorf-Köln 1958, S. 265.
233. Paul Konrad Kurz: Die andere Erfahrung, in: Orientierung. Katholische Blätter für weltanschauliche Information. Nr. 2. Zürich, 31. Januar 1982, S. 21.
234. Rilke – Lou Andreas-Salomé: Briefwechsel. Hg. Ernst Pfeiffer. Frankfurt 1975, S. 98.
235. Romano Guardini: Rainer Maria Rilkes Deutung des Daseins. München 1953, S. 344.
236. Unter Laren verstanden und erlebten die Römer Hausgottheiten, die das Heimelige, Vertraute gewährleisten. Vgl. Rudolf Eppelsheimer: Rilkes larische Landschaft. Stuttgart 1975.
237. Rilke: Briefe Band III. Hg. Rilke-Archiv Weimar. Frankfurt (1950) 1987, S. 898f.
238. Martina Wagner-Egelhaaf: Mystik der Moderne, S. 59f.
239. Hans Jürgen Baden: Rilke und das Christentum, in: Kultur und Leben. Nr. 9/1977, S. 17.

240. Rilke: Briefe Band II, S. 379f. – Vgl. Jean Gebser: Rilke und Spanien (1939), in: Gebser: Gesammelte Werke I . Schaffhausen 1975, S. 7–84.
241. Exodus (2. Mose) 20, 7: »Du sollst den Namen des Herrn, deines Gottes, nicht missbrauchen, denn der Herr wird den nicht ungestraft lassen, der seinen Namen missbraucht.«
242. Rilke: Erlebnis I (1913), in: Werke. Kommentierte Ausgabe, Band 4. Frankfurt 1996, S. 666.
243. Jakob Böhme: Aurora oder Morgenröte im Aufgang (1612) Kapitel 9, 32; hg. Gerhard Wehr, Frankfurt 1992, (Insel Taschenbuch it 1411) S.180.
244. A.a.O. S. 668f.
245. Philipp Dessauer: Naturale Meditation. München 1961. – Karl Baier: Meditation und Moderne. Würzburg 2009, S. 792ff.
246. Dieter Bassermann: Der späte Rilke. München 1947, S. 221f.
247. Erich Heller: Nirgends wird Welt sein als innen. Versuche über Rilke. Frankfurt 1975, S. 107.
248. Rilke: Tagebücher aus der Frühzeit, zit. bei Erich Heller, S. 106.
249. Michael Bauer: Christian Morgenstern. Leben und Werk (1933), München 1948; hg. Christoph Rau Stuttgart 1985. – Martin Beheim-Schwarzbach: Christian Morgenstern in Selbstzeugnissen und Bilddokumenten. Reinbek 1964.
250. Karl Heckel: Die Idee der Wiedergeburt. Leipzig 1889.
251. Christian Morgenstern: Stufen. Eine Entwickelung in Aphorismen und Tagebuchnotizen. Hg. H. O. Proskauer, Basel 1977, S. 14
252. Christian Morgenstern: Stufen, S. 10.
253. Wilfried Berghahn: Robert Musil in Selbstzeugnissen und Bilddokumenten. Reinbek 1963. – Robert Musil. Leben, Werk, Wirkung. Hg. Karl Dinklage. Zürich 1960.
254. Erich Neumann: Der mystische Mensch, in: Kulturentwicklung und Religion. Zürich 1953, S. 151.
255. Jakob Böhme: Vom übersinnlichen Leben, in: Christosophie oder Weg zu Christo (1624). Hg. Gerhard Wehr. Frankfurt 1992, (Insel Taschenbuch it 1412), S. 160.
256. Robert Musil: Tagebücher, Aphorismen, Essays und Reden. Hg. Adolf Frisé. Hamburg 1955, S. 674.
257. Gustav Landauer: Skeptik und Mystik. Versuche im Anschluss an Mauthners Sprachkritik. Berlin 1903, S. 13.
258. Martina Wagner-Egelhaaf: Mystik der Moderne, S. 144.
259. Maurice Maeterlinck: »Schatz der Armen«, zit. bei Wilfried Berghahn: Robert Musil in Selbstzeugnissen und Bilddokumenten, S. 44.
260. Martin Buber (Hg.): Ekstatische Konfessionen (1909). Heidelberg 1984.
261. Martin Buber: Mit einem Monisten, in: Hinweise. Gesammelte Essays. Zürich 1953, S. 36ff.
262. Dietmar Goltschnigg: Mystische Tradition im Roman Robert Musils. Martin Bubers »Ekstatische Konfessionen« im »Mann ohne Eigenschaften«. Heidelberg 1974, S. 45f.
263. Robert Musil: Der Mann ohne Eigenschaften. Hg. Adolf Frisé. Hamburg 1965, S. 770.
264. Dietmar Goltschnigg: Mystische Tradition ..., S. 119.
265. A.a.O. S. 169.
266. Es liegt nahe, im Folgenden den Blick in erster Linie auf Vorgänge im Protestantismus zu richten, zumal sich hier Entwicklungen abzeichneten, die u. a. in Gestalt der Luther-Renaissance, der Dialektischen Theologie, der Entmythologisierung sowie deren

Folgeerscheinungen immer wieder Anlass gaben, zur Mystik Stellung zu beziehen.

267. Emil Brunner: Die Mystik und das Wort. Tübingen 1924, S. 4.

268. Kirchliches Jahrbuch, begründet von J. Schneider. Gütersloh 1919–1940.

269. Kirchliches Jahrbuch 1916, zit. nach Fritz-Dieter Maaß: Mystik im Gespräch. Würzburg 1972, S. 128.

270. Das war unter anderem der Grund, weshalb C. G. Jung der Klassifizierung »Mystiker« oder »Gnostiker« – u. a. durch Martin Buber (!) – ausdrücklich widersprach.

271. Eine Übersicht über die Behandlung der Mystik in der protestantischen Publizistik bietet F. D. Maaß a.a.O. S. 132ff.

272. Adolf von Harnack: Lehrbuch der Dogmengeschichte. Tübingen 1910, III, S. 434.

273. A.a.O. S. 436.

274. Karl Barth: Kirchliche Dogmatik I, 2, 329 und I, 2, 330f. Zit. nach Karl Barth: Kirchliche Dogmatik, Hg. Helmut Gollwitzer. Frankfurt 1957, S. 51 und 53.

275. Emil Brunner: Die Mystik und das Wort, S. 2.

276. A.a.O. S. 5.

277. Emil Brunner: Gott und sein Rebell. Eine theologische Anthropologie. Reinbek 1958, S. 118f.

278. Karl Barth: Kirchliche Dogmatik I, 2, 327.

279. Emil Brunner: Die Mystik und das Wort, S. 387.

280. Paul Althaus: Christliche Wahrheit. Gütersloh 2. Aufl. 1949, Band I, S. 162.

281. A.a.O. S. 169.

282. Die zeitgenössische innerprotestantische Kritik an der Krisentheologie Barths, auf die hier verzichtet werden muss, fiel naturgemäß vielgestaltig aus. So erblickte der angesehene Marburger Theologe und Religionswissenschaftler Rudolf Otto in der Dialektischen Theologie wie in der Existenzphilosophie so etwas wie »Inflationserscheinungen« (vgl. Karl Löwith: Mein Leben in Deutschland vor und nach 1933. Frankfurt 1989, S. 65), während der Theologe und Anthroposoph Friedrich Rittelmeyer seine Ablehnung durch das Geständnis milderte, die Barthsche Theologie habe immerhin zu einer »Selbstbesinnung geführt, auch zu einer offenkundigen Vertiefung (des) religiösen Denkens und Lebens« (in: Von der Krisis des Protestantismus. Zu Karl Barths »Theologie der Krisis«. Hg. Robert Goebel und August Pauli. Stuttgart 1928, S. 6).

283. Die Barmer Theologische Erklärung. Einführung und Dokumentation. Hg. Alfred Burgsmüller und Rudolf Weth. Neukirchen-Vluyn 1963, S. 34.

284. In diesem Zusammenhang sei der Hinweis gestattet, dass der im Rahmen seiner betont christologisch ausgerichteten »Kirchlichen Dogmatik« noch nicht zu Ende gekommene Karl Barth an seinem Lebensende gestand: Wenn es ihm noch einmal gegeben wäre, den christlichen Glauben durchzubuchstabieren, so würde er vom Dritten Glaubensartikel und vom Wirken des Heiligen Geistes seinen Ausgang genommen haben. Frage: Welch eine Neuakzentuierung und Wandlung, nicht zuletzt in der Einschätzung der christlichen Mystik, wäre von daher zu erwarten gewesen?

285. Otto Dilschneider: Ich glaube an den Heiligen Geist. Versuch einer Kritik und Antwort zur Existenztheologie. Wuppertal 1969.

286. Walther von Loewenich: Luther und der Neuprotestantismus. Witten 1958, S. 330.

287. Karl Barth: Kirchliche Dogmatik I 2, 243, zit. nach Karl Barth: Kirchliche Dogmatik. Hg. Helmut Gollwitzer. (Siebenstern-Taschenbuch 47/48) München 1965, S. 51.

288. Karl Barth a.a.O. S. 51f.

289. Bemerkenswerterweise war es Karl Barth, der einer Schleiermacher-Auswahl ein für Barths Werdegang aufschlussreiches Nachwort hinzufügte, in dem er – wenngleich

in Klammern gesetzt – einräumte, dass Schleiermacher Kirchenvater »auch des 20.!?«
Jahrhunderts sein könne: Schleiermacher-Auswahl, hg. Hein Bolli. München-Hamburg 1968, S. 290. – Friedrich Wilhelm Kantzenbach: Schleiermacher in Selbstzeugnissen und Bilddokumenten. Reinbek 1967. – Martin Redecker: Friedrich Schleiermacher. Leben und Werk. Berlin 1968. – Kurt Noack: Schleiermacher. Leben, Werk
und Wirkung. Göttingen 2001.

290. Schleiermacher: Über Religion. Hg. C. H. Ratschow. Stuttgart 1969, S. 5.
291. A.a.O. S. 89.
292. Paul Tillich: Vorlesungen über die Geschichte des christlichen Denkens. Teil II: As-
     pekte des Protestantismus im 19. und 20. Jahrhundert. Hg. von Ingeborg C. Henel.
     Stuttgart 1972, S. 78.
293. A.a.O. S. 81.
294. Bengt Sundkler: Nathan Söderblom. His Life and Work. Lund 1968, S. 29ff.
295. Nathan Söderblom empfing 1930 den Friedensnobelpreis.
296. Oskar Pfister: Die Legende Sundar Singhs. Bern-Leipzig 1926. – Sadhu Sundar Singh.
     Gesammelte Schriften. Hg. Friso Melzer. 7. erw. Auflage Stuttgart 1989.
297. Nathan Söderblom: Der lebendige Gott im Zeugnis der Religionsgeschichte. Mün-
     chen-Basel 1966.
298. A.a.O. S. 71.
299. A.a.O. S. 76f.
300. Rudolf Otto: Das Heilige. Über das Irrationale in der Idee des Göttlichen und sein
     Verhältnis zum Rationalen (1917). München 41–44. Tausend 1979.
301. Rudolf Otto in: Christliche Welt, Jahrgang 25 (1911), S. 709, zit. bei Hans G. Kippen-
     berg: Theologie und Religionswissenschaft. Überlegungen zum 100. Geburtstag von
     Rudolf Otto am 25.9.1969, in: Deutsches Pfarrerblatt, 69.1969, S. 586.
302. Rudolf Otto: Das Heilige, S. 4.
303. Walther von Loewenich, in: Nachrichten der Evang.-Luth. Kirche in Bayern. Mün-
     chen Nr. 5, 1987, S. 87.
304. Bernhard Häring, in: Geist und Leben. Würzburg 24. 1951, S. 69.
305. Walther von Loewenich, in: Nachrichten ... S. 88.
306. Rudolf Otto: West-östliche Mystik. Vergleich und Unterscheidung zur Wesensdeu-
     tung. München 1971, S.144.
307. Rudolf Otto a.a.O. S. 160. (Unter Theismus ist hier das Verwurzeltsein in der jewei-
     ligen Religiosität zu verstehen; insofern unterscheidet sich da wie dort die mystische
     Grundhaltung.)
308. Albert Schweitzer: Geschichte der Leben-Jesu-Forschung (1906; erweitert 1911).
309. Hierbei handelte es sich um die Thematik von Schweitzers theologischer Habilita-
     tionsschrift (1902).
310. Albert Schweitzer (1919): Was sollen wir tun? 12 Predigten über ethische Probleme.
     Heidelberg 1974, S. 14f.
311. Zur Einführung u. a. Harald Steffahn: Albert Schweitzer in Selbstzeugnissen und
     Bilddokumenten. Reinbek 1979.
312. Albert Schweitzer: Aus meinem Leben und Denken. Leipzig 1931
313. Albert Schweitzer: Die Weltanschauung der indischen Denker. Mystik und Ethik.
     München 1965, S. 8f.
314. Sarvapalli Radhakrishnan: Die Gemeinschaft des Geistes. Östliche Religionen und
     westliches Denken. Darmstadt-Genf 1952, S. 123. – Horst Bürkle: Dialog mit dem
     Osten. Radhakrishnans neuhinduistische Botschaft im Licht christlicher Weltsen-
     dung. Stuttgart 1965, S. 136f.; 188f.

315. Albert Schweitzer: Geschichte der Leben-Jesu-Forschung. Gesammelte Werke Band 3. München 1974, S. 886.
316. A.a.O. S. 887.
317. Rudolf Grabs, in der Einleitung zu: Albert Schweitzer: »Die Mystik des Apostels Paulus«. Gesammelte Werke Band 4, S. 10.
318. Albert Schweitzer a.a.O. S. 25f.
319. A.a.O. S. 27.
320. A.a.O. S. 28.
321. Albert Einstein, in: Harald Steffahn: Albert Schweitzer …, S. 141.
322. Albert Schweitzer: Die Mystik des Apostels Paulus. Tübingen 1954, S. 140.
323. Albert Schweitzer a.a.O. S. 288.
324. Günther Schiwy nannte Alfons Rosenberg in einem Vortrag vom 24. September 2006 einen »Mystiker auf der Insel Wörth im Wörthsee«. Vgl. Alfons Rosenberg: Die Welt im Feuer. Wandlungen meines Lebens. Freiburg 1983.
325. Alfons Rosenberg: Die Welt im Feuer. Wandlungen meines Lebens. Freiburg 1983.
326. Alfons Rosenberg a.a.O. S. 125. – Ergänzend zu Rosenbergs Entscheidung wird man sagen können: Gerade aus mystischer Haltung heraus ist es nicht erforderlich, die Konfession in die oder in jene Richtung zu wechseln. Gotteserfahrung und Verbindung mit Christus geschieht innerhalb wie außerhalb der verfassten Kirche gleich welchen Bekenntnisses – wann immer, so auch angesichts der individuellen wie kollektiven Erschütterungen im 20. Jahrhundert.
327. Alfons Rosenberg: Das Experiment Christentum. Umrisse einer künftigen Christenheit. München 1969, S. 94.
328. Alfons Rosenberg a.a.O. S. 198.
329. Alfons Rosenberg: Christliche Lebensregeln. München 1977, S. 89.
330. Alfons Rosenberg a.a.O. S. 35.
331. L. Richter: Christentum und Mystik, in: Religion in Geschichte und Gegenwart (RGG). 3. Aufl. Tübingen 1960. Band IV, Sp.1262.
332. Dietrich Bonhoeffer: Widerstand und Ergebung. Hg. Eberhard Bethge (1951). München-Hamburg 1964, S. 183.
333. Dietrich Bonhoeffer: Sanctorum Communio. Eine dogmatische Untersuchung zur Soziologie der Kirche (1927). München 1986 (Dietrich Bonhoeffer Werke (DBW) 1).
334. DBW 1, S. 197f.
335. Sabine Dramm: Jenseits der Diesseitigkeit? Mystik bei Dietrich Bonhoeffer, in: Christliche Mystik als Thema ökumenischer Theologie und Praxis. Hg. Hermann Düringer. (Arnoldshainer Texte 114). Frankfurt 2001, S. 103–125; hier S. 111.
336. DBW 8, 415.
337. Natürlich genügen nicht die Eingangsverse; vielmehr muss man schon das Lied als Ganzes auf sich wirken lassen, um sich selbst dem mystischen Gehalt meditierend auszusetzen!
338. DBW 8, 246.
339. DBW 4, 302f. (zit. nach Bonhoeffer-Auswahl, hg. Otto Dudzus. Band 3 (1936–1939) Gütersloh 1977, S. 105).
340. Gerhard Wehr: Martin Luther – der Mystiker. München 1999. – Ders.: Christliche Mystiker. Regensburg 2008. S. 139–155.
341. Dietrich Bonhoeffer: Anleitung zur Schriftmeditation, zit. bei Karl Baier: Meditation und Moderne, S. 672.
342. Sabine Dramm: Jenseits der Diesseitigkeit? S. 112f.
343. Als Beispiele seien vielbeachtete und dokumentierte Sendereihen des Süddeut-

schen Rundfunks genannt: Kritik an der Kirche. Hg. Hans Jürgen Schultz. Stuttgart 1958; Frömmigkeit in einer weltlichen Welt. Hg. Hans Jürgen Schultz. Stuttgart 1959.

344. Sabine Dramm a.a.O. S. 124.
345. Es geschah im Zusammenhang einer Interpretation des Bonhoeffer-Gedichts:»Wer bin ich?«, in: Dorothee Sölle: Die Hinreise. Zur religiösen Erfahrung. Texte und Überlegungen. Stuttgart 1975, S. 143–153.
346. Dorothee Sölle a.a.O. S. 150f.
347. Dietrich Bonhoeffer: Nachfolge, in: Bonhoeffer Auswahl. Hg. Richard Grunow. München 1964, S. 332.
348. Dietrich Bonhoeffer a.a.O. S. 336.
349. Margaret Smith: Rabi'a von Basra und andere heilige Frauen. Überlingen 1997, S. 19.
350. Dorothee Sölle: Die Hinreise. S. 26.
351. A.a.O. S. 165.
352. A.a.O. S. 166.
353. A.a.O. S. 178f.
354. Dorothee Sölle: Mystik und Widerstand (1997). München 1999, S. 15f.
355. A.a.O. S. 179.
356. A.a.O. S. 370.
357. Dorothee Sölle: Die Hinreise, S. 41f.
358. Sabine Bobert: Jesus-Gebet und neue Mystik. Grundlagen einer christlichen Mystagogik. Kiel 2010.
359. Meister Eckhart: Deutsche Predigten und Traktate. Hg. Josef Quint. München 1963, S. 180. Mit anderen Worten heißt das: Es kommt in diesem Zusammenhang nicht auf die Anwendung besonderer Methoden an.
360. Zu denken ist an das laute Lesen und Beten im Judentum, bei dem man den Körper in charakteristischer Weise wiegt; oder an den wirbelnden Tanz der Derwische im Sufismus; oder an das urchristlich-ostkirchliche Herzensgebet, das auch den Atem in einer bestimmten Weise rhythmisiert und hierdurch tiefer mit der Leiblichkeit verbindet.
361. Friso Melzer: Meditation in Ost und West. Stuttgart 1957; Klaus Thomas: Meditation in Forschung und Erfahrung in weltweiter Beobachtung und praktischer Anleitung. Stuttgart 1973; Almuth und Werner Huth: Handbuch der Meditation. München 1990; Almuth und Werner Huth: Praxis der Meditation. München 2000; eine umfassende geistesgeschichtliche Überschau bietet Karl Baier: Meditation und Moderne. Band I/II. Würzburg 2009.
362. A. und W. Huth: Handbuch der Meditation, S. 55.
363. Rudolf Steiner im Brief vom 16. August 1902 an Wilhelm Hübbe-Schleiden:»Ich will auf die Kraft bauen, die es mir ermöglicht, Geistesschüler auf die Bahn der Entwicklung zu bringen. Das wird meine Inaugurationstat allein bedeuten müssen«, in: Rudolf Steiner: Briefe Band II 1892–1902, Dornach 1958, S. 270.
364. Gerhard Wehr: Der innere Weg. Anthroposophische Erkenntnis, geistige Orientierung und meditative Praxis. Reinbek 1983; Stuttgart 1994.
365. Im Überblick dargestellt von Karl Baier: Meditation und Moderne, Bd. I, S. 291ff.
366. Raimondo Panikkar: Aktion und Kontemplation. Wege religiösen Verstehens, in: Meditation Nr. 4, 1977, S. 9.
367. Friedrich Rittelmeyer in: Die Christengemeinschaft 1. 1924/25, S. 305f. – Im Zusammenhang Gerhard Wehr: Friedrich Rittelmeyer. Sein Leben, Religiöse Erneuerung als Brückenschlag. Stuttgart 1998.

268   Anmerkungen

368. Friedrich Rittelmeyer: Der Pfarrer. Erlebtes und Erstrebtes. Ulm 1909, S. 18.
369. Vgl. das Kapitel »Meditation als innere Ordensstiftung«, in: Gerhard Wehr: Friedrich Rittelmeyer, S. 264ff.
370. Friedrich Rittelmeyer: Meditation (1929). Stuttgart 1948, S. 25.
371. Friso Melzer: Meditation in Ost und West. Stuttgart 1957, S. 149f.
372. Friedrich Rittelmeyer: Meditation, S. 28.
373. Wolfgang Fenske: Innerung und Ahmung. Meditation und Liturgie in der hermetischen Theologie Karl Bernhard Ritters. Diss. Augustana Hochschule Neuendettelsau 2009.
374. Wilhelm Stählin: Via Vitae. Lebenserinnerungen. Kassel 1968, S. 314.
375. Karl Bernhard Ritter: Kirche und Wirklichkeit. Gesammelte Aufsätze. Kassel 1971, S. 190. – Wolfgang Fenske: Innerung und Ahmung. Meditation und Liturgie in der hermetischen Theologie Karl Bernhard Ritters. Frankfurt 2009.
376. Hanna-Barbara Gerl: Romano Guardini. Leben und Werk. Mainz 1985. – Über Theorie und Praxis der Sammlung bei Romano Guardini, in: Karl Baier: Meditation und Moderne, S. 738ff.
377. Romano Guardini: Wille und Wahrheit. Geistliche Übungen. Mainz 1933.
378. Karl Bernhard Ritter: Über die Meditation als Mittel der Menschenbildung. Kassel 1947. – Über Carl Happich, seine meditativ angelegte Psychotherapie und seine Zusammenarbeit mit den Berneuchenern, vgl. Karl Baier: Meditation und Moderne, Band II, S. 660ff; 673ff. – Wolfgang Fenske: Innerung und Ahmung. Meditation und Liturgie in der hermetischen Theologie Karl Bernhard Ritters. Frankfurt 2009, S. 154ff..
379. Sowohl K. B. Ritter wie Wilhelm Stählin standen Friedrich Rittelmeyer während dessen Pfarrtätigkeit in der bayerischen und in der brandenburgischen Landeskirche kollegial und freundschaftlich nahe; hinsichtlich der Bestrebungen zu einer religiösen Erneuerung gingen dann die Wege auseinander.
380. Friso Melzer bot als Verdeutschung des Wortes »Meditation« das Wort »Innerung« an und publizierte u.a.: Innerung. Wege und Stufen der Meditation. Kassel 1968; Konzentration, Meditation, Kontemplation. Kassel 1974.
381. Gerhard Wehr: Esoterisches Christentum (1975), jetzt erweitert: Gnosis, Gral und Rosenkreuz. Esoterisches Christentum von der Antike bis heute. Köln 2007. – Der.: Lexikon der Spiritualität. Köln 2006, S. 108–112.
382. Wilhelm Bitter (Hg.): Die Wandlung des Menschen in Seelsorge und Psychotherapie. Göttingen 1956, S. 113ff.
383. Wilhelm Bitter (Hg.): Meditation in Religion und Psychotherapie. Stuttgart 1958.
384. Wilhelm Bitter (Hg.): Abendländische Therapie und östliche Weisheit. Stuttgart 1968.
385. Gesellschaft der Freunde christlicher Mystik: www.gfcm.de
386. Christian Hackbarth-Johnson: Interreligiöse Existenz. Frankfurt 2003, S. 13,
387. W. A.Visser't Hooft: Kein anderer Name. Synkretismus oder christlicher Universalismus. Basel 1965. Der Begriff Synkretismus bezeichnet (laut RGG, 3.Aufl. Band VI, 563) einerseits den bewussten Zusammenschluss verschiedener Religionen beziehungsweise einzelner Elemente in ihnen, andererseits das organische Zusammenwachsen von Religionen oder ihren Anschauungen und Praktiken zu einer Einheit.
388. W. A.Visser't Hooft a.a.O. S. 97.
389. Friso Melzer: Indien greift nach uns. West-östliche Begegnungen mit dem modernen Hinduismus. Stuttgart 1962. – Asien missioniert im Abendland. Hg. Kurt Hutten und Siegfried von Kortzfleisch. Stuttgart 1962.

390. Robin Schmidt: Rudolf Steiner und die Anfänge der Theosophie. Dornach 2010.
391. Gerhard Wehr: H. P. Blavatsky. Eine moderne Sphinx. Dornach 2005, S. 121ff.
392. Rudolf Schermann, in: Kirche intern. Nr. 3/1997, S. 39ff.
393. Vgl. das obige Kapitel über spontane Erlebnisse aus der eigenen Tiefe, S. 89ff.
394. Martin Kämpchen: Ein Rufer in der Wüste, in: Publik-Forum 10. Mai (Nr. 9) 1996, S. 50.
395. Bede Griffiths: Die Hochzeit von Ost und West. Hoffnung für die Menschheit. Salzburg 1983.
396. Es ist wohl kein Zufall, dass Hermann Hesses Bücher zur fraglichen Zeit im Westen Hochkonjunktur hatten. Wie die Biographie ihres Autors zeigt, hatte er selbst Anlass, sich des psychotherapeutischen Rates eines Arztes (Dr. Bernhard Lang) aus der Jung-Schule zu vergewissern. Vgl. Hermann Hesse: Briefwechsel mit seinem Psychoanalytiker J. B. Lang. Frankfurt 2006.
397. Bede Griffiths a.a.O. S. 12f.
398. A.a.O. S. 25.
399. Roland Ropers: Göttliche Weisheit. Weltreligionen im Dialog. Bede Griffiths. Kreuth/Obb. 1992, S. 10.
400. Bede Griffiths: Rückkehr zur Mitte. Das Gemeinsame östlicher und westlicher Spiritualität. Mit einem Vorwort von Hugo M. Enomiya-Lassalle. München 1987, S. 11.
401. Bede Griffiths: Unteilbarer Geist. Quelle der Heiligen Schriften. Hg. Roland Ropers. Andechs 1996.
402. Bhagavad Gita. Mit einem spirituellen Kommentar von Bede Griffiths. Aus dem Sanskrit übersetzt, eingeleitet und erläutert von Michael von Brück. München 1993.
403. Martin Kämpchen in Publik-Forum 10. Mai (Nr. 9) 1996, S.52.
404. A.a.O.
405. Bede Griffiths: Die Hochzeit von Ost und West, S. 207.
406. Bede Griffiths: Rückkehr zur Mitte, S. 104.
407. Gerhard Wehr: Die Deutsche Mystik. Köln 2006, S. 171ff.
408. Friso Melzer: Der Guru als Seelenführer. Abendländische Begegnung mit östlicher Geistigkeit. Wuppertal 1968.
409. Henri Le Saux: Das Feuer der Weisheit. Bern-München 1979, S. 58.
410. Christian Hackbarth-Johnson: Interreligiöse Existenz. Spirituelle Erfahrung und Identität bei Henri Le Saux/Swami Abhishiktananda. Frankfurt 2003. – Bettina Bäumer: Henri Le Saux – Abhishiktananda, in: Große Mystiker. Leben und Wirken. Hg. Gerhard Ruhbach und Josef Sudbrack. München 1984, S. 338–354.
411. Heinrich Zimmer: Der Weg zum Selbst. Lehre und Leben des Shri Ramana Maharshi (1944). Düsseldorf 1974. – Arthur Osborne: Ramana Maharshi und der Weg der Selbsterkenntnis. München-Planegg 1959. – Ramana Marharshi: Gespräche des Weisen vom Berge Arunachala. Gesamtausgabe. Interlaken 1984 – Ramana Maharshi: Sei, was du bist. Ramana Maharshis Unterweisung über das Wesen der Wirklichkeit und den Pfad der Selbstergründung. Hg. David Godman. Bern 1985.
412. Heinrich Zimmer a.a.O. S. 10.
413. Christian Hackbarth-Johnson: Interreligiöse Existenz. Frankfurt 2003, S. 210ff.
414. Bettina Bäumer: Henri Le Saux – Abhishiktananda, in: Große Mystiker. Leben und Wirken. Hg. Gerhard Ruhbach und Josef Sudbrack. München 1984, S. 345.
415. Henri Le Saux, a.a.O.
416. Bettina Bäumer, in: Große Mystiker, S. 354.

417. Henri Le Saux: Das Feuer der Weisheit, S. 101.
418. Claude Cuénot: Pierre Teilhard de Chardin. Leben und Werk. Olten-Freiburg 1966. – Günther Schiwy: Teilhard de Chardin. Sein Leben und seine Zeit. Bd.1/2. München 1981.
419. Teilhard de Chardin: Das kosmische Leben, in: Frühe Schriften. Freiburg 1968, S. 10.
420. Teilhard de Chardin, zit. bei Adolf Haas: Teilhard-de-Chardin-Lexikon. Bd II. Freiburg 1971, S. 180.
421. Teilhard de Chardin: Die menschliche Energie. Olten 191962, S. 207.
422. Teilhard de Chardin: Der göttliche Bereich. Olten 1966, S. 19.
423. Teilhard de Chardin a.a.O. S. 20f.
424. A.a.O. S. 49f.
425. Teilhard de Chardin: Mein Universum, in: Wissenschaft und Christus. Olten 1970, S. 88.
426. Johannes Hemleben: Teilhard de Chardin in Selbstzeugnissen und Bilddokumenten. Reinbek 1966. – Perspektiven Teilhard de Chardins. Hg. Helmut de Terra. München 1966. – Teilhard de Chardin in Antwort und Kritik. Ein Querschnitt durch die wissenschaftliche Diskussion. Hg. Jürgen Hübner. Hamburg 1968.
427. Teilhard de Chardin in der Diskussion. Hg. Karl Schmitz-Moormann. Darmstadt 1986.
428. Rudolf Bubner: Evolution und Reinkarnation. Ein Dialog mit Teilhard de Chardin. Freiburg 1966. – Ders.: Christologie und Evolution. Entwicklungsschritt vom Reich des Menschen zum Reich des Christus. Stuttgart 1985.
429. Ernst Benz: Teilhard de Chardin und Sri Aurobindo, in: Perspektiven Teilhard de Chardins, S. 80–123.
430. Gerhard Wehr: Jean Gebser. Individuelle Transformation vor dem Horizont eines neuen Bewusstseins. Petersberg 1996.
431. Friedrich Heer: Offener Humanismus. Bern 1962, S. 161–195.
432. Teilhard de Chardin: Der göttliche Bereich, S. 194.
433. Teilhard de Chardin: Mein Glaube. Olten 1972, S. 154.
434. Teilhard de Chardin a.a.O. S. 155.
435. D. T. Suzuki: Der westliche und der östliche Weg. Frankfurt 1960, S. 13.
436. Heinrich Dumoulin: Der Erleuchtungsweg des Zen im Buddhismus. Frankfurt 1976, S. 37.
437. Zen. Der lebendige Buddhismus in Japan. Hg. Ohasama Shuei und August Faust. Vorwort von Rudolf Otto. Gotha 1925.
438. Eugen Herrigel: Zen in der Kunst des Bogenschießens. München-Planegg (4. Aufl.) 1954.
439. Heinrich Dumoulin: Zen im 20. Jahrhundert. Frankfurt 1993, S. 16ff.
440. Ernst Benz: Zen in westlicher Sicht. Zen-Buddhismus – Zen-Snobismus. Weilheim 1962.
441. Ursula Baatz: Hugo M. Enomiya-Lassalle. Ein Leben zwischen den Welten. Biographie. Zürich-Düsseldorf 1998. – Hugo M. Enomiya-Lassalle: Mein Leben zum Zen. Hg. Roland Ropers und Bogdan Snela. München 1988.
442. Ursula Baatz: Lassalle-Biographie, S. 21.
443. Josef Sudbrack S. J. (1922–2010) war nicht der Einzige, der aus seinen Vorbehalten Lassalle gegenüber keinen Hehl machte. Vgl. Heinrich Dumoulin: Zen im 20. Jahrhundert, S. 161f.; ferner Josef Sudbrack in seinen Vorüberlegungen zu: Große Mystiker. Leben und Wirken. München 1984, S. 7ff. Schließlich Sudbracks Nachruf zum Tod von Lassalle, in: Materialdienst der Evang. Zentralstelle für Weltanschauungsfragen. Nr. 11/1990, S. 313

444. H. M. Enomiya-Lassalle: Zen-Meditation für Christen. Weilheim 1969.

445. A.a.O. S. 20.

446. H. M. Enomiya-Lassalle: Zen-Weg zur Erleuchtung. Hilfe zum Verständnis. Einführung in die Meditation. Wien-Freiburg 1960 u.ö.

447. Es ist vielmehr darauf hinzuweisen, dass im Zen vor etwaigen übersinnlichen Wahrnehmungen parapsychischer Art gewarnt wird, weil es sich um »Makyo«, das heißt um *diabolische Phänomene,* handle, die keiner Beachtung wert sind.

448. H. M. Enomiya-Lassalle: Erleuchtung ist erst der Anfang. Texte zum Nachdenken. Hg. Gerhard Wehr. Freiburg 1991.

449. H. M. Enomiya-Lassalle: Wohin geht der Mensch. Freiburg 1988, S. 230f.

450. Auf gesondertem Blatt wäre anzumerken, ob ein derartiges Bemühen bei aller unterstellten Ernsthaftigkeit letztlich nicht doch dem Mystischen fremd bleibt, weil der Geist – jeder menschlichen Machbarkeit enthoben – weht, *wo Er will.* Dafür stehen die vielen Zeugnisse aus Geschichte und Gegenwart.

451. H. M. Enomiya-Lassalle: Zen-Unterweisung. München 1987, S. 36f.

452. H. M. Enomiya-Lassalle: Zen und christliche Mystik. Freiburg 1966, S. 494f.

453. H. M. Enomiya-Lassalle: Leben im neuen Bewusstsein. Ausgewählte Texte zu Fragen der Zeit. Hg. Roland Ropers. München 1986.

454. Carl Friedrich von Weizsäcker im Grußwort zu: Enomiya-Lassalle: Wohin geht der Mensch? Freiburg 1981, S.11.

455. Gerhard Wehr: Jean Gebser. Individuelle Transformation vor dem Horizont eines neuen Bewusstseins. Petersberg 1996.

456. H. M. Enomiya-Lassalle: Leben im neuen Bewusstsein. Ausgewählte Texte zu Fragen der Zeit. München 1986, S. 54.

457. H. M. Enomiya-Lassalle a.a.O. S. 124f.

458. Gerhard Wehr: Karlfried Graf Dürckheim. Ein Leben im Zeichen der Wandlung. München 1988.

459. Fidelis Ruppert: Ein Stück WEG mit Graf Dürckheim; aus einer privaten Aufzeichnung, vom Autor am 8. September 2003 in Kloster Münsterschwarzach empfangen.

460. Karl Löwith: Mein Leben in Deutschland vor und nach 1933. Frankfurt 1989, S. 113. Löwith erwähnt seine Begegnung mit Graf Dürckheim, jedoch unter dem nicht zutreffenden Namen »Rolf D.«, a.a.O. S. 115.

461. Ausführlicher bei Gerhard Wehr: Karlfried Graf Dürckheim, S. 128–172.

462. Problematisch erscheint indes, dass Graf Dürckheim seine braune Vergangenheit bagatellisierte und die Tatsachen auf Rückfragen selbst seiner engsten Freunde verschwieg. Entsprechend schockierend wirkte daher die vorstehende Biographie des Autors, weil selbst Dürckheims Mitarbeiterschaft und persönlich Nahestehende von den Vorgängen im Unklaren gelassen worden waren!

463. Graf Dürckheim: Erlebnis und Wandlung. München-Bern 1978, S. 36.

464. Vermittelt wurde Dürckheims Eckhart-Bekanntschaft wohl durch seine Freunde, das Ehepaar Ferdinand und Margarete Weinhandl, vgl. Gerhard Wehr: Karlfried Graf Dürckheim, S. 91ff u.ö.

465. Graf Dürckheim: Mein Weg zur Mitte. Gespräche mit Alphonse Goettmann (1979). Freiburg 1986, S. 13.

466. Graf Dürckheim: Zen und wir. Frankfurt 1974. – Gerhard Wehr: Graf Dürckheim, S.230–242.

467. Graf Dürckheim: Die Erfahrungsweisheit des Zen-Buddhismus als abendländische Aufgabe, in: Alfons Rosenberg (Hg.): Christentum und Buddhismus. München-Planegg 1959, S. 132ff.

468. Graf Dürckheim: Zen und wir, S. 7.
469. Graf Dürckheim: Vom doppelten Ursprung des Menschen. Freiburg 1973.
470. Graf Dürckheim: Der Ruf nach dem Meister. Weilheim 1972, S. 39 und 41.
471. Graf Dürckheim: Weg der Übung – Geschenk der Gnade. Frankfurter Vorträge Band II. Hg. Christa Well. Aachen 1992, S. 385.
472. Bis 2010 war nur »Die Smaragdene Vision. Der Lichtmensch im persischen Sufismus.« Hg. Annemarie Schimmel. München 1989 als einzige Schrift Corbins für wenige Jahre verbreitet. – Vgl. ferner Bettina Löber: Das Rauschen der Flügel Gabriels. Drei Erzählungen des »Meisters der Erleuchtung« Suhrawardi. Birnbach 2006.
473. Heinrich Rombach: Der kommende Gott. Hermetik, eine neue Weltsicht. Freiburg 1991. – Ders.: Welt und Gegenwelt. Umdenken über die Wirklichkeit. Die philosophische Hermetik. Basel 1983. – Ralf Liedtke: Die Hermetik. Traditionelle Philosophie der Differenz. Paderborn 1996. – Die Hermetischen Schriften. Corpus Hermeticum. Deutsche Ausgabe mit Einleitungen und Kommentaren von Maria Magdalena Miller. Hg. von der Wiontzek-Hermetica-Stiftung. Hildesheim 2009.
474. Sohrawardis Beiname ›mactul‹, getötet, verweist auf seinen Märtyrertod.
475. Henry Corbin, zit. im Vorwort von Annemarie Schimmel zu Henry Corbin: Die Smaragdene Vision, S. 9. Auch weitere charakterisierende Informationen zum Schaffen von Corbin verdanke ich der Herausgeberin dieses Werks.
476. Hinzuweisen ist vor allem auf Corbins religionswissenschaftliches Opus magnum: En Islam iranien. Aspects philosophiques et spirituels. I–VII. Paris 1972, von dem inzwischen Teile ins Englische übersetzt sind. Ins Deutsche ist daraus, wie erwähnt, »Die Smaragdene Vision« übersetzt. Weitere Texte dieses Autors fanden in Antaios. Hg. Mircea Eliade und Ernst Jünger. Stuttgart 1961ff. Band II, III und V Aufnahme. Dazu kommen noch unveröffentlichte Übersetzungen von Janos Darvas.
477. Gerhard Wehr: Gnosis, Gral und Rosenkreuz. Esoterisches Christentum von der Antike bis heute. Köln 2007, S. 243–261.
478. Hans Thomas Hakl: Der verborgene Geist von Eranos. Unbekannte Begegnungen von Wissenschaft und Esoterik. Eine alternative Geistesgeschichte des 20. Jahrhunderts. Bretten 2001. – Olga Fröbe-Kapteyn war auch lebenslang die Herausgeberin des seit 1933 erscheinenden Eranos Jahrbuches, in dem die Vortragstexte jeweils dokumentiert sind.
479. Hans Thomas Hakl a.a.O. S. 258–271 u.ö.
480. Annemarie Schimmel, in: Henry Corbin: die Smaragdene Vision, S. 17.
481. S. H. Nasr: Die Erkenntnis und das Heilige. München 1990, S. 294ff.
482. S. H. Nasr a.a.O. S. 298.
483. S. H. Nasr: Ideal und Wirklichkeit des Islam. München 1993, S. 148.
484. René Guénon: Der König der Welt. Mit einem Vorwort von Leopold Ziegler. Freiburg 1987. – Aldous Huxley: Die ewige Philosophie. Philosophia perennis. München 1987. – Leopold Ziegler: Überlieferung. München 1949. – Walter Heinrich: Über die traditionelle Methode, in ders.: Der Sonnenweg. Interlaken 1985, S. 15–70. – Hans Thomas Hakl: Frontal gegen die Moderne. Die Integrale Tradition, in: Gnostika Nr. 35, Februar 2007, S. 55–68. – Matthias Korger: Annäherungen an René Guénon, in: Gnostika Nr. 36, Juli 2007, S. 56–67; Nr. 37, Dezember 2007, S. 26–49; Nr. 38, März 2008, S. 55–65; Nr. 39, Juli 2008, S. 53–66.
485. Frithjof Schuon: Den Islam verstehen. Eine Einführung in die innere Lehre und die mystische Erfahrung einer Weltreligion. 1988.
486. S. H. Nasr: Die Erkenntnis und das Heilige. München 1990, S. 8.

487. Die nachfolgenden Zitate erfolgen aus S. H. Nasr: Die Erkenntnis und das Heilige, S. 11ff.

488. A.a.O. S. 103.

489. S. H. Nasr: Der Islam, in: Innenansichten der großen Religionen. Hg. Arvind Sharma. Frankfurt 2000, S. 535.

490. Fritjof Capra: Wendezeit. Bausteine für ein neues Weltbild. Bern 1983.

491. Hans-Peter Dürr: Auch die Wissenschaft spricht nur in Gleichnissen. Die neue Beziehung zwischen Religion und Naturwissenschaften. Freiburg 2005, S. 12.

492. Jean Gebser: Abendländische Wandlung, in: Gesamtausgabe Schaffhausen 1975, S. 184f.

493. J. R. Oppenheimer: Science and the Common Understanding. London 1954, 8f.

494. Niels Bohr: Atomic Physics and Human Knowledge. New York 1958, 20.

495. Werner Heisenberg: Das Naturbild der heutigen Physik. Hamburg 1955.

496. Werner Heisenberg: Physik und Philosophie. Berlin 1973, S. 170.

497. Fritjof Capra: Das Tao der Physik. (Vom Autor erweiterte Neuausgabe von »Der kosmische Reigen«. Bern 1984, S. 14f.

498. Ein Beispiel für einen kreativen Gedankenaustausch zwischen Capra mit dem Benediktiner David Steindl-Rast stellt die Dokumentation dar: Fritjof Capra/David Steindl-Rast: Wendezeit. Perspektiven für eine aufgeklärte Theologie. Bern 1991.

499. Hans A. Nikel: Annäherung an das Ganz-Andere. Diss. Frankfurt 1983, S. 69; jetzt: Johannes Hans A. Nikel: Die Mystik der Physik. Annäherung an das Ganz-Andere. Kiel 2010, S. 63.

500. Jean Gebser: Ursprung und Gegenwart, in: Gesamtausgabe. Schaffhausen 1978, Bd. II–IV.

501. Ken Wilber, Jack Engler, Daniel P. Brown u. a.: Psychologie der Befreiung. Bern 1988.

502. Johannes Hans A. Nikel: Die Mystik der Physik, S. 88.

503. Hans-Peter Dürr: Auch die Wissenschaft spricht nur in Gleichnissen. Die neue Beziehung zwischen Religion und Naturwissenschaften. Freiburg 2004, S. 101.

504. Hans-Peter Dürr a.a.O. S. 16.

505. Mit Picasso kann man darüber streiten, ob es eine »abstrakte« Kunst überhaupt gibt oder geben kann, da Farbe und Form letztlich eine Weise der Konkretion verkörpert. Immerhin ist diese Bezeichnung mehrdeutig.

506. Paul Klee: Tagebücher 1898–1918. Hg. Felix Klee. Köln 1957, zit. bei Kurt Herberts: Offenbarungen in der Malerei des 20. Jahrhunderts. Düsseldorf 1966, S. 38.

507. Diether Rudloff: Apokalyptiker der modernen Malerei, in: Die Kommenden, Freiburg 1978, Nr. 17, S. 11f.

508. Jakob Böhme: Aurora oder Morgenröte im Aufgang (1612). Kapitel 19, 9–13. Frankfurt 1992 (Insel TB 1411). – Gerhard Wehr: Jakob Böhme. Ursprung, Wirkung, Textauswahl. Wiesbaden 2010, S. 13.

509. Jean Gebser: Ursprung und Gegenwart, II. Teil (1949 und 1953), in: Gesamtausgabe Band III. Schaffhausen 1978, S. 639.

510. Vgl. im Zusammenhang ders.: Ursprung und Gegenwart.

511. Diether Rudloff: Moderne Kunst als Weg zu einer neuen Weltsicht, in: Die Kommenden, Freiburg 1978, Nr. 10, S. 13ff. – Gerhard Wehr: Jean Gebser. Individuelle Transformation vor dem Horizont eines neuen Bewusstseins. Petersberg 1996, S. 129–167.

512. Joachim Illies, in: Ursprung und Gegenwart des integralen Bewusstseins. Hg. Herbert Kessler u. a. Mannheim 1976, S. 155f.

513. »Bei Graf Dürckheim ging es vor allem um das Ernstnehmen der Transparenz für die immanente Transzendenz. Seinen Ausdruck fand dies in den Meditationsübungen im Stil des Zen und in den Übungen um die konsequente Bewusstmachung des menschlichen Leibes im Erspüren seiner Lebensqualitäten. Damit war die Brücke zwischen östlicher Weisheit und westlicher Geistigkeit geschlagen.« Conny Kleyn u.a. in: Karlfried Graf Dürckheim (Hg.): Der zielfreie Weg. Im Kraftfeld initiatischer Therapie. Freiburg 1982, S. 6.

514. Jean Gebser: Gemeinsamkeiten in der geistigen Haltung, in: Gesamtausgabe Band VI, S. 156ff; bes. 158, 162, 164. – Karlfried Graf Dürckheim: Auf dem Wege zur Transparenz, in: Transparente Welt. Festschrift zum 60. Geburtstag von Jean Gebser. Hg. Günter Schulz. Bern 1965, S. 228ff.

515. Gerhard Wehr: Jean Gebser, S. 227ff u. ö.

516. Lama Anagarika Govinda: Grundlagen tibetischer Mystik. Zürich 1956, S. 234, Anm. 30.

517. Martina Wagner-Egelhaaf: Mystik der Moderne. Stuttgart 1989, S. 55–59.

518. Gerhard Wehr: Spirituelle Meister des Westens. Von Rudolf Geister bis C.G. Jung. Kreuzlingen-München 2007, S. 15ff, 51ff.

519. Das Geistige in der Kunst – Abstrakte Malerei 1890–1985. Hg. Maurice Tuchman und Judi Freeman. Stuttgart. 1988.

520. Harriet Watts: Arp, Kandinsky und das Vermächtnis Jakob Böhmes, in: Das Geistige in der Kunst, S. 239ff.

521. Mit Gebser und vor allem mit Ken Wilber ist auf die Erscheinungsform der sogenannten Prä-Trans-Verwechslung hinzuweisen. »Der entscheidende Punkt ist einfach der, dass dem ungeschulten Auge zum Beispiel das *Prä*rationale und das *Trans*rationale, weil sie auf ihre je eigene Weise *nicht*-rational sind, als ziemlich ähnlich oder sogar identisch erscheinen. Sobald diese Verwechslung passiert – die Vertauschung von ›Prä‹ und ›Trans‹ –, werden unvermeidlich entweder die transrationalen Bereiche auf einen prärationalen Status reduziert oder aber die prärationalen Bereiche zu transrationaler Würde erhoben ...« (Ken Wilber: Die drei Augen der Erkenntnis. München 1988, S. 119f.)

522. Wassily Kandinsky: Über das Geistige in der Kunst – insbesondere in der Malerei. Revidierte Neuauflage, hg. Jelena Hahl-Fontaine. Bern 2004.

523. Max Bill in der Einführung zu W. Kandinsky: Über das Geistige in der Kunst, S. 18.

524. Darin vor allem das abschließende Kapitel über den »Pfad der Erkenntnis«.

525. Wassily Kandinsky, zit. bei Jelena Hahl-Fontaine, S. 154.

526. Sixten Ringbom: Überwindung des Sichtbaren. Die Generation der abstrakten Pioniere, in: Das Geistige in der Kunst, S. 131ff.

527. Wassily Kandinsky: Über das Geistige in der Kunst, S. 86ff.

528. Michael Bockemühl, in: Die Wirklichkeit des Geistigen in der abstrakten Kunst. Stuttgart 1988, S. 91f.

529. Franz Marc, zit. bei Martina Wagner-Egelhaaf, S. 57.

530. Willy Haas: Ein Verleger der Mystik, in: Die Welt, Hamburg vom 22. 6. 1967.

531. Friedrich Wilhelm Graf: Das Laboratorium der religiösen Moderne. Zur »Verlagsreligion« des Eugen Diederichs-Verlags, in: Versammlungsort moderner Geister. Der Eugen Diederichs-Verlag – Aufbruch ins Jahrhundert der Extreme. Hg. Gangolf Hübinger. München 1996, S. 259.

532. Eugen Diederichs im Brief vom 11.2.1904, in: Eugen Diederichs: Selbstzeugnisse und Briefe bedeutender Zeitgenossen. Düsseldorf-Köln 1967, S. 143.

533. Deutsche Frömmigkeit. Stimmen deutscher Gottesfreunde. Hg. Walter Lehmann. Jena o. J. (1916).

534. Eugen Diederichs: Selbstzeugnisse ..., S. 328.

535. Arthur Bonus, in: Deutsche Frömmigkeit, S. 321.

536. Aufschlussreich sind die Belege, die Friedrich Wilhelm Graf in seinem Buchbeitrag: Das Laboratorium der religiösen Moderne, S. 250f. liefert.

537. Beginnend mit »Materie und Gedächtnis« (1908) brachte Diederichs neun Werke des französischen Philosophen heraus.

538. Friedrich Wilhelm Graf, in: Versammlungsort moderner Geister, S. 246.

539. Über die Verlagszusammenhänge vgl. die ausführliche Schilderung bei Christoph Bochinger: New Age und moderne Religion. Religionswissenschaftliche Analysen (1994). 2. durchgesehene Auflage Gütersloh 1995, S. 143–154.

540. Ursula von Mangoldt: Auf der Schwelle zwischen Gestern und Morgen. Begegnungen und Erlebnisse. Weilheim 1963. – Dies.: Gebrochene Lebenslinien. Mein Weg zwischen den Zeiten. Freiburg 1981.

541. Gerhard Wehr: Die Bruderschaft der Rosenkreuzer. Köln 2007. – Ders.: Christian Rosenkreuz. Urbild und Mysterium der Rosenkreuzer. Edition Pleroma. Frankfurt 2008.

542. Ursula von Mangoldt: Auf der Schwelle zwischen Gestern und Morgen, S. 143.

543. Karlfried Graf Dürckheim: Der Mensch im Spiegel der Hand. (In Gemeinschaft mit Ursula von Mangoldt). Weilheim 1955; 1966.

544. Meditation und Kontemplation aus christlicher Tradition. Anregungen für alle Suchenden. Zusammengestellt und eingeleitet von Ursula von Mangoldt. Weilheim 1966. – Weg der Meditation heute. Hg. Ursula von Mangoldt. Weilheim 1970.

545. Gerhard Wehr: Karlfried Graf Dürckheim. Leben im Zeichen der Wandlung. München 1988, S. 173ff.

546. Karlfried Graf Dürckheim: Japan und die Kultur der Stille. Weilheim 1949. – Ders.: Im Zeichen der Großen Erfahrung. Weilheim 1951. – Ders.: Hara. Die Erdmitte des Menschen. Weilheim 1954.

547. Sri Aurobindo: Der Zyklus der menschlichen Entwicklung. Übers. Ursula von Mangoldt. München-Planegg 1955.

548. Gerhard Wehr: Jean Gebser. Individuelle Transformation vor dem Horizont eines neuen Bewusstseins. Petersberg 1996, S. 168ff. und 293.

549. In der Führung des O. W. Barth-Verlags wurde Ursula von Mangoldt durch Wolf von Fritsch, den Vetter ihres verstorbenen Mannes, unterstützt. Zusammen mit ihm gründete sie den Christianopolis Verlag in Bad Säckingen zwecks Herausgabe der von ihr geleiteten Zeitschrift »Meditation« (1974). Wie schon in früheren Jahren zu beobachten war, setzte die Herausgeberin in ihrem Schaffen einen mehr und mehr christlichen Akzent.

550. Christoph Bochinger: New Age und moderne Religion, S. 153. Dass Ursula von Mangoldt gegen Ende ihres Lebens weniger an den gebotenen west-östlichen Brückenschlag dachte, um auf christliche Innerlichkeit zu setzen, war offensichtlich durch einschlägige persönliche Erfahrungen bedingt, die sich ihr im Laufe der Jahre ergeben hatten. Ein Indiz hierfür ist auch ihr Buch über »Östliche und westliche Meditation«. München 1978, in der sie bereits im Untertitel um »Abgrenzung« bedacht war. Daher u. a. Hans Jürgen Badens Anmerkung in: Die Welt vom 22.7.1978: »Man kann in dieser Weise keineswegs östliche Frömmigkeit gegen westliche abwerten; auch sollte man sich hüten, den christlichen Personalismus ständig gegen Mystik auszuspielen ...«

551. Für die umfangreiche darstellende und kritische Literatur speziell Rüdiger Sünner: Schwarze Sonne. Die Macht der Mythen und ihr Missbrauch in Nationalsozialismus und rechter Esoterik. Freiburg 1999; erweiterte Auflage: Klein Jasedow 2009; ferner Stefanie von Schnurbein: Göttertrost in Wendezeiten. Neugermanisches Heidentum zwischen New Age und Rechtsradikalismus. München 1993.
552. Gerhard Wehr: Europäische Mystik. Eine Einführung. Hamburg 1995, S. 186ff.
553. Deutsche Frömmigkeit. Stimmen deutscher Gottesfreunde. Hg. Walter Lehmann. Jena o. J.
554. Walter Lehmann a.a.O. S. 19.
555. Paul de Lagarde, in: Deutsche Frömmigkeit, S. 298.
556. A.a.O. S. 299.
557. A.a.O. S. 306.
558. Ernst Piper: Alfred Rosenberg. Hitlers Chefideologe. München 2005.
559. Alfred Rosenberg: Der Mythus des 20. Jahrhunderts. Eine Wertung der seelisch-geistigen Gestaltenkämpfe unserer Zeit (1930). Die Zitate daraus erfolgen nach der 12. Auflage München 1933.
560. Rosenberg a.a.O. S. 217–273.
561. A.a.O. S. 217.
562. Meister Eckhart in der Predigt über Luk. 10, 38, »Intravit Jesus in quoddam castel-lum« (nach J. Quint: Deutsche Predigten und Traktate, München 1969, S. 159ff).
563. Studien zum Mythus des XX. Jahrhunderts (Kirchlicher Anzeiger für die Erzdiözese Köln. Amtliche Beilage), Köln 1934. Es erfolgten auch Nachdrucke, z. B. im Amtsblatt des bischöflichen Ordinariats Berlin 1935.
564. Meister Eckhart in der Predigt über Matth. 10,28 »Nolite timere eos« (nach J. Quint: Deutsche Predigten und Traktate. München 1969, S. 271).
565. Über Rosenbergs Verständnis von Rasse und »Rassenseele« vgl. Ernst Piper: Alfred Rosenberg, S. 194.
566. Unter dem »Ahnenerbe« verstand man im Rahmen der SS Bestrebungen, angeblich wissenschaftlich abgesicherte Erkenntnisse der germanischen Überlieferungen zu gewinnen und gegebenenfalls zum rituellen Nachvollzug zu animieren. Vgl. Michael H. Kater: Das Ahnenerbe der SS 1935–1945. Stuttgart 1974.
567. Hans Grunsky: Jacob Böhme. Stuttgart 1956.
568. Hans Alfred Grunsky: Jakob Böhme als Schöpfer einer germanischen Philosophie des Willens. Hamburg o. J. (1940).
569. Grunsky a.a.O. S. 8.
570. Grunsky a.a.O. S. 39.
571. Michael Weichenhan: Mitten im Krieg auf der Suche nach dem geistigen Europa, in: »Nach jedem Sonnenuntergange bin ich verwundet und verwaist«. Liselotte Richter zum 100. Geburtstag. Hg. Richard Schröder u. a. Berlin 2006, S. 22. – Catherina Wenzel: Von der Leidenschaft des Religiösen. Leben und Werk der Liselotte Richter (1906–1968). Köln-Weimar 1999.
572. Jacob Böhme: Sämtliche Schriften. Faksimile-Neudruck der Ausgabe von 1730 in elf Bänden, begonnen von August Faust, neu herausgegeben von Will-Erich Peuckert. Stuttgart 1955ff.
573. August Faust: Jacob Böhme als »Philosophus teutonicus«. Ein Beitrag zur Unter-scheidung deutschen und westeuropäischen Denkens. In: Das Deutsche in der deut-schen Philosophie. Hg. Theodor Haering. Heft 5. Stuttgart 1941.
574. August Faust a.a.O. S. 143.
575. A.a.O. S. 178.

576. Hermann Schwarz: Das Blutserleben, in: Christentum, Nationalsozialismus und Deutsche Glaubensbewegung. Berlin 1934, S. 42ff.; zitiert nach: Das Dritte Reich und seine Denker. Hg. Leon Poliakov und Joseph Wulf. Frankfurt 1983, S. 241.

Anmerkungen

Ergänzende Literaturhinweise

Buber, Martin: Ekstatische Konfessionen. Heidelberg 1984.

Capra, Fritjof: Das Neue Denken. Aufbruch zu einem neuen Bewusstsein. Bern 1987.

– : Wendezeit. Bausteine für ein neues Weltbild. Bern 4. Auf. 1983.

– : Das Tao der Physik. Die Konvergenz von westlicher Wissenschaft und östlicher Philosophie. Erw. Neuausgabe. Bern 1984.

Corbin, Henry: Die Smaragdene Vision. Der Licht-Mensch im persischen Sufismus. München 1989.

Dürckheim, Karlfried Graf: Im Zeichen der Großen Erfahrung. Studien zu einer metaphysischen Anthropologie. München 1974.

–: Erlebnis und Wandlung. Grundfragen der Selbstfindung. Bern 1978.

–: Durchbruch zum Wesen. Bern 1982.

Gebser, Jean: Abendländische Wandlung, in: Gesamtausgabe Band I. Schaffhausen 1975.

–: Ursprung und Gegenwart, in: Gesamtausgabe Band II – IV. Schaffhausen 1978.

Goltschnigg, Dietmar: Mystische Tradition im Roman Robert Musils. Heidelberg 1974.

Hammarskjöld, Dag: Zeichen am Weg. München 1974.

Handbuch der deutschen Reformbewegungen 1880 – 1933. Hg. D. Kerbs/J. Reulecke. Wuppertal 1998.

Heisenberg, Werner: Das Naturbild der heutigen Physik. Hamburg 1955.

Herausforderung: Religiöse Erfahrung. Hg. Horst Reller und Manfred Seitz. Göttingen 1980.

Kreise, Gruppen, Bünde. Zur Soziologie moderner Intellektuellenassoziation. Hg. R. Faber und C. Holste. Würzburg 2000.

Küstenmacher, Marion u. a.: Gott 9.0. Wohin unsere Gesellschaft wachsen wird. Gütersloh 2010.

Laing, Ronald D.: Phänomenologie der Erfahrung. Frankfurt 2003.

Mögle-Stadel: Dag Hammarskjöld. Vision einer Menschheitsethik. Stuttgart 2003.

Nasr, Seyyed Hossein: Die Erkentnis und das Heilige. München 1990.

Nikel, Johannes Hans A.: Die Mystik der Physik. Annäherung an das ganz Andere. Kiel 2010.

Otto, Rudolf: Das Heilige (1917). München1979.

Riedel, Ingrid: Mystik des Herzens. Freiburg 2010.

Rittelmeyer, Friedrich: Meditation. Stuttgart 1948 u. ö.

Röhlin, Ruth und Karl-Heinz: Dag Hammarskjöld. Mystiker und Politiker. München 2005.

Schweitzer, Albert: Aus meinem Leben und Denken. Hamburg 1955.

Söderblom, Nathan: Von der Wirklichkeit Gottes. Berlin 1957.

Sölle, Dorothee: Die Hinreise. Zur religiösen Erfahrung. Texte und Überlegungen. Stuttgart 1975.

–: Mystik und Widerstand. München 1999.

Steiner: Rudolf: Die Mystik im Aufgang des neuzeitlichen Geisteslebens (1901). Dornach 1987.

–: Das Christentum als mystische Tatsache und die Mysterien des Altertums (1902). Dornach 1989.

Wagner-Egelhaaf, Martina: Mystik der Moderne. Die visionäre Ästhetik der deutschen Literatur im 20. Jahrhundert. Stuttgart 1989.

Weil, Simone: Das Unglück und die Gottesliebe. München 1961.

Weizsäcker, Carl Friedrich von: Bewusstseinswandel. München 1988

Wehr, Gerhard: Martin Buber. Leben, Werk, Wirkung. Gütersloh 2010.

C. G. Jung. Leben, Werk, Wirkung. 2. erw. Aufl. Schwielowsee Telesma 2009.

C. G. Jung und Rudolf Steiner. Konfrontation und Synopse. 2. Aufl. Stuttgart 1998.

Jean Gebser. Individuelle Transformation vor dem Horizont eines neuen Bewusstseins. Petersberg 1996.

Christliche Mystiker. Von Paulus und Johannes bis Simone Weil und Dag Hammarskjöld. Regensburg 2008.

Wilber, Ken: Wege zum Selbst. Östliche und westliche Ansätze zu persönlichem Wachstum. München 1984.

J. Engler, D. P. Brown: Psychologie der Befreiung. Perspektiven einer neuen Entwicklungspsychologie – die östliche und westliche Sicht des menschlichen Reifungsprozesses. Bern 1988.

Eros, Kosmos, Logos. Eine Vision an der Schwelle zum nächsten Jahrtausend. Frankfurt 1996.

Zimmermann, Hans Dieter: Rationalität und Mystik. Frankfurt 1991.

Ergänzende Literaturhinweise

Personenregister

Bildnachweis

Seite 28: Rudolf Steiner, Foto 1616, © akg-images, Berlin
Seite 37: C. G. Jung, Foto um 1945, © akg-images, Berlin
Seite 47: Roberto Assagioli, Quelle unbekannt
Seite 52: Gershom Scholem, © ullstein-bild/Röhnert
Seite 57: Simone Weil, © epd-bild/Keystone/Photos 12 SA
Seite 65: Carl Albrecht, Quelle unbekannt
Seite 72: Dag Hammarskjöld, Foto 1953, © akg-images, Berlin
Seite 79: Martin Buber, © Bildarchiv Pisarek/akg-images, Berlin
Seite 99: Rainer Maria Rilke, Portrait/Foto 1906, © akg-images, Berlin
Seite 112: Christian Morgenstern, Portraitaufnahme 1910, © akg-images, Berlin
Seite 118: Robert Musil, Foto um 1940, © akg-images, Berlin
Seite 130: Nathan Söderblom, © SZ Photo/Scherl
Seite 135: Rudolf Otto, © Bildarchiv Foto Marburg
Seite 139: Albert Schweitzer, Foto um 1950, © akg-images, Berlin
Seite 152: Dietrich Bonhoeffer, © by Gütersloher Verlagshaus Gütersloh, in der Verlagsgruppe Random House, GmbH, München
Seite 160: Dorothee Sölle, © epd-bild/Boris Rostami-Rabet
Seite 168: Rudolf Steiner, Foto 1916, © akg-images, Berlin / Friedrich Rittelmeyer, Quelle unbekannt
Seite 182: Bede Griffiths, © Picture-Alliance/Photoshot
Seite 190: Henri Le Saux, Quelle unbekannt
Seite 194: Pierre Teilhard de Chardin, © Picture-Alliance/Selva/Leemage
Seite 201: Hugo Enomiya-Lassalle, © KNA-Bild
Seite 208: Karlfried Graf Dürckheim, © SZ-Photo/Ingrid von Kruse
Seite 215: Henry Corbin, Quelle unbekannt
Seite 219: Seyyed Hossein Nasr, Quelle unbekannt
Seite 238: Eugen Diederichs, © akg-images, Berlin
Seite 242: Otto Wilhelm Barth, Quelle unbekannt